KB068707

서울법대
법학총서
⑫

TEXTBOOK ON EU VAT
유럽 부가가치세법

Eleonor Kristoffersson & Pernilla Rendahl 저
윤지현 등 15인 역

박영사

머리말

이 교과서는 최근에 중요한 것으로 인정되어 왔고 앞으로 더 큰 중요성을 인정받을 세법의 한 분야를 다루고 있다. 부가가치세는 개별 국가나 유럽연합, 그리고 국제적 차원에서 갈수록 그 세(勢)를 더 키워나가고 있다. 현재 이미 150개가 넘는 나라에서 부가가치세나 그에 유사한 세금을 물린다. 많은 나라들이 부가가치세를 새로 도입하고 있을 뿐 아니라, 기존의 간접세제를 강화하는 조치를 취하고 있다. 부가가치세의 이러한 확장에는 복수(複數)의 이유가 있다. 경제적 견지에서 볼 때 부가가치세는 중립적인 세금으로서 소득세보다 경제 성장을 덜 제약하는 것으로 여겨진다. 과세행정의 견지에서 볼 때 부가가치세제는 그 징수 업무가 사업자들에게 위탁되어 있는 셈이라 상대적으로 운영하기 쉽다. 게다가 부가가치세제는 다른 세금에 비하여 커다란 조세수입을 올릴 수 있는 잠재력을 갖고 있고, 이것이 사실은 그 인기의 주요 비결이다. 경제 또는 금융 위기를 맞은 나라들이, 경제 성장을 저해하지 않는 재정의 지속 가능성을 확보하기 위하여 일상적으로 고민하는 상황에서 부가가치세의 선택은 너무나 당연한 듯 보인다.

유럽연합 내에서 부가가치세는 다른 세목(稅目), 특히 직접세와 비교할 때 특수한 지위에 선다. 부가가치세는 유럽연합 내에서 상당한 정도로 '조화'를 이룬 유일한 세목이기 때문이다. 여전히 회원국들이 폭 넓게 과세주권을 유지하고 있는 소득세제와 대조적으로, 각국의 부가가치세제 '조화'는 유럽연합 역내(域內) 시장의 창설과 기능에 필수적 조건으로 인정받고 있다. 따라서 (매상세(賣上稅)를 포함하여) 간접세제는, 예나 지금이나 유럽연합의 '설립조약'(유럽연합기능조약 제113조)의 명시적인 규율 대상이고, 1967년 이후에는 이미 '조화'

가 이루어져 왔다. 비록 유럽연합 스스로가 징수하는 세금은 아니더라도 유럽연합의 재정 상황에 영향을 미친다는 점에서, 부가가치세가 역내 시장에 대하여 가지는 중요성은 더욱 두드러진다. 유럽연합의 예산에 대한 각 회원국들의 기여분이 부가가치세 과세표준 - 준칙에 따라 '조화'된 것 - 의 크기에 따라 정하여지기 때문이다. 부가가치세가 역내 시장에서 가지는 이러한 중요성을 감안하여 유럽연합 집행위원회는 부가가치세제를 개선하기 위한 노력을 끊임없이 계속하고 있다. 특히 징세의 효율성, 조세회피·포탈에 대한 대처, 디지털 경제의 변화하는 환경에 대한 대비가 그러한 노력이 이루어지는 분야이다. 최근에 공개된 '부가가치세 행동계획'(COM(2016)148)은 더 단순하면서도 효율적인 체계로 이어질 수 있는 몇몇 주제들에 관한 논의의 현황을 담고 있다. 성장과 복지에 모두 도움이 되는 '단일한 부가가치세 지역'은 여전히 달성되지 않은 목표이다.

개별 국가와 유럽연합 차원에서 부가가치세에 점점 더 의존하는 것 외에, 경제협력개발기구는 최근에 와서야 부가가치세 영역에 관심을 쏟기 시작하였다. 2012년에는, 부가가치세제의 설계와 운영에 관한 전(全) 세계적 대화의 장(場)으로서 '부가가치세 글로벌 포럼(Global Forum on VAT)'이 창설되었다. 2014년부터 시작된 이러한 논의의 결과로서, 경제협력개발기구는 '국제 부가가치세 지침(International VAT / GST Guidelines)'을 발간하였다. 이 지침은 국내 부가가치세제의 일반 원칙을 요약하고, 특정한 국제적 쟁점들에 관한 해결책을 제안한다. 이 지침에는 정치적 의미가 있을 따름이고 나라들을 구속하거나 강제로 집행될 수 있는 성격을 갖지는 못하지만('연성법'), 경제협력개발기구의 이러한 새로운 관심은 개별 국가와 국제 환경의 양쪽에서 부가가치세가 가지는 중요성을 확인하여 준다.

부가가치세제에 대한 의존과 국제적 협력이 갈수록 커지고 있는 이러한 현상은, 부가가치세의 영역에서 잘 훈련되고 자격을 갖춘 실무가·학자·연구자들에 대한 수요가 계속하여 증대하고 있음을 의미한다. 학생들, 부가가치세의

비(非) 전문가들, 유럽연합 바깥의 연구자들을 위하여 쓰인 이 교과서는 부가가치세 관련 지식의 기초를 널리 쌓는 데에 충분히 기여할 수 있을 것이다. 이 책은 유럽연합 부가가치세제에 관하여 포괄적이고 잘 구성된 개요를 제공하며, 여기에는 부가가치세와 관련된 유럽연합법의 기본 원칙과, 유럽연합 부가가치세제의 근본적 요소들도 포함되어 있다. 좀 더 기초적인 내용을 담은 장(章)들 외에, 종종 이 책은 납세의무자, 과세대상 거래, 납세지 규정, 과세표준, 매입세액 공제, 세율과 면세 등 유럽연합 부가가치세제의 기술적(技術的)이고 세부적인 규정들에 관하여도, 쉽게 읽히면서 포괄적인 설명을 제공한다. 이 훌륭한 교과서가 세계의 학생과 연구자들에게 유럽연합 부가가치세제에 관한 기본 지식을 함양하는 데에 도움이 되리라 확신한다.

미하엘 랑(Michael Lang)*

---

*   미하엘 랑은 오스트리아 비인 경제대학(Wirtschaftsuniversität Wien, WU)의 교수로서 국제조세 분야의 저명한 학자이다. 현재 이 대학의 국제조세 전문석사 과정(LL.M. Program International Tax) 주임 교수(Director)이자, 같은 대학에 부설된 '오스트리아 · 국제조세 연구소(Institute for Austrian and International Tax Law)'의 장(長)이기도 하다.

Preface to the Korean Edition

It is with great honor and pleasure that we write the preface to the Korean edition of Textbook on EU VAT. Professor YOON, Ji−Hyun, Seoul National University, has translated the book together with his students. Moreover, Professor YOON and his students have also translated the VAT Directive into Korean and added case law from the Court of Justice of the European Union (CJEU). Furthermore, through their thorough reading of the book, they have improved its contents by spotting errors and obscurities. We are grateful for their impressive work.

In this version of the textbook, the Korean readers gain broad knowledge about the EU VAT system. When VAT was introduced in Korea in 1977, inspiration was taken from the European VAT system. This is why the Korean VAT system applies the so−called subtractive indirect method, which was originally developed in Europe. A feature of this method is that input VAT is deducted from output VAT, and that input and output VAT are calculated on each transaction. This differs from the subtractive direct method, which does not require the use of VAT invoices.

During the almost 45 years that have passed since the introduction of VAT in Korea, the EU and the Korean VAT systems have evolved differently. In spite of the common core characteristics, there are many differences. The EU, for example, applies a system with intra−union acquisitions and supplies instead of import and export between the Member States. Furthermore, the EU VAT Directives are not VAT laws in action, but are implemented and incorporated into national law in all the Member States. It is the national VAT acts and not the VAT Directive that are subsequently applied in the Member States. The CJEU does not apply the law and settle a case finally, which a national court would do. Instead, it interprets the law according to the preliminary ruling procedure and remits the case back to the national court for the application of the law and for a final decision. This creates a dynamic legal system where the European Commission plays an important role suggesting improvements, collaborating with the different expert groups and initiating infringement procedures when Member States fail to comply with the EU directives. In parallel to the harmonization of the substantive VAT legislations, a wide set of collaborations between the tax authorities in the Member States have developed.

We hope that this book will be useful for Korean readers. Should there be a need for clarification, we are always happy to assist you.

Sweden, 11 July 2020
Eleonor Kristoffersson and Pernilla Rendahl

한국어판 서문

유럽연합 부가가치세제 교과서의 한국어 판 머리말을 쓰게 되어 대단히 기쁘고 영광스럽습니다. 서울대학교의 윤지현 선생은 그의 박사과정 학생들과 함께 이 책을 번역하였고, 또 부가가치세 준칙의 번역과 유럽연합 사법재판소의 판결들에 대한 소개를 덧붙이기도 하였습니다. 또 그 과정에서 우리의 책을 꼼꼼히 읽으면서 미처 생각지 못한 오류나 애매모호한 서술들을 찾아줌으로써 이 책의 내용을 더 나은 것으로 만들어 주었습니다. 우리는 이 자리를 빌려 그들의 인상적인 작업에 감사의 뜻을 밝힙니다.

이 교과서의 한국어 판에서 한국의 독자들은 유럽연합 부가가치세제에 대한 폭넓은 지식을 얻을 수 있을 것입니다. 한국은 1977년 부가가치세제를 처음 도입할 때 유럽연합의 세제로부터 영감을 얻었습니다. 한국의 부가가치세제가 유럽에서 처음 고안된, 이른바 "전단계 세액공제 방식(subtractive indirect method)"을 채택하고 있는 것은 이 때문입니다. 이 방식의 특징은 매입세액이 매출세액으로부터 공제되고, 매입세액과 매출세액이 각각의 거래 별로 계산된다는 점입니다. 이는 세금계산서의 사용이 요구되지 않는 "직접공제 방식(subtractive direct method)"과 구별됩니다.

한국에 부가가치세가 도입된 지 거의 45년이 지난 지금, 유럽연합 부가가치세제와 한국의 부가가치세제는 다르게 진화해 왔습니다. 공통되는 핵심적 특징들에도 불구하고 많은 차이가 존재합니다. 예를 들어 유럽연합은 회원국 간에 수입이나 수출이 있다고 보는 대신 역내 취득과 역내 공급의 체계를 구축하였습니다. 또 유럽연합의 부가가치세 준칙은 그 자체로 시행되는 법이 아니라, 모든 회원국의 국내법 체계에서 시행되고 있거나 반영되어 있을 따름입니다. 뒤

이어 회원국 내에서 적용되는 법률은 부가가치세 준칙이 아니라 각 나라의 부가가치세법입니다. 유럽연합 사법재판소는 국내 법원이 하듯 법을 적용하여 분쟁을 최종적으로 해결하지 않습니다. 그 대신 '선결적 판결' 절차에 따라서 법을 해석하고, 그러한 법의 적용과 최종적인 결정을 위하여 국내 법원에 사건을 돌려보냅니다. 그 결과는, 유럽연합의 집행위원회가, 수시로 개선 방안을 제안하거나 다양한 전문가 그룹과 협력하며, 회원국들이 준칙을 준수하지 않을 때 '의무위반 절차'를 개시하는 등의 중요한 역할을 수행하는 역동적인 법체계입니다. 부가가치세제의 실체적 '조화'와 더불어, 회원국들의 과세관청 사이에 광범위한 협력 체계가 발전해 왔습니다.

우리는 이 책이 한국 독자들에게 도움이 될 수 있기를 바라며, 만약에 여전히 불명확한 부분이 있다면, 언제든 기쁜 마음으로 도우려 합니다.

스웨덴에서, 2020년 7월 11일
엘레오노르 크리스토페르손과 페르닐라 랜달

이 책의 공역자(共譯者)들은
이 책을 출간하면서
한국 세법학계에서 선구적 역할을 하신
서울법대 명예교수 행솔 이태로 선생의
가르침과 업적을 되새기며 기념합니다.

옮긴이들의 말

이 번역서의 원저(原著)는 스웨덴의 외레브로 대학에서 세법을 가르치는 엘레오노르 크리스토페르손과 페르닐라 린달이 함께 지은 것이다. 그 중에서도, 한국에서 태어난 배우자와 케이팝에 관심이 많은 딸을 두고 있는 크리스토페르손은 2019년에 몇 차례 서울을 방문했고, 이 과정에서 필자를 포함하여 한국 세법학계의 몇몇 사람들과 만날 기회를 가졌다. 스웨덴으로 돌아간 크리스토페르손은 필자에게 이 책을 선물했고, 그때 필자가 이 책을 대학원 박사과정의 지도학생들과 함께 번역해 볼까 생각한 것이 이 공동 작업물이 세상에 나올 수 있는 계기가 되었다.

부가가치세는 조세수입 측면의 중요성에서도, 대표적인 소비세라는 이론적 측면에서도 매우 중요한 세금이지만 그에 대한 이론적 탐구는 아직 부족한 편이 아닌가 한다. 한편 우리나라의 부가가치세제는 1970년대 말에 유럽 부가가치세의 직접적 영향을 받아 도입된 것이므로, 그러한 이론적 탐구에서는 유럽 부가가치세제의 이해가 분명 도움을 줄 수 있는 측면이 있을 것이다. 그러한 의미에서 유럽연합의 현행 세제를 간명하게 설명하고 있는 이 책의 번역이 우리 세제의 연구에 분명 도움이 될 수 있으리라 믿는다.

이 책의 번역에는 필자의 지도를 받으면서 서울대학교 대학원 법학과의 박사 과정에 세법 전공으로 적(籍)을 두었거나 적을 두고 있는 열 네 명의 변호사, 판사, 재판연구관들이 함께 참여하였다. 새로운 법학전문대학원의 교육 제도 하에서 이른바 학문 후속세대의 지속적 양성이 긴요한 과제로 떠오르고 있는 때에, 세법에 관심을 가진 이렇게 많은 젊은 법률 실무가들이 대학원의 학위 과정을 통해 세법학의 연구에 관심을 가지고 있다는 것은 필자에게 큰 위안이고, 또

새삼 책임감을 일깨워주기도 한다. 따로 큰 보상이 없는 일임에도, 세법학에 대한 관심과 애정만으로 필자의 제안과 계획에 흔쾌히 동참하여 준 데에 이 자리를 빌려 감사의 말을 전한다. 모쪼록 이들이 앞으로 세법학의 연구에서 많은 훌륭한 결과를 남길 수 있기를 기원한다.

필자를 포함하여 공역자들은 이 작업을 시작할 때 처음부터, 그 결과물이 출판되면 어떤 형태로든 서울대학교 법과대학의 첫 번째 세법 담당 전임 교원이었던 행솔 이태로 선생을 기리는 마음을 표시하기로 뜻을 모았다. 실로 아무 것도 없었던 한국 세법학계의 터를 잡아 토대를 만들고 그 위에 건물을 짓는 일까지 도맡아 하신 이태로 선생의 선구적 업적이 없었다면, 공역자들의 이 공동 작업도 결코 가능하지 않았으리라 생각한다. 이태로 선생을 거쳐 지금의 이창희 선생의 가르침을 이어받아 현재의 자리에까지 온 공역자들로서는 보잘 것 없는 것이나마 우선 이 첫 번째 공동작업의 결과물에서 이태로 선생의 발자취를 기념하는 뜻을 밝히는 것이 의미 있는 일이 아닐까 생각하였다.

끝으로, 흔쾌히 번역을 허락하고 조언과 격려를 아끼지 않은 크리스토페르손과 린달 두 사람과, 스웨덴의 유스투스 출판사 측, 그리고 크게 수익성이 있을 것 같지 않은 책임에도 출판을 맡아 준 박영사에 깊은 감사의 뜻을 전한다. 또 부가가치세와 관련된 유럽연합 조약 몇몇 조문의 전재(轉載)를 승낙하여 준 국민대학교 법과대학 이호선 선생에도 다시 감사의 인사를 전하고자 한다.

열 다섯의 옮긴이들 모두를 대표하여
뮌헨에서
2021년 2월
서울대학교 법학전문대학원 교수 윤지현

제2판 서문

제2판은 2019년 7월을 기준으로 개정되었다. 2016년의 제1판 이후, 특히 단일 부가가치세 지역의 목표를 달성하는 데에 관련된 준칙과 명령에 대한 개정이 이루어졌다. 유럽연합 사법재판소 역시 풍부한 판례를 통하여 부가가치세에 관한 다수의 문제들을 해명하였다.

차례

. . . .

제 1 장 도 입

제 2 장 부가가치세제가 던지는 의문들과 그에 대한 대답

제 3 장 유럽연합 부가가치세제의 법원(法源)

제 6 장   과세대상 거래

제 7 장   과세대상 거래의 장소

제 10 장　매입세액의 공제와 환급

제 1 장

도 입

. . . .

제1장

도입

이 교과서에서는 '유럽연합(European Union, EU)' 차원의 부가가치세제가 갖는 핵심적 특징들을 기술하고자 한다. 유럽연합의 부가가치세제는 유럽연합과 회원국들의 차원에 각각 존재하는 이중(二重)의 체계이다. 이 책의 주된 목표는 유럽연합 부가가치세제의 기본을 배우는 학생들의 이해를 돕는 데에 있다. 그러나 국내법 차원의 부가가치세제에 익숙하지만 유럽연합 차원에는 그렇지 못한 독자들에게도 유익할 것이다.

이 책이 주로 이용하는 자료는, 유럽연합의 ① '준칙(directive)'들과 ② '명령(regulation)'들,[1] 그리고 ③ 유럽연합 부가가치세제의 기본적인 부분에 관한 '유럽연합 사법재판소(Court of Justice of the European Union, CJEU)'[1] 또는 '유럽 법원'의 판례이다. 유럽연합과 각 나라의 법원 모두 부가가치세에 관련된 쟁점을 다룬 판결들을 내어놓고 있다. 전 세계에서 160개가 넘는 나라들이 소비에 과세하는 수단으로 부가가치세를 이용하고 있고, '경제협력개발기구(Organisation for Economic Co-operation and Development, OECD)'는 더 나아가 국제적 차원의 지침(guidelines)[2]을 만들어 왔다. 다만 이 책은 입문서의 성격을 띠므로, 그 이상 읽어야

1　유럽연합 차원의 부가가치세제를 다루는 이 책에는 유럽연합법에 관한 사항들이 적지 않게 언급되어 있는데, 유럽연합법의 기본적 개념들에 관한 번역을 비롯하여 많은 경우에 이 책은 김대순 · 김민서, EU법론(제2판), 삼영사, 2015의 용례나 서술에 의존하였음을 밝혀둔다. 본문의 '준칙'이나 '명령'과 같은 용어들도 마찬가지이다.

할 자료들의 목록은 말미에 따로 적어 두었다.

다음 장(章)에서는 부가가치세가 기술적(技術的)으로 어떻게 작동하는지를 설명하고, 약간의 역사적 배경을 제시한다. 제3장은 유럽연합 부가가치세제의 이중적 체계를 '유럽연합 법 일반'이라는 시각에서 살핀다. 제4장에서는 유럽연합 부가가치세제의 적용범위를 설명한다. 제5장과 제6장은 '납세의무자'와 '과세대상 거래'라는 근본적인 개념들을 살펴본다. 제7장에서는 '납세지'를, 유럽연합 단계에 존재하는 다양한 유형의 과세대상 거래 별로 검토한다. 제8장은 과세표준과 과세대상 거래에 적용되는 서로 다른 세율들을 다루고, 제9장은 부가가치세 면세의 주요 사항들을 서술한다. 마지막 제10장에서는 매입세액 공제·환급에 관한 핵심적 사항들이 설명된다.

참고자료

[1] 유럽연합 사법재판소: 1952년 창설된 유럽연합의 사법기관으로 룩셈부르크에 소재한다. 이 책의 내용과 특히 관련이 있는 '사법재판소(Court of Justice)'에는 모두 38인의 재판관이 있다. 웹사이트는 https://curia.europa.eu/jcms/jcms/j_6/en/ 상세한 내용은 이 책의 제3장 제3절 참조.

[2] 경제협력개발기구의 '국제 부가가치세 지침(International VAT/GST Guidelines)': 경제협력개발기구는 2016년 9월 '이사회(Council)'을 통하여 회원국과 비(非)회원국들에 대한 권고의 일부로서 이 '지침'을 내어 놓았으며, 부가가치세 영역에서 이루어진 최초의 국제적 공조 작업의 결과물이라고 스스로 평가하고 있다. 100 페이지가 조금 넘는 책자로서 출판되었고 경제협력개발기구의 웹사이트에서도 쉽게 구할 수 있는 이 자료는,

제1장: 부가가치세제의 핵심 요소들

제2장: 국제 무역의 맥락에서 부가가치세제의 중립성

제3장: 국제적인 용역 공급이나 무체재산과 관련된 공급에서 납세지의 결정

제4장: 지침의 현실적인 적용(상호협력, 분쟁 최소화, 조세회피 · 포탈 사례에 대한 적용)
의 얼개로 이루어져 있다. https://www.oecd.org/ctp/international-
vat-gst-guidelines-9789264271401-en.htm

제 2 장

부가가치세제가 던지는 의문들과
그에 대한 대답

· · · · · · · · · ·

제 2 장

부가가치세제가 던지는 의문들과 그에 대한 대답

옮긴이의 말

제2장은 부가가치세의 기본 원리에 관하여 잠시 언급한 후, 부가가치세제 그 자체, 그리고 특히 유럽연합 내의 수용과 관련된 이론적·역사적 측면을 논의한다. 부가가치세제는 제2차 세계대전 전부터 이론적으로 논의되어 왔으나 현실 세계에서 이를 실시한 것은 세계대전 후의 프랑스 등 서유럽 국가들이다. 특히 이들이 유럽의 경제적 통합을 향한 발걸음을 내딛게 되면서 간접세제 '조화'의 필요성이 급격히 대두되는 가운데, 부가가치세제는 그러한 '조화'의 중요한 수단 또는 배경으로서 자리를 굳히게 된다. 그 중요한 결실이 1977년의 제6 부가가치세 준칙인데, 이 무렵에 우리나라 역시 서유럽의 부가가치세제를 수입하여 실시하는 데에 이르렀다는 점에 주목할 필요가 있다. 이러한 연관성은 우리가 유럽연합의 부가가치세제를 공부할 중요한 이유가 되기도 한다.

제1절 개요

이 장에서는 부가가치세의 기본적인 작동 방식을 설명하되, 유럽연합 부가가치세제에 초점을 맞춘다. 특히 제3절에서는 부가가치세제의 역사를 간략히 개관하고, 제4절에서는 사회 전반에서 부가가치세가 수행하는 기능에 관하여 몇 마디 덧붙이도록 한다.

제2절 부가가치세의 작동 원리

부가가치세제의 목적은 소비의 과세에 있다. 부가가치세는 소비를 담세력으로 하지만, 소비자가 아니라 재화나 용역을 공급하거나 공급 받는 납세의무자가 국가에 납부하는 간접세이다. 소득세와 비교하여 보자면, 소득세는 일반적으로 재화·용역을 소비할 수 있는 능력을 과세하는 데에 초점을 맞춘다. 하지만 부가가치세는 소비되는 재화나 용역의 과세에 주목한다. 부가가치세제는 생산과 유통으로 이어지는 '사슬'의 각 단계에서 부가되는 가치에 과세하는 한편, 과세대상이 되는 재화의 생산이나 용역의 제공 과정을 통하여 납세의무자들이 부담한 매입세액의 공제나 환급을 허용한다. 그리고 이 과정에서 부가가치세의 경제적 부담은 납세의무자로부터 소비자에게 전가된다.

유럽연합 차원에서 부가가치세가 작동하는 방식은 부가가치세 준칙의 제1조 제2항에 다음과 같이 기술되어 있다.

공통 부가가치세제의 원칙은, 재화와 용역의 가격에 정확히 비례하는 일반 소비세를 재화·용역에 적용하는 것이고, 이는 세금이 부과되는 단계 이전의 생산과 유통 과정에서 얼마나 많은 수의 거래가 발생하는 지와 무관하다.

각각의 거래에서, 재화·용역의 가격과 그에 적용되는 세율에 따라 계산된 부가가치세액으로부터, 각종 원가 요소들이 직접 부담한 부가가치세액을 공제한 나머지 금액이 부가가치세로 부과될 수 있다.

공통 부가가치세제는 소매 단계까지, 그리고 이 단계를 포함하여 적용되어야 한다.

부가가치세제 작동의 기술적 측면은 사례를 들어 설명하는 편이 좋다. 논의를 단순하게 하기 위해 사례에 등장하는 모든 거래 당사자들은 사업장이나 '항속적(恒續的)인 주소(permanent address)'를 동일한 유럽연합 회원국 내에 두고 있다고 가정한다.

소비자 '갑'이 퍼즐을 구매하여 '을'에게 선물로 주었다. 이 퍼즐은 '병' 회사로부터 15 유로(①)에 구매한 것이다. 이 가격은 25% 세율에 따른 3 유로의 부가가치세를 포함하고 있다(25% 세율은 스웨덴, 크로아티아, 덴마크의 부가가치세 기본세율이기도 하다2). '갑'은 구매의 시점에 '병' 회사에 15 유로를 지급한다. '갑'이 '을'에게 퍼즐을 선물로 주었을 때에는 부가가치세의 납부의무가 없다. '을'로부터 아무 대가를 받지 않았기 때문이고, 또 '갑'이 부가가치세 납세의무자가 아니기 때문이기도 하다. '병' 회사는, 예를 들자면 스웨덴의 과세관청에 3 유로를 납부할 의무가 있다.

'병' 회사는 이 퍼즐을 '정' 회사로부터 구매하였다. 가격은 부가가치세를 제외하면 8 유로이다. '병' 회사는 8 유로에 더해서 25% 부가가치세로서 2 (= 8 X 0.25) 유로를 '정' 회사에 지급하였다. '병' 회사가 과세대상이 되는 재화를 판매하는 납세의무자이므로, 이 회사는 2 유로의 매입세액을 공제할 권리가 있다. 따라서 '병' 회사는 '갑'에게 퍼즐을 판매하였을 때 매출에 대한 부가가치세액을 납부할 의무가 있지만, 다른 한편으로 '정' 회사로부터 매입한 재화에 대한 부가가치세액을 공제할 수 있다. 그 결과는 '갑'을 상대로 이루어진 과세대상 거래가 일어난 회원국(앞에서

---

2 이 점에 관하여 더 자세한 것은 제8장의 '참고자료' [1] 참조.

든 예에 따르자면 스웨덴)에 1 (= 3 - 2) 유로가 납부되어야 한다는 것이다.

이 단순화된 사례에서는 단 하나의 퍼즐이 판매와 구매의 대상이 되었다. 하지만 일반적으로 회사는 과세관청에 부가가치세를 신고하고 납부할 시점에 이르기까지 다수·다량의 재화와 용역을 판매하고 또 구매한다.

부가가치세의 기본적 사고방식은, 소비자(위의 사례에서는 '갑')가 부가가치세의 부담을 지지만, 관련된 세액은 납세의무자들에 의하여 이전의 '생산·유통 사슬'의 매 단계에서 국가에 납부된다는 것이다. 만약 더도 덜도 말고 생산·유통 사슬의 각 단계에서 부가된 가치만큼이 정확하게 과세된다면, 이 세금은 곧 부가가치세가 된다. 그 결과 국가가 납부 받는 부가가치세액은 생산·유통 사슬의 마지막에 위치한 소비자가 지불하는 것과 같아진다.

만약 생산·유통 사슬 내에 있는 납세자가 매입세액의 공제·환급을 받을 권리를 갖지 않는다면, 부가가치세의 과세표준은 이전 단계의 부가가치세를 포함하게 된다. 이 결과는, 문제된 상황이나 용례에 따라 종종 '누적효과(cumulative effect)' 또는 '숨은 부가가치세(hidden VAT)'라고 불린다. 요는, 숨은 부가가치세든 누적효과든, 하나의 거래에 두 번 과세하는 결과로 이어진다는 것이다. 부가가치세제에서 '이중과세'의 개념은 소득세제에서 사용되는 그것보다 더 넓다(제2장 제4절 참조). 또 납세의무를 지는 사업자가 부가가치세의 부담을 소비자에게 전가할 수 없는 때에, 소비에 과세한다는 부가가치세의 일반적 목적은 달성되지 않는다. 이때의 부가가치세는 소비자들의 소비와 납세의무자 양쪽에 대한 과세라는 이중적 성격을 갖는다.

부가가치에 과세함으로써 생산 · 유통 사슬 전체에 걸쳐 소비를 과세한다는 생각의 배후에 자리 잡은 이론들은 빌헬름 폰 지멘스(Wilhelm von Siemens)[1]와 토마스 아담스(Thomas Adams)[2]로 거슬러 올라간다. 폰 지멘스가 관심을 가진 것과 같은 부가가치세의 체계는, 이 세금이 유럽에서 매출에 대한 세금 또는 '매상세(賣上稅, turnover tax)'[3]로 활용되는 결과로 이어졌다. 한편 아담스는 부가가치에 대한 세금의 정책적 측면을 소득세와 비교하였다. 그에게 부가가치세는 특히 기업에 세금을 물리는 다양한 방법 중 하나였다. 반면 소비에 대한 과세의 이론은, 1776년 아담 스미스의 "국부론"을 비롯하여 그보다 더 일찍 논의되기 시작했다.[4] 물론 그때의 소비세가 부가가치세의 형태를 띠지는 않았고, 무엇을 어떻게 과세할지에 대한 유일한 해법으로 논의된 것도 아니었다.

로마 제국에도 재화에 대한 매상세가 있었다고 한다.[5] 하지만 우리가 알고 있는 것과 같은 부가가치세는 1967년 4월 11일과 30일의 '제1, 2 부가가치세 준칙(First and Second VAT Directive)'을 통하여 유럽연합의 역내(域內)에 도입되었다.[6] 이 준칙들은 누적효과를 낳지 않는 일반적이고 다단계(多段階)의 성격을 가진 매상세를 도입하여, 각 회원국들이 운용하던 다른 모든 매상세를 대체하는 것을 목표로 삼았다. 프랑스는 과세관청의 고위 공무원 중 한 사람이었던 모리스 로레(Maurice Lauré)[7]의 주도로 1954년에 부가가치세를 도입했기 때문에, 이 시점에서 부가가치세는 이미 세상에 존재하고 있었다.

유럽연합 내 부가가치세제 '조화(harmonization)'[8]의 목적은, 단일한 역내 시장을 창출하기 위하여 회원국들 간에 재화 · 용역 · 노동자 · 자본이 자유롭게 이동할 수 있어야 한다는 생각과 연결되어 있다(제3장 제2절에서 상세히 설명한다). 제1 부가가치세 준칙은 비례성(proportionality)이나 중립성(neutrality)과 같은 원칙에 기반한 공통적 이해의 틀을 정립하였다. 제2 부가가치세 준칙은 세율의 계산에 초점을 맞추었다. 하지만 과세대상의 조화에 관한 주요 작업은 1977년 제6 부가가치세 준칙이 채택되면서 비로소 이루어졌다. 이 시점에서 제2 부가가치세 준칙은 제6 부가가치세 준칙에 의하여 폐지되었다.

1990년대에 와서 유럽연합 내 경제적 국경이 사라지면서 부가가치세 준칙에는 더 많은 변화가 요구되었다. 면세나 세율의 측면에서 회원국 간에 차이가 여전히 존재하였지만, 이 시점에서 세율은 조화의 방향을 향하여 조금 더 나아갔다. 현재에 이르기까지 일시적이거나 항구적인 성격을 가진 다수의 준칙들이 만들어졌다. 2006년부터 적용되는 현재의 부가가치세 준칙은 이전 준칙들을 '재(再) 구성(recast)'한 결과이다. 따라서 대부분의 조항들은 이전의 준칙들에서 가져온 것이지만, 그 내용이 복잡해지면서 이들을 재구성하여 좀 더 단순하게 만들 필요가 생긴 것이다. 그 이후에도 유럽연합 부가가치세제에 영향을 미치는 준칙과 명령들이 만들어졌다. 납세지에 관한 규정을 단계적으로 변경하는, 2008년 이후의 준칙도 그에 속한다.

유럽연합 바깥의 다수 국가들도, 때로 '재화·용역세(goods and services tax, GST)'라는 이름으로 불리는 부가가치세제를 운용한다. 경제협력개발기구는 유럽 형(型)과 '신세계(New World) 형'을 구별하는데, 후자에는 뉴질랜드, 남아프리카 공화국, 오스트레일리아가 포함된다. 부가가치세의 구조 측면에서 두 유형이 갖는 차이 중 하나는, 유럽 형이 다양한 세율과 면세 항목을 두고 있어서 과세대상이 제한되고 그만큼 세제의 복잡성이 증대된다는 점이다. 아마 이러한 부가가치세제가 두 가지 목적을 모두 갖고 있다는 데에도 그 이유가 있을 것이다. 즉 국가의 조세 수입을 올림과 동시에, 일정한 부류의 재화·용역이나 그 공급자들에게 보조금을 지급한다는 목적이다. 신세계 형은 일반적으로 과세대상의 범위가 더 넓고 표준 세율은 더 낮다. 신세계 형 안에서도 세율이나 면세 범위가 다양할 수 있으나, '이중의 목적을 가진 체계'인 유럽 형이 그보다 훨씬 더 복잡하다.

제4절　넓은 시각에서 바라본 부가가치세제

　부가가치세제의 가장 중요한 목적은 국가의 조세 수입을 거두는 것이다. 유럽연합 내에서 부가가치세는 또한 회원국들이 유럽연합과 그 하부 기관에 내는 분담금[9]과도 연결되어 있다. 부가가치세는, 소비에 부과하지만 재화 · 용역의 공급자들에게 의무를 지움으로써 징수한다는 의미에서 간접세이다. 용역을 공급하고 재화를 생산하거나 그들의 과세대상 활동에 소요되는 재화 · 용역을 구매하는 납세의무자들은, 그 납세의무에 관하여 징세 업무를 담당한 공무원으로서 행동하는 셈이다. 그러므로, 그 자체로 기업에 대한 세금은 아니라 하더라도, 부가가치세는 납세의무자들의 관리 또는 준법 비용을 발생시킨다.

　부가가치세는 전 세계적으로 160 개가 넘는 나라에서 쓰이고 있다. 경제적 협력개발기구는 '국제 부가가치세 지침'[3]을 만들어, 그 회원국이나 비회원국들 간 이중과세 · 비과세를 방지하기 위한 공통 정책의 바탕으로 삼도록 하고 있다. 이중과세의 개념은 부가가치세제와 소득세제에서 같지 않다. 소득세의 영역에서, 이중과세는 흔히 '국제적 · 법적 이중과세(international juridical double taxation)'로 불린다. 이는 일반적으로, '둘 이상의 나라에서, 같은 과세기간에 속하는 같은 소득 항목에 관하여 유사한 세금이 같은 납세의무자에게 부과되는 경우'로 정의된다. 부가가

3　제1장의 '참고자료' [2] 참조.

치세제에서, 납세의무자 간의 거래는 통상 납세의무자(사업자)와 납세의무자 아닌 사람(소비자) 간 거래와 다르게 취급된다. 이러한 '사업자─소비자 간(B2C)' 거래에서는 재화·용역의 공급이 일반적으로 과세대상이고 공급자가 납세의무를 진다. 하지만 '사업자 간(B2B)' 거래에서는 '대리납부(reverse charge mechanism)'라는 제도가 흔히 활용되는 것이다.

따라서 부가가치세제의 국제적 이중과세는, 소득세제의 그것과 비교할 때, '동일한 과세대상에 해당하는 거래'의 문제임을 먼저 분명히 할 필요가 있다. 즉 어떤 거래가 둘 이상의 나라에서 과세대상이 된다면, 그에 관한 납세의무를 공급자 또는 구매자 중 어느 쪽이 지는지에 관계없이 이 거래는 이중으로 과세되었다는 것이다.

따라서 부가가치세제에서는 누적효과나 '숨은 부가가치세'도 일종의 이중과세이다(예를 들면, '상호성(相互性, reciprocity)'의 원칙이 지켜지지 않거나 이런저런 이유에서 매입세액이 공제·환급되지 않는 경우가 그러하다). 이러한 누적효과는 제2장 제2절에서 서술한 대로 부가가치세제의 작용을 왜곡시킨다.

제5절   단일한 '부가가치세 지역(VAT area)'을 위한 움직임

유럽연합 부가가치세제는 몇 가지 변화를 겪고 있는 중이다. 경제의 디지털 화(化)와 전자상거래의 성행, 세계화와 '부가가치세 세수(稅收) 격차(VAT gap)'가 가져오는 문제에 대응하기 위해서이다. '부가가치세 세수 격차'란 어느 국가가 응당 징수해야 하는 부가가치세액과 실제 징수액 간의 차이이며, 부가가치세법의 규정을 실제 집행하는 데에서 생기는 문제 때문에 발생한다. 유럽연합의 시각에서 볼 때 이러한 '세수 격차'는 회원국들 사이에 여러 가지 차원의 왜곡을 발생시키고, 역내(域內) 시장의 원활한 작동을 저해한다.

2016년 유럽연합 집행위원회(EU Commission)[10]는 '부가가치세 행동계획(Action Plan on VAT)'[11]을 발표하였다. 이는 유럽연합 부가가치세제를 현대화하고 유럽연합을 단일한 '부가가치세 지역(VAT area)'으로 만드는 방향으로 나아감으로써 역내 시장이 더 잘 작동하도록 하는 목표를 갖고 있다. 그 이후 개혁을 위한 다수의 제안들이 제출되어 향후 점진적인 과정을 거쳐 법적 효력을 갖게 된다. 2018년에는 부가가치세 세율의 적용에 관하여 새로운 규율이 도입되었다(제8장 제3절에서 설명한다). 2019년 1월 1일에는 '상품권'{또는 '바우처(voucher)'}에 관한 새로운 규율이 각 회원국 단계에서 발효되었다.[12] 이 규정들은 '하나의 목적만을 가진 상품권(single purpose voucher)'과 '둘 이상의 목적을 가진 상품권(multi purpose voucher)'의 취급을 적절히 조화시켜서, 어떤 경우에 상품권의 공급이 그 자체로 과세대상 거래가 되고 또 어떤 경우에는 상품권을 활용하여 재화나 용역을 실제로 구매하였을 때 비로소 과세되는지를 정한다.

일정한 전자상거래가 어디에서 어떻게 과세되는지를 정하는 규율과 관련하여서는, 첫 번째 단계의 조치가 역시 2019년 1월에 도입되었고 두 번째 단계는 2021년에 실행된다. 이 규정들은, 이른바 '소규모 원스톱 등록(Mini One-Stop Shop)' 제도[4]의 적용을 위한 수량적 기준(thresholds)과 간소화된 조치들의 2019년 도입과 관련이 있다. 그 이후의 단계는, 디지털 '마켓플레이스'가 '중개인(intermediaries)'으로 납세의무자의 지위에서 활동할 수 있도록 하는 것과, '소규모 원스톱 등록' 제도를 단순한 '원스톱 등록' 제도로 확장하는 것과 관련된다. 전자상거래와 관련된 공급 장소의 규율은 제7장 제4절의 10.에서 더 상세히 논의한다.

'최종적(definitive) 부가가치세제'[13]의 도입을 위한 마지막 단계의

---

4   제7장의 '참고자료' [4] 참조.

실행은 2022년 7월 1일로 예정되어 있다. 그 간의 문제점들을 그 전인 2020년에 우선 간단히 고치도록 하는 일과, 중소기업을 위한 특별한 간소화 조치들이 여기에 포함된다. 최종적 부가가치세제는 지금보다 더 넓은 범위에서 재화 · 용역 '목적지(place of destination)'의 과세권을 인정하게 된다. 그리하여 유럽연합 역내의 공급에서는 (구매자가 아니라) 판매자가 부가가치세의 납부의무를 진다. 이는 원스톱 등록 제도의 적용범위를 확장하고 '인증된(certified)' 납세의무자의 개념을 도입하는 것이다. 최종적 부가가치세제는 공급 장소에 관한 규율, 그리고 납세의무자와 납세의무에 관한 변화들과 관련된 이 책의 각 부분에서 더 상세하게 논의한다.

참고자료

[1] 빌헬름 폰 지멘스(Wilhelm von Siemens, 1855~1919): 독일기업 '지멘스(Siemens)'의 초창기 경영자이며, 창업자인 베르너 폰 지멘스(Werner, 1816~1892)의 둘째 아들이다. 1918년 매상세의 누적효과를 제거하는 개혁의 수단으로 부가가치세의 아이디어를 제시하였다고 알려져 있다. 이 책 말미의 '추천 도서(Additional Reading)' 목록에 포함된, C. F. von Siemens, Verdelte Umsatzsteuer, Simmenstedt 1919 는 빌헬름 폰 지멘스의 이런 생각을 담은 것이며, 이 저작 자체는 그의 동생인 칼 프리드리히(Carl Friedrich)에 의한 것이다.

[2] 토마스 S. 아담스(T. S. Adams, 1873~1933): 미국의 경제학자이며 당대의 조세정책 이론과 실무에 모두 중요한 기여를 한 것으로 평가 받는 사람이다. 1910년대와 1920년대 초에 기업 소득에 과세하는 방법으로 부가가치세제를 제안하였다. https://assets.cambridge.org/97811070/44128/excerpt/9781107044128_excerpt.pdf

[3] '매상세(賣上稅, turnover tax)': 'turnover'란 일반적으로 일정한 기간 동안에 기업이 올린 매출을 의미한다. 따라서 'turnover tax'도 이와 같이 매출원가를 차감하지 않은 매출 자체 – 순소득이 아닌 총소득을 가리키게 된다 – 에 대한 세금을 가리키는 말이다. 이창희, 세법강의(제18판), 1030면에 따르면, '모든 기업에 대하여 자기가 파는 물건값의 일부(일정%)를 세금으로 내게 하는' 것이다. 이러한 세금과 부가가치세의 결정적 차이는 매입세액 공제의 여부에 있다. 이 책에서는 이 문헌의 용례를 따라 이를 '매상세'라 부르도록 한다.

[4] 애덤 스미스의 '국부론(Wealth of Nations)'은 인터넷을 통하여서도 쉽게 접할 수 있는데, 소비세에 관한 언급은 제5권(Book V) 제2장(Chapter II) 제2부(Part II) "세금에 관하여(On Taxes)" 중 제4항(Article IV) "다양한 종류의 국가 수입에 대하여 차별 없이 부과되어야 하는 세금들(Taxes which, it is intended, should fall indifferently upon every different Species of Revenue)"에서 "소비할 수 있는 상품에 관한 세금(Taxes upon Consumable Commodities)"이라는 소제목 하에 짤막하게 나온다.

[5] 로마제국의 세제와 소비세: 어느 인터넷 판 백과사전에는, 로마 제정의 시대를 연 아우구스투스 치세에, 로마의 공개 시장에서 이루어지는 재화—노예를 포함했다고 한다(!)—의 매매에 세금을 물렸다고 하면서, 이를 '개별 소비세(excise duty)'의 일종으로 표현하고 있다. https://www.newworldencyclopedia.org/entry/Consumption_tax#History

[6] 부가가치세 준칙의 역사: 본문에도 잘 설명되어 있듯이, 이 책에서 주로 살펴보는 것은 2008년의 '재구성'된 부가가치세 준칙이다. 그리고 이 재구성 준칙은 1977년의 '제6 부가가치세 준칙'을 전면적으로 개정한 것이다. 한편 초기의 유럽공동체 시절에 회원국들은 단일한 역내 시장을 형성한다는 목표와 관련하여, 매상세의 조화 문제에 관심을 가졌고, 이에 따라 1960년에 흔히 '제1 부가가치세 준칙'과 '제2 부가가치세 준칙'으로 불리는 준칙들을 만들어 냈다. 이 중 유럽연합 부가가치세제의 얼개를 담고 있는 것은 '제2 부가가치세 준칙'인데, 이는 더 상세한 내용을 담은 '제6 부가가치세 준칙'으로 대체되었다.

[7] 모리스 로레와 프랑스의 부가가치세: 부가가치세제를 세계에서 가장 먼저 도입한 나라는 프랑스로 1954년의 일이다. 이 과정에서 모리스 로레(1917~2001)가 한 역할도 잘 알려져 있다. 프랑스 과세관청 소속의 고위 공무원이었던 당시 35세의 로레가 1952년에 "부가가치세(La taxe sur la valeur ajoutée)"를 출간한 후 2년 만에 프랑스가 부가가치세제를 도입한 것은 우연이 아니다. 어느 문헌은 그에 관하여,

"로레는 자기만의 세계에 갇혀 세세한 것에 얽매이는 과학자가 아니었고, 실무에도 밝은 잘 알려진 법률가였다."

라고 기술하고 있다. Richard Bartes, "Evolution of VAT", Financial Law Review No. 4(12) / 2018, p. 6. 이 자료는 http://www.ejournals.eu/FLR/2018/Issue-4/art/13069 에서 구할 수 있다. 한편 비교 세법과 국제조세 분야의 독보적인 국제적 학술단체인 '국제조세협회(International Fiscal Association, IFA)'는 로레의 사망 10주기를 맞아 2011년부터 매년, 간접세 분야의 중요한 연구 성과를 올린 사람을 선정하여 '모리스 로레 상'을 수여하고 있다.

[8] 유럽연합법의 '법제 조화(harmonization)': 유럽연합법에서, 특히 세제의 영역에서 "harmonization"이라는 말이 널리 쓰인다. 따로 정의되어 있는 말은 아닌 듯하지만, 결국은 각 나라의 법제를 완전히 동일하게 만들기 어려운 영역에서, 그나마 가능한 범위에서 일정한 공통의 기준을 제시하고 만들어 가는 과정을 가리킬 것이다. 그리고 이러한 공통의 '기준'을 실제로 구현하는 방법에 관해서는 각 나라가 입법재량을 가질 것이기 때문에, '통일'이라는 말로 번역하는 것은 적절하지 않다. 따라서 부득이하게, 그 의미가 분명하게 드러나지 않음에도 불구하고 '조화'라는 말로 직역(直譯)을 하였으며, 문맥에 따라 가능하면 '법제' 또는 '세제'의 '조화'라는 표현을 사용하였다.

[9] 유럽연합 분담금과 부가가치세: 회원국들은 부가가치세 수입의 일정 부분(대부분의 회원국에서 0.3%, 독일, 네덜란드, 스웨덴만 2020년까지 0.15%)을 유럽연합에

납부한다. 유럽연합은 부가가치세가 유럽연합 전체에 걸쳐 일정 수준에서 조화된 세금이라는 점에서 그 수입의 일부를 사용할 정당성을 찾고 있다(집행위원회 홈페이지 참조 https://ec.europa.eu/info/strategy/eu-budget/revenue/own-resources/value-added-tax_en)

[10] 유럽연합 집행위원회(European Commission): 단순히 '집행위원회(Commission)'라고 불리기도 한다. 유럽연합의 주요 기관 중 하나로서, 유럽연합과 관련된 조약이나 그 밖의 유럽연합법의 적용을 보장 · 감독하고 예산을 집행하며 각종 '프로그램'을 운영하는 것이 그 주된 기능으로 명시되어 있다. 특히 이 책의 설명과 관련하여 중요한 것은, 유럽연합의 '입법 행위(legislative acts)'가 원칙적으로 집행위원회의 '제안(proposal)'에 의해서만 이루어질 수 있다는 점이다. 유럽연합조약 제17조 제1항, 제2항, 그리고 김대순 · 김민서, 앞의 책, 35면 참조.

[11] 2016년 집행위원회 부가가치세 행동계획(Action Plan on VAT): 2016년 4월 7일 집행위원회가 부가가치세제 개혁에 관하여 내어 놓은 문건으로, 앞으로 이루어질 개혁의 방향에 대한 개략적 설명을 담고 있다. https://ec.europa.eu/taxation_customs/sites/taxation/files/com_2016_148_en.pdf 에서 그 내용을 확인할 수 있다. 대체로, (1) 세제를 간소화하고, (2) 만연한 조세포탈 행위에 대처할 수 있도록 하며, (3) 기술 발전에 터 잡아 징수 측면에서 효율성을 높이고, (4) 산업계와 과세관청 간 신뢰의 정도를 높인다는 목표와 관련되어 있다.

[12] 2019년 '바우처'에 대한 새로운 규율: '바우처'를 규율하는 범위에서 기존의 부가가치세 준칙을 개정하는 효력을 갖는, 2016년 6월 27일자 준칙(Coucil Directive 2016 / 1065)을 가리킨다. 이 준칙은 2012년의 집행위원회 제안을 반영한 결과로서, '바우처'의 개념을 명확히 하고 그 종류를 구분하며 각각에 관하여 부가가치세 과세표준을 산정하는 방법을 제시하는 것을 그 주된 내용으로 삼았다고 한다. 더 상세한 것은, 이연우, "마일리지 거래의 부가가치세법상 취급에 관한 연구 - 주요국의 입법례를 논의 소재로", 조세학술논집 제35집 제3호, 한국국제조세협회, 2019, 156면 이하 참조.

[13] 최종적 부가가치세제(definitive VAT system): 2016년 집행위원회 행동계획이나 그 밖의 문건에 종종 언급되는 개념으로서, 유럽연합이 지향하는 최종적·이상적 목표가 되는 부가가치세제를 가리킨다.

제 3 장

유럽연합 부가가치세제의 법원(法源)

· · · · · · · · · ·

제 3 장

유럽연합 부가가치세제의 법원(法源)

옮긴이의 말

이 교과서가 직접적으로 다루는 것은 유럽연합법 차원의 부가가치세제이기 때문에, 부가가치세제에 관한 기본적 이해 외에 유럽연합법의 기본적 체계나 구조에 대하여도 최소한의 지식이 필요하다. 제3장은 독자들에게 그러한 기초를 심어 주기 위해 마련된 장이다. 유럽연합 부가가치세제를 설명하기 위하여 이 책이 가장 빈번하게 사용하고 있는 자료들은, 부가가치세 준칙과 시행명령, 그리고 유럽 법원의 판례이다. 이 책은 그러한 자료들이 유럽연합법 체계에서 갖는 지위를 알려 줌으로써 이들이 부가가치세제 내에서 갖는 의미에 대한 더 정확한 이해를 가능하게 하여 준다. 부가가치세제 '조화'라는 맥락에서 각 나라 부가가치세법보다 준칙이 더 우위에 서게 되는 유럽연합 특유의 법제는 그 자체로 우리나라 부가가치세제의 이해에 직접 도움이 되지는 않겠지만, 유럽연합 부가가치세제의 이해에는 필수적인 요소이다.

제1절   유럽연합법의 일부로서 유럽연합 부가가치세제

유럽연합의 부가가치세는 유럽연합과 개별 회원국이라는 두 가지 차원에서 공존한다. 이 장(章)은 유럽연합 부가가치세제의 해석과 적용을 이해하는 데 관련된 범위에서 유럽연합의 법제를 설명한다. 첫 번째 절(節)에서는 기본적인 유럽연합법에 관하여 설명하고 뒤이어 다음 절에서는 유럽연합 부가가치세제의 해석에서 유럽 법원(法院)이 수행하는 역할을 살펴본다. 제4절에서는 나아가 유럽연합법이 각 회원국의 국내법 차원에 어떻게 영향을 미치는지 언급하고, 이어서 제5절에서는 납세자가 '법의 남용'을 통하여 조세부담을 줄이는 행태를 방지하는 법원칙들에 관하여 검토한다. 제6절은 몇 가지 맺음말로 논의를 마무리한다.

제2절 기본 유럽연합법 개관

유럽연합의 존재는, 회원국들이 그 권력의 일부를 유럽연합과 그에 속한 하부기관에 이전하는 내용으로 체결한 합의 또는 조약들에 바탕을 둔다. 시간의 흐름에 따라 이 유럽연합의 '설립조약들(Treaties)'[5][1]도 변화를 겪었고, 그에 따라 유럽연합법이 갖는 지위와 효력도 변해 왔다. 앞서 제2장 제3절에서는 유럽연합 부가가치세의 역사적 배경에 관한 일반적인 개요를 서술하였다.

유럽연합의 하부기관들과 회원국들은 '권한(competences)'을 나누어 갖는데, 그 양상은 그 권한이 설립조약들에 따라 유럽연합으로 이전되었는지, 그리고 관련 영역에서 유럽연합 차원의 법제 '조화(harmonization)'

5　바로 이어서 언급하는 '유럽연합기능조약'과 '유럽연합조약'을 함께 가리킨다. 유럽연합조약 제1조 제3문과, 유럽연합기능조약 제1조 제2항 모두 "the Treaties"라는 말이 이 두 조약을 가리키는 것으로 쓰고 있으며, 유럽연합 법제의 핵심을 이루는 것이기 때문에 이 글에서는 '설립조약'이라고 표현하였다. 이 표현은 김대순 · 김민서, 앞의 책, 19면에도 나온다.

가 어느 정도 이루어졌는지에 따라 달라진다. 부가가치세 영역의 권한 분산은 '유럽연합기능조약(TFEU, Treaty of the Functioning of the European Union)' 제4조에서 비롯한다. 어떤 권한이 유럽연합과 회원국 사이에 나누어 귀속된다는 것은 곧 이에 대하여 각 회원국의 '충실(loyalty)' 의무나, '보충성(subsidiarity)'과 '비례(proportionality)의 원칙'이 적용됨을 의미한다(유럽연합조약(TEU, Treaty of the European Union) 제4, 5조와 유럽연합기능조약 제2조). 유럽연합과 그 회원국이 권한을 나누어 갖고 있는 영역에서는 그 조화의 정도가 다양하다. 이러한 조화의 문제가 작거나 없는 영역에 비해, 부가가치세제에서는 회원국이 입법이나 그 밖의 행위를 할 수 있는 가능성이 더 제한된다. 그리고 그것은 유럽연합이 설립조약들에 의해 이전받은 권한을 적극적으로 행사하는 경우 발생하는 일종의 '톱니 효과'에 기인한다.

유럽연합법의 법원(法源)은 일반적으로 '1차적(primary)'인 것과 '2차적(secondary)'인 것으로 구분된다. 1차적 법원은 설립조약을 가리키는데, 여기에는 '회원국의 가입에 관한 조약(Treaties of Accession of the Member States)'과 같이 이를 개정·보완하는 조약·합의나 이에 관한 '법의 일반원칙'들도 포함된다. 유럽연합 부가가치세제를 정립하는 기본적인 근거 조항은 유럽연합기능조약 제113조이다.

이사회는, 유럽 의회와 '경제사회위원회(Economic and Social Committee)'와 상의한 후에 특별한 입법 절차에 따라 만장일치로, 매상세, 개별 소비세(excise duties), 그리고 다른 간접세 형식의 세금과 관련한 입법의 조화를 위한 조항을 채택해야 한다. 이는 그러한 조화가 역내(域內) 시장의 설립과 기능을 보장하고 경쟁의 왜곡을 피하는 데 필요한 정도라야 한다.

따라서 유럽연합 부가가치세제 조화의 기본은 역내 시장이 설립되어 기능하도록 하는 데에 있다. 또한 경쟁의 왜곡은 그 자체로 역내 시장의 작동에 대한 장애이므로, 이러한 왜곡의 방지 역시 그러한 조화의 기본에 포함된다.

유럽연합법의 2차적 법원은 설립조약(유럽연합기능조약 제288조)에 의해 유럽연합 하부기관에 주어진 입법권에 기초한다. 이는 일반적으로 1차적 법원이 그와 충돌하는 2차적 법원에 우선한다는 의미이다. 2차적 법원들은 서로 다른 효과를 가진다. '명령(Regulation)'은 회원국에 직접 적용되고, 국내법으로 '입법(transfer)'되거나 '시행(implement)'될 필요가 없다. '준칙(Directive)'은 그 달성하고자 하는 결과에 관하여 법적 구속력이 있다. 이는 준칙이 요구하는 결과를 달성하기 위하여 회원국 각자가 접하는 전제 조건에 비추어 적합하다고 여기는 방식을 자유롭게 선택할 수 있음을 의미한다. 예를 들어, 기존의 법조항을 바꾸거나 새로운 조항을 추가할 필요가 있는가, 또는 판례법을 통하여 이미 목표가 성취되었는가 하는 질문에 대한 답은 회원국마다 다를 수 있다.

유럽연합 부가가치세와 관련하여, 유럽연합 차원의 법조항들은 몇몇 준칙과 명령들 안에 자리잡고 있다. 그러므로 회원국의 국내법 차원에서 시행되지 않는 조항들과, 그 달성되어야 할 목표에 따라 반드시 시행되어야 할 조항들이 있다. 그러나 부가가치세 준칙과 이를 개정하는 준칙들의 내용이 매우 상세하다는 점을 고려하면, 회원국이 준칙에서 정하는 결과를 달성하고자 할 때 선택할 수 있는 자유의 폭은 오히려 제한적이다.

다른 2차적 법원으로, 그 효력을 받는 관련자들에게 법적 구속력을 미치는 '결정(decision)'과 그러한 구속력이 없는 '권고(recommendation)'가 있다. 또한 '부가가치세 위원회(VAT Committee)'[2]의 '지침(guidelines)'이나 '주석(註釋, explanatory note)'과 같은 다른 형태의 '연성법(軟性法, soft law)'도 있다.

부가가치세 위원회는 부가가치세 준칙 제398조를 근거로 설립되었다. 이 위원회는 부가가치세 준칙이 회원국에 통일적으로 적용될 수 있도록 촉진하는 것을 목적으로 한다. 지침은 법적 구속력 있는 입법의 형태가 아니지만, 부가가치세 준칙 제397조에 따른 '시행명령(implementing regulation)'의 형태로 부분적으로 성문화(成文化)되었고, 시행명령은 회원국에 직접 적용된다. 시행명령으로 전환되지 않은 지침은 연성법의 성격만을 가진다.

제3절　유럽연합 사법재판소(CJEU) 또는 '유럽 법원'

1 유럽연합 사법재판소와 그 다양한 절차들

유럽연합 사법재판소(또는 이 책에서 '유럽 법원')는 유럽연합의 사법기관이다. 유럽 법원은 '사법재판소(Court of Justice)', '1심 법원(Court of First Instance)', '유럽연합 직원 재판소(Civil Service Tribunal)' 등 3개의 법원으로 구성된다.[6] 이 중 유럽연합 부가가치세제나 유럽연합법의 균일한 해석과 적용을 보장한다는 목표와 관련이 있는 것은 사법재판소이다. 균일한 적용이라는 목표는 회원국의 법원들이 나누어 갖는 권한에 속한다. 그리고 이는 유럽연합법을 적용할 책임을 가진 각 회원국의 국내 법원들과, 유럽연합법을 해석할 권한이 있는 유럽 법원 사이의 협력을 기초로 한다. 이 둘 사이의 협력은 모든 회원국에 유럽연합법의 적절한 적용과 균일한 해석을 보장하기 위한 것이다(C-337/95, "크리스티앙 디오르 향수 회사 등(Parfums Christian Dior SA and Parfums Christian Dior BV and Evora

---

6　2009년 12월 1일 '리스본 조약'의 발효로 '1심 법원'이 '일반 법원(General Court)'으로 변경되었고, '유럽연합 직원 재판소'는 2016년 9월 1일 폐지되었다.

BV)" 판결).

각 나라의 법원이 이용할 수 있는 절차 중 하나는, 유럽연합기능조약 제267조에 따라 '유럽연합법 조항(EU provision)'의 해석과 유효성에 관하여 '선결적(先決的) 판결(preliminary ruling)'[7]을 요청 또는 '부탁'할 가능성과 의무이다. 이 조항에 따르면, 최종심(最終審)에 해당하지 않는 각 나라 법원은 유럽연합법 조항의 해석과 유효성과 관련한 문제에 관해 선결적 판결을 요청할지 여부를 선택할 수 있다. 그에 비해 최종심은 '명확한 규정의 이론(doctrine of acte clair)'이나 '명확하여진 규정의 이론(acte éclairé)'[8]이 적용되지 않는 한, 유럽 법원에 문제에 대한 판단을 부탁할 의무를 가진다. 여기서 말하는 '명확한 규정의 이론'은 "CILFIT" 판결(283/81)에서 도입되었다. 이 이론은, 유럽연합이 공식 인정하는 언어의 번역 본(本)들을 비교하고, 유럽 법원과 다른 회원국의 법원이 제시한 해석을 모두 고려할 때, 유럽연합법 조항의 해석에 관하여 의문이 전혀 없거나 합리적 의심의 여지가 없는 경우에, 위 조약 제267조의 적용이 면제된다는 점을 간략하게 언급한다. '명확하여진 규정의 이론'은 위 제267조에 대하여 유럽 법원이 발전시킨 또 다른 예외로서, 유럽 법원이 이미 판결을 내린 문제를 다루는 경우에 적용된다(병합 사건 28－30/62, "다 코스타(Da Costa)" 판결). 여기서 말하는 '이미 판결을 내린 문제'는 '실질적으로 동일한(materially identical)' 문제를 포함하는데, 이때 무엇이 '실질적으로 동일'지 하는 추가적인 문제가 생긴다. 유럽 법원이 말하는, 위 제267조의 적용 면제는 어디까지나 임의적이다. 즉 이 때문에 각 나라의

---

7   이 용어와, 이러한 절차를 개시하는 행위로서 '부탁'이라는 용어는 모두 김대순 · 김민서, EU법론(제2판), 삼영사, 2015, 251면 이하에서 가져온 것이다.

8   김대순 · 김민서, 앞의 책, 276면의 번역에 의존하였다. 다만 위의 책에는 "acte éclairé"라는 말이 등장하지 않기 때문에, 이 용어를 번역할 때에도 '명확한 규정의 이론'이라는 말을 약간 바꾸어 사용하였다.

법원이 선결적 판결을 부탁하는 것이 금지되지는 않는다. 물론 만약 법원이 잘못하여 위 제267조에 따른 의무를 이행하지 않았다면, 유럽연합기능조약이 정하는 의무의 위반이 된다.

유럽 법원이 유럽연합법 조항의 유효성이나 해석에 관하여 내린 선결적 판결은 각 나라의 법원을 구속한다. 그러나 각 나라의 법원에 소송계속 중인 사건에 적용되는 선결적 판결을 부탁하는 것은 각 나라의 법원이고, 따라서 개별 사건에서 그 조항의 적용에 관하여 책임을 지는 것도 각 국 법원이다. 회원국의 다른 정부기관들도, 그 각각이 가진 권한 범위 내에서 유럽 법원의 판결에 구속된다[C-453/00, "퀴네·하이츠 사(社) 대(對) 닭고기와 달걀 생산 위원회(Kühne & Heitz NV v. Productschap voor Pluimvee on Eieren)" 판결]. 또한 선결적 판결을 요청한 문제에 유럽 법원이 유용한 답변을 할 수 있도록 필요한 사실적·법적 정보를 제공할 책임도 각 나라의 법원에 있다[C-463/14, "아스파루호보 호수 개발회사(Asparuhovo Lake Investment Company OOD)" 판결]. 이때 유럽 법원은 각 나라의 법원이 판단을 부탁한 문제를 스스로 정리하여 답할 수 있다. 그러나 이는 판단이 요청된 문제의 내용을 바꾸는 것과 다르고, 유럽 법원은 이와 같이 내용을 바꾸는 일이 선결적 판결의 절차에서 허용되지 않는다고 판시하였다. 특히 다른 회원국은, 비록 의견을 제출할 수 있으나, 판단을 부탁한 문제가 유럽연합법에 대하여 가지는 관련성의 내용을 바꾸거나 할 수는 없다[C-316/10, "덴마크 양돈업자(養豚業者, Danske Svineproducenter)" 판결].

두 번째 유형인 "의무위반 절차(infringement procedure)"[9]는 회원국이

9 　우리나라의 유럽연합법 교과서에는 흔히 '강제이행 절차(enforcement procedure)'와 같은 용어로 표현되어 있다. 김대순·김민서, 앞의 책, 41면. 여기서는 "enforcement"라는 말보다 "infringement"라는 말이 원문에 사용되었음을 주목하여, 그 뜻을 살린 용어로 번역하였음을 일러둔다.

유럽연합법이 정하는 의무를 이행하지 않은 경우를 다룬다. 이 절차는 준칙이나 유럽연합법이 잘못 시행되거나 시행되지 않은 경우에 적용될 수 있다. 의무위반 절차는 유럽연합기능조약 제258조―집행위원회가 어느 회원국의 유럽연합법에 따르는 의무 불이행을 인정하는 경우―와, 같은 조약 제259조―어느 회원국이 다른 회원국의 유럽연합법에 따른 의무 불이행을 인정하는 경우―에 근거한다.

2 해석방법

유럽 법원이 사용하는 해석방법은 종종 문리적(文理的), 체계적, 합목적적(合目的的)과 같은 말로 표현된다. 유럽 법원의 합목적적 해석방법은 구체적인 조항의 목적만을 고려하는 것이 아니라, 그 조항의 구조적인 맥락[또는 목적, '텔로스(telos)']도 고려한다. 이는 일반적인 의미의 합목적적 해석과 구별된다. 그래서 미겔 마두루(Miguel Maduro)[10]는 유럽 법원의 두 가지 다른 차원의 합목적적 해석에 관하여 언급하였다. 첫 번째는 개별 법조항의 목적에 관한 합목적적 해석이고, 두 번째는 그 조항이 존재하는 법적 맥락이 갖는 목적에 관한 초(超, meta) 합목적적 해석이다.

부가가치세에 관한 한, 개별 법조항의 목적은 앞서 설명한 부가가치세제의 조화와 관련된 더 넓은 시각에서 이해하여야 한다. 그리고 유럽연합기능조약 제113조가 규정하는 이러한 '조화'는 역내 시장의 작동과,

---

10 저자들은 이 책의 말미에 참고서적 또는 '심화 학습을 위한 제안' 정도의 의미로서 목록을 만들어 몇몇 문헌을 소개하고 있다. 본문의 인용은 그 중 다음의 문헌을 가리킨다. Maduro, M.P., Interpreting European Law - Juridical adjudication in a Context of Constitutional Pluralism, WP IE Law School, WPLS08-02, 05022008. 저자인 미겔 P. 마두루는 포르투갈의 법학자이자 정치인이며, 2003~2009년까지 사이에 유럽 법원에서 '법률고문관(Advocate General)'을 지냈다고 한다(출처는 인터넷 '위키피디아', www.en.wikipidea.org). '법률고문관'의 역할에 관하여는, 김대순 · 김민서, 앞의 책, 39~40면.

경쟁 왜곡이 없는 공정한 경쟁의 장(場)을 마련하는 일에 관한 것이다.

해석은 일반적으로 문리적 방법, 즉 해석할 필요가 있는 조항들에 적힌 단어의 의미를 고려하는 것에서 시작한다. "CILFIT" 판결(283/81) 이래 서로 다른 말로 된 번역들을 비교하는 것은 문리적 해석방법의 일종으로 여겨져 왔다. 유럽 법원의 판결 중에는 문리적 해석에서 시작하여 체계적 해석, 그리고 이어서 합목적적 해석으로 나아간 몇몇 사례들이 존재한다. 그러나 항상 그러한 순서를 따르는 것은 아니다. 유럽 법원이 자신의 해석 방법론을 요약하여 제시한 초기의 사례로 1962년 "판 헨트 · 로스(van Gend en Loos)" 판결이 있다.

> 유럽경제공동체조약(EEC Treaty)의 '정신(spirit)', '일반적인 설계(general scheme)'와 '문언(wording)'에 따르면, 그 제12조는 직접적인 효과를 발생시키는 것으로서, 각 나라의 법원이 반드시 보호해야 하는 개별적 권리를 창설한다고 해석되어야 한다[사건 26/62, "판 헨트 · 로스(van Gend en Loos)" 판결].

여기서 유럽 법원이 '정신'을 언급한 것은 조약의 '텔로스' 또는 목적을 의미한다. '일반적인 설계'를 언급한 것은 체계적 해석방법을 의미하고, '문언'에 대한 언급은 문리적 해석방법에 해당한다. 흔히 생각하는 것과 달리, 문리적 또는 체계적 해석의 방법은 합목적적 해석에 우선하지 않는다. 유럽 법원의 해석방법은 오히려 이들 간에 적절한 균형을 유지해야 하고, 최근의 어느 판결에서 그 예를 찾을 수 있다.

> 확립된 판례법에 의하면, 제6 부가가치세 준칙 제13조가 정하는 면세의 범위를 특정하기 위해 사용된 용어들은 엄격히 해석되어야 한다. 왜냐하면 해당 조항은, 부가가치세가, 납세의무자가 대가를 받고 공급하는 모든 재화와 용역에 부과되어야 한다는 일반 원칙에 대한 예외를 규정

하기 때문이다. 그럼에도 불구하고, 그와 같은 용어들의 해석은 그러한 면세가 추구하는 목적과 일치해야 하고, 또한 공통 부가가치세제에 내재된 조세중립성의 원칙에 부합해야 한다. 따라서 제13조가 정하는 면세의 범위를 구체화하기 위하여 사용된 용어를, 그러한 면세의 의도를 무력화하는 결과를 낳는 방식으로 해석한다면, 그것은 엄격해석이 요구하는 바가 아니다(C-334/14, "나탈리 드 프뤼티에(Nathalie de Fruytier)" 판결).

위 인용문은 부가가치세의 면세를 어떻게 해석할지에 관한 유럽 법원의 해석 지침을 보여준다. 이 사건에서 유럽 법원은 부가가치세 준칙 제2조가 정하는 부가가치세의 넓은 적용범위에 관한 언급으로 논의를 시작하는데, 이것이 준칙의 체계적인 기본 틀에 해당한다. 사실은 면세 역시 그러한 틀의 일부를 이루는 것이면서 동시에 그 예외가 되기도 함을 고려할 때, 면세 제도의 이러한 성격 자체가 그에 따른 엄격한 해석을 요구한다는 것이다.

유럽 법원은 여러 사건에서 유럽연합이 사용하는 개념이나, 용어들의 사용에 관하여 설명한다. 회원국 국내법의 용어들이 유럽연합법의 그것과 비슷하게 보이더라도, 그 개념은 다를 수 있다. 만일 표현이나 개념이 국내 법률과 무관하게 유럽연합법의 일부로서 설명된다면, 유럽연합기능조약 제267조에 따라 그 개념의 적용범위를 정하는 것은 유럽 법원이 할 일이다. 예를 들어 "사과 · 배(Apple and Pear)" 판결에서 유럽 법원은 다음과 같이 판단하였다.

그러므로 '대가를 받고 행하여진 공급(supply effected for consideration)' 이란 문구를 영국 국내법 용어들의 기술적 의미를 고려하여 해석함은 잘못된 일일 것이다. 다른 언어의 문구를 관련된 나라의 국내법 용어들이 갖는 기술적(技術的) 의미에 따라 해석하는 것 역시 마찬가지이다. 해당 단어에 그러한 기술적 의미를 부여하는 것은 '조화'보다는 '다양성'을 낳기 쉽거나 또는 낳을 수 있다. 따라서 문제되는 단어는 유럽연합법의 체계 내에서 유럽연합법의 표현으로서 해석되어야 하며, 이때에는 다른 언어의 번역본 역시 참고의 대상이다(102/86, "사과 · 배" 판결).

유럽연합 부가가치세와 관련하여, 유럽 법원은 종종 부가가치세제의 일부를 이루는 '원칙들(principles)'에 대하여 언급한다. 유럽연합기능조약 제113조에서 도출되는 하나의 그러한 원칙은 중립성이다. 중립성은 다양한 목적으로 사용된다는 의미에서 '다층적(多層的)'인 원칙이지만, 언제나 특정 '부가가치세 효과'가 또 다른 것과 비교하여 중립적인지 여부의 문제이다. 소득세에서도 중립성과 평등한 취급, 차별금지 원칙들이 존재한다. 이들 모두가 부가가치세와 관련이 있으나, 때때로 이러한 용어들의 바탕을 이루는 별도의 배경이 있다. 그러므로 유럽 법원이 중립성을 언급할 때에도 이는 다면적(多面的)인 성격을 가진 하나의 해석 도구로서 언급된 것일 뿐, 반드시 평등한 취급이나 차별금지와 같은 의미로 쓰인 것이 아니다.

제4절   각 회원국 차원에서 유럽연합법의 효력을 보전하는 원칙들

유럽연합 부가가치세의 영역에서, 회원국의 법제를 조화시키기 위해 마련된 다양한 법적 도구들(제3장 제2절 참조)과, 회원국의 차원에서 유럽연합법의 균일한 해석과 적용을 보전하는 다양한 법적 도구들(제3장 제3절 참조)이 있다. 이 절에서는 주로, 회원국 차원에서 유럽연합법의 효력을 보전하기 위해 유럽 법원이 정립한 원칙들을 설명한다. 회원국 사이의 법제 조화와, 회원국 간 유럽연합 부가가치세제의 균일한 해석과 적용을 보장하기 위한 유럽 법원의 판례법 발전은 모두 현재진행형이다. 그리고 이러한 원칙들 역시 이러한 역사적 관점에서 이해될 필요가 있다.

아래에서 논의될 원칙들은 유럽연합법의 우위(優位, supremacy), 직접효(直接效, direct effect)와 간접효(間接效, indirect effect), 그리고 '국가 책임(state liability)'이다. 이러한 원칙들에 대한 설명은 유럽연합 부가가치세제의 전체적 이해를 도울 수 있다.

유럽연합법 우위의 원칙은 유럽 법원의 "판 헨트ㆍ로스" 판결과 "코스타(the Costa) 대(對) ENEL" 판결(6/64)을 통해 정립되었다. 유럽 법원에 의하면, 회원국은 새로운 법질서를 창출하면서 자신들의 주권을 제한하여 왔다. 유럽연합법은 회원국뿐 아니라, 그 국민들도 법적으로 구속한다. 이러한 지위로 인하여, 유럽연합법은 회원국의 국내법 규정이나 헌법 원칙에 의해 무력화될 수 없다. 유럽 법원은 "시멘탈(Simmenthal)" 판결(106/77)에서 다음과 같이 이를 지적했다.

유럽연합법[11]의 조항을 그 관할 범위 내에서 적용하도록 요청받은 각 나라의 법원은, 이에 상충하는 국내법 조항이 있고 이 조항이 비록 유럽연합법보다 나중에 채택된 것이라 할지라도, 유럽연합법 조항의 효력을 온전히 존중하고, 필요하다면 상충되는 국내법 조항을 적용하지 않아야 한다. 이때 각 나라의 법원이 그러한 국내법 조항들의 적용을 배제하기 위하여 입법이나 다른 헌법적 수단의 발동을 요청하거나 기다릴 필요가 없다.

"판 헨트ㆍ로스" 판결에서 유럽 법원은 또한 '직접효의 원칙'을 세웠

---

11 원래는 '유럽공동체(European Community, 또는 단순히 Community)'라는 말이 쓰였지만, 이 개념 자체는 2009년의 이른바 '리스본 조약'으로 폐지되고 이제 '유럽연합'의 개념이 쓰인다. 우리나라 독자의 입장에서는 이러한 구별이나 변화 과정이 그리 큰 의미가 없을 수 있어서, 이 책에서는 특별한 경우가 아닌 한 처음부터 '유럽연합'이라는 말로 (따로 설명을 붙이지 않고) 바꾸어 쓰도록 한다(이 점은 '부록'에서 소개하는 부가가치세 준칙 조항들에서도 마찬가지이다).

다. 유럽 법원은 이 원칙을 유럽연합기능조약 제267조의 목적에서 도출했는데, 제267조는 선결적 판결, 그리고 유럽 법원의 역할—유럽연합법이 각 나라의 법원과 심판기구에 의해 적용될 때 유럽연합법의 균일한 해석을 보장하는—과 관련이 있다. 그리고 회원국의 국민들이 각 나라의 법원에서 유럽연합법의 이러한 권한 발동을 신청할 수 있음을 회원국들이 인정하였고, 이를 유럽연합기능조약 제267조가 확인하였다는 내용이 이 판결에 설시되어 있다.

개인들에게 권리를 부여하는 유럽연합법의 조항은 다음 4가지 요건을 모두 충족할 때 직접효를 가진다.

- 명확하고 정확할 것
- 그 효력 발생에 조건이 붙어 있지 않을 것
- 그 시행에 회원국이나 유럽연합 기관들의 추가적인 조치가 필요하지 않을 것
- 적용과 관련하여 회원국이나 유럽연합에 재량이 부여되어 있지 않을 것

위 요건들은 유럽 법원의 여러 판례로 더 구체화되었다. 그러한 판례에 따라, 유럽연합법의 조항은 (4가지 요건이 성취된다면) 다양한 직접효를 가진다. 그러한 직접효의 내용을 결정하는 요소로는, 그 조항이 설립조약이나 명령 또는 준칙 중 어디에 포함되어 있는지, 그리고 그러한 조항이 국가와 개인 사이의 문제인지(수직적 직접효) 아니면 개인들 간의 문제인지(수평적 직접효)를 들 수 있다. 그 차이점들에 대한 개관(槪觀)은 아래 표 3-1과 같다. 명령의 규정은 원래 직접 적용되므로, 반드시 여기서 말하는 직접효를 가지는 것은 아니다. "레오네지오(Leonesio)" 판결(93/71)에서 유럽 법원은 명령이 각 나라의 법원에서 즉각적으로 법적 효력을 인정받는다고 판시하였지만, 이것이 그 규정이 직접효를 갖는다는

것과 반드시 같은 의미는 아니다.[12] 유럽 법원은 어떤 명령의 조항이 수평적 효력을 가지는지 여부에 관하여 판단한 적이 없다. 하지만 명령이 직접 적용된다는 점을 고려하면, 앞서 살펴본 기준들을 충족하는 명령의 조항이 직접효를 발생시키는 경우가 충분히 있을 수 있다.

"그라트(Grad)" 판결(7/90)의 논리 연장선상에서 볼 때, '결정(decision)'[13]도 방금 살펴본 요건을 충족하는 한 그 적용 대상에 대한 직접효를 갖겠지만, 그렇지 않을 수도 있다. 이 문제는 아직 규명되지 않았기 때문에, 구체적 사건에서는 관련된 모든 사정을 고려하여 판단하여야 한다.

'직접효'는 때때로 '직접 적용'과 혼동된다. 직접 적용은 어떻게 유럽연합법 조항이 회원국 내에서 법적으로 유효할 수 있는지 하는 문제와 관련된다. 예컨대 명령이 유럽연합기능조약 제288조에 따라 '직접 적용'될 수 있는 것과 같다. 이는 명령이 직접효를 가지는지 여부를 불문하고, 그러한 명령의 적용을 당사자가 각 나라의 법원에서 주장할 수 있다는 뜻이다. 따라서 유럽연합 명령의 규정은 국내법 조항에 우선하는 것이다.

(이 점은 '부록'에서 소개하는 부가가치세 준칙 조항들에서도 마찬가지이다)

12 이 부분의 이러한 논의들은 그 내용이 결코 간단하지 않다. 이에 관하여 더 상세한 논의가 궁금한 독자는, 가령 김대순·김민서, 앞의 책, 143면 이하를 참조하라.

13 김대순·김민서, 앞의 책, 58, 60, 61면에 따르면, '결정(decision)'은 유럽연합기능조약 제288조에 따른, 유럽연합 기관의 권한행사 방식 중 하나이다. 이 형식의 특징은 '개별적용성'에 있고 그 때문에 행정행위에 비견되기도 하며, 집행위원회나 이사회가 개별적 사안을 규율하는 법적 수단이 된다고 한다. 하지만 추상적 성격의 것을 가지거나 준칙에 유사한 내용을 갖는 경우가 있다고도 덧붙여져 있다.

표 3-1. 유럽연합법 조항의 직접효

	수직적 효과	수평적 효과
조약의 조항	인정(26/62)	인정(43/75)
명령의 조항	인정(93/71)	선례 없음
준칙의 조항	인정(41/74)	불인정(152/84)
결정	인정(9/70)	선례 없음(9/70)

    수직적·수평적 직접효 사이의 차이를 고려하여, 특히 준칙과 관련하여, 유럽 법원은 무엇이 수직적 관계를 구성하는지에 관한 정의, 그리고 '국가(State)'라는 말이 갖는 한계들에 관하여 논의하여 왔다. "포스터 대(對) 영국 가스(Foster v. British Gas)" 판결(C-188/89)은, 국유화되어 있지만 독립적으로 운영되는 어느 기관이 국가의 통제 아래서 공공 역무를 제공한다고 인정하였다. 그리고 그 기관은 그러한 역무를 제공하기 위하여 특별한 권한을 부여 받았다. 이러한 논리에서 국가의 범위는 국가나 그 기관(또는 공공단체)뿐 아니라 사(私) 기업이 '공적(公的)' 의무를 수행하는 경우에까지 확장된다.

    그러나 납세의무자는 오직 과세관청을 위하여 거래 상대방에게 부가가치세 상당액을 요구한다는 점에 유의할 필요가 있다. 고객으로부터 받은 부가가치세액은 납세의무자의 것이라기보다는, 과세관청을 위해 징수되었을 따름이다. 그러므로 만일 어느 거래가 부가가치세의 과세대상이 아니라는 점이 밝혀져 과세관청이 세액을 납세의무자에게 환급한다면, 그 상대방 고객은 사법(私法)에 따라, 잘못 청구된 부가가치세 상당액의 지급의무로부터 벗어날 수 있을 것이다. 고객은 또한 오직 '실제의', 즉 적법한 부가가치세만을 공제 받을 권리를 가진다. 따라서, 만일 납세의무자가 준칙의 직접효를 주장하여, 과거에 과세대상이었던 거래가 이제 비과세대상인 것으로 인정 받는다면, 비록 준칙에는 수평적 직접효가 없을지라도 이러한 준칙은 고객에게까지 일정한 영향을 미친다.

준칙의 조항은 '수평적'인 합의의 영역에서 일반적으로 직접효를 가지지 않기 때문에 그러한 관계에서 유럽연합법의 효력에 관한 문제가 발생한다. "폰 콜손(von Colson)" 판결(14/83)에서, 유럽 법원은 '간접효의 원칙' 또는 '폰 콜손 원칙'을 세웠다. 회원국이 유럽연합조약 제4조 제3항에 따라 유럽연합과 그 기관에 대하여 '충실하게(loyally)' 행동할 의무가 있다는 점에 기초하여, 유럽 법원은 이러한 원칙이 회원국의 법원을 포함한 모든 기관에 적용된다고 설명한다. 이는 법원에게, 국내법이 어떤 준칙에 근거를 둔 것인지를 불문하고, 준칙이 정하는 의무들이 이행될 수 있는 방향으로 그 국내법을 해석할 의무가 있음을 뜻한다. 그렇다고 유럽연합법이 소급효의 금지나 법적 안정성과 같은 원칙에 반하여 적용될 수 있다는 뜻은 아니다(80/86, "검사 대(對) 콜핑하위스 네이메헌 사(社, Public Prosecutor v. Kolpinghuis Nijmegen BV)" 판결). 이후의 판례는 간접효의 넓은 적용범위와 함께, 각국 법원이 유럽연합법을 시행하는 국내법 규정을 해석할 때 유럽연합법을 고려하여야 할 뿐 아니라 가능한 범위에서는 준칙이 의도하는 효과를 달성하기 위한 국내법 해석을 할 의무가 있음을 확인하였다(병합사건 C-397~403/01, "프파이퍼 외 6인 대(對) 적십자 (Pfeiffer v. Rotes Kreuz)" 판결).

만일 회원국이나 그 기관 중 하나가 유럽연합법을 위반한 경우, 유럽 법원은 '프랑코비치(Francovich) 원칙'으로도 불리는 '국가책임(state liability)'의 원칙을 발전시켰다. 이는 어느 회원국이 유럽연합법의 효력이 발생하도록 보장하는 데 실패하고, 그 실패가 개인에게 손해를 발생시킨다면 그 회원국이 이에 대한 책임을 져야 함을 의미한다. 최근의 판결들은, 유럽연합이 근거하고 있는 조약 체계의 본질적인 부분으로서 이러한 국가책임의 원칙이 갖는 중요성을 강조하고 있다. 회원국은 그 위반에 어떤 기관의 책임이 있는지, 그리고 회원국의 법에 의해 손해를 전

보할 책임이 있는지에 관계없이, 유럽연합법의 잘못된 시행이나 위반으로 발생한 손해의 회복을 보증할 의무가 있다.

제5절 '법을 남용하는 행태(abusive practices)'를 금하는 원칙들

'법을 남용하는 행태'를 금하여야 한다는 것은 유럽연합법의 기본 원칙 중 하나이다. 이 원칙은, '법의 남용'이 있을 때 유럽연합법에 따른 혜택이 부여되지 않도록 한다. 이 원칙은 국내법 질서 내에 이러한 효과를 갖는 법적 수단이 있는지 여부에 구애받지 않고 직접 적용될 수 있다(C-251/16, "쿠센스 외(外, Cussens and Others)" 판결]. 이 원칙은 2006년 "핼리팩스(Halifax)" 판결(C-255/02)로 유럽연합 부가가치세제에 처음 등장하였고, 유럽 법원은 이를 '일반적 조세회피방지 규정'으로 파악하였다. 다음과 같은 경우에는 '법을 남용하여 조세를 회피하는 행태'의 존재를 인정할 수 있다.

- 부가가치세 준칙과 이를 받아들인 국내법 조항이 정한 요건들을 형식적으로는 충족함에도 불구하고, 문제된 거래가 그 조항들의 목적에 어긋나는 세금 관련 '혜택'을 낳게 되는 경우
- 다수의 객관적 요소들을 살폈을 때 문제된 거래의 본질적 목적이 '조세 혜택'을 얻는 데에 있음이 명백한 경우

이러한 요건들이 충족되면, 법을 남용하여 조세를 회피하는 행태에 해당하는 거래는, 이러한 법을 남용하는 거래가 없었다면 발생하였을 상황으로 '재(再) 구성(redefine)'되어야 한다. "월드 임대회사(Weald Leasing Ltd)" 판결(C-103/09)에 따르면, 이때 법원이 부가가치세의 정확한 부과와 탈세의 방지를 위해 필요한 범위를 넘어 거래를 재구성할 수는 없다.

유럽 법원은 "파트 서비스(Part Service)" 판결(C-425/06)과 "폴 뉴이(Paul Newey)" 판결(C-653/11) 등에서 법을 남용하여 조세를 회피하는 행태를 금하는 이러한 원칙을 더 발전시켰다.

제6절 맺음말

유럽연합법을 둘러싼 역학(力學) 관계는 그 자체로, 현재 진행 중인 유럽연합 부가가치세제의 조화 과정에도 영향을 미친다. 유럽 법원의 해석과, 회원국 내 정부기관과 법원의 적정한 적용으로 나누어진 권한 체계의 특성은, 회원국 차원에서 이루어져야 할 유럽연합 부가가치세제의 균일한 적용에 어려운 문제를 안긴다. 따라서 유럽연합 부가가치세제에서 회원국 간에 존재하는 차이에는 의도적인 것과 비(非) 의도적인 것이 모두 있을 수 있다.

참고자료

[1] 1993년 유럽연합을 출범시킨 유럽연합조약(Treaty on European Union)은, 서명이 이루어진 네덜란드의 도시 이름을 따서 이른바 '마스트리히트(Maastricht) 조약'으로 더 잘 알려져 있다. 그 이후 우여곡절을 거쳐 2009년 유럽연합의 체계를 새로이 하는 '리스본 조약'이 발효되는데, 여기서는 유럽연합조약과 함께 기존의 '유럽공동체 설립 조약'을 개정하면서 그 이름도 유럽연합기능조약(Treaty on the Functioning of the European Union)으로 바꾸었다. '유럽공동체 설립 조약'은 1957년으로 그 역사가 거슬러 올라가며 예전에는 '로마 조약'이라고 불리던 것이다. 이 두 조약이 이 책에서 '설립조약'으로 인용된 것이며, 유럽연합 법제의 핵심을 이룬다. 김대순 · 김민서, 앞의 책, 9면 이하.

[2] 부가가치세 위원회 또는 자문위원회: 부가가치세 준칙 제398조에 그에 관한 규정이 있다. 이에 따르면, 이 위원회는 '자문 기관의(advisory)' 성격을 가진 기구로서, 유럽연합 집행위원회와 유럽연합 회원국의 대표자들로 구성되고, 그 중에서도 집행위원회를 대표한 구성원이 위원장이 되며, 집행위원회가 그 사무를 보아 주도록 되어 있다. 그 업무는 준칙에 정하여진 각종 자문에 응하는 것과, 위원장이 스스로, 또는 회원국의 요청을 받아 제기한 부가가치세 관련 쟁점을 논의하는 것을 내용으로 한다.

참고판결

[C-337/95 "크리스티앙 디오르 향수 회사(Parfums Christian Dior SA and Parfums Christian Dior BV)" (1997)] – 부가가치세와 무관한 사건

향수를 포함하여 고급 패션 제품을 생산하는 '디오르' 회사가 판매업자를 상대로 하여 소송을 냄으로써 이 사건이 비롯되었는데, 이 과정에서 베네룩스 3국 간 통일된 상표법의 적용을 위하여 이들 나라가 만든 '베네룩스 법원'이 유럽 법원에 선결적 판결을 부탁할 수 있는지 여부가 문제되었다. 베네룩스 국가들의 국내 법원과, 베네룩스 법원이 모두 부탁할 수 있다는 결론을 설시하면서, 유럽 법원은 유럽 법원과 국내 법원 간의 역할 분담, 그리고 그러한 분담과 관련하여 선결적 판결의 절차가 갖는 의미를 일반론으로서 설시하였다.

[283/81 "CILFIT" (1982)] – 부가가치세와 무관한 사건

이탈리아의 양모 수입업자가 수입 양모에 부담금을 물리는 법조항의 유효성을 다투는 과정에서, 수입 양모가 이사회 명령이 제시한, 부담금 부과를 금지하는 목록에 포함되어 있는지가 문제되었다. 이탈리아 법원이 명령의 해석 문제를 유럽 법원에 부탁하여야 할 의무가 있는지가 다투어졌고, 유럽 법원은 사건 해결과 무관하거나 이미 유럽 법원의 입장이 표명되었거나 결론이 명확하여 해석에 의문이 없는 경우를 제외하고는 부탁의 의무가 있다고 판시하면서, 해석에 의문이 있는지 따질 때 그 법조항의 성격과 내용뿐 아니라, 그 내용이 회원국의 여러 언어들에서 어떻게 표현되어 있는지도 고려해야 한다고 설시하였다.

[병합 사건 28 – 30/62 "다 코스타(Da Costa)" (1963)] – 부가가치세와 무관한 사건

이 사건에서는 이미 유럽 법원이 판결을 내린 것과 동일한 쟁점에 대한 선결적 절차가 개시될 수 있는지 여부가 쟁점이 되었다. 네덜란드 법원의 부탁에 불구하고, 집행위원회는 유럽 법원이 절차를 바로 종료시켜야 한다고 주장하였지만, 유럽 법원은 그렇게 하지 않는 대신 이전의 판결과 동일한 내용의 판결을 선고하였다. 유럽 법원은 다만 실질적으로 동일한 사건에 대한 부탁은 실제로 의미가 없다고도 언급하였다.

[C-453/00 "퀴네·하이츠 사(社) 대(對) 닭고기와 달걀 생산 위원회(Kühne & Heitz NV v. Productschap voor Pluimvee on Eieren)" (2004)] – 부가가치세와 무관한 사건

퀴네·하이츠 사는 1980년대에 닭다리 수출로 관세를 환급 받았으나, 행정청인 '생산 위원회'는 수출 부위가 닭다리가 아니라는 이유로 관세를 추징하였으며, 퀴네·하이츠 사는 소송에서도 패소하였다. 1990년대 유럽 법원은 비슷한 부위가 문제된 다른 사건에서 닭다리에 해당할 수 있다는 판결을 선고하였고, 퀴네·하이츠 사는 관세 환급을 재신청하였으나 이미 사건이 종료되었다는 이유로 거부당하였다. 유럽 법원은, 행정청은 종료된 사건의 행정작용을 재고할 수 있고, 특히 유럽연합법의 올바른 적용을 위해 협력한다는 측면에서 과거 행정작용을 뒤집을 의무가 있는지 고려하여야 한다고 판시하였다.

[C-463/14 "아스파루호보 호수 개발회사(Asparuhovo Lake Investment Company OOD)" (2015)]

불가리아의 개발회사가 다른 회사로부터 법률·경영·재무 등 자문 역무를 제공 받되, 그 회사가 일정 기간 동안 언제라도 자문에 응할 수 있는 태세를 갖추고 있어야 하고 그 외 다른 회사와는 유사 계약을 체결하면 안 된다고 약정하면서 그 대가를 지급하였을 때, 이것이 용역 공급인지에 관해, 유럽 법원은 긍정하였다. 불가리아 과세관청이 이 사건에서는 사실 용역 공급이 전혀 없었다고 주장한 데 대해, 유럽 법원은 선결적 판단의 필요성·관련성이나, 관련된 자료의 제공 책임은 국내 법원에 있다고 하면서, 법원이 아무런 자료를 제공하지 않았으므로, 단순히 계약의 실재(實在)를 전제로 판단할 뿐이라고 하였다.

[C-316/10 "덴마크 양돈업자(養豚業者, Danske Svineproducenter)" (2011)] – 부가가 치세와 무관한 사건

돼지의 이송과 관련하여 덴마크의 국내법이 일정한 제약(돼지가 이동하는 공간의 규격 등 관련)을 부과하였고, 양돈업자들은 이러한 제약이 동물 이송과 관련된 유럽연합법 위반이라고 주장하였다. 한편 절차에 참가한 다른 나라의 단체는 이 문제가 유럽연합법의 근본 원칙 중 하나인 재화의 자유 이동의 측면에서도 다루어져야 한다고 주장하였다. 유럽 법원은 이와 같이 쟁점을 다른 내용으로 변경시켜 판단하는 것은 절차적으로 허용되지 않는 일이라고 전제하고, 덴마크 법원이 원래 제기한 문제에 국한하여 판단하였다.

[26/62 "판 헨트·로스(van Gend en Loos)" (1963)] – 부가가치세와 무관한 사건

네덜란드가 특정 화학약품의 수입에 관하여 수입관세를 물리는 것의 유효성이 문제된 이 사건에서, 유럽 법원은 유럽연합법의 직접 적용과 그로 인한 개별적 권리의 창조 가능성에 관하여 언급하고, 유럽연합법이 개별 회원국에 의무를 지우는 내용으로 규정되어 있다고 하더라도 회원국에 속하는 개개인도 그러한 조항으로부터 혜택을 받을 수 있고, 경우에 따라서는 이를 국내 법원에서 직접 주장할 수 있다고 판시하였다.

[C-334/14 "나탈리 드 프뤼티에(Nathalie de Fruytier)" (2015)]

나탈리 드 프뤼티에는 벨기에의 개인 사업자로서, 병원에 사람의 장기(臟器)나 그 밖의 인체 관련 표본을 배송하는 일을 하였는데, 이에 관하여 부가가치세 준칙 제132조 제1항 (b)호에 따른 면세를 주장하였다. 유럽 법원은 면세 조항의 해석에 관한 일반론을 제시한 다음, 개인 사업자는 위 (b)호가 정하고 있는 공급의 주체에 포함될 수 없다고 보았다.

[102/86 "사과·배 개발 회의(Apple and Pear Development Council)" (1988)]

'개발 회의'는 영국 내 사과와 배를 재배하는 업자들의 단체로서 농업 관련법에 따라 설립된 것이며, 이 단체가 매입세액을 공제 받을 수 있는지 여부와 관련하여,

회원들에게 관련 법에 따라 부과하는 부담금이 단체가 회원들에게 유상으로 공급한 용역의 대가인지 여부가 문제되었다. 유럽 법원은 이 단체가 수행하는 활동과 부담금의 법적 성질을 분석한 후 그에 해당하지 않는다고 결론 지으면서, 그러한 부담금과 단체의 활동 간에 직접적 연결이 존재하지 않음을 언급하였다.

[6/64 "코스타(the Costa) 대(對) ENEL" (1964)] – 부가가치세와 무관한 사건

이 판결을 통하여 이 사건에서 원래 문제된 사실관계를 알아내기는 쉽지 않다. 어쨌든 이 판결에서 유럽 법원은 유럽연합법의 다양한 측면에 관하여 설시하고 있고, 유럽연합법이 개인들의 권리를 창조할 수 있다는 점과, 다른 회원국 국민의 사업장을 그 나라 국민의 사업장보다 더 불리하게 취급하는 것은 금지된다는 점 등을 결론적으로 판시하면서, 유럽연합이라는 새로운 종류의 공동체나 그 법제가 갖는 특성을 그 전제로 들고 그와 같이 새로 창조된 유럽연합의 법제는 각 회원국 법제의 일부를 이루고 각 회원국의 법원도 이를 적용하여야 할 의무가 있다고 설시하기도 한다.

[106/77 "시멘탈(Simmenthal)" (1978)] – 부가가치세와 무관한 사건

소고기를 수입할 때 보건 목적의 부담금을 물리는 이탈리아의 법제가 유럽연합법 조항들, 특히 1968년에 나온 이사회 명령에 부합하는지 여부가 먼저 국내 법원 차원에서 문제되었고, 만약 부합하지 않는다고 하면 이때 국내 법원은 바로 유럽연합법을 직접 적용하여야 하는지, 아니면 먼저 관련된 국내법 조항이 폐지될 때까지 기다려야 하는지 여부가 문제되었다. 유럽 법원은 직접 적용을 인정하고, 국내 법원은 국내법 조항의 효력이 없어질 때까지 기다릴 것 없이 바로 유럽연합법을 적용하여야 한다고 판시하였다.

[93/71 "레오네지오(Leonesio)" (1972)] – 부가가치세와 무관한 사건

유럽연합 이사회는 1969년 시행명령을 발하며 회원국 내 젖소들의 도축에 관하여 각 회원국이 농부들에게 보조금을 지급하도록 정하였고, 유럽연합은 이러한 시행명령은 직접효를 가지고 회원국의 법체계 내에 바로 편입되어, 이에 따라 관련된 농부들은 이탈리아 정부에 대하여 직접 보조금의 지급을 청구할 수 있는 권리를 갖게 되며 회원국의 국내 법원은 이러한 권리를 보호하여야만 하고, 회원국이 국내법으로 이러한 권리를 제한하는 것은 불가능하다고 판시하였다.

[9/70 "그라트(Grad)" (1970)]

사건의 사실관계는 불분명하지만, 1965년 이후 부가가치세제 실시를 위한 일련의 준칙들이 도입된 일과 관련하여, 그 전인 1965년 이사회가 개별 국가들에게 그 이전에 실시하고 있었던 개별 매상세들을, 새로 도입되는 공통 매상세제와 함께 적용할 수 없다는 내용의 결정을 내렸다. 유럽 법원은 이러한 결정은 회원국과 그 관할권 내에 놓인 사람들 간의 법률관계에 직접 효력을 미치고, 따라서 이러한 사람들이 법원에서 결정의 조항을 원용하는 것이 가능하다고 판시하였다.

[C-188/89 "포스터 대(對) 영국 가스(Foster v. British Gas)" (1990)] – 부가가치세와 무관한 사건

영국 가스회사는 국영 기업인 영국가스공사(British Gas Corporation)가 1986년에 민영화되면서 설립된 회사이다. 민영화 직전에 가스공사는 여성 60세, 남성 65세의 정년퇴직 제도를 운영하였으며, 이 제도가 고용에서 남녀 차별을 금지한 유럽연합법 준칙 위반이 아닌지가 문제되었다. 이와 관련하여 유럽 법원은, 준칙의 조항은 그 법적 형식에 관계없이, 국가의 통제 하에 공공 역무를 제공하고 그로 인하여 일반적인 사인(私人)들 간에서 인정되지 않는 특별한 권력을 가지는 단체를 상대로 한 손해배상 청구에서 직접 원용될 수 있다고 판시하였다.

[14/83 "폰 콜손(von Colson)" (1984)] – 부가가치세와 무관한 사건

자비네 폰 콜손 등이 독일의 지방정부 교정직(矯正職)에 응시하였다가 여성이라는 이유로 채용을 거부당한 것과 관련하여, 고용과 관련하여 성별에 따른 차별을 저지른 측에 어떠한 책임을 물을 수 있는지가 문제된 사건이다. 유럽 법원은, 준칙에서 정하는 차별 금지의 결과를 어떤 식으로 국내법에 구현할지에 관해서는 각 회원국에 입법재량이 주어지지만, 차별에 대하여는 실효적인 배상 청구권이 인정되어야 하고, 이러한 방향으로 준칙을 해석하고 적용할 의무는 법원을 포함하여 회원국의 모든 국가기관에 인정되는 것이라고 판단하였다.

[80/86 "검사 대(對) 콜핑하위스 네이메헌 사(社, Public Prosecutor v. Kolpinghuis Nijmegen BV)" (1987)] - 부가가치세와 무관한 사건

생수를 공급하는 네덜란드 회사가, 생수 공급의 위생적 측면 등에 관한 유럽연합법 준칙에 위반하는 행위를 저지른 일과 관련된 사건이다. 당시 네덜란드는 준칙이 규정하는 기간 내에 준칙의 내용을 시행하는 국내법을 제때 입법하지 않았고, 따라서 이 회사의 행위는 네덜란드 국내법에 위반된 것이 아니라고 볼 여지가 있었다. 유럽 법원은, 국내 법원이 준칙의 내용을 최대한 구현하는 방식으로 국내법을 해석하여야 하지만, 이때에도 법적 안정성이나 소급효에 대한 제한 등의 법원칙을 존중하여야 하며, 따라서 국내법 조항 없이 준칙의 규정에 따라 형사책임을 지우거나 가중하는 것은 불가능하다고 판단하였다.

[C-397~403/01 "프파이퍼 외 6인 대(對) 적십자(Pfeiffer v. Rotes Kreuz)" (2004)] - 부가가치세와 무관한 사건

독일 적십자 사(社)의 구급차 운영요원들이 독일 적십자 사를 상대로 낸 소송에서, 유럽연합법 준칙이 노동 시간의 상한을 주당 48 시간으로 규정하고 있음에도 불구하고, 독일 국내법에서는 단체협약으로 이를 연장할 수 있도록 규정하고 적십사가 이에 따라 노동 시간을 주당 49 시간으로 정하고 있었던 것과 관련하여, 운영요원들은 이 단체협약이 유럽연합법 위반이라고 주장하였다. 유럽 법원은, 국내법을 가능한 범위에서 준칙에 부합하도록 해석하여야 하고, 그러한 해석이 불가능한 경우에 준칙은 국내법 체계에 직접적 효력을 가질 수 있다고 판시하였다.

[C-251/16 "쿠센스 외(外, Cussens and Others)" (2017)]

쿠센스 등은 부동산을 다른 회사에 20년 기한으로 임대한 후 다시 2년간 임차하고, 20년 장기 임대차에 대하여, 아일랜드 법에 따라 장래 임대료 수입을 현재가치로 할인하여 부가가치세를 납부하였다. 이들은 계약을 모두 해제한 다음, 부동산을 제3자에 양도하였으나, 이미 장기 임대차에 대하여 부가가치세를 납부하였다는 이유로 부가가치세 납세의무가 없다고 주장하였다. 과세관청은 세금 부담을 줄이려는 인위적 거래로 보아 이를 무시하고 양도 거래에 부가가치세를 물릴 수 있다고 주장하였다. 유럽 법원은 법의 남용을 금지하는 유럽연합법의 원칙은, 국내법 규정이 없어도 국내법 해석에 직접 적용된다고 판시하였다.

[C-255/02 "핼리팩스(Halifax)" (2006)]

핼리팩스 사는 영국의 은행으로서, 면세 사업이 대부분인 까닭에 콜센터 신축을 위한 비용을 지출하더라도 매입세액 공제를 받지 못할 것을 염려하여, 공제가 가능하도록 하는 복잡한 거래 구조를 만들어냈다. 요약하자면 자회사로 하여금 신축비용을 지출하도록 한 것이다. 이때 매입세액 공제를 허용할지가 쟁점이다. 유럽 법원은, 조세회피를 위한 법의 남용은 허용될 수 없고, 이 경우 그러한 회피 행위 없는 정상적인 상황을 전제로 세법을 적용하여야 한다고 판시하였다. 또 객관적으로 보아 거래구조의 목적이 세금 감면에 있고 그러한 혜택을 주는 것이 입법의도에 어긋나는 경우 조세회피가 존재한다고 설시하였다.

[C-103/09 "월드 임대회사(Weald Leasing Ltd)" (2010)]

면세 사업을 하는 영국의 "처칠(Churchill)" 기업집단 소속 몇몇 회사는 사업용 장비를 직접 구입하는 대신, 같은 소속의 월드 사가 구입하게 한 다음 제3의 회사를 거쳐 임차하였다. 월드 사는 구입 비용의 매입세액 공제를 받고, 장비사용 회사는 임차료 상당액에만 매입세액 불공제를 당하는 결과이다(세액 조기공제). 유럽 법원은, 이러한 임대 거래 자체가 준칙의 입법의도에 어긋나지는 않는다고 하고, 임대 조건이 정상가격에 해당한다면, 별 상업적 기능 없는 회사를 끼워 넣어도 무방하다고 하였다. 또 거래 재구성은, '남용'에 해당하는 부분만을 제거하였을 때 이루어졌을 거래 내용에 따라야 한다고도 판시하였다.

[C-425/06 "파트 서비스(Part Service)" (2008)]

같은 기업집단 소속 다른 회사와 함께 자동차 '리스' 업을 하는 이탈리아의 "파트 서비스" 사(社)는, 다른 회사로 하여금 자동차 구매 비용을 겨우 회수할 정도의 리스료만 받도록 하고(과세대상 거래), 통상의 리스료에 포함되어야 하는 금융·보험 등 관련 역무를 모두 인수하여 고객에게 제공하였으며, 고객이 지급한 대가를 다른 회사에 지급하였다(면세대상 거래). 과세관청은 전체를 하나의 과세대상 거래로 보고, 파트 서비스의 대가에도 부가가치세를 물리려 하였다. 유럽 법원은, 거래의 주된 목적이 세금 감소에 있는지에 따라 법 남용 행태의 존재 여부가 정해진다고 판시하였다(구체적 판단은 국내 법원에 유보).

[C-653/11 "폴 뉴이(Paul Newey)" (2013)]

영국에서 면세 대상인 금융중개업을 하는 폴 뉴이는 광고비의 매입세액 공제를 받기 위하여, 준칙이 적용되지 않는 저지 섬에 금융중개업을 하는 회사를 설립하고, 자신은 회사에 용역을 공급하는 거래 구조를 만들었으며, 광고 역무도 회사에 제공되었다고 주장하였다. 과세관청은 이 회사의 경제적 실체가 없고 광고 역무도 영국의 뉴이에게 직접 제공되었다고 주장하였다. 유럽 법원은, 경제적 현실에 따른 판단이 이루어져야 하고 계약 내용은 결정적이지 않으며, 전적으로 인위적 거래 구조가, 세금 부담의 감소를 유일한 목적으로 삼는 경우라면 무시할 수 있다고 판시하면서, 구체적 판단은 국내 법원에 유보하였다.

제 4 장

부가가치세의 적용범위

．．．．．．．．．．

제4장

부가가치세의 적용범위

옮긴이의 말

제4장은 유럽연합 부가가치세제의 적용범위에 관한 것이고, 주로 문제되는 것은 사항적인 적용범위와 지리적인 적용범위이다. 유럽연합 부가가치세제는 '부가가치세 지역'이라는 이름 하에 지리적인 적용범위를 정하고 있고, 이 문제는 관련된 공간만 다를 뿐 우리나라에서도 동일하게 나타난다. 납세지나 재화 수입 등의 문제를 다룰 때 이러한 지리적 적용범위의 문제는 매우 중요하다. 한편 사항적 적용범위의 문제는 그보다 매우 까다롭고 이 책에서도 깊게 설명되어 있지는 않다. 아마 이 문제는 좀 더 높은 단계의 부가가치세 공부를 하는 과정에서 어쩔 수 없이 다시 살펴보아야 할 문제일 것인데, 우리나라에서도 최근 대법원이 가끔 언급하고 있는 '비과세사업'의 개념과 결부시켜 생각하여 볼 여지가 있다.

제1절 도입

이 장에서는 유럽연합 부가가치세의 적용범위에 관하여 간략히 설명한다. 유럽연합 부가가치세의 적용범위는 제2장에서 설명한 부가가치세제의 배경이 되는 이론들과 관련을 맺는다. 이 이론들은 부가가치세 준칙 제1조 제2항에서 명시하고 있는 것처럼 부가가치세를 일반 소비세로 본다. 부가가치세의 적용범위는 또한, 과세대상 거래에 관한 제5장, 납세의무자에 관한 제6장, 유럽연합 부가가치세의 장소적 범위와 납세지를 결정하는 조항들에 관한 제7장에서 설명하는 다양한 개념들과도 연결되어 있다.

제2절   관련 개념들의 누적적 적용

아마도 유럽연합 부가가치세의 적용범위를 쉽게 설명하기 위해서는 이것이 지리적, 그리고 '사항적(事項的)' 측면의 문제임을 명확히 할 필요가 있다. 이 중 지리적 적용범위는 제7장에서 설명한다. 다른 한편으로 사항적 적용범위에서는, 유럽연합 부가가치세가 어떤 구체적 거래에 적용되는지 규명하기 전에 고려해야 하는, 그리고 누적적·경합적으로 적용되는 다양한 개념들을 다루게 된다. 이러한 지리적·사항적 적용범위는 아래 그림 4-1처럼 형상화할 수도 있다.

그림 4-1. 유럽연합 부가가치세의 지리적 · 사항적 범위

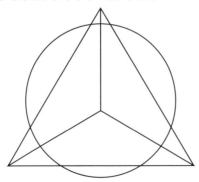

위 그림에서 원은 유럽연합 '부가가치세 지역'의 지리적 범위를 나타내며, 이는 제7장 제1절에 설명된 대로이다. 세 개의 삼각형은, 과세대상 거래, 납세의무자, 그리고 납세지라는 세 가지 개념의 사항적인 범위를 다루고 있다. 부가가치세는 특정 회원국의 영토 안에서 납세의무자에 의한 거래가 이루어진 것으로 인정될 때만 부과된다.

유럽 법원이 여러 사례에서 지적하였듯이 과세대상 거래와 납세의무자에 관한 법 해석은 서로 긴밀하게 연결되어 있다. 예를 들어, 과세대상 거래를 단 한 번도 하지 않는 사람이라면 납세의무자가 될 수 없다. 그러나 과세대상 거래를 하는 사람은, 비록 그 거래가 해외에서 이루어져 과세되지 않더라도 여전히 납세의무자이다.

만약 어떤 거래가 부가가치세의 사항적 적용범위에서 아예 벗어나거나, 아니면 제9장에서 설명하는 조항들에 따라 면세된다면, 이 거래에는 부가가치세가 부과되지 않는다. 또 어떤 거래는 부가가치세의 사항적 적용범위 안에 있고 면세 대상도 아니지만, 해외에서 벌어지는 공급이나 취득에 해당할 수 있다. 다시 말해 지리적 적용범위를 벗어나는 것이다. 이것이 바로 재화 '수출(exportation)'의 경우인데, 다만 이 용어는 회원국으로부터 (유럽연합 외의) 제3국으로 이루어지는 거래에 한하여 사용된다. 제3국 내의 용역 공급 또한 부가가치세의 지리적 적용범위 밖에 있다. 한 회원국의 입장에서 보면 유럽연합 역내(城內, intra-Union) 거래의 경우도 이와 마찬가지일 수 있는데, 그 거래는 어느 하나의 회원국 안에서만 과세되기 때문이다. 거래의 과세권이 없는 회원국—예를 들어, 공급을 받는 쪽에서 과세되는 경우, 공급을 하는 사업자가 속한 곳—이라면, 그 거래는 그 회원국의 지리적 적용범위 밖에 있는 것이다.

대부분의 경우에 공급자—많은 경우에는 또한 판매자—가 거래에 대한 부가가치세의 납세의무를 진다. 그러나 어떤 경우에는 비록 공급이 그 거래에서 과세되는 대상이라고 하더라도, 공급의 상대방이 납세의무자이다. 이를 '대리납부(reverse charge)'라고 부른다. 또 다른 경우에는, 수입에 해당하는 취득이 부가가치세의 과세대상이다.

제3절　부가가치세의 지리적·사항적 적용범위 바깥에서 일어나는 문제

유럽연합 부가가치세 지역의 범위—곧 지리적 적용범위—를 벗어나는 거래와, 부가가치세의 사항적 적용범위를 벗어나는 거래 간에는 근본적 차이가 있다. 전자의 경우, 재화나 용역이 유럽연합으로부터 공급된다면, 여전히 공급자는 납세의무자이다(C-58/04, 안티에 쾰러(Antje Köhler) 판결). 납세의무자는 또한 거래가 과세대상에 해당하는 한 매입세액의 공제나 환급을 받을 권리를 갖는다. 후자의 사항적 적용범위를 벗어나는 거래의 효력은 훨씬 더 복잡하다. 어떤 거래가 사항적 적용범위를 벗어난다면, 여기서는 매입세액의 공제를 받을 권리가 생겨나지 않는다. 그러나 매입세액의 공제를 받을 권리가 어떤 경우에는 다른 활동들로부터 발생할 수도 있으나, 또 다른 경우에는 여전히 공제가 부인될 수 있다(제10장 참조).

제4절　결론에 해당하는 사례들

여기서는 몇 가지 예를 들어 부가가치세의 적용범위를 설명한다.

사례 1
오스트리아 백화점의 직원이 생수 한 병을 고객에게 팔았다. 그 가게를 운영하는 것은 법인이고, 고객은 사업자가 아닌 개인이다.

이 사례에서, 백화점의 직원은 고용주로부터 독립되어 있지 않기 때문에 부가가치세 납세의무자가 아니다. 이러한 독립성은 납세의무자의 지위를 얻기 위한 요건 중 하나이기 때문이다. 따라서 이 사례에서 '직원과 고객 간 거래'는 부가가치세의 적용범위를 벗어난다.

한편 백화점을 운영하는 법인에 관하여 보면, 이 거래는 오스트리아 부가가치세의 적용범위 안에 있다. 이때에는 그 백화점(법인)이 오스트리아에서 활동하는 납세의무자로서 고객에게 재화를 공급한 것이면서, 그 거래가 부가가치세 면세의 대상이 아니기 때문이다. 이와 같이 어떤 거래가 부가가치세의 지리적·사항적 적용범위에 속하고 또 면세의 대상이 아닌 경우에만 부가가치세의 과세대상이 되는 것이다.

사례 2

독립적으로 활동하는 독일의 건축가가 프랑스에 지어진 집을 설계하였다.

이 용역은 부동산이 소재하고 있는 나라 안에서 공급된, 말하자면 '부동산 용역'이다. 독립된 사업자로서 활동하는 독일 건축가의 입장에서, 이러한 용역의 공급은 부가가치세의 사항적 적용범위 안에 있다. 이 공급이 어떠한 면세 대상에 해당하지 않기 때문에, 이는 원칙적으로 과세대상 공급에 해당한다. 그러나 이때의 용역은 프랑스 안에서 공급되었기 때문에 독일 부가가치세의 지리적 적용범위를 벗어난다. 하지만 프랑스에서는 이 용역 공급이 부가가치세의 지리적 적용범위 안에 포함된다. 이는 곧 독일 건축가가 건축 용역에 대한 프랑스 부가가치세의 납세의무를 진다는 뜻이다.

만약 이 용역이, '부동산 용역'처럼 어떤 특별한 납세지 관련 조항의 적용을 받지 않고, 또 부가가치세 납세의무자를 상대방으로 하여 공급된 것이라면, 이 용역은 여전히 독일 부가가치세의 지리적 적용범위 밖에 있다. 이때의 용역은 '도착지(destination)'에서 과세되어야 하기 때문이다. 대신 그 거래는 여전히 프랑스 부가가치세의 지리적 적용범위에 포함될 것이다. 다만 일정한 실무적인 이유 때문에, 공급자가 프랑스 부가가치세의 납부의무를 지지는 않을 것이다. 왜냐하면 '사업자 간 거래'에서 납세의무자는 공급자라기보다 공급의 상대방이기 때문이다. 이와 같이 공급의 상대방이 그 거래에 대한 부가가치세를 신고하고 납부하여야 할 의무를 지는 경우를 '대리납부'라고 부른다.

[C-58/04 "안티에 쾰러(Antje Köhler)" (2005)]

독일의 안티에 쾰러는 독일에서 출발하여 유럽연합 밖 항구들을 거쳐 독일이나 이탈리아에서 여정을 마치며, 탑승객은 단지 중간 기항지에서 일시 하선할 수 있을 따름인 유람선의 내부에서 양품점을 운영한다. 쟁점은 이 배가 유럽연합 바깥을 항행하거나 정박하고 있을 때 선내에서 이루어진 거래가, 유럽연합 바깥에서 이루어져 부가가치세의 과세대상이 아닌지 여부이다. 유럽 법원은 준칙 제37조에 따라, 이러한 거래는 유럽연합 안에서 이루어진 거래로 볼 수 없다고 판단하였다.

납세의무자

. . . .

제 5 장

납세의무자

옮긴이의 말

부가가치세의 납세의무자는 우리 부가가치세법의 용어로는 '사업자'이며, 유럽연합 부가가치세제는 비록 이에 해당하는 말을 직접 사용하지는 않지만 기본적으로 같은 입장이다. 다만 사업자만을 납세의무자로 하는 부가가치세법의 선택이 소비세의 성격에서 논리필연적으로 도출되는 것은 아니기 때문에, 일시적으로 재화·용역을 공급하는 사람도 납세의무자가 될 수 있도록 하는 선택권을 회원국들에게 부여하고 있다. 또한 우리나라에서는 아직 법인세법에만 제한적으로 존재하는 연결납세에 관한 선택적 규정이 아울러 마련되어 있다. 우리나라 부가가치세법에서는 국가·지방자치단체만이 납세의무자의 범위에서 제외되지만, 유럽연합 부가가치세제에서는 그 밖의 공공단체들도 제외될 가능성이 있다. 그러나 이 경우 이들이 시장 경쟁에서 불합리하게 우위에 서는지 여부에 따라 다른 결론으로 이어질 수 있다.

제1절　도입

부가가치세 준칙 제9조에 따르면, '납세의무자(taxable person)'는 그 활동의 목적이나 결과와는 무관하게 어떤 장소에서 독립적으로 경제적인 활동을 하는 사람이다. 이는 유럽연합 부가가치세의 기본개념 중 하나이다. 어느 나라 안의 재화와 용역 공급은 그것들이 납세의무자에 의하여 이루어지거나 일정한 요건을 갖춘 납세의무자의 취득인 경우에만 과세된다. 역내의 재화 취득은, 그 재화가 '납세의무자 아닌 법인(non-taxable legal person)'이나, 납세의무자로서 그와 같이 활동하는 사람에게 공급된 경우 과세된다. 만약 용역이 외국으로 공급되었다면, 공급의 장소는 많은 경우 그 용역의 공급 상대방이 납세의무자인지 여부에 따라서 정해진다(제7장 참조). 오직 납세의무자만이 매입세액의 공제를 받을 권리를 가진다(제10장 참조). 나아가 납세의무자는 부가가치세를 신고하고 납부할 의무가 있다(제8장).

납세의무자는 일반적으로 '사업자(business person)'이다. 사업자는 자연인이거나 법인일 수 있다. 사업자가 아님에도 재화나 용역을 계속·반복적으로 공급하는 자연인은 유럽연합 부가가치세와 관련하여 납세의무자로 인정될 수 있다. 이것은 중립적인 부가가치세제라는 목표를 위해 납세의무자의 범위가 넓게 설정되어 있기 때문이다.

이 장(章)은 먼저 납세의무자의 일반적인 정의로부터 논의를 시작하여, '경제적 활동'과 '독립적으로'라는 개념들을 상세히 검토한다. 그 후 부가가치세의 '연결납세(VAT groups)'에 대하여 설명할 것이다. 국가나 지방자치단체와 같은 '공공단체(public bodies)'에 관한 특별 조항들이 뒤따르며, 몇 가지 맺음말로 마무리한다.

1 경제적 활동

납세의무자는 '경제적 활동(economic activity)'을 수행하는 사람이다
(준칙 제9조). 경제적 활동이란, 생산하거나 거래하는 사람, 또는 역무를
제공하는 사람들의 활동이며, 광업이나 농업, 또는 전문직 종사자들의
활동을 포함한다. 특히 지속적인 수입을 얻기 위한 목적으로 유체(有體)
또는 무체(無體)의 재산을 활용하는 것도 하나의 경제적 활동으로 인정
된다.

어떤 활동의 목적이나 결과는 그 활동이 경제적 성격을 갖는 이상
따질 필요가 없다. 따라서 여기서 말하는 경제적 활동은 수익을 목적으
로 하는 것일 필요가 없다. 만약 그 활동이 현실에서 손실을 낳았더라도,
여전히 경제적 활동이라는 성격을 잃지 않는다.

유럽 법원의 판례에 따를 때, 일정한 경제적인 성격을 가져야만 '경
제적 활동'에 해당할 수 있음이 명백하다. 초기의 "홍콩 무역개발위원회"
판결(C-89/81)에서, 유럽 법원은 무역상들을 위하여 전혀 대가를 받지 않
고 일상적으로 역무를 제공하는 사람은 납세의무자로 인정될 수 없다고
판시하였다. 유럽 법원은 이 판단에서 제2 부가가치세 준칙(67/228/EEC)
제4조의 문구와 부가가치세제의 체계정합성(體系整合性)을 근거로 들었
다.[1] 제2 준칙 제4조가 경제적 활동을 언급하고 있지는 않지만, 유럽
법원은 아무런 공급대가를 청구하지 않는다면 최종 소비자와 마찬가지
라고 본 것이다.

"집행위원회 대(對) 프랑스" 사건(C-50/87)은, 직접적으로는 매입세액
의 공제(제10장 참조)를 다루었다. 하지만 여기서 유럽 법원은 '방론(傍論)'
으로서 경제적 활동에 관한 몇 가지 흥미로운 견해를 밝혔다. 이 사건에

는 경제적 활동의 개념을 채택한 제6 부가가치세 준칙 제4조가 적용되었다. 유럽 법원은 임차인에게 어떤 혜택을 제공하는 것처럼 보일 정도의 낮은 임료를 내용으로 하는 임대차는, 준칙에서 말하는 경제적 활동에 해당하지 않는다고 하였다. 이 판결이 알려주는 것은, ("홍콩 무역개발위원회" 사건 외에도) 대가가 존재하지만 그 크기가 너무 작아서 문제된 활동이 경제적 성격을 가진다고 볼 수 없는 경우가 있다는 점이다.

또한 "레나테 엥클러" 판결(C-230/94)은 경제적 활동의 하한(下限)을 설정한다는 점에서 흥미롭다. 개인적인 용도로 쓰기에 적합한 유체 재산(캠핑카)의 임대차에 관한 사건에서, 이 판결은, 어떠한 재산이 단지 경제적인 이용에만 적합하다는 사실은 일반적으로, 그 소유자가 이를 경제적 활동의 목적에, 따라서 계속적으로 소득을 얻기 위하여 사용하는 것임을 확인하기에 충분하다는 결론을 도출하였다. 반대로 어떤 재산이 그 성질상 경제적·개인적인 용도 모두에 사용될 수 있다면, 이때에는 그 재산의 사용을 둘러싼 모든 상황을 종합하여, 계속적인 소득을 얻기 위하여 실제로 사용되었는지 여부를 검토하여야 한다고도 판시하였다. 문제되는 재산 사용의 실제 상황을, 그에 상응하는 경제적 활동이 통상적으로 행하여지는 상황과 비교할 수도 있다. 또 그 사용자에게 발생한 결과만으로 그 활동이 계속적 소득을 위하여 수행되었는지 판단하기는 어렵겠지만, 그 재산이 실제로 임대된 기간이나 상대방이 되는 고객의 수입 크기를 고려하는 일은 적절하다.

어떠한 자산이 개인적 또는 경제적 목적으로 사용되었는지 판단하는 일이 중요할 때, 이러한 경제적인 목적은 곧 계속적인 소득을 얻기 위한 것이다. 이때에는 가끔 어쩌다 소득을 얻는 정도로 충분하지 않다. 경제적인 이용에 적합한 자산이라면, 여기서 말하는 계속성의 기준은 상대적으로 낮다. 그 자산이 소득 발생을 위하여 사용된 기간 외에, 거래 상대방의 수와 수입의 액수 또한 중요한 요소들이다.

이와 관련하여 유럽 법원이 다루었던 또 하나의 쟁점은 지주회사(持株會社)가 '경제적 활동'을 수행하는지 여부이다. 지주회사의 주된 목적은 다른 기업의 지분을 취득하는 것이다. 유럽 법원은 "폴리자르(Polysar)" 판결(C-60/90)에서, 기업의 경영에 직간접적으로 관여하지 않는 지주회사는 납세의무자가 아니라고 판시하였다. 지주회사가 주식의 보유에서 배당을 받는다고 하여 납세의무자가 되지는 않는다. 배당금은 재화나 용역의 공급에 대한 대가가 아니기 때문이다. 유럽 법원은 이와 같은 법리를 "웰컴 트러스트" 판결(C-155/94)과 "플로리디엔 · 베르긴베스트(Floridienne and Berginvest)" 판결(C-142/99) 등 여러 사건에서 확고히 하였다. 반대로 만약 지주회사가 자(子) 회사들의 경영에 참여하고 그 용역에 대한 대가를 받는다면, 그 지주회사는 경제적 활동을 수행하는 것이며 납세의무자가 된다(C-16/00, "시보 지주회사(Cibo Participations SA)" 판결).

경제적 활동은 어떠한 사람이 장래에 재화 또는 용역의 공급을 포함하는 어떠한 경제적인 활동을 수행하고자 의도하는 시점에 즉시 시작된다. 입증책임은 그 (잠정적인) 납세의무자에게 있다. 이를 예비하는 행위, 예를 들어 자산의 취득은 그 자체로서 이러한 경제적 활동으로 여겨진다(C-268/83, "롬펠만(Rompelman)" 판결). 사업이 폐지될 경우 청산을 위한 비용 지출도 경제적 활동으로 인정된다(C-32/03, "I/S 피니(Fini) H" 판결). 중립성의 측면에서, 납세의무자의 지위는 사업의 전체적 경과를 놓고 볼 때, 이른 시점에 시작하고 늦은 시점에 종료하는 것으로 파악한다. 납세의무자인지 아닌지 여부가 매입세액의 공제를 받을 권리를 좌우하기 때문이다.

2 독립성

경제적 활동이, 어떠한 사람이 납세의무자인지 여부를 결정하는 유일한 기준은 아니다. 문제되는 활동은 또한 '독립적으로(independently)'

수행되어야 한다. 부가가치세 준칙 제10조는 이 독립성의 요건이 고용된 직원이나 그 밖의 유사한 사람들을 부가가치세제의 적용범위에서 배제한다고 정하고 있다. 이는 고용 계약이나, 그 밖에 달리 근로조건 · 보수 · 사용자책임과 관련하여 고용주(雇傭主)와 직원 간 연결을 형성하는 법률관계에 따라, 고용주에게 의무를 부담하는 경우를 가리킨다.

"헤이르마(Heerma)" 판결(C-23/98)은, 어떠한 사람의 유일한 경제적 활동이 유체의 재산을 자신이 '조합원(partner)'으로 있는 회사, 곧 '조합(partnership)'에 임대하는 것이라도, 그러한 활동은 여기서 말하는 독립적인 활동으로 평가되어야 한다고 판시하였다. 이 사건에서는 자산 임대와 관련하여, 이 조합원과 조합 간에 고용계약이나 그에 유사한 관계가 없었다. 오히려 이 조합원은 임차인 조합의 업무집행 조합원이었음에도 불구하고, 유체 재산을 조합에 임대하면서 본인의 이름, 계산과 책임 하에 행위하였다. 이때의 임차권이 조합의 경영진이나 대표로부터 부여 받은 것도 아니었다. 이 "헤이르마" 판결로부터 다음과 같은 독립성의 표지들을 도출할 수 있다.

- 자기 이름으로 행위할 것.
- 자기 계산으로 행위할 것.
- 자기 책임 하에 행위할 것.
- 그 경영진이나 대표자(들)의 지시에 따라 행위하고 있지 않을 것.

"판 데어 스테인(van der Steen)" 판결(C-355/06)에서는 문제된 자연인이 독립적으로 행위하지 않았다. 이 사람은 어느 회사의 유일한 주주이자 임직원이었고 이에 따라 고용계약을 맺고 있었는데, 관련된 모든 일을 납세의무자인 회사의 이름과 계산으로 처리하였기 때문에 스스로는 납세의무자에 해당하지 않았다. 이 사람은 고용계약에 따라 행동하였다는 점에서 그 상황이 "헤이르마" 사건과 같지 않았다.

부가가치세 준칙 제10조가 법인의 독립성에 관하여 아무런 규정을 두고 있지 않음에도 불구하고, 각 나라의 법원들은 이 쟁점에 관한 판단을 유럽 법원에 요청하였다. "FCE 은행" 판결(C-210/04)은, 회사와 구별되는 별도의 '법인격체(法人格體, legal entity)'가 아니라 그 회사의 한 부분에 지나지 않는, 그리고 다른 회원국에 설치된 '고정사업장(permanent establishment)'에 그 회사가 용역을 공급한 사안에 관한 것이다. 이 판결에서 유럽 법원은, 그 용역과 관련된 비용의 일부가 이 고정사업장에 귀속되었다 하더라도 이 때문에 고정사업장이 납세의무자로 취급되어서는 안 된다고 판시하였다. 회사와 구별되는 법인격을 갖지 않는 지점은 다른 지점들이나 본점으로부터 독립적이지 않다는 뜻이며, 이는 심지어 그 지점이 해외에 설립되었고 고정사업장의 요건을 충족하고 있다고 해도 마찬가지이다. 그러나 어떤 지점은 본점으로부터 독립적일 수가 있는데, 이는 그 지점이 연결납세의 적용을 받음에도 불구하고 본점은 그렇지 아니한 경우이다. 그러한 경우에는 그 자체로 하나의 납세의무자인 '연결납세 집단(VAT group)'이 그 지점을 본점으로부터 '넘겨받게' 된다(C-7/13, "스칸디아 아메리카 사(社, Skandia America Corp)" 판결). 그렇지 않다면 그 지점은 부가가치세와 관련하여, 모회사와 연결납세 집단이라는 두 납세의무자 모두에 속하는 결과가 될 것이기 때문이다.

부가가치세의 관점에서 볼 때 사법(私法)의 법인격은 어떤 집단의 독립성을 위한 필요조건이 아니다. 유럽연합의 일부 법체계에서는, 사람들의 집단, 예를 들어 민법 상(上)의 조합은 법인이 아니지만, 독립적으로 행동하는 한 납세의무자가 된다. "니글 등(Nigl and Others)" 판결(C-340/15)에서 유럽 법원은 민법상 조합들이 각각 독립된 납세의무자인지 여부에 관하여 판단하였다, 여기서 이 조합들은 공급자나 관공서, 그리고 일정한 범위에서는 고객들에 대한 관계에서, 대외적으로 각각 별개의 존재들인 것처럼 '독립적'으로 행위하였다. 그리고 대부분의 생산 활동을 각자의 생산수단에 의하여 수행하였지만, 또 상당 부분의 생산품에 공통의 상표를 부착하여, 그 조합들과 어느 한 가족의 구성원들이 주식을 보유한 주식회사를 통하여 판매하였다. 유럽 법원은 이 사건에서, 부가가치세와 관련하여 이 조합들은 각각 납세의무를 지는 독립적인 기업들로 보아야 한다고 판시하였다. 요컨대 어떤 국가의 사법적(私法的) 시각에서 보아 법인이 아니라고 하여 반드시 부가가치세의 납세의무자가 될 수 없는 것은 아니다.

3 선택적 규정들

부가가치세 준칙은 회원국들에게, 제9조에 마련된 납세의무자의 정의보다 그 범위를 더 넓힐 수 있는 가능성을 부여한다. 제9조에 따를 때 경제적 활동은 납세의무자로 인정받기 위한 필요조건이다. 따라서 간헐적으로 하는 거래는 일반적으로 부가가치세와 무관하다. 하지만 이와 다른 결과를 선택할 수 있도록 하는 규정들을 준칙의 제12조에서 찾아볼 수 있다. 이에 의하면 이러한 간헐적인 거래를 하는 사람들 또한 납세의무자로 취급될 수 있다. 그 대상이 되는 거래는, 최초 사용이 있기 전 건물 전부 또는 일부의 공급이나, 건물이 세워질 부지의 공급이며, 또는 건축용지의 공급 그 자체도 일반적으로 여기에 해당한다.

제3절 부가가치세 연결납세

유럽연합 부가가치세제에서 '연결납세(VAT groups)' 제도는 말 그대로 '연결(consolidation)' 개념에 기초하고 있다. 부가가치세 준칙 제11조가 정하는 연결납세 제도의 적용은 임의적이다. 따라서 회원국은 이를 도입할지 여부를 스스로 정할 수 있다. 어떤 회원국이 제11조를 시행하였다면, 그 영역 안에 사업장을 둔 납세자들은, 비록 법적으로 별개라 하더라도, 재정적·경제적·조직적으로 서로 간에 긴밀하게 연결되어 있는 이상, '연결납세 집단'을 형성할 수 있다. 이러한 집단의 구성원들은 하나의 납세의무자로 취급되고, 그들 간의 내부적인 거래는 부가가치세와 관련된 범위에서 무시한다.

연결납세의 효력은 대부분의 회원국에서 그 영역 범위에만 미친다. 외국 회사의 고정사업장이 연결납세 집단의 구성원이 될 수도 있다. 앞서 설명하였듯이 만약 외국 회사의 고정사업장이 어느 나라 연결납세 집단의 구성원이라면, 고정사업장으로부터 그 회사의 다른 사업장으로 이루어지는 공급은 외부적인 거래로 취급되며, 일반적으로 부가가치세의 과세대상이 된다.

그러나 영국[14]이나 아일랜드처럼 국제적인 연결납세를 인정하는 회원국도 있다. 앞서 설명한 "스칸디아 아메리카 사" 판결이 이러한 유형의 연결납세에 어떠한 영향을 미치는지는 명확하지 않다.

회원국은 연결납세를 도입하기 전에 부가가치세 위원회[15]와 협의하여야 한다. 회원국들은 이 연결납세 제도의 활용을 통한 조세회피나 포탈을 방지하기 위한 조치를 도입할 수 있다. 예를 들어 특정 분야의 사업에만 연결납세의 가능성을 허용하는 것이 그러한 조치에 속한다(C-480/10, "집행위원회 대(對) 스웨덴" 판결 참조).

연결납세는 집단의 일부 구성원이 매입세액 공제에 관한 제한을 받고 있고, 다른 구성원이 이와 같이 공제를 제한 받는 구성원에게 과세대상 재화나 용역을 공급하는 경우에, 그 집단의 부가가치세 관련 비용 부

---

14 물론 이제는 유럽연합의 회원국이 아니지만, 브렉시트 전에 쓰인 원문에 나오므로 그대로 두었다.

15 제3장 '참고자료'[2] 참조.

담을 줄여준다. 연결납세는 온전히 과세대상이 되는 거래를 하는 회사들이 모인 집단의 경우에도, 내부적 공급에 대한 부가가치세 신고납부의 의무를 지우지 않는다는 점에서, 관리 부담을 줄여줄 가능성을 가지고 있다.

제4절 공공단체

부가가치세 준칙 제13조에 따르면 회원국이나 그 지방 정부의 기관들, 그리고 그 밖에 '공법(公法, public law)'에 따라 규율되는 '단체(body)'들은 '공적 기관(public authorities)'으로서 수행하는 활동이나 거래와 관련하여 납세의무자로 취급되지 않아야 한다. 이는 심지어 이러한 단체들이 활동·거래와 관련하여 회비, 수수료, 기부금이나 그 밖의 금전 지급을 받았다고 하더라도 마찬가지이다. 그러나 대부분의 공공단체들은 일정 범위에서 납세의무자가 된다. 공공단체가 공적 기관으로서 활동·거래를 하면서 납세의무자로 취급 받지 않는 것이 중대한 경쟁의 왜곡으로 이어지는 경우 이들은 납세의무자가 된다. 나아가 준칙의 '부록 1(Annex I)'에 열거된 특정 활동을 수행할 때에도 납세의무자로 취급된다. 다만 그러한 활동이 무시할 정도의 작은 규모로 이루어지는 경우는 예외이다.

그러한 활동들은 다음과 같다.
• 전기통신 역무
• 물, 가스, 전기, 열 에너지의 공급
• 재화의 운송
• 항구와 공항 관련 역무
• 여객 운송

- 판매를 위하여 생산된 제품의 공급
- 농산물 시장을 유럽연합 전체에 걸쳐 공통적으로 조직하는 일을 규율하는 농업규제 기관이 수행하는 농산물 거래
- 무역 박람회와 전시회의 조직 업무
- 창고업
- 상업광고 기관의 활동
- 여행사 활동
- 직원 대상 상점, 협동조합, 공장 구내식당이나 이에 유사한 조직의 운영
- (면세 대상이 아니라는 전제 하에) 라디오와 텔레비전 방송 활동

공공단체의 부가가치세 부담을 완전히 면하여 주지 않는 주된 이유는, 만약 사(私) 기업과 달리 공공단체만이 부가가치세의 부담 없이 재화와 용역을 공급할 수 있다면 쉽사리 경쟁을 왜곡하게 되리라는 데에 있다.

제5절 결론

납세의무자는 독립적으로 경제활동을 수행하는 법인과 자연인이다. 유럽연합 부가가치세제가 각 나라의 사법(私法)과 연결되어 있지 않기 때문에(C-526/13, "파스트 벙커링 클레이페다" 판결), 어느 나라의 법에서 법인에 해당하지 않는 존재라도 부가가치세의 납세의무자가 될 수 있다. 납세의무자의 범위는 넓으며, 또 넓어야만 한다. 최초의 투자 활동부터 이미 매입세액 공제의 대상이 되어야 하므로, 경제적 활동은 이미 사업의 구상 단계에 시작된다. 납세의무자의 지위는 또한, 그때까지 수행하여 온 경제적 활동에 결부시킬 수 있는 비용이 더 이상 존재하지 않아야만

비로소 종료된다.

납세의무자의 개념에서 그 자체로 제외될 수 있는 자연인이나 법인은 없다. 단지 공공단체가 특별한 취급의 대상이 될 수 있을 따름이다. 이러한 특별한 취급의 이유 중 하나는 그들이 바로 세금을 징수하는 주체라는 데에 있다. 그러나 공공단체 또한 많은 경우에 납세의무자가 된다. 그렇지 않다면 경쟁은 쉽게 왜곡될 것이다.

연결납세는 일정한 경우에 납세의무자의 범위를 좁힌다. 연결납세 제도가 적용되면, 별개의 납세의무자들이 하나로 취급된다. 연결납세는 하나의 대기업이, 비록 여러 작은 회사들로 나누어져 있고 이들이 부가가치세제와 관련하여 각각 동등한 존재로서 하나의 집단을 형성하고 있더라도, 마치 하나의 회사인 듯 작동할 수 있게 함으로써 조세중립성의 가치를 증진시킨다. 연결납세가 가능한 곳에서라면, 하나의 집단에 속하는 여러 개의 회사를 만들어 활동할지에 관한 의사 결정이 부가가치세에 의하여 영향을 받지 않기 때문이다.

참고자료

[1] 제2 준칙 제4조: '납세의무자'란, 수익을 추구하는지 여부에 관계없이, 독립적이고 일상적으로, 생산하거나 거래하거나 또는 역무를 제공하는 사람의 활동에 속하는 거래에 관여하는 사람을 뜻한다. "Taxable person" means any person who independently and habitually engages in transactions pertaining to the activities of producers, traders or persons providing services, whether or not for gain. (현재의 준칙에서는 제9조에 해당한다.)

[C-89/81 "홍콩 무역개발위원회 (Hong Kong Trade Development Council)" (1993)]

홍콩 무역개발위원회는 홍콩과 다른 국가 간 무역 증진을 위하여 설립된 단체로, 그 암스테르담 사무소는 무역상들을 위하여 무료로 대(對) 홍콩 무역을 위한 정보와 조언을 제공한다. 쟁점은 이와 같이 무료로 역무를 제공하는 단체가 부가가치세의 납세의무자에 해당하는지 여부이다. 유럽 법원은 부가가치세제 전체의 체계적인 이유에서 이러한 사람은 납세의무자가 아니라고 판단하였다.

[C-50/87 "집행위원회 대(對) 프랑스" (1988)]

프랑스는 1979년 부동산 임대수입이 일정 수준 이하일 때, 부동산 관련 매입세액의 일부만을 공제하도록 하는 제도를 새로 도입하였다. 프랑스 정부의 입장은 특별한 상황이나 정책적 이유에서 임대료가 낮게 책정되었을 때, 매입세액 공제를 통해 정부가 그 중 일부를 부담하는 결과는 부당하다는 것이었다. 유럽 법원은 매입세액 공제는 준칙의 명문 조항 없이 국내법으로 제한될 수 없다고 판단하였다. (낮은 임료가 정상적 대가가 아니라 어떤 혜택의 부여로 인정될 때 이것이 아예 '경제적 활동'이 아니라고 볼 여지도 있음을 전제로, 제6 준칙 제20조에 이를 위한 별도 조항이 마련되어 있음을 지적하였다.)

[C-230/94 "레나테 엥클러 (Renate Enkler)" (1996)]

레나테 엥클러는 소유한 '캠핑카'를 때로 개인적 목적으로, 때로 임대 목적에 사용하였다. 주요 쟁점은 엥클러가 이 캠핑카를 갖고 경제적 활동을 한 것으로 볼 수 있는지 여부이다. 유럽 법원은 이를 위해서는 계속적으로 수입을 얻을 목적으로 사용되어야 하고, 그러한 목적이나 사용이 있었는지 여부는 관련된 제반 사정을 종합적으로 고려하여 판단하여야 한다고 판시하였다.

[C-60/90 "폴리자르(Polysar)" (1991)]

폴리자르 사(社)는 네덜란드 소재 지주회사이며, 전세계에 퍼져 있는 자회사들의 주식을 보유하고 그로부터 배당을 수취하여 캐나다 소재 모회사에 다시 지급한다. 쟁점은 폴리자르 사가 네덜란드에서 부가가치세 납세의무자로서 매입세액 공제를 받을 수 있는지 여부이다. 유럽 법원은 단순히 주식을 보유할 뿐 따로 경영에 참여하지 않는다면, 부가가치세 납세의무자의 지위에 있는 것으로 볼 수 없다고 판단하였다.

[C-155/94 "웰컴 트러스트(Wellcome Trust)" (1996)]

그 수익을 의료 관련 사업에 지출하는 것을 목적으로 하는 신탁인 웰컴 트러스트는 투자 수단으로서 다량의 주식을 보유하고 있으며, 또 그러한 주식들을 수시로 취득하고 양도한다. 쟁점은 이러한 활동이 '경제적 활동'에 해당하는지 여부이고, 유럽 법원은 "폴리자르" 판결과 마찬가지로 주식의 보유는 그 자체로 이에 해당하지 않는다고 판단하였다.

[C-142/99 "플로리디엔·베르긴베스트(Floridienne and Berginvest)" (2000)]

벨기에의 지주회사인 플로리디엔 사(社)와 베르긴베스트 사는 자회사들의 주식을 보유하고 그로부터 배당을 수취한다. 유럽 법원은 배당의 수취는 어떠한 경제적 활동의 대가라고 볼 수 없으므로, 이와 관련된 범위의 매입세액은 공제될 수 없다고 판단하였다.

[C-16/00 "시보 지주회사(Cibo Participations)" (2001)]

프랑스의 시보 지주회사는 자회사들을 거느리고 그로부터 배당을 받는 외에, 경영에 관련된 인력을 제공하는 등 경영 관련 용역을 아울러 제공한다. 유럽 법원에 따르면 주식 보유와 배당금의 수취는 '경제적 활동'이 아니지만, 그 밖에 용역을 따로 제공하고 그 대가를 수취하는 것은 '경제적 활동'에 해당하며, 이와 관련된 매입세액은 공제될 수 있다.

[C-268/83 "롬펠만(Rompelman)" (1985)]

건축 중인 부동산을 취득할 법적 지위에 있는 네덜란드의 롬펠만은 완공 후 이를 제3자에 임대하기로 약정하였으나 아직 임대가 개시되지 않은 상황에서, 이러한 부동산의 취득 대가 등에 대한 부가가치세 매입세액의 공제·환급을 신청하였다. 쟁점은 이와 같이 아직 재화·용역의 공급이 시작되지 않은 상황에서도 '경제적 활동'이 있다고 보아 납세의무자의 지위를 가질 수 있는지 여부이다. 유럽 법원은 객관적 증거에 의하여 사업 개시의 의도가 뒷받침되는 한 이를 위한 예비적 활동 역시 '경제적 활동'의 범주에 속한다고 판시하였다.

[C-32/03 "I/S 피니(Fini) H" (2005)]

덴마크의 I/S 피니 H 사(社)는 식당 영업을 위해 결성된 '조합'으로서, 사업 폐지 후 이를 청산하는 과정에서 임차 공간을 계속 점유함으로써 임대료 상당액의 지급 의무를 부담하였다. 쟁점은 이와 같은 지급금을 매입세액으로 공제 받을 수 있는지 여부이고, 사업 폐지 후에도 I/S 피니 H 사가 계속하여 '경제적 활동'을 수행하는지 여부가 문제가 된다. 유럽 법원은 이러한 금액은 여전히 이전에 수행하던 사업과 직접적인 관련이 있다고 하면서, I/S 피니 H 사가 '경제적 활동'을 하는 것으로 보아야 한다고 판시하였다.

[C-23/98 "헤이르마 (J. Heerma)" (2000)]

네덜란드에서 농업에 종사하는 헤이르마는 아내와 함께 '조합'을 만들었고, 스스로 건축한 축사를 이 조합에 6년간 임대하였다. 쟁점은 이와 같이 자신이 '조합원'인 조합에 재산을 임대하는 행위가 부가가치세의 과세대상 거래인지 여부이며, 특히 임대인을 조합으로부터 독립한 존재로 파악할 수 있는지가 문제되었다. 유럽 법원은 헤이르마가 자신의 이름, 계산과 책임 하에 행위하였다는 점을 들어 그가 조합으로부터 독립된 납세의무자라고 판시하였다.

[C-355/06 "판 데어 스테인(van der Steen)" (2007)]

네덜란드 사람 J.A. 판 데어 스테인은 청소업을 영위하다가 1인 회사를 설립하여 그 회사의 유일한 주주이자 임직원이 되었으며, 회사와 사이에서 고용계약도 체결하였다. 또한 회사는 네덜란드에서 부가가치세 납세의무자였고 판 데어 스테인에게 급여를 지급하면서 소득세와 사회보장 분담금 등도 원천징수하였다. 쟁점은 판 데어 스테인이 회사에게 독립적인 지위에서 역무를 제공하였는지 여부이지만, 유럽 법원은 이 사건에서 판 데어 스테인이 관련된 모든 일을 납세의무자인 회사의 이름과 계산으로 처리하였다고 보아, 스스로는 납세의무자에 해당하지 않는다고 판단하였다.

[C-210/04 "FCE 은행(Bank)" (2006)]

FCE 은행의 이탈리아 지점은 은행의 영국 본점으로부터 일정한 역무를 제공 받고 그에 대한 대가를 지급하는 형식을 취하였다. 쟁점은 본점의 이러한 역무 제공에 대하여 이탈리아 지점이 대리납부 의무를 지는지 여부이다. 유럽 법원은 대리납부 의무를 지기 위해서는 경제적 활동을 독립적으로 영위하여야 하지만, 지점은 본점과 독립되어 있는 것으로 볼 수 없다고 판단하였다.

[C-7/13 "스칸디아 아메리카 사(社, Skandia America Corp)" (2014)]

스칸디아 아메리카 사는 스칸디아 그룹을 위하여 정보기술(IT) 용역을 구매하는 역할을 하는 회사이고, 스웨덴에서는 그러한 활동을 지점을 통하여 영위하고 있다. 스웨덴 지점은 본점이 구매한 용역을 이용하여 완제품을 생산하여 스칸디아 그룹의 다른 회사들에 공급하는 역할을 맡았고 이를 통하여 수익을 올렸다. 스웨덴 지점은 스웨덴 내에서 부가가치세 '연결 집단'에 소속되어 있고, 미국 본점은 그에 속하지 않는다. 유럽 법원은 이러한 경우 본점은, 스웨덴 지점이 속한 '연결 집단' 전체에 대하여 부가가치세 과세의 대상이 되는 용역을 공급한 것으로 취급하여야 한다고 판시하였다.

[C-340/15 "니글 등(Nigl and Others)" (2017)]

오스트리아의 니글 가족은 세 개의 조합과 하나의 주식회사를 설립하여 농업과 포도주 제조업을 영위하였다. 과세관청은 이 세 개의 조합이 실제로는 하나의 사업체라는 이유로 이들의 부가가치세 신고를 부인하고 과세를 시도하였다. 유럽 법원은 사실관계에 근거하여, 세 개의 조합이 서로 간에 충분히 독립성을 가지고 행위하였고, 일부 판매활동의 면에서 상호 간에, 또는 단일한 주식회사와 협력하였다는 사실 때문에 이들이 그러한 독립성을 상실하지 않는다고 판단하였다.

[C-480/10 "집행위원회 대(對) 스웨덴" (2012)]

유럽연합 집행위원회는 다수 회원국의 연결납세 제도가 규정하고 있는 각종 제약들이 부가가치세 준칙 위반임을 들어 유럽 법원에 제소하였고, 이 사건은 그 중 스웨덴이 금융·보험 영역의 납세의무자들에게만 연결납세를 허용한 조치의 적법 여부를 판단한 사례이다. 스웨덴은 부가가치세 포탈 회피를 방지하기 위하여, 공공의 감시 기능이 잘 작동하고 있는 이들 영역에 국한하여 연결납세를 허용한 것은 적법한 조치라고 주장하였고, 유럽 법원은 이러한 주장을 받아들였다.

[C-526/13 "파스트 벙커링 클라이페다(Fast Bunkering Klaipeda)" (2015)]

'파스트 벙커링 클라이페다' 사(社)는 리투아니아 클라이페다 항(港)에서 선박유를 공급하는 업체로서, 복수의 회원국에 사업장을 둔 중개인들로부터 주문을 받고 세금계산서를 발행하였다. 그러나 이러한 과정에서 중개인이 유류를 실제 점유하는 일은 없다. 준칙 제148조 (a)호에 따르면 항해용 연료 공급은 면세(정확히는 영세율) 적용대상인데, 쟁점은 이 사건의 유류 공급이 이에 해당하는지 여부이다. 유럽 법원은, 법적 형식과 무관하게 중개인이 유류를 '처분할 수 있는 지위'에 있지 않았으므로 이 사건에서는 선박 운항인에게 유류가 직접 공급된 것으로 보아야 한다고 하면서, 따라서 면세 대상이 된다고 판단하였다.

과세대상 거래

∙ ∙ ∙ ∙ ∙ ∙ ∙ ∙ ∙ ∙

제 6 장

과세대상 거래

옮긴이의 말

제6장은 과세대상 거래로서 재화·용역의 공급과 재화의 수입을 들고 있다. 또 재화·용역 공급의 일반적인 정의에 잘 들어맞지 않는 경우에도 부가가치세의 기본 원리에 비추어 공급이 있었다고 간주하는 경우가 있다. 이러한 입장은 기본적으로 우리나라 부가가치세법과 같은데, 다만 세부적인 규정에서 차이가 발생하기도 한다. 특히 유럽연합 부가가치세제가 정하는 간주공급의 범위는 우리나라 부가가치세법의 그것보다 더 넓으며, 또한 회원국들에게 그러한 규정을 적용할 것인지에 관한 선택권을 부여하는 경우도 있어서 주의를 요한다. 중간에 다른 납세의무자를 끼워서 재화·용역을 공급하는 경우에 관하여도 유럽연합 부가가치세제가 우리 법보다 더 자세한 규율을 두고 있다. 유럽연합 부가가치세제가 우리 법과 가장 크게 구별되는 부분은 유럽연합 내 서로 다른 국가들 사이에서 재화·용역의 공급이 일어나는 경우이고, 이러한 공급에 대해서는 과세권을 가진 나라, 즉 납세지 소재국을 정하는 문제와 관련하여 특별한 이해가 따로 필요하다.

제1절 도입

부가가치세는 재화와 용역에 대한 세금이 아니다. 재화와 용역의 거래에 대한 세금이다. 일반적으로, 부가가치세는 재화와 용역이 판매될 때에 부과된다. 그러나 대가가 지급되지 않는 경우에도 부가가치세가 부과될 수 있다. 또 두 법적 실체 사이에 거래가 있는 것은 아니지만, 하나의 실체 내에서 거래가 있다고 보아 부가가치세가 부과되는 경우도 있다.

과세대상 거래는 부가가치세 준칙의 제2조에서 다음과 같이 규정하고 있다.

- 납세의무자로서 그와 같이 행동하는 사람이, 회원국의 영역 내에서 하는 재화의 유상 공급
- 회원국의 영역 내에서 유상(有償)으로 이루어지는, 재화의 '역내(域內) 취득'
- 납세의무자로서 그와 같이 행동하는 사람이, 회원국의 영역 내에서 하는 용역의 유상 공급
- 재화의 수입

이 장(章)의 얼개는, 역내 취득보다 먼저 용역의 공급을 다룬다는 점에서 준칙 제2조와 다르다. 그 이유는, 공급의 대상이 각각 재화와 용역이라는 차이점을 제외한다면, 두 종류의 공급에 대한 과세의 요건이 같기 때문이다. 또 과세되는 역내 취득은 많은 점에서, 과세대상인 재화·용역의 공급과 다르므로 역내 취득을 별도로 다루는 편이 낫다.

제2절 재화의 공급

1 부가가치세 준칙이 정하는 필요적 규정의 적용을 받는 재화 공급

재화 판매의 대부분은 재화의 공급에 해당할 것이다. 재화가 판매되면 그 소유권이 어느 시점에는 판매자로부터 구매자에게 이전된다. 준칙 제14조는 재화 공급을, 유체(有體)의(tangible) 재산을 소유자로서 처분할 수 있는 권한의 이전이라고 정의하고 있다. 전기·가스·열·냉기(冷氣)와 이에 유사한 것들은 유체의 재산으로 취급된다. 또 회원국들은 다음의 것들을 유체 재산으로 다룰 수 있다.

- 부동산에 관한 일정한 법적 지위(interests)
- 부동산에 관한 사용의 권능을 부여하는 '대물적(對物的, in rem)' 권리
- 부동산이나 그 일부를 법률상 또는 사실상으로 소유·점유할 수 있는 권능을 부여하는 지분(share)이나 법적 지위

부가가치세제는 유럽연합 내에서 조화되어 있지만 일반 사법(私法)은 그렇지 않으므로, '유체의 재산을 소유자로서 처분할 수 있는 권한'이 모든 경우에 회원국의 국내 민사법에서 말하는 소유권 양도와 동일할 수는 없다. 만일 그러하다면 재화 공급이 모든 회원국에서 동일한 의미를 가질 수 없을 것이기 때문이다. 그러므로 재산에 관한 법적 소유권의 양도가 없더라도 재화의 공급이 있을 수 있다. 재산을 상대방이 현실적으로 처분할 수 있는 상태에 두는 것은 일반적으로 '권한'이 실제 양도되었음을 가리키는 표지가 된다(C-320/88, "SAFE" 판결). 만약 납세의무자가 어떤 양도 거래를 통하여, 상대방이 마치 소유자인 것처럼 그 유체 재산을 사실상 보유할 수 있도록 허락하는 경우라면, 이 거래는 그 재산에 대한 소유권 이전의 형식을 취하지 않더라도 재화의 공급으로 분류될 수 있다

(C-78/12, "에비타(Evita) K" 판결).

유럽 법원은 "파스트 벙커링 클라이페다" 판결(C-526/13)에서, 준칙이 말하는 '유체의 재산을 소유자로서 처분할 수 있는 권한'의 양도가, 법적 소유권의 양도와 함께 일어나지 않는 사례를 제시하였다. 국내 법원에 제시된 사실관계에 따르면, 이 사건에서 문제된 연료의 소유권이 공식적으로는 중개인들에게 양도되었고, 이 중개인들은 그 자신의 이름으로 거래 행위를 하였다. 그러나 이 중개인들이 제공된 수량을 처분할수 있는 지위에 있었던 적은 없다. 왜냐하면 연료의 원래 소유자가 선박에 연료를 채우는 순간 그 연료를 처분할 수 있는 권한은 곧바로 선박을 운항하는 사람에게 귀속되었기 때문이다. 유럽 법원은, 어떤 거래가 준칙 제14조 제1항에서 말하는 재화의 공급으로 분류되기 위해서는, 그 거래가 상대방에게, 마치 그 상대방이 (그 재화의) 소유자인 것처럼 사실상처분할 수 있도록 하는 권한을 부여하는 효과를 가져야 한다고 판시하였다. 이러한 이해는, 다른 당사자에게 유체의 재산을 마치 소유자인 것처럼 사실상 처분할 수 있도록 하는 권한을 부여하는 양도 거래에 적용된다. 이런 이유로, 이 사건의 '원래 소유자'와 같이 경제적 · 현실적인 당사자에 의하여 이루어지는 거래들은, 중개인들이 비록 자신의 이름으로행위한다 하더라도 이들에 의해 이루어지는 공급으로 이해할 수는 없고, 경제적 · 현실적 당사자들이 선박의 운항인들에게 직접 행한 공급으로 인정하여야 한다.

법적 소유권과 '유체의 재산을 소유자로서 처분할 수 있는 권한'의 관계는, 독일과 같이 소유권 이전의 개념이 법에 엄밀하게 규정되어 있는 나라의 경우라면, 스웨덴처럼 좀 더 실용적인 접근을 하고 있는 나라와 비교할 때 한결 더 복잡한 쟁점이다. 이 중 두 번째 유형의 나라에서 소유권 이전은, 민사법의 소유권이 몇 가지 단계—예를 들자면, 계약의 체결, 재화의 인도, 대금의 지급—를 거쳐 이전되는 하나의 '과정'으로 파악된다. 그러한 나라에서는, 재화를 소유자로서 처분할 수 있는 권한의 이전과, 법적 소유권의 이전 사이에 일반적으로 차이가 없다. 왜냐하면 부가가치세에서도 그러한 여러 단계들 중 하나가 문제될 것이기 때문이다. 하지만 소유권 이전에 관하여 좀 더 엄밀한 개념을 가진 회원국에서라면, 그 나라의 민사법과 유럽연합 부가가치세제의 차이를 정확하게 인식하는 일이 중요하다.

준칙 제16조에는, 재화의 판매나 그에 유사한 것에 해당하지 않지만, 재화의 유상 공급으로 취급되는 몇몇 거래가 있다. 이것들은 납세의무자가 사업용 자산을 자신이나 직원의 개인적 용도에 사용하거나, 무상으로 처분하거나, 아니면 좀 더 일반적으로 말하여 사업 아닌 다른 목적에 사용하는 경우를 가리킨다. 백화점의 직원 한 명이 대가 없이 식품을 집으로 가져갈 수 있다면, 이는 제16조에 따른 재화의 공급으로 간주된다. 만약 직원이 재화를 취득하지는 않고 오직 사용을 허락받은 데에 그친다면, 예를 들어 고용주로부터 트레일러를 빌린 경우라면, 이는 재화 공급이라기보다 용역의 공급이 된다. 제16조는 오직 납세의무자가, 재화를 구성하는 부분으로서 공급된 재화에 관한 매입세액을 공제할 권리가 있는 때에 적용된다. 제16조는 견본품이나 소액의 사은품처럼 사업 목적에서 거저 나누어주는 재화에 적용되지 않는다.

2 재화 공급에 관한 임의적 규정

회원국은 재화 공급의 개념을 제18조[16]에 규정된 다른 현상에도 확장할 수 있다. 이와 같이 재화의 유상 공급으로 다루어지는 첫 번째의 것은, 납세의무자가 그의 사업 목적을 위하여, 그리고 그러한 사업 수행의

---

16 원문에는 제17조로 되어 있으나 오류인 듯하다. 다른 곳에서도 그와 같은 경우가 있는데 따로 언급하지 않고 바로잡도록 한다.

과정에서 스스로 생산 · 건축 · 추출 · 가공 · 구매 · 수입한 재화를 사용[17]
하는데, 만약 그러한 재화를 다른 납세의무자로부터 취득하였더라면 매
입세액이 온전히 공제되지는 않았을 경우이다. 회원국들이 이런 사용
의 사례를 과세대상 공급으로 취급하려는 이유는, 납세의무자가 부가가
치세 부담을 회피하기 위하여 회사 내에 생산 · 건설 등의 활동을 집중
시키는 경우에 발생할 수 있는, 경쟁의 잠재적 왜곡을 막으려는 데에 있
다. 만약 매입세액 공제에 대한 제한된 권리를 가진 사람이, 그 때문에
재화를 외부로부터 구입하지 않고 스스로 생산하는 쪽을 선택한다면, 그
의 활동은 사업 목적이 아니라 부가가치세에 대한 고려가 좌우하는 셈
이다. 이러한 현상이 회원국들 내에 흔하다면, 일정한 '내부적'인 공급을
재화 공급으로 간주하는 것이 하나의 해결책이 된다.

　납세의무자가 재화를 사업 활동이 과세되지 않는 영역에서 사용하
는 일은, 만약 그 재화에 부과된 부가가치세의 전부 또는 일부가 그 취득
이나 사용의 시점에 매입세액으로 공제된다면, 재화의 유상 공급으로 취
급될 수 있다. 그런데 '자본재(資本財, capital goods)'의 경우 처음 취득한
때와 다른 목적으로 사용한다면, 가령 기계장치를 처음에 과세되는 활동

17　준칙 제18조는 이 '사용'이라는 뜻으로 "application"이라는 말을 사용하고 있
　으며, 이 표현은 제16, 21, 22조에도 나타난다. 다른 한편으로 제26조나 제75
　조는 비슷한 맥락에서 "use"라는 말을 사용하고 있기도 해서, 과연 둘의 차이
　가 무엇일까에 관하여 의문을 생기게 한다. 프랑스어 본(本)에서도 각각에 대하
　여 "affectation"과 "emploi"라는 말을 구별하여 사용하고 있다. 하지만 독일어
　본은 똑같이 "Verwendung"이라는 말을 사용하고 있어서, 둘의 구별이 그렇게
　대단한 것이 아닌가 하는 생각을 들게 하기도 한다. 저자 중 크리스토페르손에
　게 직접 문의한 결과로는, 스스로도 둘의 차이를 의식해 본 적이 없다고 하고,
　스웨덴어 본에서도 독일어 본과 마찬가지로 둘을 구별해서 쓰지 않는다고 한
　다. 게다가 우리 부가가치세법에도 둘을 구별하여 쓰는 일이 없는 것으로 여겨
　지므로, 이 책에서도 그냥 두 경우에 모두 '사용'이라는 용어를 쓰기로 하였음을
　밝혀둔다.

을 위하여 취득하였으나 나중에는 과세되지 않는 목적으로 사용하였을 때에, 부가가치세와 관련하여 그러한 변화를 고려할 수 있도록 하는 '매입세액의 조정(adjustment)'이라 불리는 과세체계가 있다. 이 책에서 이 제도는 제10장 제5절에서 다룬다.

　　제18조가 정하는, 공급에 관한 임의적 규정들은 매입세액의 조정이 작동하지 않는 때―예컨대 자본재 아닌 재화의 경우―에 적용된다. "VNLTO" 사건(C-515/07)에서, 국내 법원은 다음과 같은 쟁점에 관한 판단을 요청하였다. 즉 제6 부가가치세 준칙 제17조 제2항[18]이, 납세의무자가 '사업' 또는 '사업 아닌 목적' 모두를 위하여 사용된 (자본재뿐 아니라) 모든 재화나 용역을 그의 '사업'에 배분하는 것을 허용하는지, 그리하여 납세의무자가 그러한 재화·용역의 취득에 부과되는 부가가치세 매입세액을 즉시, 그리고 전부 공제하는 것을 허용하는지 여부이다. 유럽 법원은 이 제17조 제2항이, 납세의무자의 과세대상 거래가 아닌 범위의 사업에 배분된 재화·용역의 사용에 대하여는 적용되지 않는다고 해석하여야 한다고 판시하였다. 그 이유는 이러한 재화·용역의 취득에 부과되었거나 또는 그러한 거래와 관련된 부가가치세는 공제될 수 없기 때문이다. 그러므로 이 조항은 재화가 부가가치세제 적용범위 내의 목적을 위하여 사용된 경우에만 적용되고, 가령 개인적 목적을 위하여 사용되었다면 적용이 없다.

　　재화 공급에 관한 마지막 임의적 규정은, 어떤 재화에 관한 부가가치세의 전부·일부가 그 재화 취득이나 사용의 시점에 공제된 후에 납세의무자나 그 승계인이, 과세되는 경제적 활동의 수행을 중단하면서 그 재화를 계속 보유하는 경우에 관한 것이다. 그러나 사업의 전부 또는 일부가 준칙 제19조에 의하여 제3자에게 양도된 경우에는 이러한 규정이

18　현재의 준칙으로는 제168조에 해당한다.

허용되지 않는다.

3 사업의 전부 또는 일부 양도(재화의 경우)

　납세의무자가 자산의 전부를 일체로서, 또는 그 일부를 양도하는 경우, 회원국은 준칙 제19조에 의하여, 아무런 공급도 일어나지 않았다고 간주하고, 그 양수인을 양도인의 승계인처럼 취급할 수 있다. 이것은 그 양도가 유상인지 여부, 또 회사에 대한 '출자(出資, contribution)'인지 여부에 관계없이 적용된다. 이 규정을 시행하기로 선택한 회원국들은, 양수인이 온전히 납세의무를 부담하지 않는 경우, 경쟁의 왜곡을 방지하기 위하여 필요한 조치를 취할 수 있다. 또 조세포탈이나 회피를 방지하는 데 필요한 모든 조치를 취할 수도 있다. 용역의 영역에서 이에 대응하는 부가가치세 준칙의 조항은 제29조이다.

　유럽 법원은 "지타 모드(Zita Modes)" 판결(C-497/01)에서 제19조의 실제 의미를 명확히 하였다. 제19조가 충분히 구체적이지 않기 때문에 위 판결은 중요하다. '자산 전부 또는 일부의 양도'라는 말은, 단 하나의 자산으로부터 그야말로 납세의무자가 보유한 자산 전부에 이르기까지, 어떤 것도 가리킬 수 있다. 그러나 유럽 법원은 제19조가 하나의 사업 전체, 또는 기업의 독립적 일부를 양도하는 경우에 적용된다고 판시하였다. 그리고 여기서 말하는 사업·기업의 전체나 독립적 일부란, 독립적인 경제적 활동을 수행할 수 있는, 유체적(有體的)이거나, 경우에 따라서는 무체적(無體的) 요소들까지 포함한 것의 총합을 가리킨다. 다만 이때 양수인은 양수한 사업 또는 그 일부를 운영할 의도를 가져야 하고, 사업 활동을 즉시 청산하고 그 지분을 팔고자 하는 경우여서는 아니 된다고 한다. 제19조의 문언과 비교하여 볼 때, 유럽 법원은 이 조항을 축소 해석하고 있는 셈이다. 이 조항이 자산의 전부나 일부를 양도하는 모든 경우에 적용되지는 않는다. 하나의 사업이나 기업의 독립적인 부분이 양도되어야만 하기 때문이다. 게다가 사업을 계속기업으로서 유지하려는 의도 하에 양수하여야 한다. 회원국들이 재화의 모든 거래를 제19조에 포함시키고 단순히 세금을 부과시키지 않을 수도 있기 때문에 이러한 축소 해석은 필요하다. "지타 모드" 판결에서 유럽 법원은, 자산 전부의 일체적 양도를 이와 같이 공급이 아닌 것으로 취급하는 법원칙과 관련하여, 양수인이 경제적 활동을 하기 위한 허가를 보유하는지 여부에 따라 결론이 달라질 수 없음 역시 확고히 하였다.

4 유럽연합 역내(域內, Intra-Union)의 공급

납세의무자가 다른 회원국으로부터 재화를 취득하면[19] 이는 보통 과세대상인 '유럽연합 역내 취득(intra-Union acquisition)'이 된다. 취득은 그에 대응하는 공급을 필요로 한다. 과세대상 거래에서는 재화를 공급하는 사람과 취득하는 사람이 항상 존재하기 마련이다. 따라서 역내 취득에도 마찬가지로 대응하는 공급이 존재하는 것이다. 대부분의 역내 취득은 유상(有償)의 것이다. 따라서 그에 대응하는 공급도 준칙 제14조에 규정된 재화의 공급이 된다. 그러나 많은 사례에서, 납세의무자가 국경을 넘어 재화를 '양도하면(transfer)' 그것만으로 역내 취득을 구성한다. 그러므로 재화 공급에 관하여도 추가적인 규정이 필요한 것이다.

준칙 제17조에 의하면, 납세의무자가 그의 사업용 자산의 일부를 구

---

19 원문에서 "acquire from another Member State"라는 말을 쓰고 있다. 물론 재화를 취득하는 거래의 상대방이 어느 회원국 자체라는 뜻이 아니고, 그 회원국의 납세의무자로부터 재화를 취득하였다는 말이다. 이와 같이 의역(意譯)을 할 수도 있겠지만, 이와 같은 표현이 많은 곳에서 쓰이고 있고 심지어 부가가치세준칙(가령 제17조 제1항을 보라)도 이와 같이 쓰고 있기 때문에, 번역의 편의를 위하여 이 표현은 앞으로도 그냥 직역(直譯)을 하는 것으로 하였다.

성하는 재화를 다른 회원국으로 '양도'하는 일은 재화의 유상 공급으로 취급된다. 여기서 말하는 재화의 '양도'는, 납세의무자의 사업과 관련하여, 직접 또는 그를 대신하는 사람을 통하여, 그 재산이 위치한 회원국의 영토 밖 목적지—하지만 유럽연합의 영역 내인—로 유체(有體)의 동산을 '발송(dispatch)'하거나 '운반(transport)'하는 것으로 정의된다. 제17조가 규정하는 재화 양도가, 재화를 소유자로서 처분할 권리를 이전할 것을 요구하지는 않는다. 재화가 하나의 회원국에서 다른 회원국으로 이와 같이 '양도'되는 것으로 충분하다. 재화가 한 회원국 내에 있는 회사의 지점으로부터 다른 회원국 내에 있는 다른 지점으로 양도되면, 그것은 역내 취득에 해당한다.

그러나 유럽연합 역내의 국경을 넘는, 몇몇 유형의 재화 양도는 여기서 말하는 '재화의 양도'에 해당하지 않는다. 제33조와 제36~39조가 정하는 공급 장소에 관한 특수한 규정(제7장 제3절 참조)이나, 제138, 146, 147, 148, 151, 152조가 정하는 요건이 적용되는 사례가 그러하다(준칙 제17조 제2항 참조). 나아가 재화가 한 회원국에서 다른 회원국으로 임시 사용을 위하여 이동하는 경우도 '재화의 양도'로 인정되지 않는다.

제3절　용역의 공급

1 부가가치세 준칙이 정하는 필요적 규정의 적용을 받는 용역 공급

'용역의 공급'은 '재화의 공급'을 제외한 나머지라는, 소극적인 방식으로 정의된다. 즉 부가가치세 준칙 제24조에 의하면, 용역의 공급에는 재화의 공급에 해당하지 않는 모든 거래가 포함된다. 따라서 용역의 공급은 광범위한 개념이다. 여기에는 일상적인 의미로 말하는 '서비스'만이 포함되는 것이 아니라, 예컨대 금융자산이나 지식재산권도 포함된다. 용역의 예시는 제25조에 마련되어 있다. 용역의 공급에는 무체 재산의 양도―그 권리가 문서로 증명되는지 여부는 관계없다―나, 어떠한 행동을 하지 않거나 어떠한 상황을 수인(受忍)할 의무의 이행, 또는 공공기관이 발하거나 그 이름으로 발하여진 '명령(order)'이나 법률에 따른 역무(役務)의 수행이 포함될 수 있다. 어떠한 행동을 하지 않을 의무의 이행도 용역의 공급에 해당한다는 점은, 용역의 공급에 해당되기 위해 많은 활동이 필요하지 않음을 보여준다. 실은 용역의 공급자가 전혀 아무 것도 하지 않아도 상관없는 것이다.

"모어(Mohr)" 판결(C-215/94)과 "란트보덴(Landboden)" 판결(C-384/95)에 따르면, 농산물 생산의 중단으로 인해 유럽연합이나 국가기관으로부터 지급받은 보조금은 용역 공급의 대가로 볼 수 없다. 부가가치세는 소비에 대한 세금인데, 유럽연합이나 국가기관이 농민에게 보조금을 지급하면서 생산의 중단을 소비하는 것은 아니기 때문이다. 그들은 특정 농산물 시장의 적정한 작동을 촉진한다는 공익을 위해 행동하였을 따름이다. 이러한 경우 유럽연합이나 국가기관 누구도, 특정한 행동을 하지 않는 것으로부터, 용역의 소비자로 인정될 만한 이득을 얻지 않는다. 하지만 그렇다고 보조금이 늘 용역 공급의 대가가 될 수 없는 것은 아니다. 만일 보조금을 지급하는 국가기관이 그 대가로 특정한 역무의 제공을 요구하고 그로부터 이득을 얻는다면, 이 보조금을 수령하는 사람은 일반적으로 보조금에 대한 부가가치세를 신고할 의무가 있을 것이다.

재화의 공급과 마찬가지로, 대가를 받고 역무를 제공하지 않았다 하더라도 용역의 유상 공급으로 취급되는 경우들이 있는데, 다음과 같다.

1. 사업용 자산을 구성하는 재화를 납세의무자 자신이나 직원의 개인적 용도에 사용하거나, 아니면 좀 더 일반적으로 말하여, 그 재화에 관

한 부가가치세의 전부 또는 일부가 공제될 수 있는, 사업 아닌 다른 목적에 사용하는 경우

2. 용역 공급이 납세의무자 또는 직원의 개인적 용도를 위해 무상으로 이루어지거나, 아니면 좀 더 일반적으로 말하여, 사업 아닌 다른 목적에 사용되는 경우

재화의 공급으로 간주되는 경우와 달리, 회원국은 경쟁을 왜곡하지 않는 한 이러한 규정을 따르지 않을 수 있다.

용역의 공급으로 간주되는 첫 번째 범주는 회사의 자산을 사업 아닌 다른 목적으로 사용하는 경우이다. 사업을 영위하는 자연인이 컴퓨터를 개인적인 용도에 사용하는 경우가 그러한데, 예를 들자면 그의 아이가 이 컴퓨터를 쓰는 것과 같다. 이때의 컴퓨터는 전혀 사업 목적으로 사용되지 않는다. 이 컴퓨터를 아이에게 주지 않고 여전히 회사의 자산으로 보유하고 있는 한, 이는 용역의 공급으로 간주된다. 다른 예는 직원이 회사의 스포츠 용품, 예컨대 서핑보드를 개인적인 목적으로 사용하는 것이다. 다만 공급자가 재화 취득에 관하여 매입세액을 공제받은 때에만 용역의 공급이 된다.

용역의 공급으로 간주되는 두 번째 범주는, 역무가 사업 아닌 다른 목적으로 대가 없이 제공되는 경우이다. 이 규정은 일상적인 의미의 '서비스'가 대가 없이 제공되는 경우와, 무체 또는 금융자산이 무상으로 양도되는 경우에 적용된다. 예컨대 청소 회사의 직원이 경영자의 집을 무상으로 청소해 주거나, 회사를 지배하는 출자자에게 회사가 특허권을 사업 아닌 다른 목적에서 이전하는 경우가 이에 해당한다. 이 두 번째 범주에서는, 용역 관련 취득에 관하여 매입세액 공제를 받았는지 여부가 별 의미를 갖지 않는다.

2 용역 공급에 관한 임의적 규정

경쟁의 왜곡을 방지하기 위해서, 회원국은 준칙 제27조에 따라, 다른 납세의무자에 의해 공급되었더라면 부가가치세가 전액 공제되지 않았을 용역을 스스로의 사업을 위하여 공급하는 경우, 이를 용역의 유상 공급으로 간주할 수 있다. 다만 회원국은 이러한 조항을 도입하기 전에 부가가치세 위원회[20]와 협의하여야 한다.

3 사업의 전부 또는 일부의 포괄적 양도(용역의 경우)

제6장 제2절의 3.에서 언급한 대로 준칙 제19조는 사업의 전부나 일부가 제3자에게 양도되었을 때의 재화 양도를 다루고 있다. 준칙 제29조는 용역의 공급에도 제19조가 준용, 곧 유사한 방식으로 적용된다고 규정한다. 사업의 양도는 많은 경우, 금융자산의 이전과 같은 용역의 공급을 포함하고 있다.[21]

"X BV" 판결(C-651/11)에서 유럽 법원은, 납세의무자가 부가가치세가 과세되는 용역을 공급한 상대방인 회사의 지분 30%를 제3자에게 처분한 행위가, 자산이나 용역의 전부 또는 일부를 양도한 것에 해당하지는 않는다고 판시하였다. 이는 그 회사의 다른 주주들이 사실상 동일한 시점에 나머지 지분 전부를 같은 제3자에게 양도하고, 이러한 지분 처분이 회사의 경영 활동과 밀접하게 관련되어 있더라도 마찬가지라고 한다. 이 판결로부터, 위 제19조가 회사의 지분이 아니라 그 자산이 양도

---

20 제1장 '참고자료'[2] 참조.

21 이와 관련하여서는, 유럽연합 부가가치세제에서 유체 재산만이 재화로 분류되어 있다는 점(준칙 제14조 제1항)—따라서 물건 외에 '권리'까지 재화에 포함되어 있는 우리 부가가치세법과 다르다—에 대하여 주의를 환기시킬 필요가 있을 듯하다.

되는 경우에만 적용된다는 결론을 끌어낼 수 있다.

제4절　중개인(Intermediaries)

'중개인'이 거래에 관여한 경우는 부가가치세와 관련하여 특별한 취급을 받는다. 중개인이 다른 사람의 이름으로 그를 대신하여 계약을 체결한다면, 이는 부가가치세와 관련하여 판매자가 재화나 용역을 고객에게 직접 공급한 것으로 취급된다(하나의 공급). 그러나 중개인이 자신의 이름으로 행위한다면, 재화나 용역은 판매자로부터 중개인에게 일차적으로 공급되었다가, 다시 중개인으로부터 고객에게 공급된 것으로 인정된다(두 개의 공급, 준칙 제14조 제2항 c)호와 제28조).

이 규정들에는 특히 현실적인 차원의 이유가 있다. 만약 중개인이 재화나 용역을 스스로 공급 받지 않는다고 하면, 중개인은 처음부터 그의 이름으로 재화·용역을 공급할 수 없을 것이고, 세금계산서에도 원래 공급자의 이름을 기재할 수밖에 없을 것이기 때문이다.

제5절　공급의 유상성(有償性)

재화나 용역의 공급에 과세하기 위해서는, 공급이 유상의 것으로 간주되지 않는 한 대가의 지급이 필요하다. 재화·용역의 공급과 대가 간에는 '직접적인 관련(direct link)'이 존재해야 한다{154/80, "감자보관 협동조합(Cooperatieve Aaradppelenbewaarplaats)" 판결; 230/87, "내츄럴리 유어즈 화장품(Naturally Yours Cosmetics) 판결}.

"톨스마(Tolsma)" 판결(C-16/93)에 따르면, 유럽 법원은 '유상성' 개념이 용역의 공급자와 상대방 간에 쌍무적(雙務的)인 급부(給付)가 이루어지는 법률관계에만 적용된다고 본다. 즉 공급자가 받은 것이 실제로 그 용역 공급의 대가를 구성하는 경우를 의미한다. "톨스마" 판결과 같이, 거리에서 공연을 한 연주자가 행인들로부터 기부를 받았다면, 그가 지급받은 것은 행인들에게 제공한 용역의 대가가 아니다.

대가를 반드시 재화나 용역의 공급 상대방이 지급할 필요는 없고, 제3자가 지급할 수도 있다. "르 래용 도르(Le Rayon d'Or)" 판결(C-151/13)은 주된 용역과 대가의 관계에 대해 판시하고 있다. 이 판결은 국가 건강보험이 '노인요양 가정(家庭, Residential Care Homes for the Elderly)'에 일시금을 지급한 사안에 관한 것이다. 이러한 노인요양 가정이 거주자들에게 제공하는 역무는 사전에 그 내용이 정해져 있거나 개개인의 특성에 맞추어 제공되지는 않았고, 또 거주자들은 이러한 역무의 가액을 고지 받지 못하였다. 입법부가 노인요양 가정에서는 의료 관련 역무가 무상으로 제공되어야 한다는 원칙을 세웠기 때문에, 거주자들은 지급되는 보조금의 액수나 보조금이 실비(實費)를 보전하는 정도에 관계없이 무상의 역무 제공을 보장 받았다. 또 개개 노인요양 가정이 지급받는 보조금은 의료 역무의 실비와 일치하지도 않았다. 유럽 법원은 국가의 건강보험에서 노인요양 가정에 지급되는 일시금은, 노인요양 가정이 거주자들에게 다양한 방식으로 제공하는 역무의 대가로서 지급되었음이 명백하다고 판시하였다. 거주자들에게 제공되는 의료 역무의 내용이 사전에 확정되어 있거나 이러한 역무가 개개인의 특성에 따라 제공되지 않고, 금전 지급이 일시불의 형태로 이루어졌다는 사실은, 사전에 명확히 정립된 기준에 따라 그 액수가 정하여진 다음 지급된 대가와 용역 공급 사이의 '직접적인 관련'에 영향을 미치지 않는다는 것이다.

"바스토바(Bastova)" 판결(C-432/15)에서 유럽 법원은, 대가가 지급될지 여부가 불분명하다면, 용역의 공급과 대가 간에 '직접적인 관련'이 없다고 판단하였다. 이 사건에서 유럽 법원은 경마에 참가하는 것과 상금의 취득 사이에는 이러한 '관련'이 불충분하다고 판시하였다.

재화나 용역이 유상으로 공급되었는지 여부를 판단하는 중요한 기준은, 재화나 용역이 실제로 공급되었는지, 또 이를 공급받은 상대방이나 제3자가 대가를 지급했는지 여부이다. 그리고 재화나 용역이 공급된 시점에 공급 상대방이 대가를 지급하여야 한다는 점이 불확실하지 않아야 한다. 이에 더해 추가적으로 필요한 요건은, "모어" 판결(C-215/94)과 "란트보덴" 판결(C-384/95)에 관하여 언급한 것처럼, 누군가 재화나 용역을 소비하여야 한다는 점이다. 만일 공공단체가 특정 제품의 시장이 적절하게 기능할 수 있도록 장려하기 위한 목적에서 무엇인가 지급하였다면, 재화·용역의 유상 공급은 없다. 이는 일반 소비세라는 유럽 부가가치세의 성격과 관련되어 있다.

제6절 유럽연합 역내의 재화 취득

재화 공급에 관한 기본 원칙은, '생산지국(country of origin)', 즉 판매자가 속한 나라에서 그 거래에 대한 과세가 이루어진다는 점이다. 그러나 몇몇 경우에는 '도착지국(country of destination)'에서 문제된 거래가 과세된다. 재화의 '도착지국'에서 과세하는 결과가, 역내 취득에 관련된 규정들의 목표이다.

다음과 같은 세 범주의 재화는 부분적으로 다르게 취급된다.

1. '신품(新品)'인 교통수단(new means of transport)
2. '개별 소비세(excise tax)'가 과세되는 제품
3. 국경을 넘어 공급될 수 있는 모든 종류의 재화

국경을 넘어 이루어지는 대부분의 재화 거래는 '신품 교통수단'이나 개별 소비세의 과세대상과 무관하므로, 가장 흔한 유형의 역내 취득은 '국경을 넘어 공급될 수 있는 모든 종류의 재화'에 관련된다.

준칙 제20조는 재화의 역내 취득에 관해, 유체 재산의 발송이나 운송이 시작된 나라가 아닌 다른 나라에 있는 사람이 '소유자로서 처분할 수 있는 권한'을 취득하는 것이라고 정의한다. 이러한 발송·운송은 판매자나 재화를 취득한 사람이 직접 할 수도 있고, 또 이들을 대신하여 누군가 제3자가 할 수도 있다. 이와 같이 역내 취득은 여러 요소들로 구성되어 있다.

첫째, '유체의 동산을 소유자로서 처분할 수 있는 권한'을 취득해야 한다. 이는, 비록 취득자의 관점에서이기는 하나, 준칙 제14조가 반영된 것이다. 재화의 공급과 마찬가지로, 역내 취득도 부가가치세가 과세되기 위해서는 유상으로 이루어져야 한다(준칙 제2조). 역내 취득은 재화 공급의 반대 현상이므로, '소유자로서 처분할 수 있는 권한'을 이전한다는 것은 재화 공급과 마찬가지로 해석하여야 한다. '유상성'의 개념도 마찬가지이다. 재화의 역내 취득이 과세대상이라면, 상응하는 공급은 준칙 제138조에 따라 면세된다(제7장 제3절 5. 참조).

둘째, 재화는 발송·운송이 시작된 것과 다른 회원국에 소재한 상대방—곧 재화를 '취득'하는 사람—에게, 판매자·취득인이 직접, 또는 이들을 대신하여 제3자가 발송·운송하여야 한다. 발송·운송이라는 요건은 역내 취득이 동산에 대해서만 적용되기 때문에 필요하다. 재화가 물리적으로 국경을 넘지 않는 경우에는 역내 취득이라는 것이 있을 수 없기 때문에 이는 부동산에 대해 적용되지 아니한다.

이러한 원칙에 따른 역내 취득의 예는 아래와 같다.

독일에 있는 A가 오스트리아에 있는 B에게 컴퓨터를 판매한다. A와 B는 둘 다 부가가치세 납세의무자이다. A는 준칙 제14조에 따라 독일에서 재화를 공급하였고, 준칙 제138조 제1항에 따라 이 공급은 면세된다. B는 오스트리아에서 역내 취득을 하였고, 오스트리아에는 취득의 시점에서 매출 부가가치세 신고를 한다. 만일 B가 매입 부가가치세액 전부를 공제받을 일반적인 자격이 있다면(아래 제10장 참조), B는 이 금액을 매입세액으로 공제 받을 것이다.

재화의 간주 유상공급이 있는 것과 같이, 간주 역내취득도 존재한다. 준칙 제21조는, 납세의무자가 어떤 재화를 제2조 제1항 (b)호가 정하는 것처럼 다른 회원국에서 생산·추출·가공·구매·취득하거나 또는 사업을 위하여 수입하고 나서, 그 회원국으로부터 직접 또는 그를 대신하여 행위하는 제3자를 통하여 발송·운송한 다음, 이 재화를 사업 목적으로 사용하는 경우, 이 재화가 유상으로 역내 취득되었다고 간주한다. 이때 재화는 판매되는 것이 아니라 단순히 국경을 넘어 운송되었을 뿐이다. 이는 예컨대 어느 한 회원국에 고정사업장이 있는 회사가 다른 회원국에 존재하는 고정사업장으로 재고품을 운송하는 경우에 적용될 수 있다. 이 예에서 두 번째 회원국 내에 있는 고정사업장은 과세되는 역내 취득을 한 것이 된다. 반면 첫 번째의 고정사업장은 준칙 제17조에 따라 재화의 '역내 공급'을 한 것이다. 이러한 재화의 공급은 준칙 제138조 제2항 (c)호에 따라 면세된다.

역내 취득의 과세 여부는 준칙 제2조 제1항 (b)호에 의해 결정된다. 국경을 넘어 공급될 수 있는 재화 중 신품인 교통수단과 개별 소비세의 과세대상인 재화를 제외한 나머지 모든 재화에 적용되는 원칙은, 납세의무자나 '납세의무자 아닌 법인(non-taxable legal person)'이, 판매자가 '소기업(小企業, small enterprise)' 면세의 대상이 되지 않는 한, 이러한 역내 취득을 한다는 것이다.

신품 교통수단과 관련하여 과세의 대상은 더 확대된다. 즉 이때의 역내 취득이, 납세의무자나, 다른 취득은 준칙 제3조 제1항에 따라 과세되지 않는 '납세의무자 아닌 법인', 또는 그 밖의 납세의무 없는 사람에 의하여 이루어지면, 부가가치세가 과세된다. 이는, 예컨대 사업자 아닌 자연인이 새 자동차를 취득하더라도 부가가치세가 과세됨을 의미한다. '교통수단'의 개념은 제2조 제2항에 정의되어 있고 여기에는 동력이 있는 육상 교통수단과, 선박, 비행기가 포함된다. '신품'이라는 말의 뜻도 동일한 조항에 정의되어 있다. 동력이 있는 육상 교통수단은 운행을 시작한 때로부터 6개월이 지나지 않았고, 운행 거리가 6,000 킬로미터 이내라면 신품으로 취급된다.

개별 소비세가 부과되는 제품에 대한 특별 규정은 과세 가능성을 사업자 아닌 자연인으로까지 확장시키지 않는다. 즉 이러한 역내 취득이 납세의무자나, 다른 취득은 부가가치세 준칙 제3조 제1항에 따라 과세되지 않는 '납세의무자 아닌 법인'에 의해 이루어졌을 때에만 부가가치세의 과세대상이 된다.

제7절   재화의 수입

재화의 수입은, 재화가 제3의 국가나 영역에서 유럽연합 내로 반입됨을 의미한다. 부가가치세 준칙 제30조는 유럽연합기능조약 제29조(예전의 유럽연합설립조약 제24조)를 인용하고 있다. 이 조항에 따르면 제3국으로부터 반입되는 물건은, 수입과 관련된 절차를 준수하였고, 회원국에 의해 관세나 이와 동등한 효과를 지닌 부담이 부과되었으며, 이러한 관세나 부담금의 전부 또는 일부가 환급되지 않은 경우라면, 유럽연합 역내에서 자유롭게 유통될 수 있다. 납세의무자가 재화를 수입하는 경우뿐 아니라 사업자 아닌 자연인이 재화를 수입하는 경우에도 부가가치세를 납부할 의무를 부담할 수 있다.

제8절 결론

결론적으로 재화와 용역 사이에는 부가가치세의 측면에서 중요한 차이가 있다. 용역은 공급만이 부가가치세 과세대상이다. 재화는 공급뿐 아니라, 역내 취득과 수입에도 부가가치세가 부과된다. 재화는 부가가치세 준칙이 광범위하게 정의하고 있다. 재화는 유체 재산을 의미하고, 여기에는 전기・가스・열・냉기와 이에 유사한 것들이 포함된다. 또 재화에는 동산뿐 아니라 부동산이 포함된다. 용역은 부가가치세 과세대상에서 다른 것들을 제외하는 소극적 방식으로 정의된다. 그리하여 재화의 공급에 해당되지 않는 거래는 모두 용역의 공급이 된다.

공급과 취득은 서로 표리(表裏)의 관계에 있다. 판매자는 재화를 공급하고 구매자는 재화를 취득하는 것이다.

공급은 대가를 받고, 즉 유상으로 이루어질 때 부가가치세의 과세대상이 된다. 그러나 이러한 유상의 공급으로 간주되는 거래도 있다. 예컨대 납세의무자가 그 직원에게 용역을 무상으로 공급한 경우가 이에 해당한다.

재화의 역내 취득과 수입은 모두 국경을 넘어서 이루어지는 거래이다. 역내 취득의 경우 재화는 한 회원국에서 다른 회원국으로 이전된다. 수입의 경우 재화는 제3의 국가나 영역에서 유럽연합으로 반입된다.

참고판결

[C-320/88 "SAFE" (1990)]

네덜란드의 해운운송 업체인 'SAFE' 사(社)가 '카츠(Kats)' 사에게 주택을 매도하면서, 법적 소유권을 양도하기 전에 관련된 모든 수익・위험을 카츠 사에 귀속시키는 합의를 하였다. 쟁점은 이러한 합의의 시점에 이미 재화의 공급이 있다고 볼 수 있는지 여부이다. 유럽 법원은, 재화의 공급은 국내법이 정하는 소유권과 무관하고,

재산을 '소유자로서 처분할 권한'이 이전되었는지에 따라 결정되어야 한다고 판시하였다.

[C-78/12 "에비타(Evita) K" (2013)]

불가리아의 '에비타 K' 사(社)는 '엑스페르티스(Ekspertis)-7' 사로부터 송아지를 사들이고 관련 매입세액을 공제받으려 하였으나, 불가리아 과세관청은 실제 공급이 없었다고 보아 매입세액 공제를 부인하는 과세처분을 하였다. 쟁점은 재화의 공급에 법적 소유권의 이전이 필요한지 여부이다. "SAFE" 판결과 마찬가지로 유럽 법원은, 법적 소유권의 이전이 필요하지 않고 한쪽 당사자로부터 다른 당사자에게 소유자로서 처분할 수 있는 권리가 마치 이전되는 듯 보이는 것으로도 충분하다고 판시하였다.

[C-526/13 "파스트 벙커링 클라이페다(Fast Bunkering Klaipeda)" (2015)]

(제5장의 '참고판결' 참조)

[C-515/07 "VNLTO (Vereniging Noordelijke Land-en Tuinbouw Organisatie, 북부 원예 농업 협회)" (2009)]

VNLTO는 네덜란드의 농업 관련 단체로 회원들의 일반적 이익 증진을 위한 '과세되지 않는 활동'과, 회원 · 비회원 모두에게 수수료를 받고 역무를 제공하는 '과세되는 활동'을 함께 한다. 쟁점은 부가가치세 준칙 제26조의 '자기 공급(self supply)' 조항이 적용될 수 있는지 여부이며, 이는 VNLTO의 매입세액 전부가 공제되는지 여부와도 연결되어 있다. 유럽 법원은, VNLTO의 '과세되지 않는 활동'은 아예 준칙의 적용 범위 밖에 있음을 당연한 전제로 하여, 따라서 관련된 매입세액이 공제될 수도 없고, 같은 맥락에서 용역의 공급이 의제되어 과세대상이 될 수도 없다고 판단하였다.

[C-497/01 "지타 모드(Zita Modes)" (2003)]

'지타 모드' 사(社)는 향수제조업을 하는 '밀라디(Milady)' 사에 기성복 부문 사업의 자산을 매각하였고 이때 부가가치세가 부과되지 않는다고 믿었으나, 과세관청은 양수도 전후 사업의 계속성이 부족하다는 이유로 부가가치세를 부과하였다. 유럽 법원은 이와 관련하여, 공급에 해당하지 않는 사업양도가 되려면, 양도된 사업이 독립적 경제 활동을 수행할 수 있어야 하고, 양수인은 양도인과 같은 종류의 사업을 영위할 필요가 없으나 다만 양도된 사업을 계속 수행할 의도가 있어야 한다는 판시를 남겼다.

[C-215/94 "모어(Mohr)" (1996)]

모어는 독일의 우유 생산업자로, 우유 생산을 중단하면서 '연방 식품산림청'으로부터 생산 중단에 대한 보상금을 지급받았다. 이 보상금이 부가가치세 과세대상인지 여부가 문제되었는데, 유럽 법원은 보상금이 우유 생산업자가 제공한 용역을 소비한 데에 대한 대가가 아니라, 우유 시장의 적정한 작동과 이에 따른 공공의 이익을 위하여 지급된 것이므로 과세대상이 아니라고 판시하였다.

[C-384/95 "란트보덴(Landboden)" (1997)]

'란트보덴' 사(社)는 독일의 칼라우(Calau) 지방정부의 '식품농업산림청'의 명령에 따라 감자의 수확을 20% 줄이는 대신 그에 상응하는 보조금을 지급받았다. 이 보조금이 부가가치세의 과세대상인지 여부가 문제되었는데, 유럽 법원은 "모어(Mohr) 판결"(C-215/94)을 인용하면서, 누구도 '용역의 소비자'로 취급될 만한 이익을 얻지 않았으므로, 용역의 공급이 있었던 것으로 볼 수 없다고 판시하였다.

[C-651/11 "X BV" (2013)]

네덜란드의 X 유한책임회사(BV)는 A 유한책임회사의 지분 30%를 보유한 법인 이사이면서, 또 따로 계약을 체결하여 A 사에 경영 관련 역무를 제공하고 있었다. 그 후 X 사는 A 사의 지분을 제3자에게 매각하면서 용역의 공급도 중단하였다. X는 이 주식 양도의 과정에서 공급 받은 자문 용역의 매입세액을 공제 받으려 하면서, 이를 위해 주식 양도가 A 회사에 대하여 가지는 '자산과 용역 일체의 양도'에 해당한다고 주장하였다. 하지만 유럽 법원은 회사 지분의 양도는, 회사 자산의 양도와 다르다고 하면서 X 회사의 이러한 주장을 받아들이지 않았다(제6 준칙 13B조 (d)항에서 지분 양도는 면세로 열거하고 있다는 말도 부가).

[C-154/80 "감자보관 협동조합(Cooperatieve Aaradppelenbewaarplaats)" (1981)]

네덜란드 법에 따라 설립된 문제의 협동조합은, 조합원들에게 감자 보관의 용역을 제공하고 대가를 받아왔는데, 1975~1976년 사이의 경제위기 기간 동안은 대가를 받지 않았고, 따라서 이를 용역의 무상공급(과세대상이 아니다)으로 보았다. 네덜란드 과세관청은 조합원들의 협동조합 지분의 가치 감소분이 곧 용역 공급의 대가에 해당한다고 보았으나, 유럽 법원은 유상 공급에서 말하는 '대가'는 용역 공급과 '직접적인 관련'을 가져야 함을 전제로 이 사건에서는 그러한 의미의 대가 지급이 없다고 판단하였다.

[C-230/87 "내츄럴리 유어즈 화장품(Naturally Yours Cosmetics" (1988)]

내츄럴리 유어스 화장품 회사("NYC")은 미용 상담사들과 관계를 맺고, 이들이 소비자들로 하여금 파티를 열게 한 다음 그 파티에서 참석자들에게 화장품을 팔도록 하였다. NYC는 이 과정에서 상담사들에게 낮은 가격("도매가")에 화장품을 판매하였고, 상담사들은 파티 참석자들에게 일반 소매가에 판매하여 차익을 얻었다. 쟁점은 NYC의 부가가치세 납세의무가 어느 가격을 기준으로 산정되는지이다. 유럽 법원은 화장품 외에 상담사들이 NYC에 유상 공급한 용역이 있다고 판시하였고, 이 사건에서는 위 차익이 그와 직접적 관련을 가진 대가에 해당한다고 보아, 결과적으로는 NYC 역시 일반 소매가를 기준으로 부가가치세액을 산정하여야 한다고 결론내렸다.

[C-16/93 "톨스마(Tolsma)" (1994)]

R.J. 톨스마는 네덜란드의 거리에서, 때로는 특정 장소를 방문하여, '배럴 오르간(Barrel Organ, 손잡이를 돌리면 자동으로 연주되는 악기)'을 연주하였고, 사람들은 이를 듣고 돈을 주기도 하고 주지 않기도 하였다. 쟁점은 톨스마가 유상으로 용역을 공급하여 부가가치세 납세의무를 지게 되었는지 여부이다. 유럽 법원은 이러한 경우 음악을 듣는 사람과 사이에 대가 지급에 관한 계약이 없고, 도로에서 음악을 연주하는 것은, 이에 대한 대가를 정하는 계약이 존재하지 않기 때문에 비록 톨스마가 보행자 등에게 돈을 요구하고 불특정한 액수의 돈을 실제 지급받았다 하더라도 이는 용역의 유상공급에 해당하지 않는다고 판단하였다.

[C-151/13 "르 래용 도르(Le Rayon d'Or)" (2014)]

'르 래용 도르'는 프랑스에서 '노인요양 가정'을 운영하는 회사로서, 이들이 제공하는 노인요양 용역과 관련하여 국가의 건강보험으로부터 일시금을 지급받는다. 쟁점은 이러한 일시금이 용역 공급의 대가로서 부가가치세의 과세대상인지 여부이다. 유럽 법원은 문제의 일시금은 노인요양 관련 용역의 대가이고, 용역 공급의 대가를 꼭 공급 상대방이 지급하여야 하는 것은 아니며, 용역 공급의 형태가 개인 별로 다르게 정해져 있지 않다거나 대가가 일시금으로 지급된다는 등의 사정은 직접적 관련의 존재 여부와 무관하다고 판시하였다.

[C-432/15 "바스토바(Bastova)" (2016)]

체코 사람인 파블리나 바스토바는 스스로 소유하거나 타인으로부터 위탁받은 경주마를 훈련시키고 경주 상금 중 일부를 보수로 받으며, 또 마구간 사용료를 따로 지급받았다. 바스토바는 자신이 지출한 경주 참가비, 전기세, 기름 값, 수의사 비용 등에 대한 부가가치세를 매입세액으로 공제 받고자 하였다. 쟁점은 경주에 참가하는 것도 용역 공급에 해당하는지 여부이며, 그렇지 않다면 경주 참가와 관련된 매입세액은 공제될 수 없다. 유럽 법원은 경주 상금이 일정 순위 내의 말에 대해서만 지급되는 한, 경주에 말을 참가시키는 것은 용역의 유상 공급이 아니므로 부가가치세의 과세대상이 아니라고 판단하였다.

제 7 장

과세대상 거래의 장소

· · · · · · · · ·

제 7 장

과세대상 거래의 장소

옮긴이의 말

　유럽연합 부가가치세제에서 납세지 결정의 문제는 현실적으로 매우 중요하고 그 규율도 매우 복잡하다. 유럽연합의 영역 내에서, 서로 다른 나라들 간에 재화·용역의 공급이 일어났을 때 누구에게 납세의무를 지울 것인지는, 기본적인 재화·용역의 구별뿐 아니라, 다시 그 안에서 재화·용역의 공급이 어떤 성격과 내용을 갖는지, 또 거래의 당사자들이 납세의무자(또는 사업자)인지 아닌지에 따라서도 달라진다. 크게 보면 공급을 하는 납세의무자가 사업장을 둔 곳에서 과세할 것인지(생산지 과세원칙), 아니면 공급의 상대방이 사업장을 두거나 자리를 잡은 곳에서 과세할 것인지(목적지 과세원칙)의 선택이 있고, 이는 방금 말한 여러 가지 경우의 수에 따라 다른 결과로 이어진다. 한편 우리 부가가치세법에는 재화·용역이 국내외 중 어디에서 공급되었는지에 따른 구별이 있을 뿐이어서, 이와 같이 복잡하게 발달한 체계는 독자들에게 당황스러울 수도 있다. 다만 디지털 경제의 발전으로 국경을 넘나드는 거래의 과세 문제가 앞으로 계속하여 발생할 것인데, 이를 잘 이해하고 그에 대한 적정한 대처 방안을 생각하는 데에 유럽연합 부가가치세제의 규율에 대한 이해가 도움을 줄 수도 있을 것이다.

제1절 이 장의 내용 일반

유럽연합 부가가치세제의 적용범위에 속하고 납세의무자의 공급을 포함하는 과세대상 거래가 있는지 여부를 살핀 다음에는, 공급의 장소, 또는 과세대상 거래의 장소를 결정하는 조항을 적용하여 어느 국가가 그 거래에 과세할 권리를 가지고 있는지 정하는 일이 중요하다. 이 규정들은 회원국 간의 이중과세·비과세를 피하기 위한 해결책으로서, 부가가치세 준칙이 제시하는 몇 종류의 면세와 밀접하게 관련되어 있다.

유럽연합 부가가치세가 도입되었을 때, 어느 거래에 과세권을 가지는 국가를 정하는 주된 원칙은 '생산지 과세원칙(origin principle)'이었다 (준칙 67/227/EEC[22][1]의 제4조). 1990년대 유럽 역내(域內) 시장의 실현은 '목적지(destination)' 회원국에서 역내 취득을 과세한다는 특별한 제도의 도입으로 이어졌다. 그러나 역내 시장에서 근본적인 목표는 여전히 생산지 과세원칙이 널리 통용되도록 하는 것이었다. 제3국이나 제3의 지역으로부터, 또는 그곳을 향하여 이루어지는 공급에 대해서는, 부가가치세의 도입 이래 목적지 과세원칙이 지배적이다. 따라서 '납세지(place of taxation)'를 결정하는 조항에서 당면하는 주된 어려움은, 역내 시장이 잘 기능하려면 어떠한 원칙을 적용할지에 관한 생각이나 상황의 변화에 있다.

역내 취득에 목적지 과세원칙을 적용하는 주된 이유는, 생산지 과세원칙을 사용할 경우 회원국 간 부가가치세율의 차이 때문에 역내 시장 내에 경쟁 왜곡이 생긴다는 점이다. 경쟁중립성은 유럽연합기능조약 제113조에 따른 유럽연합 내 부가가치세제 도입의 주요 목적 중 하나이다.

이 장의 다음 절들에서는, 어느 거래에 대한 과세권이 어느 나라에 있는지의 관점에서 과세대상 거래의 네 가지 범주를 논의한다. 이와 관

---

22 원저에 이와 같이 인용되어 있는 1967년의 이 준칙이 '제1 부가가치세 준칙'이다. 제2장의 '참고자료' [6]도 참조.

련된 조항들이, 기술적 성격을 갖는 몇몇 면세 제도와 사이에 가지는 밀접한 관계를 고려하여, 면세에 관련된 조항들을 각 관련 범주에서 간략하게 설명한다. 납세지와 관련이 없는 면세 조항은 제9장에서 더 자세히 논의한다. 위에서[23] 언급한 것처럼, 네 가지 범주의 거래는 재화의 공급과 역내 취득, 용역의 공급, 재화의 수입이다.

부가가치세의 '영역 경계(territorial borders)'와 다음 절들에서 사용되는 판단기준을 이해하려면, '유럽연합 영역(EU territory)', '관세 영역(the customs territory)', '부가가치세 영역(the VAT territory)', '제3국(third countries)'이라고 각각 지칭하는 것 사이의 차이를 인식해야 한다. '유럽연합 영역'은 27개 회원국[24]의 지리적 영역을 포괄한다.

'관세 영역'은 일부 지역을 제외한 나머지의 유럽연합 영역을 가리키고, 또 회원국들의 지리적 영역에 속하지 않는 몇몇 지역이 여기에 포함된다. 모나코 공국, 맨 섬(Isle of Man), 아크로티리(Akrotiri)와 데켈리아(Dhekelia)의 '영국군 기지 지역(UK Sovereign Base Areas)'은 모두 유럽연합 영역이 아니지만, 관세 영역과 부가가치세 영역의 일부분이다.

부가가치세 영역은 유럽연합 영역에서 일부 지역을 제외하거나 추가한 것이지만, 그러한 예외들이 관세 영역과 일치하지는 않는다. 부가가치세 영역 밖에 있으나, 관세 영역의 일부인 곳은 다음과 같다. 아토스(Athos) 산, 카나리아 제도(Canary Islands), 그리고 프랑스의 영토 중 유럽연합기능조약 제349조, 제355조 제1항에서 언급된 지역, 올란드 제도(Åland Islands)와 채널 제도(Channel Islands).

한편 부가가치세·관세 영역에 모두 포함되지 않는 지역은, 헬골란

---

23 제6장의 내용을 가리킨다.
24 원저에는 28개로 표시되어 있지만, 흔히 '브렉시트'로 알려진 영국의 유럽연합 탈퇴 때문에 이 책이 출간되는 2021년 2월 현재에는 27개로 줄어들었다. 27개국의 상세가 궁금한 독자는 제8장의 '참고자료' [1]을 살펴볼 것.

트(Helgoland) 섬, 뷔징엔 지역(territory of Büsingen), 세우타(Ceuta), 멜리야(Melilla), 리비뇨(Livigno), 캄피오네 디탈리아(Campione d'Italia), 루가노(Lugano) 호수의 이탈리아 수역이다. '제3국'이라는 개념은 회원국, 관세영역, 부가가치세 영역 밖에 있는 모든 나라들을 가리킨다.

제2절   재화의 공급

1 다양한 하위 범주들

재화의 공급으로 분류된 과세대상 거래는 아래 표 7-1에 설명된 것처럼 네 가지 하위 범주를 포함한다. 재화의 수입은 그 자체로 하나의 대등한 범주로 고려될 수 있지만, 이 표에서는 하위 범주 중 하나인 '물리적으로 이동하는 재화의 공급'에 포함되는 것으로 취급한다.

표 7-1 재화 공급의 하위 범주

하위범주	공급의 유형	2차 하위범주	조항	결정 원칙	대체적(代替的) 표지
I.A.	물리적 이동 없는 재화의 공급	1	제31조	생산지	공급이 이루어지는 때 재화가 있는 곳
I.B.		수입 관련	제32조(제1문)	생산지	고객에 대한 재화의 발송·운송이 시작되는 때 재화가 있는 곳
			제32조(제2문), 제33조(제1항)	목적지와 생산지	재화를 수입하는 회원국 내

		역내 취득과 수출로 취급되는 거래, 일정 기준 이상의 '원격 판매'	제33조(제1항)	목적지	소비자에 대한 재화의 발송 · 운송이 끝날 때 재화가 있는 곳
	물리적으로 이동하는 재화의 공급	원격 판매	제34조	생산지	일정 기준 미만의 것으로서, 개별 소비세가 부과되지 않는 상품. 제32조에 따름.
		중고 재화, 예술작품, 수집품, 골동품과 중고 운송수단	제35조	생산지	제32조에 따름
		재화의 설치 및 조립	제36조	목적지	재화가 설치 · 조립되는 장소
I.C.	선박, 항공기, 열차 위에서 하는 공급		제37조	생산지	여객운송 운항의 출발지
I.D.	천연가스 시스템을 통한 가스의 공급, 전기 공급, 냉난방 네트워크를 통한 열 / 냉 에너지의 공급	중간 거래상에게 판매된 경우	제38조	목적지	납세의무 있는 중간 거래상이 그 재화의 공급을 위하여 자신의 사업장 또는 고정 사업장을 가지고 있는 경우 그 장소. 그러한 장소가 없는 경우에는 그의 항속적(恒續的) 주소 또는 일상적 거소가 있는 장소.
			제39조	실제 사용	소비자가 재화를 실제로 사용하고 소비하는 장소

표 7-1에 제시된 다양한 범주들은 '생산지 과세원칙'이라는, 재화의 공급에 대한 하나의 일반 원칙을 다루고 있는 것으로 설명할 수 있다. 즉 공급의 시점에, 또는 발송·운송이 시작되는 때에 재화가 소재한 곳이 재화 공급의 장소가 된다.

2 '물리적 이동 없는(without transport)' 재화의 공급

우선 물리적 이동이 없는 재화의 공급에 관해서는, 공급의 시기에 재화가 있는 장소가 중요하다. "SAFE" 판결(C-320/88)에서 유럽 법원은 재화의 공급을 정의하였는데 이는 납세지 규정이 사용하는 판단기준에도 영향을 미친다. 왜냐하면 납세지는 공급 시점의 사실관계, 그리고 물리적 이동 없는 재화의 공급이 있었는지 여부에 따라 결정되기 때문이다. 따라서 공급의 시점도 구매자가 실제로, 그 재화를 마치 소유자인 것처럼 처분할 수 있게 되는 시점과 연관된다. 유럽 법원은 또한 예를 들어 "오토 리스 홀란드(Auto Lease Holland)" 판결(C-185/01)과 같은 그 후의 사례에서도 이 점을 분명히 하였다. 이 사건에서 유럽 법원은, 재화의 공급이 있었는지 여부를 결정할 때 그 재화가 임대인의 명의로, 또는 임대인의 비용 부담 하에 공급되었는지 여부는 결정적이지 않고, 구매자가 소유자로서 실제로 그 재화―이 사건에서는 연료―를 처분할 수 있는지 여부에 따라야 한다고 판시하였다(제6장 제2절 1. 참조).

만약 오스트리아의 구매자가 독일을 여행하면서 어느 가게에서 전등을 구입하였다면, 납세지는 제31조에 따라 독일이 된다. 같은 사람이 오스트리아에 있는 자신의 집에서 온라인으로 전등을 구입하였고 독일에 있는 가게가 이를 오스트리아로 배송한다면, 납세지는 제32조에 따라 독일이다. 그러나 이는 판매자가 오스트리아의 과세를 선택하지 않았거나, 제34조(원격 판매)가 규정한 대(對) 오스트리아 재화판매의 기준을 초과하지 않았을 경우에 한한다.

3 '물리적으로 이동하는(transported)' 재화의 공급

유럽연합 내에서 이동하는 재화의 공급을 살필 때, 납세지 결정의 첫 단계는 이 거래가 재화의 공급인지, 아니면 역내 취득인지를 분명히 하는 것이다(제6장 제6절). "EMAG" 판결(C-245/04)에서 유럽 법원은, 다수의 회원국들 간에 판매된 재화와 관련하여 문제된 거래가 재화의 공급인지 아니면 역내 취득인지의 구별, 그리고 두 개의 연속된 재화 공급이 역내 취득과 물리적으로 이동하거나 이동하지 않는 재화의 공급 중 어디에 해당하는지를 검토했다. 이 사건에서는, 오스트리아에서 사업을 하는 회사인 EMAG가 다른 오스트리아 회사(K)로부터 재화를 취득하였다. 또 K는 이탈리아나 네덜란드의 사업자들로부터 재화를 공급 받아 취득하였다. 몇 건의 거래가 있었고, EMAG와 K 사이에 이루어진 거래에 따라, K는 이탈리아와 네덜란드의 공급자들에게 재화를 운송업자에 인도하라고 지시했다. 이 운송업자들은 트럭을 이용하여 오스트리아에 있는 EMAG나 그 고객들에게 재화를 곧바로 배달하기 위해 고용되었다. K는 EMAG에 오스트리아 부가가치세의 세금계산서를 발행하였고, EMAG는 오스트리아 과세관청에 이 부가가치세 매입세액의 공제를 주장하였다. 오스트리아 과세관청은, 납세지 규정에 따를 때 공급이 이루어진 곳은 네덜란드나 이탈리아이기 때문에, K와 EMAG 사이의 공급에 오스트리아 부가가치세의 납세의무가 있다는 이해는 정확하지 않다는 입장을 취하였다. 따라서 오스트리아 부가가치세의 공제는 적법하지 않다는 것이다.

이에 대하여 오스트리아의 법원은 이 사건의 관련 당사자들 사이에는 서로 별개인 두 공급이 있다고 판단하였다. 즉 여기서 K가, EMAG에 재화를 판매하는 네덜란드와 이탈리아의 공급자들, 그리고 EMAG와 그 고객들 사이에서 중개의 역할을 했다고 보았다. 그러나 재화가 단 한 번 물리적으로 이동하였을 뿐이라는 점 때문에, 이 법원은 유럽 법원에 선결적 판결을 요청한 것이다.

유럽 법원에 따르면, 재화의 단일한 역내 이동은 연속되는 두 공급 중 어느 하나에만 결부될 수 있다. 만약 이어지는 두 공급에 동등하게 귀속된다면, 역내 취득을 위한 조항은, 재화의 운송이 시작되는 회원국의 재화 공급에 대한 면세와, 운송이 종료되는 회원국의 역내 취득에 대한 과세라는 결과(가 두 번 발생하는 것으)로[25] 이어질 것이다. 하지만 유럽 법원에 따르면 이러한 결과는 비논리적이다. 왜냐하면 이때에는, 재화의 최종적 소비가 이루어지는 곳에 가까운 장소에 과세권을 부여한다는 원칙—곧 '목적지 과세원칙'—의 목적이, 이미 첫 번째 거래가 끝날 때 바로 달성될 것이기 때문이다. 또한 재화의 이동을 연속적인 공급들에 동등하게 결부시킨다면, 회원국의 과세관청들은 서로 간에 면세와 과세되는 공급·취득에 관한 정보를 (그만큼 더)[26] 교환해야 하므로 추가적인 행정적인 부담을 떠안게 된다. 결과적으로, 이 사건에서 납세지 규정은 재화 이동을 어느 하나의 공급에만 귀속시키고, 다른 공급은 재화의 물리적 이동 없는 공급으로 파악하는 것이라고 인정되었다. 요컨대 여기서 가장 중요한 판단기준은, 재화 공급의 시점에 재화가 소재하는 장소이다.

이후의 사례(C-430/09, "유로타이어(Euro Tyre)" 판결)에서도 비슷한 문제가 제기되었다. 유럽 법원은 "EMAG" 판결의 입장을 다시 확인하면서, 나아가 재화의 이동을 연속적인 공급들 중 어디에 귀속시킬지 정하

---

25 괄호 부분은 독자의 이해를 돕기 위해 덧붙인 것이다.

26 역시 괄호 부분은 독자의 이해를 돕기 위하여 덧붙인 것이다.

여야 할 때, 그 사건의 전체 사실관계에 대한 종합적 평가가 이루어져야 한다고 판시하였다. 즉 유럽 법원은, 우선 재화에 관한 한 납세지 결정의 출발점이 역내 취득인지, 아니면 재화의 공급인지를 분명히 하는 데에 있다고 본다. 이때 법을 남용하여 조세를 회피하려는 행태가 있는지를 포함하여, 그 사건의 전체 사실관계를 종합적으로 고려하여야 하고, 특히 납세지 규정의 목적에 충실한 해석이 필요하다는 입장이다. 이후의 사례에서 유럽 법원은 이 법리를 계속 발전시켜, 재화를 최종적으로 취득하는 사람에게, 재화를 소유자로서 처분할 수 있는 권리가 (두 번째로) 이전되는 시기가 언제인지를 따져야 함을 밝혔다. 만약 이러한 이전이 역내의 운송 작업이 개시되기 전에 일어난다면, 역내 운송은 재화를 처음으로 취득하는 사람에 대하여 이루어지는 (첫 번째의) 공급에 귀속한다고 할 수 없다(C-386/16, "토리다스(Toridas)" 판결; C-628/16, "크로이츠마이어(Kreuzmayr)" 판결).

재화가 물리적으로 이동하는 경우 납세지 결정에서 평가해야 할 또 다른 문제는 (제32조에서 말하는) 발송 · 운송이 시작되는 장소이다. "퐁더리(Fonderie) 2A" 사건(C-446/13)의 경우, 이탈리아에서 사업을 하는 공급자는 프랑스에 사업장을 둔 구매자에게 재화를 판매했다. 재화가 구매자에게 도착하기에 앞서 판매자는 스스로를 위하여, 도장 작업을 마무리하고자 그 재화를 다른 프랑스 회사에 보냈고, 작업 후에 구매자에게 직접 전달되도록 하였다.

유럽 법원은 유럽연합 부가가치세제의 관련 법조항—당시의 제6 부가가치세 준칙 제8조 제1항 (a)호이고, 현재의 준칙에서는 제33조—을 문리 해석하여, 프랑스 구매자에 대한 운송이 공급자가 사업을 하는 곳 —즉 이탈리아—에서 이루어지지 않았다고 보았다. 프랑스에서 실시된 도장 작업이 완료될 때까지 그 재화가 계약 조건을 충족하지 못하였기 때문이다. 따라서 재화의 운송이 시작될 때 그 재화는 이미 구매자가 속한 회원국 내에 있었던 셈이 된다. 즉 납세지는 이탈리아가 아닌 프랑스이다. 유럽 법원은 또한 제33조에 대한 그러한 해석이, 무엇이 재화의 공급을 구성하는지에 대한 해석론과 일맥상통함을 지적하였다. 마무리 작업을 수행하는 사업자에게 재화를 발송할 때에는, 재화를 소유자로서 처분할 수 있는 권리가 이전되지 않았기 때문이다. 또한 이는 이중과세·비과세를 방지한다는, 납세지를 결정하는 조항들의 목적과도 일관된다.

결과적으로, 물리적으로 이동하는 재화가 공급되는 경우 납세지를 결정하는 일반 원칙은 재화의 발송 또는 운송이 시작되는 곳이 그러한 장소가 된다는 것이다. 이는 무엇이 재화의 공급을 구성하는지에 대한 이해에 따른 것이고, 구매자에게 그 재화를 소유자로서 실제로 처분할 수 있는 권리가 이전되는 시점이 언제인지를 고려한 결과이다. 만약 공급이 역내 취득으로 분류된다면, 납세지 결정을 위한 별도의 조항이 대신 적용된다(제7장 제3절에서 논의한다). 그러나 위 표 7-1에서 보듯이, '원격 판매(distance sales)'를 규율하는 다른 조항들도 있다.

'원격 판매' 조항은, 어느 회원국 내의 고객에 대한 판매가 제34조의 기준에 미달하면 '생산지 과세원칙'이 적용됨을 규정한다(제32조). 제34조의 기준을 초과하거나, 재화를 판매하는 납세의무자가 재화가 공급되어 인도된 회원국에서 과세 받기를 선택하는 경우에는 제33조, 곧 목적지 과세원칙이 그 대신 적용된다.

제33조와 제34조에 따를 때, 원격 판매 조항[27]은 다음과 같은 경우에 적용된다.

• 재화가 납세의무자, 또는 납세의무자 아닌 법인에게 배송되고, 그

---

27 원문에는 약간 혼란스러운 점이 있는데, 여기서 말하는 '원격 판매' 조항은 제34조를 가리키는 것으로 일관되게 이해하고, '원격 판매 조항이 적용된다'는 말은 곧 생산지 과세원칙에 따름을 가리킨다고 이해함이 좋을 듯하다. 표 7-1 도 이와 같은 내용으로 정리되어 있다.

역내 취득이 부가가치세 과세대상이 아닌 경우

- 재화가 납세의무자 아닌 자에게 배송되는 경우
- 재화가 '개별 소비세(excise duties)'의 과세대상이 아니고, 10만 유로 또는 상응하는 금액 기준을 초과하지 않는 경우

원격판매 조항은 신품 교통수단의 경우, 또는 재화가 설치되거나 조립되는 경우에는 적용되지 않는다. 원격판매 조항이 적용되는 가까운 예로, 재화가 온라인으로 주문되어 다른 회원국의, 납세의무자 아닌 고객에게 인도되는 경우를 들 수 있다.

위에서 말한 '역내 취득에 부가가치세가 과세되지 않는 납세의무자'와 '납세의무자 아닌 법인'은 다음과 같은 구매자를 포함한다.

- 매입세액의 공제 · 환급을 받을 권리가 없는 납세의무자
- 현재의 1년과 그 직전 1년의 기간 동안 이루어진 역내 취득의 연간 합계액이 각각 1만 유로 또는 상응하는 금액 기준을 초과하지 않는 경우의 구매자(제3조 제1항 (b)호, 같은 조 제2항)
- 구매자가 역내 취득에 관한 조항에 따른 과세를 선택하지 않은 경우(제3조 제3항)

어느 해 또는 그 직전의 해에 다른 회원국에 판매한 재화의 합계액이 일정한 금액 기준을 초과하는 경우, 공급자는 이러한 회원국에서 부가가치세 납세의무자로 등록하여야 한다. 이때 공급자는 원래 사업장을 둔 회원국의 부가가치세율이 아니라, 이와 같이 등록한 나라의 부가가치세율을 적용받는다. 공급자가 제34조에 따라, 사업장을 둔 회원국의 과세를 선택할 수도 있다.

금액 기준의 적용이나 이를 초과했을 때 생기는 결과는 시행명령 (282/2011)이 좀 더 자세히 규정한다. 이 시행명령은 모든 회원국에 직접

적용될 수 있으며, 다른 회원국에 대한 공급가액이 기준금액을 초과하는 경우 재화 공급의 처리에 관한 추가적인 지침을 제공한다. 그리하여 어느 해의 중간에 기준금액을 넘어서게 되는 경우라 하더라도, 그 기준금액에 이르기 전에 판매된 재화의 공급에는 제33조(목적지 과세원칙)에 따른 재화 납세지의 변경이 있어서는 안 된다(시행명령 제14조). 하지만 다음의 경우에는 변경이 일어난다.

- 재화가 개별 소비세의 과세대상이 되는 경우(이러한 재화는 금액 기준과 무관하다)
- 재화가 공급되어 인도된 회원국의 과세를 선택한 경우
- 직전 해에 금액 기준을 초과한 경우

시행명령은 또한 다음과 같은 공급에는 목적지 과세원칙에 따른 납세지 변경이 이루어짐을 명확히 하고 있다.

a. 재화의 공급이 이루어져 인도된 회원국이 그 역년(曆年, calendar year)에 대하여 적용하는 금액 기준을 초과하게 하는, 바로 그 재화 공급
b. a.에서 말한 회원국에 대한 공급 이후에 이루어지는, 같은 회원국에 대한 모든 재화 공급
c. a.에서 말한 회원국에 대한 공급이 이루어진 해의 다음 해에 이루어지는 재화 공급

2021년 1월 1일부터 '원격 판매'에 관한 개정 조항들이 적용된다. 이 조항은 유럽연합 밖에서 발송·운송된 재화에 대해서도 적용될 것이고, 또 이로 인하여 '소액 물품의 수입(low value imports)'에 대한 면세가 철폐되며, 유럽연합 전체에 1만 유로의 새로운 금액 기준이 도입된다.[3] 공급자는 또한 '디지털 공급'(제7장 제4절 10. 참조)의 경우가 아니라 하더라

도, "원스톱 등록 제도(one-stop-shop scheme)"[4]를 활용할 수 있게 된다. '전자 인터페이스(interface)'를 사용하여 수입 재화의 원격 판매를 용이하게 하는 온라인 '마켓플레이스(marketplace)'는 재화 그 자체를 취득하고 공급하는 것으로 간주된다.

4 여객 운송에 따르는 재화 공급

선박, 기차, 항공기 내의 재화 공급과 관련하여, 납세지를 결정하는 핵심 요소는 여객 운송의 출발지이며, 이는 생산지 과세원칙이 적용된 결과이다. 관련 조항인 제37조는 유럽연합 내에서 이루어지는 여객 운송이나, 여객 운송 중 유럽연합 내에서 이루어지는 일부만을 규율한다. 유럽연합 바깥의 장소를 '기착(寄着, stopover)'하는 경우에는 그 적용이 없다.

"안티에 쾰러(Antje Köhler)" 사건(C-58/04)에서는, 독일에서 출발하여 유럽연합 바깥의 항구를 여러 군데 들른 다음에 독일로 돌아오거나 이탈리아에 도착하는 유람선 안에 있는 상점이 문제가 되었다. 이때 쾰러는 유럽연합 밖에서 일어난 재화의 공급에 부가가치세를 부과해서는 안 된다고 주장했으나, 독일 과세관청은 모든 재화 공급에 부가가치세를 부과했다. 유럽 법원의 선결적 판결은, 재화 공급의 납세지를 정하는 조항이 일반론으로서 '속지주의 원칙(territoriality principle)'에 따름을 명확히 하였다. 다만 선박, 기차, 항공기 내 재화 공급에 관한 조항은 이러한 일반 원칙에서 벗어나 있는데, 이는 둘 이상 회원국 사이에서 이루어지는 연속적인 공급에 대한 과세권 충돌을 방지하기 위하여 단순화시킨 과세 체계이다. 나아가 이 조항은 역내의 운송이 제3국 기착을 통하여 중단되는 경우의 여객 운송을 면세함으로써 제3국의 과세권과 충돌하는 상황을 방지하는 것 또한 목적으로 한다.

유럽 법원은 이 판결에서 또한 재화에 대한 과세와 선박 내 용역 공급 사이의 관련성에도 주의를 환기시켰는데, 이때 회원국들은 다른 국가의 과세권을 침해하지 않는 한 영토 범위 이상으로 과세권을 확대하는 입법을 할 수 있다고 한다.[28] 재화의 공급에도 마찬가지 논리가 적용된다. 결론적으로 이 사건에서 유럽 법원은, 제3국에 기착하고 있는 동안 일어나는 재화의 공급은 준칙의 적용범위 밖에 있다고 판시하였다.

5 설치 또는 조립되는 재화의 공급

공급자에 의하여, 또는 공급자를 대신하여 설치되거나 조립되는 재화의 공급에 관련된 납세지는 그 설치·조립이 이루어지는 장소이다. "NN 사(社)" 판결(C-111/05)에서, 광(光) 케이블을 판매하는 계약을 체결한 NN 통신회사는 스웨덴에서 '세법해석 사전답변(advance ruling)'[29]을 신청하였다. 이 계약은 광케이블 자재의 판매뿐 아니라, 스웨덴과 다른 회원국의 본토, 그리고 그 사이를 잇는 해저에 광케이블을 설치하는 인원들의 작업에 관한 내용도 포함하고 있었다. 이 광케이블은 각각 다른 통신회사들에게 통신 역무를 제공하는 데 그 목적이 있었다. 스웨덴의 '법률해석위원회'[5]는 이 거래가 용역의 공급에 해당한다는 내용으로 사전답변을 하였고, 납세자가 이에 불복하여 스웨덴의 '최고 행정법원'에 소를 제기하자, 이 법원이 유럽 법원에 선결적 판결을 요청하였다.

먼저 유럽 법원은 결합된(combined) 공급이나 복합적(composite)인

---

28 "퀼러" 판결의 문단 25에 설시된 내용을 가리킨다. 이 판결은 이와 관련하여서는, 제7장 제4절 6.에 언급된 "트란스 티레노 엑스프레스" 판결도 인용하고 있다.

29 이 번역은 국세청 법령사무처리규정 제2조 제10호가 정하는 제도의 이름에서 빌려온 것이다.

공급의 취급에 관한 문제를 다루었다(제8장 제4절 참조). 공급자와 구매자 간 계약의 대상은, '제대로 기능하는 광케이블'이다. 그런데 광케이블이 제대로 기능하기 위해서는, 먼저 광케이블이 설치되어야 하고 성능 시험도 거쳐야 한다. 즉 밀접하게 연결된 여러 부분의 공급이 필요하고 이들은 전체로서 하나의 공급을 이룬다고 이해할 여지가 있다. 광케이블의 공급은, 단순히 부수적인 용역의 공급 이상의 것을 요구하고 있음에 의문의 여지가 없다. 하지만 이는 광케이블이라는 재화의 공급 또는 광케이블의 설치라는 용역의 공급 중 하나로 분류될 필요가 있었다. 공급자와 구매자 사이의 계약에서 공급의 대상은 '제대로 기능하는 광케이블'이라고 기술되었다. 그리고 구매자는 광케이블의 설치와 성능 시험이 끝나는 시점에서 이를 소유자로서 처분할 수 있는 권리를 취득하였다.

유럽 법원은, 제36조가 재화 조립·설치의 다양한 유형들을 구별하고 있지 않다는 점에 주목하였다. 그렇기 때문에 설치에 들어가는 원가가 총 원가에서 차지하는 비중이 80%를 넘는 경우에도 (위 사건에서는 특히 문제되지 않는 것으로 인정된) '건설 공사'에 해당하지 않는 한 제36조의 적용을 받게 된다. 이 사건의 설치 용역이 광케이블의 성질을 바꾸거나 광케이블을 고객의 특수한 요구사항에 맞게 조정하기 위한 것은 아니었다. 따라서 광케이블의 공급과 설치는 재화의 공급에 해당한다고 인정되었다.

설치·조립되는 재화의 공급 장소와 관련하여 유럽 법원이 출발점으로 삼는 것은, 납세지를 결정하는 규정이 갖는 목적이다. 이는 이중과세나 이중비과세로 이어질 수 있는 과세권의 충돌을 방지하는 것이다. 설치되거나 지면에 부착되는 장소에 따라 납세지를 결정하도록 하는 조항은 대개 회원국들 중 어느 하나에만 과세권을 인정하게 된다. 그렇지 않으면 이 규정은 과세권 충돌을 해결하는 역할을 효과적으로 수행하지 못할 것이다. 하지만 둘 이상 회원국들의 영역에서 순차적으로 설치가 이루어지는 경우에도 과세권의 충돌은 발생하지 않는다. 이 경우 회원 국들은 그들 각각의 영토 내에 설치되는 재화의 가액 비율에 따라 과세권을 갖게 된다. 이러한 규정에 따른 과세권 배분은, 또 설치 용역의 납세지를 정하는 것이기도 하다.

6 가스, 전기, 열이나 냉(冷) 에너지의 공급

가스, 전기, 그리고 열·냉 에너지의 공급에서, 이러한 에너지가 납세의무자인 '중간 거래상(taxable dealer)'에게 판매되었을 때에는 목적지 과세원칙에 따라 과세된다. 납세의무자가 아닌 중간 거래상에게 판매되었다면, 가스, 전기, 열·냉 에너지가 실제 사용된 장소가 납세지가 된다.

제38조 제2항은 '납세의무자인 중간 거래상'을 '가스, 전기, 열·냉 에너지의 구매와 관련하여 재판매를 주된 활동으로 하고 스스로 하는 소비는 무시해도 될 정도인 납세의무자'로 정의한다. 그러한 납세의무자인 중간 거래상에게 하는 가스, 전기, 열·냉 에너지 공급의 납세지는 중간 거래상이 사업장을 둔 곳, 또는 이러한 에너지 공급의 상대방인 '고정사업장(fixed establishment)'이 있는 곳이다. 그와 같은 장소가 없으면 납세의무자의 '항속적(恒續的)인 주소(permanent address)'나 '일상적 거소(usual residence)'가 납세지이다.

가스, 전기, 열·냉 에너지를, 납세의무자 중간 거래상이 아닌 고객에게 팔았고 이들이 이러한 에너지를 전부 소비하지는 않는다면, 소비되지 않고 남은 재화는 그 고객이 사업장을 둔 곳, 또는 재화 공급이 관련된 고정사업장이 있는 곳에서 공급된 것으로 간주된다. 그와 같은 장소가 없으면 그 고객의 항속적인 주소나 일상적 거소가 재화 공급의 장소이다. 사업장의 소재지, 고정사업장, 항속적인 주소 또는 일상적 거소와 같은 개념들의 범위에 대해서는 제7장 제4절 3.에서 자세히 살펴본다.

7 제3국과 사이에서 일어나는 공급

'목적지 과세원칙'은 유럽연합과, 제3국 또는 제3의 지역 사이에 일어나는 공급을 위한 일반 원칙이다. 만약 재화가 어느 회원국 내로 수입된 데에 이어서 다른 회원국으로 이동하면서 공급되는 경우라면, 이때 재화의 수입─곧 유럽연합의 역내 반입─에는 목적지 과세원칙이 적용된다. 반면 뒤따르는 재화의 공급에 관하여는, 그 재화가 제32조에 따라 다른 회원국으로 이동한다면, 생산지 과세원칙이 적용된다. 다만 이때 뒤따르는 공급이 역내 취득이 아닌지 유의할 필요가 있다. 역내 취득이라면 목적지 과세원칙에 따라 과세하기 때문이다(제7장 제3절 참조). 면세되는 수입 후 역내 취득이 뒤따른다면 이는 제138조와 제143조의 문제가 된다. 제143조에 따른 면세가 적용되려면 제138조의 실체적 적용요건이 충족되어야 한다["엔테코 발틱(Enteco Baltic)" 판결(C-108/17)].

제3국으로 수출하는 경우에도 목적지 과세원칙이 적용되지만, 제141조에 따른 면세와도 관련이 있다. 유럽 법원 또한 관세법이 정하는, 수출과 관련된 절차적 요건들이 충족되지 않은 경우에도 유럽연합의 영역 바깥으로 수출되는 재화의 면세에 관한 실체적 요건을 충족한다면 부가가치세가 면세될 수 있음을 분명히 하고 있다["밀란 빈슈(Milan Vinš)" 판결(C-275/18)].

8 결론에 해당하는 사례들

재화의 공급 장소를 결정할 때에는 일반적으로 재화의 이동을 기준으로 삼는다. 여기서는 몇 가지 예시들을 통해 어떤 경우에 실제로 그러한지, 그리고 또 어떤 경우에 물리적 이동의 시작이나 끝이 아니라, 다른 대체적(代替的) 표지들이 사용되는지를 살펴보도록 한다.

사례 1

덴마크에 사는 소비자 A는 휴가로 프랑스에 가 있는 동안 새로운 옷을 구매한다. 이 옷은 물리적 이동 없이 공급되었으므로, 프랑스에서 공급된 재화이다(제31조).

사례 2

소비자 A는 덴마크에 있는 집에서 프랑스 기업의 웹사이트를 통해 옷을 구매한다. 옷은 프랑스에서 덴마크로 이동한다. 프랑스의 공급자는 새로 설립되었기 때문에 매출액이 제34조에서 정한 수량적 기준보다 낮다. 제32조에 따라 이 옷은 재화의 이동이 시작되는 곳에서 공급된 것이다. 만약 프랑스의 공급자가 매출액 기준을 넘었다면 그 공급 장소는 덴마크가 되었을 것이고, 이 프랑스 기업은 덴마크에서 납세의무자로 등록하여야 한다(제34조).

사례 3

덴마크에 사는 소비자 A는 지중해 위에 떠 있는 유람선의 양품점에서 옷을 구매한다. 유람선은 포르투갈에서 출발하여 다시 포르투갈로 돌아올 때까지 프랑스, 이탈리아, 그리스의 항구에 기항한다. 이때 재화는 제37조에 따라 출항지인 포르투갈에서 공급된 것이다.

사례 4

소비자 A는 덴마크에 있는 집에 필요한 새로운 환기 장치를 구매한다. 공급자는 독일에 사업장을 두고 있고, 환기 장치를 덴마크 집으로 가지고 와서 설치한다. 이때 재화가 덴마크에서 설치되었으므로, 이는 덴마크에서 공급된 것이다(제36조).

사례 5

소비자 A는 독일의 공급자로부터 덴마크에 있는 집에 필요한 전기를 구매한다. 이때 전기는 덴마크에서 실제 사용되므로, 덴마크에서 공급된 것이다(제39조).

제3절 역내 취득

1 역내 취득의 하위 범주들

역내 취득에 해당하는 과세대상 거래는 제6장 제6절에서 이미 논의하였다. 이 절에서는 역내 취득의 납세지를 설명한다.

역내 취득은 다음과 같은 하위 범주들로 나뉠 수 있다.
- '기본적인' 역내 취득
- '삼각(三角)'의 역내 취득
- 신품(新品) 교통수단
- 개별 소비세의 과세대상이 되는 재화
- '납세의무자 아닌 법인'에 의한 재화의 수입

역내 취득이라는 별도의 공급 유형을 도입한 목적은, 납세지를 목적지 과세원칙에 맞게 바꾸고, 납세지 결정이 미치는 왜곡 효과를 최소화하는 등 역내 시장의 기능을 개선하려는 데 있다. 따라서 이러한 납세지 결정과 관련된 조항들을 그대로 적용하면, 재화의 발송·운송이 끝나는 회원국에서 과세가 일어나는 결과가 된다(제40조). '물리적으로 이동하는 재화의 공급'(제7장 제2절 3.)의 공급 장소에 관하여 논의한 대로, 부가가치세제를 적정하게 적용하기 위한 첫 단계는 그 공급이 역내 취득인지 여부를 정하는 것이다. 역내 취득의 정의를 다루었던 제6장 제6절과 달리 이 절에서는 공급 장소에 관한 다양한 조항들의 적용범위를 논의한다.

2 '기본적인' 역내 취득

'기본적인' 역내 취득의 경우 이러한 공급들에 관한 일반 원칙이 적용된다(제6장 제6절의 사례 참조). 시행명령(282/2011)에 의하면 재화의 발송·운송이 끝나는 회원국—곧 목적지국—은 재화의 발송·운송이 시작하는 회원국—곧 생산지국—이 재화의 공급을 어떻게 과세하는지와 상관없이 과세권을 행사한다. 이 규정은 언뜻 보기에 생산·유통 사슬의 각 단계에서 부가된 가치를 과세한다는 기본적인 생각과 배치되는 것 같다. 그렇게 하는 이유는 과세의 결과를 보장하는 데에 있다. 이로 인한 이중과세의 잠재적 위험이 있으나, 이중비과세나, 부가가치세 탈세를 위하여 역내 취득에 관련된 법조항들을 남용하는 일을 막을 수 있다. 또한 이 시행명령은, 공급자가 생산지국에서 부가가치세와 관련하여 세금계산서를 발행하고 부가가치세를 신고한 것에 대하여 경정을 청구할 때에는, 그 생산지국의 국내법 조항에 따라야 한다고 강조하고 있다.[30]

또한 재화를 취득하는 사람에게 부가가치세 등록번호를 부여한 회원국 내에서 역내 취득이 일어나는 것이라고 정하는 예외 조항도 있다(제41조). 이 조항은 재화 공급의 시점에 목적지를 모를 때에 보충적으로 적용되는데, 이때에는 등록번호를 부여한 회원국이 목적지로 추정된다. 만약 재화의 발송·운송이 또 다른 회원국에서 끝나게 되면, 이때에는 다시 제40조에 따른 과세로 돌아간다. 이중과세를 회피하기 위하여, 등록번호를 부여하고 제41조에 따라 재화의 취득을 과세하였던 회원국이 과세할 수 있는 금액은 줄어들게 된다(제41조 제2문). 이 예외 조항에 따른 과세는 "X"와 "패싯(Facet)" 병합 사건(C-536/08, C-539/08)에 대한 유럽법원의 판례에 따라, 매입세액 공제를 받을 권리에 영향을 줄 수 있다.

판매자가 취득인에게 한 공급은 이중과세를 회피하기 위하여 제138조 제1항에 따라 부가가치세가 면세된다. 한편 제282조~292조에 따라 부가가치세가 면세될 수도 있는데, 이에 대하여는 제10장에서 더 살펴본다.

---

30 시행명령 제16조 참조.

3 삼각의 역내 취득

'삼각' 역내 취득이란 회원국들 사이에 재화의 발송·운송이 있고 세 납세의무자가 서로 다른 회원국에서 부가가치세와 관련하여 등록되어 있는 경우를 말한다. 가령 덴마크의 판매자가 독일에서 부가가치세 등록번호를 부여받은 납세의무자에게 재화를 판매하고, 그 납세의무자가 이어서 스웨덴에 등록된 납세의무자에게 그 재화를 판매하는 상황을 예로 들 수 있다. 이때 재화는 덴마크에서 스웨덴으로 곧바로 이동한다. 덴마크와 독일의 납세의무자 사이에 일어나는 공급은 재화의 역내 취득에 해당하고, 독일에서 일어나는 재화 공급이 이에 뒤따른다(제141조). 이 경우에는 발송·운송의 시점에 최종 취득인을 알고 있어야 하므로, 제41조가 적용되지 않는다(제42조). 또한 최종 취득인은 재화가 이동된 회원국에서 부가가치세와 관련하여 등록되어 있어야 한다.

이때 제42조와 그에 인용된 다른 조항의 적용요건들을 충족하였음을 입증해야 하는 것은 두 번째 공급 거래에서 재화를 판매하는 납세의무자이다. 제42조에 인용된 다른 조항들에 따를 때 (이 사례에서는) 독일 납세의무자가 그가 재화를 공급한 상대방인 납세의무자와, 제262조 (b)호의 역내 취득으로 공급받은 재화에 대하여 '요약 명세서(recapitulative statement)'를 제출할 의무를 진다. '삼각의' 재화 공급이나 취득과 관련된 요약명세서의 제출 의무는 제265조에 따른 제약도 받는다. 이 조항은 취득인의 등록번호, 그리고 그에 이어 납세의무자를 상대로 각각 공급된 재화의 가액 합계를 요약명세서에 적도록 한다. 이때 세금계산서는 제226조가 정하는 필요적 기재사항들에 관한 요건에 따르되, 삼각 역내취득에 관한 제141조나 이에 상응하는 국내법 조항을 언급하여야 한다. 최종 취득인은 제197조에 의하여 그 최종적인 취득에 대하여 부가가치세의 납세의무를 진다.

유럽 법원에서는 몇몇 사건들을 통해 다양한 형태로 나타나는, 삼각의 역내 취득을 논의하였는데, 그중 일부는 물리적으로 이동하는 재화의 공급으로서 제7장 제2절 3.에서 이미 살펴보았다. "EMAG" 판결(C-245/04)에서는, 잇따라 일어나는 두 개의 공급이 있었으나 재화는 단 한 번 이동하였고, 그러한 이동은 두 공급 중 어느 하나에만 결부되어야 하였다. 이 사건이 삼각 역내취득과 다른 점은, 세 납세의무자 중 둘이 동일 회원국에 사업자로 등록되어 있었다는 것이다. 이와 비슷한 "유로타이어" 판결(C-430/09)에서도 두 납세의무자가 같은 회원국에서 사업자로 등록되어 있었다. 이 사건에서도 '중간에 낀' 거래 당사자는 첫 번째 판매자(즉 유로타이어)로부터 재화를 가져다가 이를 최종 취득인에게 바로 배송하였다. 이 판결에서는 다음과 같은 요건들이 충족되었다는 전제 하에, 재화의 이동이 첫 번째 공급에 결부되었다.

- 중간 당사자 또는 재화를 첫 번째로 취득한 사람이 소유자로서 그 재화를 처분할 수 있는 권리를 가졌을 것.
- 중간 당사자 또는 재화를 첫 번째로 취득한 사람이 그 재화를 또 다른 회원국으로 이동시킬 의도를 표시하였을 것.
- 중간 당사자 또는 재화를 첫 번째로 취득한 사람이, 그 재화가 이동하여 도착하는 회원국이 부여한 등록번호를 제시할 것.
- 최종 취득인이 역내의 이동이 끝난 회원국에서 그 재화를 처분할 수 있는 권리를 취득하였을 것.

만약 최종 취득인이 그 재화를 소유자로서 처분할 수 있는 권리를, 그 재화의 역내 이동보다 먼저 취득하였다면 위 요건들은 충족되지 않고, 이때 재화의 이동은 첫 번째 공급에 귀속되지 않는다. 이러한 첫 번째 취득은 따라서 역내 취득이 아니다.

두 대의 쇄석기(碎石機) 판매가 문제된 어느 사건("VSTR" 판결(C-

587/10)}에서는, 독일에 사업장을 둔 독일 회사의 지점이 미국 회사에 이들을 판매하였다. 이 미국 회사는 포르투갈에 자회사를 두었으나, 포르투갈뿐 아니라 다른 어떤 회원국에도 사업자등록을 하지 않았다. 독일 지점이 구매자인 미국 회사에게 부가가치세 등록번호를 문의하자, 미국 회사는 쇄석기들이 핀란드에 사업장을 둔 회사에 이미 팔렸다면서 핀란드 회사의 등록번호를 제공하였다. "유로타이어" 사건과 마찬가지로, 재화의 이동을 어떤 공급에 결부시킬 것인지가 문제이다. "VSTR" 사건의 사실관계를 고려하면, 바로 위에서 열거된 요건들 중 첫 번째와 세 번째의 것이 관련성을 가진다. 유럽 법원은 미국 회사가 재화를 소유자로서 처분할 수 있는 권리를 가졌는지를 분명하게 밝히지 않은 채 국내 법원이 판단할 문제로 남기고 있다. 한편 미국 회사는 스스로 부가가치세 등록을 하는 대신 핀란드 구매자의 사업자등록번호를 제공하였으므로, 이 사건에서 세 번째 요건은 충족되지 않는다. 그러나 유럽 법원은, 구매자가 다른 회원국의 납세의무자로서 그와 같이 행동하여야 한다는 요건이 곧 그 납세의무자가 취득의 과정에서 사업자로 등록한 채로 거래를 하여야 한다는 것을 의미하지 않음을 명확히 하였다. 그 대신 이는 공급자가 상대방의 지위와 관련하여 제시할 필요가 있는 증거방법의 문제일 따름이라는 것이다. 유럽 법원의 이러한 논리는 비례성과 중립성의 원칙에 근거하면서도 회원국들이 부가가치세 등록번호를 요구할 수 있는 가능성을 뒷받침하고, 이는 법률요건으로서나 납세자의 지위에 관한 증거방법의 하나로서나 정당성을 가진 것이라고 한다. 유럽 법원의 결론은 결국 등록번호란 하나의 절차적 요건에 불과하고, '역내 공급'의 실체적 요건이 충족되는 한 면세의 권리를 해할 수는 없다는 것이다. 이는 이후의 "불러(Bühler)" 판결(C-580/16)이 더 자세히 다루고 있다.

무엇이 역내 취득에 해당하는지에 관한 해석론과, 그 납세지나 관련된 면세 여부의 결정에 관하여 유럽 법원이 "VSTR" 판결이나 몇몇 다른 판결에서 행한 논증은, 제3장 제5절에서 이미 살펴본 것으로서, '선의로한 행위(acting in good faith)'에 대비되는, 법을 남용하여 조세를 회피하는 행태나 조세를 포탈하는 '부정한' 행위의 문제와 관련이 있다.

4 신품(新品)인 교통수단(New means of transport)

신품 교통수단 또한 목적지 과세원칙에 따라 과세되는데, 이때 취득인이 납세의무자인지 여부는 문제가 되지 않는다. 따라서 목적지 과세원칙은 신품인 교통수단의 모든 공급에 적용된다. 신품 교통수단의 납세지를 규율하는 조항의 목적은 역내 시장 내 경쟁 왜곡의 위험을 최소화하는 것이다. 신품 교통수단이 생산지국에서 과세될 경우에 적용될 회원국들의 다양한 부가가치세 세율을 고려할 때, 목적지 과세원칙의 사용이 역내 시장의 기능을 증진하리라 여겨지기 때문이다.

"X" 사건(C-84/09)에서는, 스웨덴의 어느 사업자 아닌 자연인이 길이가 7.5m를 넘는 새로운 개인용 돛단배 취득의 부가가치세 문제에 관하여 '세법해석 사전답변'을 신청하였다. 이 배의 최종 목적지는 스웨덴이지만, 그에 앞서 공급자가 사업장을 둔 회원국이었던 영국에서 3~5개월 동안 사용되거나 아니면 스웨덴 아닌 다른 회원국으로 직접 인도되며, 그 결과 배는 스웨덴에 이르기 전에 100시간이 넘게 항해할 예정이었다.

유럽 법원은 여기서 무엇이 역내 취득에 해당하는지, 그리고 그 해당 여부의 평가에 관련된 주장들을 논의하였다. 또한 유럽 법원은 신품인 교통수단이, 취득인이 소유자로서 처분할 수 있는 권리를 얻으면 바로 쉽게 움직일 수 있는 것을 가리킴을 명확히 하였다. 따라서 이 사건처럼 배가 다른 장소로 항해를 하는지, 아니면 트레일러에 실려 다른 장소로 운송되는지 등의 사정이 이러한 판단에 영향을 미쳐서는 안 된다. 다만 객관적 증거로 뒷받침될 수 있다면, 취득의 시점에 취득인이 가진 의도는 가능한 한 고려되어야 한다.

달리 고려될 수 있는 사정으로는 배가 게양하는 회원국의 국기, 겨울에 배를 보관하는 장소, 그리고 그 배가 주로 정박하는 장소가 있다. 신품 교통수단의 사용이 중단되어서는 안 된다거나 공급 즉시 실제로 사용되어야만 한다거나 하는 것은 아니다. 이 사건처럼 최종 목적지에 도착하기까지 3~5개월 동안 배가 사용된다면, 이를 언제까지 '새 것'으로 평가할지 하는 문제도 있다. 유럽 법원은 어떤 교통수단이 새 것인지 여부는, 재화의 이동이 언제 시작하거나 끝나는지가 아니라, 판매자로부터 구매자에게로 공급이 이루어진 시점과 관련된다고 결론지었다.

5 결론에 해당하는 사례들

여기서 제시하는 사례들은 역내 취득에 대한 것이다. 이들을 재화의 공급에 초점을 둔 제7장 제2절 8.의 예시들과 비교해 볼 수도 있다.

사례 1

스웨덴에 사업장을 둔 한 납세의무자는 예테보리에 있는 자신의 상점에서 판매할 옷을 구매한다. 이 옷은 포르투갈 회사로부터 구매한 것으로서, 포르투갈에 있는 창고에서 스웨덴으로 배송된다. 두 납세의무자 모두 자신들이 부여 받은 스웨덴과 포르투갈의 부가가치세 등록번호를 제시한다. 이 공급은 제138조에 의하여 포르투갈에서 면세되고, 취득은 제40조에 따라 스웨덴에서 과세된다.

사례 2

사례 1과 마찬가지로, 스웨덴에 사업장을 두고 있고 포르투갈의 공급자로부터 재화를 취득하는 납세의무자가 있다. 포르투갈 공급자는 이에 앞서 독일의 공급자로부터 재화를 구매한 것이다. 세 납세의무자 모두 각각 그들의 등록번호를 제시하였고, 재화는 독일에서 스웨덴으로 이동한다.

독일 공급자와 포르투갈 회사 사이에 일어나는 공급은, 포르투갈의 부가가치세가 면세되는 역내 취득이고, 재화의 공급이 뒤따른다. 역내 취득은 제141조에 따라,

이어지는 재화의 공급은 제42조에 의하여 각각 면세된다. 독일에서 이루어진 재화의 공급은 제138조에 의하여 면세된다. 스웨덴에서 한 역내 취득은 제40조에 의하여 과세된다.

제4절 용역의 공급

1 이 절(節)의 내용 일반

유럽연합 부가가치세제에서 용역의 납세지를 결정하는 조항들은 주로 세 가지 원칙에 근거한다. 생산지 과세원칙은 공급자가 용역의 공급이 이루어지는 사업장을 둔 국가에서 용역에 대한 과세가 이루어지는 것을 의미한다. 목적지 과세원칙에서는 이와 반대로, 용역 공급의 상대방이 일상적으로 거주하거나 사업장을 둔 나라에서 과세된다. 세 번째 원칙은 '편익(便益) 원칙(benefit principle)'으로서 역무가 제공되거나 그로 인한 효익(效益)이 '향유(享有, enjoy)'된 장소와 관련될 것이다.

이 절에서는 부가가치세 준칙과 시행명령(282/2011로 제정되고, 1042/2013으로 개정된 것), 그리고 그에 따른 '주석(注釋, explanatory notes)'[31]에 근거하여, 용역의 유형들과 공급 장소를 설명한다. 어떤 유형의 용역은 광범위한 범위의 역무를 포괄하는데, 그와 같은 유형에 대하여는 상세한 해설을 생략하였다.

---

31 참고로, 이 주석의 내용은, https://ec.europa.eu/taxation_customs/sites/taxation/files/resources/documents/taxation/vat/how_vat_works/telecom/explanatory_notes_2015_en.pdf 에서 확인할 수 있다.

2 공급자와 취득인의 지위 파악

다양한 용역에 적용되는 원칙들에 관한 조항들을 살펴보기 전에 몇 가지 중심적인 개념들에 대한 설명이 필요하다. 이러한 개념들은 용역의 납세지 판단에 관한 두 가지 일반 원칙, 즉 '사업자 간(business-to-business)' 규정과, '사업자—소비자 간(business-to-consumer)' 규정에서 찾을 수 있다. 따라서 첫 번째로 분명히 해야 하는 쟁점은 용역 공급의 상대방이 납세의무자인지 여부이다(제5장 참조).

납세지 규정과 관련하여 제43조는 '납세의무자 아닌 법인'과, 제2조 제1항에 따른 과세가 이루어지지 않는 재화·용역을 공급하는 납세의무자의 지위에 관한 일정한 '추정(presumption)'[32]을 한다. 납세의무자 아닌 법인은 부가가치세의 범위 내에서 납세의무자로 추정된다. 제2조 제1항이 정하는 과세대상 거래의 범위를 벗어나는 재화와 용역을 공급하는 납세의무자는, 그에게 제공된 모든 용역에 관하여는 납세의무자로 인정되어야 한다. 이러한 가정과 납세의무자 범위의 확대가 갖는 목적은 납세지 규정의 적용을 간명하게 하는 데에 있다.

제43조는, 납세의무자 아닌 법인이 가령 유럽연합 부가가치세제의 적용범위를 벗어나는 재화·용역의 공급을 하더라도 납세의무자로 인정되는 상황을 규율하고 있다. 납세의무자 범위의 이러한 확장은 오로지 납세지 규정에만 적용된다. 그러므로 유럽연합 부가가치세제의 적용영역 바깥에서 금융 용역을 제공하는 공급자는, 그러한 '범위 밖' 활동을 위하여 재화·용역을 공급 받을 때에, 납세지와 관련하여서는 여전히 납세의무자로 취급된다. 이 점에서 용역의 공급자는, 그 상대방이 생산·

---

32 준칙 제43조는 통상 '간주' 또는 '인정' 정도로 번역되는 "regard"라는 표현을 쓰고 있음에 유의할 것. 준칙과 원저의 내용을 모두 살려서, 원문에 충실하게 번역한 결과이며, 해석론의 측면에서는 아마도 '간주'라고 표현되었음에도 불구하고 번복 가능한 추정으로 이해하는 일이 가능하리라 생각할 수 있다.

유통 사슬의 다음 단계로서 하는 용역 공급이 과세대상인지 여부를 알 필요가 없다(이러한 구별은 제10장에서 살펴보는, 공급 상대방이 매입세액을 공제받을 수 있는 가능성과도 관련이 있다).

이 조항은 납세지에 관한 제6 부가가치세 준칙의 종전 규정들과, 유럽 법원이 이에 관하여 "단체교섭 재단(Kollektivavtalsstiftelsen) TRR 재취업 자문회의(Trygghetsrådet)" 판결(C-291/07)에서 내어 놓은 해석의 연장선 위에 있다. 이 판결에서 유럽 법원은 용역에 대한 납세지 규정과 관련하여, 납세의무자가 과세대상 거래를 실제로 해야 한다고 해석할 근거가 없음을 명확히 하였다. 오히려 제도를 단순화하고 회원국 간 과세권이 충돌하는 일을 막기 위하여, 납세지 규정은 납세의무자의 범위를 확장하거나 의제하는 규정을 둘 수 있다. 용역공급 상대방의 지위를 명확히 하기 위하여 필요한 구별은, 그 사람이 재화·용역을 사적(私的) 이용을 위하여 공급 받는지 여부이다. 즉 과연 납세의무자의 지위에서 거래하는지 여부이다.

이를 더 명확히 하기 위하여 시행명령(282/2011)은 납세지 판단을 위한 범위에서, 납세의무자의 지위에 관한 일정한 사항들을 추정하는 조항들을 마련하고 있다. 만약 고객이 공급자에게 자신의 부가가치세 등록번호를 알려주고 공급자가 이 등록번호의 유효함을 확인한다면, 그 고객이 납세의무자로서 거래하고 있다고 판단하기에 충분하다. 이에 관련한 요건들은 2010년 10월 7일 자 "부가가치세 영역의 행정 협력과 부정행위 방지에 관한 유럽공동체 이사회 명령(Council Regulation (EC) 904/2010 on administrative cooperation and combating fraud in the field of value added taxation)" 제31조에 규정되어 있다.[6] 고객이 등록번호를 받지 못하였더라도, 등록이 신청되어 있음을 공급자에게 알렸고, 공급자가 그러한 언명(言明)의 정확성에 관한 다른 증빙을 얻었다면, 이러한 공급 상대방 또한 납세지 판단과 관련하여서는 납세의무자로 추정된다.

하지만 공급자가 그와 같이 추정되는 사실과 모순되는 정보를 가지고 있다면, 이 두 가지 추정은 모두 깨어질 수 있다. 추정의 번복을 위한 증명책임은 시행명령(282/2011) 제18조 제2항에 따라 용역의 공급자에게 있다.

유럽연합 밖에서 이루어진 공급에 대하여도 고객이 언제 납세의무자로서 거래하는지에 관하여 일정한 사항이 추정된다. 예를 들면 다음과 같다.

- 고객이 사업장을 둔 국가의 '권한 있는 당국(competent authorities)'[33]이 발행하고, 고객이 그 나라에서 부가가치세의 환급을 받을 수 있을 정도의 경제적 활동을 벌이고 있음을 증명하는 증서를 공급자가 얻은 경우{준칙(86/560/EEC)}[34]나,
- 공급자가, 고객이 사업장을 둔 나라에서 부여 받았고 사업자를 식별하기 위하여 사용되는 부가가치세 등록번호나 그에 유사한 것을 알고 있거나, 또는 납세의무자라고 주장하는 고객이 제공한 정보의 정확성을 합리적인 수준에서 확인할 수 있는 다른 증빙을 갖고 있는 경우.

이러한 추정도 공급자가 그와 상반되는 내용의 자료를 가지고 있다면 깨어지고, 반대로 추정된 사실을 뒷받침하는 문서 형태의 증빙 자료를 갖고 있어야 하는 것도 공급자이다. 그 후에 공급자가 상대방으로부터 교부 받은 자료가 사실과 다르다고 밝혀진 때에는, 조세회피의 경우가 아닌 한, 거래 당시의 상황에 따라 납세지를 결정한다{시행명령

---

33 이 말은 흔히 이른바 국제조세의 맥락에서 과세관청을 가리키는 말로 사용된다. 여러 국가들이 속한 유럽연합 내의 부가가치세제를 다루는 이 책에서도 같은 의미로 받아들이면 충분할 것으로 생각한다.

34 1986년에 공포된 별도의 준칙. 일정한 유형의 부가가치세 환급에 관한 내용을 담고 있다.

(282/2011) 제25조). 조세회피의 경우에 적용되는 법원칙은, 공급자가 '선 의(good faith)'로 행동할 것을 요구하며, 이에 관하여는 제3장 제5절에서 논의하였다.

시행명령(282/2011)은 언제 고객이 '납세의무자 아닌 사람'으로서 행 위하는 것으로 추정되는지도 명확히 하고 있다. 이는 직원들의 이용을 포함하여, 역무를 전적으로 사적인 용도를 위하여 제공 받은 경우에 관 한 것이다(제19조).

3 일반 원칙

유럽연합 부가가치세제에서 용역의 납세지를 결정하는 두 가지 일 반 원칙이 있다. 하나는 목적지 과세원칙에 따라 역무를 제공 받은 사람 이 사업장을 둔 나라에서 과세한다는 결론으로 이어지는데, 제44조에 따라 납세의무자들 간, 즉 '사업자 간'의 용역 공급을 규율한다. 다른 하 나는 생산지 과세원칙을 따라 공급자가 사업장을 둔 국가에서 과세하도 록 하고, 제45조에 따라 납세의무자가 납세의무자 아닌 사람에게, 즉 '사 업자―소비자 간' 용역을 공급하는 경우에 적용된다.

용역 공급의 납세지나, 공급자와 그 상대방이 어느 곳에 '고정된 사 업의 장소(fixed place of business)' 또는 '고정사업장(fixed establishment)' 을 두고 있다고 볼 수 있는지를 판단하는 기준에 관한 유럽 법원의 몇몇 판결이 있다. 시행명령(282/2011)은 판례를 조문화하여 회원국들 내에서 납세지 규정이 좀 더 통일적으로 적용되도록 하였다. 이러한 개념과 법 조항들의 통일적 적용은, 경쟁과 역내 시장 내부의 기능을 왜곡하는 이 중과세·비과세의 방지에 필수적이다. 그러나 개별 사건의 사실관계를 해석하는 것과 관련된 차원의, 이중과세·비과세를 낳는 다른 요인들이 있다. 회원국들이 어떤 법 개념을 동일하게 이해하더라도, 당사자들이 체결한 계약의 해석을 달리 한다면 이중과세·비과세는 여전히 발생하게 된다. 그러므로 "디오르(Dior)" 판결(C-337/95)에 따른, 유럽연합법의 올바른 적용에 대한 회원국들의 의무가 적절한 논의의 지점이 된다(제3장 제3절 1. 참조).

납세지 규정의 목적과, 관련 법조항들을 통일적으로 적용하는 일의 중요성은 시행명령(282/2011)의 '전문(前文, Preamble)'[35]에 더욱 강조되어 있다. 따라서 시행명령은 납세의무자의 '사업장(establishment)', 고정사업장, '항속적 주소(permanent address)', '일상적 거소(usual residence)' 개념을 더 명확하게 규정하고 있다. 이러한 조항들은 유럽 법원의 판례에 근거하고 있고, 대체로 '사업자 간', '사업자―소비자 간' 용역의 공급에 관한 일반 원칙의 적용에 관하여 규정하고 있다.

'납세의무자가 사업장을 둔' 장소는 사업의 '중앙 관리(central administration)' 기능이 수행되는 곳이다(시행명령(282/2011) 제10조). 이는 사업의 경영 전반에 관한 필수적 의사결정이 이루어지는 곳, 등록된 사무소가 있는 곳, 경영진이 만나서 회의하는 곳이다. 이 세 가지 기준을 고려할 때 확실한 판단이 불가능하다면, '경영 전반에 관한 필수적 의사결정이 이루어지는' 장소를 따져야 한다. 납세의무자의 사업장 소재지는 우편물을 배송 받는 주소지가 어디인지만으로 판단할 수 없다.

시행명령이 제시하는 판단기준은 유럽 법원의 "플란처(Planzer)" 판결(C-73/06)이 제시한 논리에 주로 기반하고 있다. 이 사건에서는 룩셈부르크 법에 따라 설립된 회사가 있고, 이 회사에 대한 독일 내 연료 공급에 관련된 매입세액의 환급이 거부되었다. 이 회사는 룩셈부르크에 등록된 사무소를 두고 화물수송 사업을 영위하였으며, 스위스에 설립된 플

---

35 전문 중 (4) 부분은, 시행명령의 목적이 2006년에 나온 부가가치세 준칙이 정하는 부가가치세제의 통일적 적용을 보장하는 데 있고, 특히 납세의무자, 재화·용역의 공급, 과세대상 거래의 장소 등이 주요 관심사임을 분명히 밝히고 있다.

란처 운송 주식회사가 그 유일한 주주였다. 룩셈부르크 회사 플란처의 이사들은 플란처 운송에 고용되어 있었다. 이사 두 명 중 하나는 스위스에, 다른 하나는 이탈리아에 각각 살고 있었다. 룩셈부르크 회사 플란처는 13개의 다른 회사들과 함께 회사 부지를 임차하였고, 델트겐(Deltgen)이라는 사람이 관련된 부지 임대업을 영위하면서 동시에 대리인으로서 룩셈부르크 회사 플란처의 설립 신청을 하였다. 이 회사는 부가가치세와 관련하여서도 룩셈부르크의 회사로 인정되었으나, 막상 독일에서 부가가치세의 환급을 신청하자 과세관청은 이 회사가 룩셈부르크에 전화번호를 갖고 있지 않다는 이유로 룩셈부르크 내 사업장의 존재를 부인하였다. 독일 과세관청은 룩셈부르크 사업장이 회사를 경영하는 장소가 아니라고 판단한 것이다.

유럽 법원은 여기서 유럽연합 부가가치세의 환급 제도(제10장에서 논의)가 갖는 목적을 고려하였다. 이 제도는, 재화·용역의 공급을 하지 않은 어느 나라에서 부가가치세액 상당을 지급한 납세의무자가, 그 나라에 사업장, 고정사업장, 항속적인 주소나 주된 거소 중 어느 것도 갖고 있지 않다는 전제 하에 작동한다. 그리고 이 개념들을 해석할 때, 납세의무자에게 부가가치세 등록번호가 있으면, 그 나라에 어떤 종류의 사업장을 갖고 있음이 추정된다. 그러나 그러한 추정 때문에 회원국 과세관청이 그 사업장의 경제적 실체에 의문이 있음에도 이를 확인할 수 없는 것은 아니다.

유럽 법원은 종래의 판례에 관한 논의를 이어가면서, 사업장의 개념이 고정사업장을 포함하고 있을 필요는 없다고 결론 내렸다. 두 개념은 상호 독립적이다. 시행명령이 늘어놓은 판단기준이나 앞서 살펴본 기준들 이외에도, 유럽 법원은 사업장이 있다고 볼 만한 다른 표지들을 열거하였다. 사업장에는, 회사의 전반적인 정책이 수립되는 장소, 주요 이사들의 거소, 정기 주주총회가 개최되는 장소, 관리·회계 관련 문서들이 보관되는 장소, 회사의 금융, 특히 은행 거래가 이루어지는 장소가 포함될 수 있다. 하지만 유럽 법원이 열거한 표지들을 살펴보면, 그 중 몇몇은 그 자체로 문제가 될 수 있다. 그러한 표지들 중 일부는 외부의 다른 회사에 위탁되었을 수 있으며, 이때에는 관련된 모든 사정을 함께 고려하여 판단하여야 한다. 이후의 판례에서 확인되듯이, 유럽 법원은 '주요 이사들의 거소'와 같은 요소는, 용역의 공급자들이 수행한 경제 활동과 직접 관련된 요소들, 가령 경제 활동의 '본거지(seat)'나 용역의 공급이 이루어진 고정사업장의 존재 등이 부재할 때에 주로 고려한다["슈토펠캄프(Stoppelkamp)" 판결, C-421/10].

'사업자 간' 용역의 공급에 관한 일반 원칙에 따라 역무를 제공 받은 사람의 고정사업장을 특정하는 일과 관련하여, 시행명령은 제10조의 사업장과 관련된 것 이외에도, 다음과 같은 요건이 갖추어져야 한다고 규정한다. 즉 충분한 수준의 '항속성(恒續性, permanence)'과, 인적·기술적 자원이라는 측면에서 스스로의 필요를 위하여 역무를 제공 받거나 이용하는 데에 적합한 구조를 갖춘 사업장은 고정사업장에 해당한다는 것이다[시행명령(282/2011) 제11조]. 마찬가지로 고정사업장이 용역 공급자의 사업장을 의미할 때에는, 충분한 수준의 항속성과, 인적·기술적 자원이라는 측면에서 스스로의 필요를 위하여 역무를 제공하기에 적합한 구조를 가지고 있어야 한다. 이는 시행명령(282/2011)의 조항들이 부가가치세 준칙과 그 조항 일반이 아니라, 그 중 따로 특정된 조항들에만 적용되기 때문이다. 위 정의는 특히 '사업자—소비자 간' 용역의 공급에 관한 일반 원칙과, 신품인 교통수단의 장기 대여에 관한 제56조 제2항, 그리고 유럽연합 내의 '사업자 간'에서 이루어지는 일정한 용역 공급과 관련하여 누가 부가가치세를 부담하는지에 관한 제192a조에 적용된다. 또한 어느 나라에서 등록번호를 부여 받았다는 것은 그 자체로 유럽연합 부가가치세제에서 말하는 고정사업장을 구성하지 않음을 명확히 하고 있다.

고정사업장에 관한 유럽 법원의 판결 몇 개가 있다. 고정사업장의 개념은 주로 판매인이 역무를 제공한다는 측면에서 논의되어 왔다. 그리고 이때 쟁점이 되는 것은, 납세의무자가 시행명령(282/2011) 제10조에 따라 설치한 사업장이라기보다 납세지였다. 유럽 법원은 몇몇 사건에서, 우선적인 쟁점은 고정사업장이 아니라 (주된) 사업장이라고 지적하였다. 하지만 만일 이러한 기준이 회원국 간 과세권의 충돌을 야기함으로써 이중과세의 문제를 발생시키거나 비합리적인 결과에 이른다면, 어느 회원국이 공급 또는 취득에 대한 과세권을 가지는지 판단하기 위하여 고정사업장이 대신 쟁점이 될 수 있다[C-168/84, "버크홀츠(Berkholz)" 판결과, C-231/94 "포보르-겔팅 여객선(FG Linien)" 판결].

나아가 유럽 법원은 "ARO 리스" 판결(C-190/95)에서, 만약 고정사업장이 납세지를 판단하는 데에 주된 평가 기준이 된다면, 이때 "… 그 사업장은 충분한 수준의 항속성과 인적·기술적 자원의 측면에서 그 용역을 개별적으로 공급하기에 적합한 구조를 가지고 있어야 한다"고 판시하였다. 이 사건에서 벨기에의 중개인들은 경영에 관한 결정을 내리거나 임대차 계약을 체결하는 데에 필요한 '업무 체계(framework)'를 갖추지 못하였다는 이유로 고정사업장으로 인정되지 않았다. 즉 사업장으로부터 독립하여 역무를 제공할 수 있는 데에 필요한 업무 체계가 없었다는 것이다.

따라서 납세지 판단에 주된 사업장 대신 고정사업장 개념을 사용할 경우, 이 고정사업장에는 상당한 정도의 독립성이 필요하다. 이러한 논리는 "FCE 은행" 판결(C-210/04)에서 유래한다. 이 사건에서 유럽 법원은, 영국에 본점을 둔 FCE 은행의 이탈리아 지점이, 이탈리아에 고정사업장이 있다고 인정될 정도로 영국 내 사업으로부터 충분히 독립적이지 않다고 판단하였다. 즉 사업과 관련된 경제적 위험을 고려할 때, 영국 회사의 이탈리아 지점이 독립적인 경제적 활동을 하는 것으로 취급되지 않은 것이다. 유럽 법원이 제시한 이 판결의 이유는, 고정사업장 개념에 '문맥에 따른 해석(contextual interpretation)' 방법을 사용함을 명확히 하면서, 마치 독립된 두 납세의무자 간에 과세대상 거래가 존재하는 것처럼 전제하여 논의를 전개하기도 한다.[36]

유럽 법원은 "웰모리(Welmory)" 판결(C-605/12)에서, 용역공급 상대방의 고정사업장 개념과 관련하여서도 유사한 평가가 유효함을 밝혔다. 이는 납세지 판단을 할 때, 제44조가 정하는 '사업자 간'의 일반 원칙에 따라 공급 상대방의 고정사업장이 판단기준으로 사용될 수 있는 경우에 관한 문제이다. 이 사건에서는, 어느 키프로스 회사가 일정한 입찰권(入札權), 즉 경매에서 최종 제시된 가격보다 높은 가격을 제시하여 재화를 구입하기 위한 입찰을 할 수 있는 권리를 한꺼번에 판매하였다. 이 키프로스 회사는 다른 폴란드 회사에게, 온라인 경매를 위한 웹사이트를 만들어 주는 역무와, 이와 관련하여 웹사이트가 작동할 수 있도록 하는 서버(server)의 임대, 경매 대상인 재화들의 인터넷 전시와 같은 부수적 역무를 제공하였다. 이러한 용역은 키프로스 회사와 폴란드 회사 간의 '협력 계약'에 근거한 것으로서, 여기서는 폴란드 회사가 경매 대상인 재화를 판매하기로 합의하였다. 폴란드 회사는 키프로스 회사로부터 재화―키프로스 회사가 사전 판매한 '입찰권'의 구성부분을 이룬다―의 판매에 대한 보수뿐 아니라 낙찰된 재화의 판매가격 상당액을 받았다. 이 경매 사이트에서 재화를 구매하려는 소비자들은 우선 키프로스 회사로부터 '입찰권'을 구매하여야 했다.[37] 그러므로 첫 번째 문제는 폴란드 회사와

---

36 이 판결에서는 FCE 은행의 이탈리아 지점을 "FCE IT"로 약칭하면서, 영국 본점과 "FCE IT" 사이에 발생한 여러 가지 상황에 대하여 상세히 설명하거나 논평하고 있는데, 아마 이 점을 가리키는 듯하다.

37 소비자는 폴란드 회사의 판매가격과, 키프로스 회사의 입찰권 가격, 둘을 지불해야만 문제된 재화를 손에 넣을 수 있게 되는 셈이다. 하나의 재화의 판매가격

키프로스 회사가 각각 어떤 용역을 공급하였는지 확정하는 것이었다. 폴란드 과세관청은, 키프로스 회사가 고정사업장을 가지고 있어 폴란드 회사가 키프로스 회사에게 제공한 용역에 폴란드 부가가치세가 부과되어야 한다고 주장하였다.[38]

유럽 법원은, 충분한 정도의 항속성과, 제44조와 관련하여 역무를 제공받거나 사용하기 위하여 인적·기술적 자원의 측면에서 적합한 구조를 가지고 있는지 여부는, 용역이 그들에게 공급되었는지, 그리고 그들의 사업을 위하여 사용되었는지 여부에 근거하여 판단하여야 한다고 설명하였다. 그리고 이를 평가할 때, 여기서 문제되는 두 가지 공급, 즉 폴란드 회사가 키프로스 회사에게 한 공급과, 키프로스 회사가 경매 사이트로부터 재화를 구매하는 소비자들에게 한 입찰권의 공급은 부가가치세법의 취급에서 서로 별도로 다루어야 한다고 판시하였다. 이는 비록 두 회사의 경제 활동이 위 '협력 계약'에 의하여 연관되어 있다고 하더라도 마찬가지라고 한다.

또한 유럽 법원은, 유럽연합 부가가치세에서 말하는 '고정사업장(fixed establishment)'은 고유한 개념으로서, 소득세제에서 쓰이는, 경제협력개발기구(OECD)의 '소득과 자본에 관한 모범 조세협약(OECD Model Tax Convention on Income and Capital)'의 '고정사업장(permanent establishment)' 개념과 연결되지 않음을 명확히 하였다[C-210/04, "FCE 은행(Bank)" 판결]. 그러나 유럽 법원은, 경제협력개발기구 수준에서 논의된 '국제 부가가치세 지침'[39]에 대하여는 명확한 입장을 밝힌 일이 없다. '국

을 폴란드와 키프로스 회사, 둘이 나누어가지는 것이다.

38　만약 폴란드 내 고정사업장이 있으면 폴란드 국내 거래가 된다. 없다면 사업자 간 거래이므로, 아마도 공급 상대방의 소재지인 키프로스에 과세권이 주어질 것이다(준칙 제44조 참조).

39　제1장의 '참고자료' [2] 참조.

제 부가가치세 지침'에는 고정사업장에 해당하는 개념이 없고, 그 대신 '복수(複數)의 사업장을 가진 기업들(multiple location entities, MLE)'의 경우에 그 공급을 과세하는 국가를 정하는 데에 초점을 맞춘다. 따라서 '국제 부가가치세 지침'이 유럽연합의 판례법에 과연 영향을 미치는지, 또 어떠한 영향을 미치는지는 여전히 분명하지 않다.

용역 공급에 관한 납세지 관련 규정이 '항속적인 주소'를 언급하는 경우, 이는 어느 나라의 인구 전체에 관한 등록 명부에 따를 때, (납세의 무자인지 여부와 관계없이) 자연인이 주소를 가지고 있는 장소를 가리킨다. 또한 이는 관할 과세관청이 제시하는 주소—사실과 다르다는 증거가 없는 경우—일 수도 있다(시행명령(282/2011) 제12조).

공급자나 그 상대방이 어디에 사업장을 두는 등 '자리를 잡고 있는지(established)'를 정할 때 납세지 규정이 고려하는 마지막 판단기준은, 그가 일상적 거소를 두고 있는 장소이다. 시행명령에 따를 때 이는, 그 사람이 납세의무자인지 여부와 무관하게, '개인적 · 직업적인 연관성(personal and occupational tie)' 때문에 일상적으로 거주하는 곳을 의미한다. 이러한 '직업적 연관성'과 '개인적 연관성'이 각각 다른 국가에 있을 때, 또는 '직업적 연관성'이라고 할 만한 것이 전혀 없을 때, 일상적 거소의 판단에 결정적인 것은 '개인적 연관성', 곧 자연인과 그가 사는 곳 사이의 밀접한 연결이다(시행명령(282/2011) 제13조).

시행명령의 '일상적 거소' 개념은 "룰루다키스(Louloudakis)" 판결(C-262/99)에서 유래한다. 이 사건에서는 어떤 사람이 개인적 · 직업적 연관성을 그리스와 이탈리아 두 나라에 두고 있었다. 유럽 법원은 여기서 '통상의 거소(normal residence)' 개념을 명확히 하였고, 이는 '일상적 거소'로 변화하였다. 유럽 법원은 이때 개인적 · 직업적 연관성을 함께 따져야 하고, 특정 장소와 연관성의 지속 기간을 바탕으로 판단하여야 함을 명확히 하였다. 직업적 · 개인적인 연관성의 종합적 평가가, 문제된 개인이 갖는 '이해관계의 항속적인 중심지(permanent centre of interests)' 판단에 충분하지 않은 경우, 개인적 연관성이 우선한다. 이러한 연관성에 대하여 유럽 법원은 다음과 같이 설시하고 있다.

"삶의 방식에서 드러나는 계속성과, 통상의 사회적 · 직업적 관계의 발전이라는 측면에 비추어 볼 때, 이어서 열거하는 요소들이 문제된 장소에 일정한 안정성을 부여하려는 그 개인의 의도를 드러내는 범위 내에서 특히 문제된 개인이나 그 가족이 실제로 그 곳에 있다는 사실, 살 수 있는 시설이 갖추어져 있다는 사실, 자녀들이 실제 다니는 학교가 있는 장소, 사업 활동이 이루어지는 장소, 재산적 이해관계가 존재하는 장소, 공공기관이나 '사회적 서비스'에 대한 행정적 연관성의 존재"(C-262/99, 문단 55)

사업자―소비자 간 용역의 공급자나, 사업자 간 용역의 공급 상대방이 여러 곳에 사업장을 가지고 있는 경우, 이 중 어느 사업장에서 용역이 공급되었거나 용역을 공급 받았는지 판단해야 한다. 판례에 따르면 우선적인 판단 기준은, 용역의 공급자 또는 상대방의 주된 사업장이며, 이는 무엇이 고정사업장을 구성하는지에 관한 정의에도 관련된다. 이 점은 시행명령(282/2011) 제21조와 제22조에서도 명확하다. 제21조는 납세의무자에게 공급이 이루어진 경우를 규율하고 있다(일반 원칙은 준칙 제44조).

제21조에 따를 때 고정사업장을 판단의 기준으로 삼기 위해서는, 고정사업장이 그 자체의 필요를 위하여 용역을 공급받고 사용하여야 한다. 이는 언제 용역 공급에 대한 과세권을 고정사업장 소재지에 배분하는지에 관하여, 원칙적인 판단 기준으로서 주된 사업장보다 고정사업장 개념을 사용하는 것이 합리적인 결과로 이어지는 경우에 그러하다는 유럽 법원의 판례에 따른 것이다. 어느 장소가 결정적으로 납세지에 해당하는지는 공급자가 합리적으로 판단하여야 하고 이러한 의무의 내용은

제22조에 상세히 규정되어 있다. 이에 따르면, 공급자는 공급된 용역의 성격과 이용을 고려하여 고정사업장에 관한 판단을 내릴 의무가 있다. 주된 사업장 대신 고정사업장을 기준으로 한 과세가 이루어지는 상황은 다음과 같다.

> "계약이나 주문서 양식(樣式)과, 고객의 회원국이 부여하고 고객이 공급자에게 제공한 등록번호가 그 고정사업장이 용역의 고객을 판명할 수 있도록 하여 [줄 수 있고] 고정사업장이 용역의 대가를 지불하는 주체인 [경우]" {시행명령(282/2011) 제22조}

용역의 공급자와 상대방의 지위를 결정하는 것과, 이들이 어디에 사업장을 두었다고 볼지를 결정하는 일 이외에도, 어느 거래에 어떤 납세지 관련 조항이 적용되는지를 결정하기 위해서는, 제공된 역무의 종류를 확정하는 일이 필요하다. 부가가치세 준칙이 특정 종류의 역무에 특별한 납세지 조항을 적용하는 경우에는, '특별법 우선의 원칙'에 따라 이러한 규정이 일반 원칙에 우선한다. 다른 납세지 규정들이 규율하는 다양한 부류의 용역 공급에 대하여는 이어지는 항(項)에서 논의한다. 요컨대 이러한 조항이 적용되지 않는 한, 일반 원칙이 적용되는 것이다.

4 '중개인(intermediaries)'에 의해 공급되는 용역

'중개인'에 의해 공급되는 용역에 관하여 구체적으로 규정하고 있는 제46조는 오직 사업자—소비자 간 거래에만 적용된다. 사업자 간에서, 중개인에 의해 공급되는 용역은 일반 규정인 제44조를 따르게 된다. 제46조에 따르면, 다른 사람의 이름과 계산으로 행위하는 중개인에 의하여 판매되는 용역의 납세지는, '본인'과 중개인 사이에 이루어지는 '해당 거래'의 그것과 같다. 이 조항은, '대리인(agent)'으로 지칭되는 '공개된

(disclosed)'⁴⁰ 중개인과, '위탁매매인(commission agents)'으로 지칭되는 '비(非) 공개된(undisclosed)' 중개인을 구별한다. 즉 제46조는, 중개인이 자신의 이름으로 거래하지만 다른 사람을 대신하여(곧 그 계산으로) 용역을 공급하는 경우의 과세대상 거래에 관하여 규정하는 제28조와 비교하여 볼 수 있다. 제46조는 대리인 또는 '공개된' 중개인을 규율하지만, 제28조는 위탁매매인이나 '비공개된' 중개인에 관하여 규정한다.

제46조는 중개인이 원래 용역을 구매하려고 한 사람의 이름으로 그를 대신하여 행위하는 경우와, 용역을 공급하는 사람의 이름으로 그를 대신하여 행위하는 경우를 모두 다루고 있다는 점에서 그 적용범위가 이중적이다(시행명령(282/2011) 제30조). '중개'되는 원래의 용역은 다양할 수 있기 때문에, 제46조는 납세지를 중개되는 용역의 취급과 연계시킨다. 따라서 만약 부동산과 관련된 용역이라면, 중개인의 용역도 부동산 관련 용역을 규율하는 제47조에 따르게 된다. 시행명령(282/2011) 제31조는 호텔이나 이와 기능적으로 유사한 영역에서 숙박의 제공이 중개되는 경우에 관한 구체적 규정을 두고, 제46조가 이러한 용역이 '납세의무자 아닌 사람'에게 공급되는 경우에 적용됨을 명확히 한다. 제44조(일반 원칙)는 이러한 용역이 납세의무자나, 납세지 규정과 관련하여 납세의무자로 취급되는 '납세의무자 아닌 법인'에 공급되는 경우에 적용된다는 것이다.

유럽 법원의 판례는 제46조 그 자체에 대한 구체적인 해석을 제공하지는 않는다. 이는 곧 이 조항을 해석하는 지침을 준칙의 다른 조항들에 관한 판례로부터 끌어낼 수 있는지에 대한 의문도 제기한다. 판례가 항상 제46조 그 자체를 다루지는 않지만, 최소한 이 조항이 어떻게 해석될 수 있을지에 관한 약간의 지침은 제공하기 때문이다. "CSC 재무 서비스

---

40 우리나라 민법학에서 사용되는 용어를 빌자면, 이른바 '현명(顯名)'되는 대리로서, 곧 '직접 대리'의 경우를 말하는 듯하다. 반면 본문에서 바로 이어지는 위탁매매의 경우는 흔히 '간접 대리'라는 말로 표현한다.

(Financial Services)" 판결(C-235/00)과, "폴커 루드비히(Volker Ludwig)" 판결(C-453/05)은, 특정한 금융 용역이나 이를 중개하는 금융 용역에 대한, 제135조 제1항 (b)호와 (f)호에 따른 부가가치세 면세의 쟁점을 다루지만, 제46조의 해석에 관하여도 일정한 지침을 제공한다.

납세지 조항을 해석하는 데에 면세에 관한 해석론이 무슨 의미가 있는지 의문이 생길 수도 있다. 하지만 유럽 법원이 종종 관련 법조항을 해석할 때, '문언을 둘러싼 맥락과 목적(contextual telos)'를 따른다는 점을 고려하여야 한다. 따라서 유럽 법원이 다른 해석을 하지 않는 이상, 유럽연합 부가가치세제의 법조항이 갖는 개념적 의미는, 예컨대 각 회원국의 사법(私法) 영역에서 도출되는 해석보다는, 유럽연합법의 다른 영역에 대한 유럽 법원의 판례를 따를 가능성이 높다.

그리하여 금융 용역의 중개에 대한 두 유형의 사안에서 유럽 법원은, 이러한 중개가 포함하는 요소로서, 계약 당사자들을 상대로 한 '협상(negotiation)', 그리고 계약 내용에 자신의 이해관계를 갖지 않은 가운데 당사자들이 계약을 체결할 수 있도록 도와주는 행위를 들고 있다. 반면에 만약 당사자들 중 한 명이 계약과 관련된 사무적·형식적인 일들을 제3자가 수행하도록 하청(下請)을 주었다면, 이것은 원래 의미의 '협상'이 아니라고 보았다. 개념적으로 '협상'에는, 당사자 간의 계약 관계나 협상 상대방과 합의에 이르는 결과가 있을 것이 꼭 요구되지 않는다. 중개 용역에는 마케팅, 분석, 조언이 포함될 수 있으나, 공급이 하나인지 둘인지, 또는 어느 것이 주된 공급인지를 가려내는 것과 관련된 유럽 법원의 판례에 따를 때 중개 용역을 자문 용역과 구별하기는 어렵다. 다만, 만약 어떤 용역이 중개 용역으로 분류된다면, 중개인은 계약의 내용에 그 자신의 이해관계를 갖고 있지 않을 것이다(C-259/11, DTZ 자델호프(Zadelhoff) 판결도 참조).

유럽연합 바깥에서 공급되는 중개 용역은, 부가가치세 준칙 제153

조의 '사용과 향유(use and enjoyment)' 기준에 따를 때, 유럽연합 부가가
치세가 면세된다. 이 조항은, 여행자의 이름으로, 또는 그의 이익을 위하여
유럽연합 바깥에서 역무를 제공하는 여행 중개인에게 적용되지 않는다.

5 부동산 관련 용역

2017년 1월 1일 이후, 시행명령(1042/2013)에 따라 개정된 시행명령
(282/2011)의 새로운 조항들은, 부동산 관련 용역의 납세지 적용에 관한
몇 가지 내용을 명확히 하고 있으며, 이는 모든 회원국에 직접 적용된다.
시행명령(282/2011)의 개정 내용에는, 집행위원회가 발간한 구속력 없는
'주석'도 첨부되어 있다.

제47조에 따르면, 이러한 용역은 부동산의 소재지 회원국이 과세한
다. 따라서 이는 목적지 과세주의나 생산지 과세주의를 적용한 결과가
아니라 '편익 원칙'과 관련이 있다. 최종적인 소비, 즉 공급 결과의 '향유'
에 가까운 곳에서 과세하는 것이다. 따라서 부동산 관련 용역의 납세지
를 결정할 때에는 납세의무자와 납세의무자가 아닌 사람을 구별할 필요
가 없다. 이 조항은 두 경우 모두에 똑같이 적용된다. 특정한 용역의 공
급에 관한 모든 별도 규정들처럼, 부동산 관련 용역 또한 일반 원칙의
적용을 면제 받는다기보다는, 특별법 적용의 대상이 되는 것이다. 따라
서 이러한 조항을 굳이 제한적으로 해석할 필요는 없다(C-166/05, "헤거
(Heger)" 판결).

만약 어떤 용역이 제47조의 적용범위 내에 속하지 않는다고 하더라
도, 예컨대 '전자적(電子的)으로 공급'된 용역과 같이, 특정 부류의 용역
에 대한 다른 특별 규정의 적용범위 안에 포섭될 수 있다. 이는 제44조
나 제45조의 일반 원칙으로 돌아가기에 앞서 그 공급의 성격을 올바르
게 분류함으로써, 다른 개별 용역의 공급에 관한 특칙들을 살펴볼 필요

가 있음을 의미한다. 다른 특별 규정들 중 어느 것도 적용되지 않는다면 일반 원칙―고객의 지위에 따르는―이 적용된다.

개정된 시행명령(282/2011)에 따르면, 2017년 1월 1일 이후 부동산은 다음과 같이 정의된다.

(a) 토지의 모든 부분. 표면 위·아래의 부분으로서 소유권·점유권이 발생할 수 있는 부분.

(b) 모든 건물 또는 고정된 구축물로서, 지상 또는 해저에 고정되어 쉽게 해체되거나 이동하기 어려운 것.

(c) 건물이나 구축물에 설치되어 그 일부를 이루게 됨으로써, 결여될 경우 건물·구축물이 불완전하게 되는 모든 물품. 예컨대 문, 창문, 지붕, 계단, 승강기 등.

(d) 모든 물품, 장비, 기계로서 건물이나 구축물에 설치되어, 건물·구축물 자체를 파괴·변경하지 않고는 제거될 수 없는 것. (제13b조)

시행명령의 이러한 정의는 유럽 법원의 판례법, 특히 "마르셀리스보르(Marselisborg)" 판결(C-428/02)에서 파생된 것이다. 이 사건은 겨울철에 선박을 단기 또는 장기로 정박시켜 두는 수·육상 계류장(繫留場)과 관련이 있다. 유럽 법원은 이러한 육상 계류장이 부동산임을 분명히 하였다. 한편 배가 정박하는 수중의 계류장은 항구와 그 주변 땅의 일부였다. 이 땅의 일부가 수면 아래에 있었으나, 여전히 부동산으로 취급되었다. 이러한 부동산은, 설사 일정량의 물이 없더라도, 따로 대여할 수는 있다. 그러나 항구 유역 중 어떤 부분을 가리키는 것인지 여전히 불명확하다. 정확한 범위를 특정하기에는 여전히 무엇인가 빠져 있다.

앞에 언급한 집행위원회의 '주석'에 따르면, (a)호와 (b)호는 쉽게 움직일 수 없는 것을 다루는 반면, (c)호와 (d)호는 부동산과 긴밀하게 연결 또는 합체되어 있는 것을 규율한다. 집행위원회는 이 목록이 한정적 열거라는 입장이고, 어떤 공급이 이러한 항목들 중 둘 이상에 해당할 수 있다고 보고 있다.

납세지를 결정하기 위한 첫 번째 단계는 부동산이 있는지 여부를 확인하는 것이다. 두 번째 단계는 그 부동산과 긴밀하게 관련된 용역이 있는지 여부의 평가이다. 개정된 시행명령(282/2011)은, 제47조의 적용범위 내에 포섭되기에 충분할 정도로 부동산과 직접 관련된 역무의 목록을 제공한다. 부동산으로부터 '도출되는(derived)' 역무로서, 용역 공급에서 본질적인 부분을 이루고 중심적인 지위를 차지하는 것이라면, 부동산과 충분히 직접적인 관련이 있다. 또 만약 역무의 제공이 물리적으로 부동산에 대하여 수행되거나, 달리 부동산 자체에 이루어지거나 하여 부동산의 법적·물리적 현상의 변경과 연관되어 있다면, 마찬가지로 그 용역과 부동산 간에는 충분한 직접적 관련이 있다.[41]

유럽 법원은 폴란드의 어느 사건{C-155/12, "RR 도넬리 글로벌 턴키 솔루션즈(Donnelley Global Turnkey Solutions)"}에 관한 선결적 판결에서, 부동산에 관련된 용역 공급의 정의를 다루었다. 이 사건에서 공급자인 RR은 재화의 저장과 창고 반입, 재화를 적절한 창고 선반에 배치하는 일, 고객

---

41 이 말들의 의미는 그 자체로 분명하지 않은데, 아마도 집행위원회의 '주석(explanatory notes)'에서 그 내용을 가져온 듯하다. 이 주석의 정식 제목은 "유럽 연합 부가가치세제 하에서 부동산 관련 용역이 공급되는 장소에 관하여 2017년에 발효된 주석(Explanatory notes on EU VAT place of supply rules on services connected with immovable property that enter into force in 2017)"이고, 영문 제목으로 인터넷에서 쉽게 검색할 수 있을 것이다. 이 주석은 이 쟁점을 다루는 시행명령(282/2011)의 해석에 관한 것이며, 특히 그 문단 134에서는 시행명령 제31a조 제1항 (a)호와 (b)호에 관하여 설명한다. (a)호가 이 책의 본문에서 말하는 '부동산으로부터 도출되는 역무', (b)호가 '부동산에 대하여' 이루어지는 역무 등에 관하여 언급하고 있는데, 문단 134는 이를 설명하면서 (a)호의 예로 건물 임대차처럼 역무 제공의 결과가 부동산 자체로부터 '비롯되는(originate)' 경우를 들고 있고, (b)호의 예로는 건물의 수리와 같이 부동산이 그 역무의 핵심적인 대상물인 경우를 거론한다.

을 위한 재화의 포장, 재화의 발송 · 선적 · 하역을 모두 포함하는 복합적인 역무를 제공하였다. 일부 고객을 위한 역무는 재화를 다시 포장하는 일도 포함하고 있었다. RR은 직원을 고용하여 이러한 역무를 수행하게 하였고, 인건비와 포장비는 고객들로부터 받은 대가를 구성하는 요소였다. 유럽 법원은, 부동산의 사용 · 개발이나 관리 · 평가와 관련하여 제47조가 적용되는 용역은, 부동산 자체가 용역의 목적물이라는 사실로 특징 지워지는 것임을 명확히 하였다. 따라서 창고 용역은, 만약 그 용역이 공급의 상대방에게 특정 부동산의 전부 또는 일부를 사용할 권리를 부여한다면, 제47조의 적용범위 내에 포섭된다.

제31a조 제2항에서 규정하는 '부동산과 충분하게 직접적으로 관련된 용역' 외에, 개정된 시행명령 제31b조는 부동산에 어떠한 작업을 하거나 이에 장비를 제공하는 역무가 언제 제47조의 적용범위 내에 포섭되는지를 분명히 하고 있다. 각 회원국들이 이러한 공급을 서로 다르게 취급하고 있기 때문에, 부가가치세 위원회는 2011년에 합의한 '지침(guideline)'[42]에 이에 관한 설명을 수록하였다. 만약 어떤 용역에 어느 회원국이 일반 원칙이 적용된다는 입장을 취하는 반면, 다른 회원국은 이 용역이 제47조의 적용범위 내에 포섭된다고 본다면 이중과세가 발생할 수 있고, 이는 납세지 규정의 목적에 배치된다. 개정된 시행명령의 규정은 모든 회원국에 직접 적용될 수 있고, 공급자가 그 책임 하에 그 작업을 수행하는 이상, 부동산의 소재지에서 과세되는 결과로 이어진다.

또한 만약 공급자가 부동산 위의 작업을 위해 장비와 충분한 인력을 제공한다면, 이 공급자가 그 책임 하에 작업을 수행하는 것으로 추정된

---

42 2011년 7월 1일 자 '부가가치세 위원회' 제93차 회의에서 도출된 '지침'을 가리킨다. "DOCUMENT A-taxud.c.1(2012)400557-707"라는 문서번호가 붙어 있고, 그 내용은 https://ec.europa.eu/taxation_customs/sites/taxation/files/guidelines-vat-committee-meetings_en.pdf 에서 확인할 수 있다.

다. 이와 다른 사실이 증명된다면 이러한 추정은 번복될 수 있다. 예컨대 공급자가 오로지 건축 공사장의 비계(飛階)를 제공할 뿐이라면, 이는 부동산에 직접적으로 관련된 용역으로 취급되지 않는다. 반면 건축 비계를 조립하는 인력이 아울러 공급된다면, 이는 부동산과 직접 관련된 용역으로 구분되어야 한다.

6 운송 용역

운송 용역의 공급에는 크게 두 가지 종류가 있고, 재화와 여객이 각각 그 대상이다. 재화의 운송 용역에는 다시 두 가지의 하위분류가 있는데, '유럽연합 역내의 재화운송(intra-Union transport of goods)'과, 모든 '그 밖의 재화운송 용역'이다.

부가가치세 준칙은 '역내의 재화운송'을 구성하는 것이 무엇인지만 정의해 두었을 뿐, 그 외 다양한 유형의 운송 용역들을 정의하지는 않고 있다. 준칙이 정의하고 있는 역내의 재화운송 용역은, 재화가 출발하고 도착하는 장소가, 서로 다른 두 회원국 영역 내에 위치하는 모든 유형의 재화운송을 가리킨다(제51조). 가령 스웨덴 말뫼(Malmö)에서 덴마크 코펜하겐으로 재화를 운송하는 경우와 같다.

재화의 '출발 장소'는 운송이 실제로 시작되는 장소이고, 출발 시점에 재화가 소재하는 장소로 이동하는 것은 여기에 포함되지 않는다. 마찬가지로 '도착 장소'는 재화의 운송이 실제로 종료되는 장소를 의미한다. 납세의무자 아닌 사람에 대한 역내의 재화운송이라면, 납세지는 재화가 배송되는 회원국, 곧 출발 장소이다(제50조). 만약 납세의무자 아닌 사람에 대한 이러한 공급이 유럽연합 영역 바깥의 수역(水域)을 거쳐 이루어지는 경우라면, 회원국은 그러한 수로(水路) 부분에는 역내의 재화운송 용역에 관한 부가가치세제를 적용하지 않아도 된다(제52조). 반면 유럽 법원은 다른 회원국의 과세권을 침해하지 않는 범위에서, 회원국이 공해(公海)에 부가가치세제를 적용하는 일이 금지되지 않는다고 판시하였다(C-283/84, "트란스 티레노 엑스프레스(Trans Tirreno Express)" 판결).

납세의무자에 대한 역내 재화운송의 용역 공급에는 운송 용역에 관한 특별 조항이 적용되지 않는다. 이러한 공급은 제44조의 일반 원칙에 따라 공급된 것으로 취급된다(즉 용역공급 상대방의 사업장 소재지에 따른다).

납세의무자 아닌 사람에 대한 '그 밖의 재화운송 용역'으로서, 역내의 재화운송이 아닌 것은, 운송이 일어나는 장소들 간에서 각 구간 별 거리에 비례하여 안분 과세된다(제49조). 만약 같은 용역이 납세의무자에게 공급된다면, 이때에는 제44조의 일반 원칙이 적용된다.

서로 다른 회원국들이 각 구간 별 거리에 따라 운송 용역의 납세지를 결정하는 일은 하나의 공급을, 운송이 일어나는 회원국들 사이에서 비례적으로 분할하는 효과를 가져온다. 이에 따라 부가가치세를 납부할 의무가 있는 납세의무자는 부가가치세와 관련하여 둘 이상의 회원국에 모두 등록하여야 한다. 그러나 이는 납세의무자 아닌 사람에게 용역이 공급되는 경우에 국한된다. 제44조의 일반 원칙에 따르는 경우라면, 대리납부 제도가 적용될 것이다.

역내의 재화운송에 해당하지 않는 재화운송의 용역 공급과 마찬가지로, 여객 운송 또한 운송이 일어나는 구간별 거리에 따라 비례적으로 각각의 회원국에서 공급되는 것으로 인정된다(제48조). 제48조와 제49조의 차이점은, 여객 운송 조항이 납세의무자와 납세의무자 아닌 사람에게 용역이 공급되는 경우 모두에 적용된다는 데에 있다.

7 역무가 실제로 일어나거나 물리적으로 수행되는 장소에서 과세
되는 다양한 용역들

몇몇 다양한 유형의 용역들은 역무가 실제 수행되는 곳이 납세지
가 된다. 이러한 유형으로는, 문화 · 예술 · 스포츠 · 과학 · 교육 · 오락
이나 이들에 유사한 용역, 운송에 부수(附隨)되는 용역, 동산(動産)의 가
치 평가나 동산 자체에 대한 작업을 내용으로 하는 용역이 있다(제53조,
제54조). 어떤 용역에 제53조나 제54조가 적용되는지 여부는, 용역 공급
의 상대방이 납세의무자인지 여부와, '운송 부수' 용역(ancillary transport
activities)이나 동산의 가치평가 · 작업과 관련되어 있는지 여부에 따라
결정된다. 뒤의 두 가지 용역은 납세의무자 아닌 사람에게 공급되는 경
우에 한하여 제54조 제2항이 규율한다. 이러한 용역들이 납세의무자에
게 공급되는 경우에는 제44조의 일반 원칙이 적용된다.

만약 납세의무자가 문화 · 예술 · 스포츠 · 과학 · 교육 · 오락이나 이
들에 유사한 용역을 공급받는다면, 이와 같이 열거된 분야의 행사 장소
에 입장하도록 하는 것에 대하여 이러한 특별 조항이 적용되고, 그 공급
은 행사가 실제로 열린 회원국에서 과세된다. 이러한 행사들에 관하여
납세의무자 간에 공급되는 그 밖의 용역은, 부동산 관련 용역처럼 다른
특별 조항이 적용되는 경우가 아닌 한 제44조의 적용범위에 속한다.

열거된 역무에 관련하여 입장하도록 하는 용역에는, 입장권이나 돈
을 낸 이에게, 행사에 입장하는 권리를 부여하는 것이 필수적 특성을 이
루는 경우들이 포함된다. 또 이러한 입장의 대가에는, 회원 납입금, 시즌
권, 정기(定期) 요금이 포함된다. 시행명령에 따르면, 이에 관한 특별 조
항은 특히 다음 사항들에 적용된다.

• 쇼, 극장 공연, 서커스 공연, 박람회, 놀이공원, 콘서트, 전시회나
  그 외 유사한 문화 행사에 대한 입장의 권리.

- 경기, 대회 등 스포츠 행사에 대한 입장의 권리.
- 컨퍼런스, 세미나 등 교육·과학 행사에 대한 입장의 권리.

'경기, 대회 등 스포츠 행사에 대한 입장의 권리'에 관한 두 번째 항목은, 요금이나 돈을 지불하고 체육관이나 비슷한 공간을 이용하는 때에는 적용되지 않는다. 따라서 부동산 임대는 제53조가 말하는 '행사에 대한 입장'을 의미하지 않는다.

준칙에 언급된 것에 유사한 부수적인 용역은, '열거된 역무에 관련하여 입장'하도록 하는 것과 직접적 관련이 있으나, 행사에 참여한 사람들에게 유상으로 별도 제공되는 역무를 포함한다. 이러한 용역에는 특히 휴대품 보관소나 위생 시설을 사용하도록 하는 일이 포함되지만, 입장권 판매와 같은 중개적인 역무는 포함되지 않는다(개정된 시행명령 제33조).

열거된 역무에 관한 행사에 접근할 수 있도록 허용하는 입장권과 같이, 중개인의 용역 판매는, 중개인이 자신의 이름으로, 그러나 주최 측의 계산으로 행위하거나, 아니면 주최 측을 제외한 납세의무자가 스스로의 계산으로 행위할 경우, 행사가 실제 열리는 회원국이 과세한다(개정된 시행명령 제33a조). 이 범주에 속하는 중개인의 범위는 제28조의 적용범위에 해당하는 중개인의 범위와 유사하다(제6장 제4절 참조). 납세의무자를 상대로 용역을 제공할 때 납세지를 결정하는 일반 원칙은 중개인에게도 적용된다(제7장 제4절의 4. 참조).

용역이 납세의무자 아닌 사람에게 공급될 경우, 제54조 제1항은 제53조와 동일한 유형의 용역에, 그리고 나아가 그 부수적인 용역에도 적용된다. 따라서 그 적용범위는 이러한 역무에 관련하여 입장하도록 하는 것에 국한되지는 않지만, 그에 관련될 필요는 있다.

'다양한 유형의 용역'의 범위는 유럽 법원의 판례를 통하여 논의되어 왔다. "두다(Dudda)" 판결(C-327/94)은 콘서트나 이에 유사한 역무 제공을 위한 음향공학(sound engineering)처럼, 음향과 관련된 기술적 용역의 공급에 관한 것이었다. 이 사건에서 용역 공급의 당사자들은 모두 사업자였고, 두다는 이를테면 하청업자였다. 쟁점은 하청업자가 수행하는 역무가, 휴대품 보관소의 이용과 같이 부수적 용역에 해당하는지, 아니면 그저 일반 원칙의 적용범위에 속하는지 여부였다. "두다" 판결에서, 유럽 법원은 하청의 대상이 된 용역은 주된 용역에 부수하는 것이고, '유통 사슬' 중 이 단계에서 지불된 부가가치세 상당액은, 최종 소비자가 전체 용역의 대가로 지불한 가격에 포함되어 있다고 이해하였다. 이러한 해석은 제6 부가가치세 준칙의 목적과 연계된 것이지만, 개정된 준칙이나, 현행의 전문(前文, Preamble)에 따를 때 이러한 용역에는 제44조의 일반 원칙이 적용되어야 한다.

제53조와 제54조 제1항이 말하는 '다양한 용역'이 갖는 공통점은, 일반적으로 다수의 상대방들, 즉 행사에 참가하는 모든 사람들에게 제공된다는 것이다. 이러한 역무는 또한 쉽게 식별할 수 있는 특정의 장소에서 열리는 행사에서 제공된다(C-114/05, "길란 비치(Gillan Beach)" 판결). 유럽 법원은 제53조와 제54조 제1항에 포함된 일부 용역의 범위에 관하여도 논의한 적이 있다.

우선 '과학적 활동'의 문제는 "크로노스판(Kronospan)" 판결(C-222/09)에서 논의되었다. 여기서 유럽 법원은 기술자가 수행하는 역무와 '과학적 활동'의 차이를 분명히 하였다. 두 가지 모두 새로운 지식이나, 새로운 방법·기술의 발전을 포함하지만, 후자는 둘 이상의 고객을 위한 역무의 제공을 요구한다는 것이다. 이러한 해석은 "길란 비치" 판결과 궤를 같이 한다.

'교육적 활동'은 "Srf-컨설턴트(konsulterna) 회사" 판결(C-647/17)에서 논의되었는데, 유럽 법원은 이 개념을 구체적으로 정의하지는 않았으나, 입장권이나 돈을 받고 어느 행사에 입장할 수 있는 권리를 부여하는 일이 본질적 특성인 용역의 공급에 적용되는 시행명령 제32조 제2항 (c)호를 인용하였다. '교육적 활동'의 정의는 면세되는 공급과 관련하여 논의되어 왔다. 일반적으로 면세 관련 조항들은 엄격히 해석되어야 하는 반면, 납세지 조항의 해석은 보통 그 적용의 결과가 합리적일 것을 강력히 요구─역내 시장 내 경쟁과 그 원활한 기능을 왜곡하는 이중과세·비과세를 피하기 위한 것이다─하기 때문에, 면세의 맥락에서 이루어진 개념 해석을, 준칙의 다른 영역에서는 조심스럽게 다룰 필요가 있다. 면세에 관련된 범위의 정의는 제9장 제2절의 8.에서 더 상세히 논의한다. 한편 공급 장소에 관한 규정은 가능한 한 소비의 장소에서 과세한다는 원칙에 따를 필요가 있는데, 이는 "Srf-컨설턴트 회사" 사건에서 보는 것과 같은 수업의 경우, 실제로 수행된 곳에서 과세됨을 의미한다.

"RAL" 사건(C-452/03)은 게임기와 관련하여, 예전의 제6 준칙 제9조 제2항 (c)호[43]에 따른 납세지가 쟁점이었다. 선결적 판결을 위해 국내 법원이 제기한 질의가 유럽연합 부가가치세의 회피를 위한 계획과 관련되었음에도, 유럽 법원은 이 판결에서 오락 용역의 범위를 심리하였다. 오락 용역은 공급자의 예술적 '투입(input)'을 요구하지는 않으나, 만약 역무를 제공하는 사람이 추구하는 주된 목적이 고객의 오락이라면, 그러한 활동─이 사건과 같이 기계를 이용할 수 있게 하는 일을 포함하여─은 제53조와 제54조 제1항에서 말하는 오락 용역의 범위에 포함된다.

제54조 제2항의 '운송에 부수되는' 용역과 '동산의 가치 평가나 동산 자체에 대한 작업'을 내용으로 하는 용역은 오직 납세의무자 아닌 사람에 대한 공급에만 적용된다. 만약 이러한 용역들이 납세의무자에게 제공된다면 제44조의 일반 원칙이 적용된다. '운송에 부수되는' 용역은 화물의 적재나 하역, 그 밖의 취급과 같은 활동을 포함한다. 이러한 용역의

---

43 현행 준칙의 제53조 및 제54조에 해당하는 내용을 담고 있다.

공급은 역무가 실제로 수행되는 회원국에서 과세된다. 이러한 유형의 용역들은 제7장 제4절 5.에서 논의한 부동산 관련 용역과도 연결될 수 있다.

시행명령은, 납세의무자 아닌 사람에게 공급되는 용역에 준칙 제54조 제2항이 적용된다는 점과, 공급자가 고객으로부터 모든 부품을 제공받아 기계를 조립하는 일이 여기에 포함됨을 명시한다. 그러나 재화들을 모아서 조립한 것이 부동산의 일부를 이루는 경우는 이 조항의 적용 범위에 포함되지 않는다(시행명령(282/2011)의 제34조).

"SMK" 판결(C-97/14)에서 유럽 법원은, 제54조 제2항의 해석과 함께, 이 조항이 더 이상 효력이 없는, 준칙의 다른 예전 조항[44]과 사이에서 가지는 연관성을 논의하였다. 이 판결에서 얻을 수 있는 주요 지침은, 납세지 규정의 목적이 과세권 충돌로 인한 이중과세·비과세를 피하는 데에 있고, 이 점은 역무가 실제로 수행된 곳에서 과세되는 유형의 용역들에 대하여도 역시 유효하다는 점이다. 그 전의 어느 판결(C-167/95, "린트호르스트(Linthorst)" 판결)은 수의사 용역의 분류에 관한 사건에서, 유체 동산의 '평가(valuation)'가 갖는 의미를 논의하였다. 평가라는 용어는 일상적인 의미에서는, 가치를 측정하거나, 또는 향후 수행되어야 할 작업을 계량화하거나 발생한 손실의 정도를 파악하기 위하여 어떤 재화의 물리적 상태를 검사하거나 그 진품 여부를 조사하는 일이라고 이해된다. 따라서 이 판결에서 수의사의 업무는, 이러한 '동산의 가치 평가나 동산 자체에 대한 작업'의 범위에 속하지 않았다.

---

44 2010년 개정 이전의 옛 준칙 제55조로서, 평가나 작업의 대상이 된 동산이 다른 나라로 발송·운송된 경우, 관련 역무가 수행된 나라가 아니라 용역 공급의 상대방이 부가가치세와 관련하여 등록된 나라에서 과세할 수도 있다는 예외 조항이었다.

8 식당 또는 '케이터링(catering)' 용역

식당이나 케이터링 용역은 여객운송 구간 중의 선박, 항공기, 열차 내 소비를 위하여 공급되는 것이 아닌 한, 역무가 실제로 수행되는 곳에서 과세된다(제55조). 방금 말한 여객운송 중 공급의 경우에는, 그러한 운송의 출발지가 있는 회원국이 과세한다.

식당이나 케이터링 용역은, 과세대상 거래의 규정을 위하여 시행명령에 정의되어 있다. 이러한 용역에 대한 설명에 따르면, 역무가 실제로 수행되는 장소에서 과세되는 것이 논리적이다. 그 정의는 다음과 같다.

> "조리되거나 조리되지 않은 음식이나 음료, 또는 둘 모두의 공급으로서, 사람이 즉시 소비할 수 있도록 조력하는 역무가 충분히 함께 제공되는 것[을 가리킨다]. 음식이나 음료, 또는 양쪽 모두의 공급은, 용역 공급이 지배적인 비중을 차지하는 전체를 구성하는 일부에 불과하다. 이러한 역무를, 식당 용역은 공급자의 점포 내에서, 케이터링 용역은 공급자의 점포 밖에서 각각 제공하는 것이다."(제6조)

이러한 정의는 유럽 법원의 판례, 특히 "포보르-겔팅 여객선(Faaborg-Gelting Linien)" 판결(C-231/94)에서 파생된 것이다. 이 사건은 선상(船上)의 식당 용역에 관한 것이지만, 그 정의는 과세대상 공급의 정의와 연계되어 있으므로, 납세지와, 가령 그러한 용역에 대한 경감(輕減, reduced) 부가가치세율이 적용되는 경우를 정할 때에 모두 유효하다.

이러한 용역이 선박, 항공기, 열차 탑승 중에 공급될 때, 납세지는 여객 운송―또는 문제된 여객 운송의 구간―의 출발지와 연계된다. 제57조의 적용범위를 완전히 이해하기 위해서는 이 조항의 다른 적용요건

들에 대한 서술도 필요하다. 첫 번째 적용요건은, 문제된 구간의 여객 운송이 유럽연합 내에서 이루어져야 한다는 것이다. 이는 출발지와 도착지가 모두 유럽연합 안에 있고, 유럽연합 바깥에 기착하지 않는 여객 운송의 구간을 가리킨다. 이는 시행명령에서 '개별 승객이 마친 여정(旅程)이 아니라, 운송수단 자체의 여정'으로 정의된다(제35조). 즉 출발지나 도착지를 정하는 것은, 특정 여행자의 실제 여정이 아니라 선박의 여정이다. 유럽연합 밖에 기착한 후의 출발지는, 어디든지 간에 유럽연합 내에서 처음으로 예정된 승객의 탑승지가 된다. 마찬가지로, 유럽연합 바깥에 기착하기 전의 도착지는, 유럽연합 내에서 마지막으로 예정된 '하승지(下乘地)'가 된다. 왕복 운행은 각각 별개의 운송 활동으로 간주 · 취급한다.

유럽연합 내의 정해진 여객운송의 구간을 벗어나, 회원국이나 제3국, 또는 제3의 지역에서 식당이나 케이터링의 역무가 제공되는 경우, 그러한 용역은 제57조 대신 제55조의 적용범위에 속한다(시행명령 제36조). 시행명령은 또한, 식당이나 음식 공급의 역무 중 일부가 유럽연합 내의 운항 구간에서, 다른 일부가 그 밖의 운항 구간―그 중 회원국의 영역 내에서 이루어진 부분에 한한다―에서 이루어졌기 때문에 제55조와 제57조 모두의 적용이 가능한 경우, 어느 쪽이든 그러한 역무가 개시될 때 적용되는 조항이, 용역 공급의 전체에 대하여 적용됨을 명시한다(시행명령 제37조).

9 교통수단(means of transport)의 임대

부가가치세 준칙은 교통수단의 단기 임대와 장기 임대를 구분하고 있다. 제56조의 납세지 규정이 적용되는 교통수단의 범위는 시행명령에 규정되어 있다. 여기서 말하는 교통수단은 동력의 유무에 관계없이 모든 '탈 것(vehicle)'이나, 사람·동력의 유무에 관계없이 사람이나 물체가 탈 수 있는 것이나, 사람·물체를 한 장소에서 다른 장소까지 운송하기 위하여 설계된 그 밖의 장비나 장치로서 그러한 '탈 것'에 의하여 움직여지고 그러한 운송 목적으로 보통 사용되거나 실제 사용될 수 있는 것을 포함한다. 항속적으로 고정된 컨테이너나 탈 것은 이러한 교통수단으로 인정되지 않으나, 특히 다음의 것들은 이에 포함된다:

- 자동차, 오토바이, 자전거, 삼륜차, 이동식 주택{혼히 '캐러밴 (caravan)'}과 같은 육상 차량
- 트레일러와 세미 트레일러(semi-trailer)
- 화물열차
- 선박
- 항공기
- 환자나 부상자 수송을 위해 특별히 설계된 차량
- 농업용 트랙터와 그 밖의 농업용 차량
- 기계나 전자로 추진되는 장애인용 차량

유럽 법원의 판례에 따르면, '신품 교통수단(new means of transport)' 개념에 대한 해석은 이들이 만들어지는 목적과 그 실제의 이용 상황을 고려한다. 한 사건에서는, 선상(船上) 가옥이 수년 간 고정되어 있었고 식당과 오락의 역무를 위하여 사용되었다. 실제 이용이 교통을 위한 것이 아니었기 때문에, 이 선박은 신품인 교통수단이 아니라 부동산으로 인정되었다. 이 장소에서 제공되는 역무는, 토지와 건물에 있는 유사한 시설에서 제공되는 역무와 좀 더 가까운 경쟁 관계에 있었다는 것이다 {C-532/11, "주자네 라이헤니히(Susanne Leichenich)" 판결}.

단기 임대는 최장 30일(선박의 경우 90일) 동안 교통수단을 지속적으로 점유 또는 사용하는 것으로 정의된다. 교통수단을 단기 임대하는 용

역의 공급은 고객이 이를 실제로 사용할 수 있는 상태에 놓여진 나라에서 과세된다(제56조 제1항). 이 조항은 납세의무자 아닌 사람과 납세의무자 모두에 대한 공급에 적용된다. 시행명령에 따르면, '교통수단이 실제로 고객이 사용할 수 있는 상태에 놓여진' 장소란, 고객이나 그를 대신하는 제3자가 교통수단에 대한 물리적 점유를 취득한 장소를 말한다(시행명령 제40조).

교통수단의 지속적인 점유나 사용의 기간을 결정할 때에는 관련 당사자 간의 계약에 따른다. 계약은 반증 가능한 추정을 낳을 뿐이고, 어떤 사실적·법적 수단이 지속적인 점유나 사용의 기간을 달리 입증할 수 있다면 추정을 깨뜨리는 근거가 될 수 있다. 불가항력으로 계약에서 정한 기간이 지났다면, 장·단기 임대 중 어디에 해당하는지를 판단하는 데에 영향을 미친다(시행명령 제39조 제1항).

같은 교통수단이 같은 당사자들 간에 연속되는 계약의 적용을 받을 경우, 단기 임대인지 여부에 관한 판단은 계약 전체에 기초하여 내려야 한다. 이는 원래의 계약과 연장 계약을 모두 포함한다. 만약 단기계약 이후 장기계약이 뒤따른다면. 조세회피와 무관한 이상, 첫 번째 계약을 단기 계약이라 보더라도 과세관청이 이에 이의(異意)를 제기하지 않을 것이다. 마찬가지로, 동일 당사자들이 각각 다른 교통수단에 대하여 연속적 계약을 체결하더라도, 역시 조세회피와 무관하다면, 하나의 전체적 계약을 구성하는 연속적 계약으로 인정되지는 않을 것이다(시행명령 제39조 제2항).

교통수단의 장기 임대는 납세의무자에게 대한 것이라면, 제44조의 일반 원칙을 따른다. 이러한 용역이 납세의무자 아닌 사람에게 공급된다면, 납세지는 고객이 항속적인 주소나 일상적 거소를 갖는 등 '자리를 잡은' 곳이다. 이러한 개념들은 제7장 제4절 2.에 설명되어 있고, 이러한 설명은 제56조 제2항의 해석에도 유효하다. 임대를 위한 선박과 항공기의 일정한 공급은 제148조에 따라 부가가치세가 면세된다.

남세의무자 아닌 사람에 대한 교통수단의 장기 임대는 고객이 항속적인 주소를 가지거나 일상적으로 거주하는 장소에서 공급받는 것으로 추정되며, 이는 시행명령에서 열거하는 '서로 모순되지 않는 증거(non-contradictory evidence)'들 중 두 가지에 기초하여 정하여진다. 이러한 증거는 다음을 포함한다.

(a) 청구서에 기재할 고객의 주소(billing address)
(b) 예컨대 지불에 사용되는 은행 계좌의 소재나, 은행이 가지고 있는 '고객의 청구서상 주소'와 같은 은행 관련 세부적 사항
(c) 교통수단을 이용할 때 그 등록이 필요한 경우, 고객이 임차한 교통수단의 등록사항 또는 이에 유사한 정보
(d) 그 밖에 상업적으로 의미를 가지는 정보 (개정된 시행명령 제24e조)

10 '디지털 공급(digital supplies)'

'디지털 공급'이란, ① '전기 통신(telecommunications)' 용역, ② 라디오 · 텔레비전 방송 용역, ③ '전자적으로 공급되는(electronically supplied)' 용역의 3가지 공급을 가리킨다. '전기 통신' 용역은 제24조 제2항에서 다음을 포괄하는 것으로 정의된다.

"유무선 · 광학이나 기타 전자기 시스템에 의한, 부호 · 문자 · 영상 · 음향이나 기타 정보의 전송 · 송출 · 수신과 관련된 역무 [...] 그러한 전송 · 송출 · 수신을 위한 '능력(capacity)'을 사용할 수 있는 권리의 관련된 이전이나 할당, 특히 전(全) 세계적 정보망에 대한 접속의 제공"

여기에는 특히 다음의 것들이 포함된다.

- 영상(映像) 요소를 포함하는 전화 역무(영상전화)를 포함하여, 음성 · 데이터 · 동영상의 전송 · 변환을 위한 유선 또는 휴대전화 역무
- '인터넷 전화(VoIP, Voice over Internet Protocol)'를 포함하여 인터넷을 통해 제공되는 전화 역무
- 음성사서함, '통화 대기(call waiting)', 착신 전환, 발신자 번호표시, 3자간 통화와 그 밖의 '통화 관리(call management)' 역무
- '무선호출(paging)' 역무
- '음성 텍스트(audiotext)' 역무
- 팩시밀리, 전신, 텔렉스(telex)
- '월드와이드웹(World Wide Web)'을 포함한 인터넷 접속
- 고객의 독점적 사용을 위한 통신 접속을 제공하는 '개인 네트워크 연결(private network connections)' (개정된 시행명령 제6a조)

이는 예시적 열거일 따름이다. 전기통신 용역의 범위에는, 다양한 기술적 수단과, 이러한 수단이나 통신망(네트워크)에 대한 접근 권한을 통하여 원거리 통신을 가능하게 하는 역무가 포함된다. 그러나 전기통신 용역은 라디오 · 텔레비전 방송 용역과, 전자적으로 공급되는 용역을 포함하지 않는다.

라디오 · 텔레비전 방송 용역의 범위는 준칙에 정의되어 있지 않다. 그러나 시행명령은 방송 용역을 정의하고 있는데, 이는 다음의 것을 포함한다.

"라디오나 텔레비전 프로그램과 같이, 청각 · 시청각의 콘텐츠(contents)로 구성되어, 미디어 역무 제공자(media service provider)의 편집 책임 하에, 일반 공중에게 통신망을 통해 제공되는 것으로서, '프로그램 일정

(programme schedule)'에 따라 동시 청취 · 시청이 가능한 용역" (개정된 시행명령 제6b조 제1항)

이러한 정의는 한정적인 형태로 기술되어 있다. 즉 이러한 정의는 방금 말한 것과 같은 역무를 포함하여야 한다. 또한 이는 특히 라디오 · 텔레비전 방송망을 통해 전송 · 재(再) 전송된 라디오 · 텔레비전 프로그램과, 그러한 프로그램들이 인터넷이나 다른 비슷한 전자 통신망을 통해 스트리밍(streaming) 형식으로 배포(distributed)된 경우에 적용된다. 그러나 후자의 경우, 라디오 · 텔레비전 방송망을 통한 전송 · 재전송과 동시에 방송되는 경우여야만 한다. 즉 일반 대중들에게 동시 전달되지 않는 청각 · 시청각 콘텐츠의 경우 그러한 공급은 '전자적으로 공급되는 용역'과 관련된 것으로 분류된다. '준(準, quasi) 동시'의 청취 · 시청과 관련된 용역은, 종종 추가적인 요금이나 비용 지불 없이 고객들에게 제공된다. 그러한 경우, 만일 전송 프로세스에 내재된 기술적인 이유로 인하여 전송과 수신 시점 사이에 시간차가 발생하는 것이라면, 그러한 '준 동시'의 청취 · 시청 관련 용역은 여전히 방금 살펴본 정의를 만족한다.

소비자들이 사후(事後)에 시청하거나 '일시 정지', '앞으로 돌리거나 되감기' 기능을 사용하기 위하여, 전송된 것을 녹화하거나 그러한 녹화를 미리 예약할 수 있는 경우, 이 역시 라디오 · 텔레비전 방송 용역의 범위에 포함되는 '준 동시'의 청취 · 시청으로 인정된다. '주문형(注文型, on-demand)'의 시청 · 청취는 '준 동시'에 포함되지 않으며, 이는 방금 살핀 정의의 범위를 벗어난다. '준 동시'와 '비(非, non) 동시'의 구별은 어려울 수 있다.

시행명령은 방송 용역에 다음의 항목이 포함되지 않음 역시 분명히 한다.

• 전기통신 역무

- 전자적으로 공급되는 용역
- 특정 프로그램에 대한 정보의 '주문형' 제공
- 방송 · 전송권의 양도
- 방송을 수신할 수 있는 기술 장비나 시설의 임대
- 인터넷이나 다른 비슷한 전자 통신망을 통한 라디오 또는 텔레비전 프로그램의 배포(스트리밍. 단 라디오나 텔레비전 방송망을 통해 전송 · 재전송됨과 동시에 방송되는 경우는 제외)

세 번째 유형의 디지털 공급은 '전자적으로 공급되는 용역'에 관한 것이다. 준칙에는 이러한 용역에 대한 일반적인 정의 조항이 존재하지 않는다. 그러나 시행명령에는 다음과 같은 정의가 있다.

"인터넷이나 전자 통신망을 통해 제공되고, 그 수행이 기본적으로 자동화되어 있거나 사람의 개입이 최소화된 상태로 제공되는 성질의 것이며, '정보 기술(information technology)' 없이는 존재할 수 없는 역무" (시행명령 제7조 제1항)

이메일로 제공되는 역무가 그 자체로 '전자적으로 공급되는 용역'인 것은 아니다. 방금 살펴본 정의가 충족되어야 하고, 준칙이나 시행명령 모두에는 이 정의에 포함되거나 제외되는 역무 유형에 관한 해설이 들어 있다.

'전자적으로 공급되는 용역'은 특히 아래의 표 7-2에 열거되어 있는 역무를 포함한다. 아래의 표는 부가가치세 준칙의 별지(別紙) '부록 2(Annex Ⅱ)', 그리고 시행명령의 제7조와 그에 따른 별지 '부록 1(Annex Ⅰ)'에 기초한 것이다.

표 7-2. '전자적으로 역무가 수행되는 용역'의 공급으로 취급되는 것들의 목록 통합본 (統合本)

1. 소프트웨어, 소프트웨어의 변경이나 업그레이드를 포함한, 디지털 화(化)된 제품들의 공급 일반	
2. 웹사이트나 '웹페이지(webpage)' 등 전자 통신망과 관련하여, 사업적 · 개인적 '존재(presence)'를 제공하거나 지원하는 역무	
3. 수신인의 특정 데이터 입력에 대응하여, 컴퓨터로부터 인터넷이나 전자 통신망을 통해 자동적으로 수행되는 역무	
4. 잠재적 구매자들이 자동화된 절차에 의해 입찰을 하고, 컴퓨터가 자동 생성된 이메일을 통해 당사자에게 판매 관련 통지를 하는 '온라인' 시장으로 운영되는 인터넷 사이트에서 재화나 용역을 판매할 권리의 유상 이전	
5. 통신에 관련된 구성요소가 보조적이고 부차적인 부분을 이루는, 정보 관련 '인터넷 용역의 패키지(ISP, Internet Service Package)', 즉 단순한 인터넷 접속을 넘어, 뉴스 · 날씨 또는 '여행기(記. travel report)'에 대한 접속을 제공하는 콘텐츠 페이지들, '개발 환경(playgrounds)', 웹사이트 호스팅, 온라인 토론 등에 대한 접근 등 다른 요소들을 포함하는 패키지를 말한다.	
6. 웹사이트 공급, '웹호스팅', 프로그램이나 장비의 원격 유지 · 보수	a. 웹사이트 '호스팅(hosting)', 웹페이지 호스팅 b. 자동 · 온라인 · 원격의 프로그램 유지 · 보수 c. 시스템의 원격 관리 d. 특정 데이터가 전자적으로 저장 · 검색되는 온라인 데이터 '웨어하우징(warehousing)'[45] e. 주문형 '저장 공간(disc space)'의 온라인 공급

---

45 '데이터 웨어하우스'를 구축하는 기술을 말한다. 한편 데이터 웨어하우스란 정보(data)와 창고(warehouse)의 합성어로서, 기업의 정보 자산을 효율적으로 활용하기 위한 하나의 패러다임이며, 기업의 전략적 관점에서 효율적인 의사 결정을 지원하기 위해 데이터의 시계열적 축적과 통합을 목표로 하는 기술의 구조적 · 통합적 환경을 가리킨다. (출처: 컴퓨터 인터넷 IT 용어대사전, 전산용어사전편찬위원회)

7. 소프트웨어의 공급과 그 업데이트	a. 소프트웨어(조달 · 회계 프로그램과 바이러스 백신 포함) 접속과 다운로드, 그리고 업데이트 b. 배너 광고 상영을 차단하는 소프트웨어(또는 배너 차단기) c. 프린터 등 주변기기를 컴퓨터에 연결하는 소프트웨어와 같은 '다운로드 드라이버(download driver)' d. 웹사이트에 '필터(filter)'를 온라인으로 자동 설치 e. '방화벽(firewalls)'의 온라인 자동 설치
8. 이미지 · 문자 · 정보의 제공, 그리고 데이터베이스를 이용 가능하도록 하는 일	a. '데스크톱 테마(desktop theme)'에 접속, 또는 그 다운로드 b. 사진이나 그림 '이미지' 혹은 화면보호기에 접속, 또는 그 다운로드 c. 도서나 기타 전자 출판물과 같은 디지털 콘텐츠 d. 온라인 신문이나 잡지 구독 e. '웹로그(weblog)'와 웹사이트 통계 f. 온라인 뉴스, 교통정보, 일기예보 g. 법률 · 재무 데이터 등 고객의 특정 데이터 입력으로부터 소프트웨어가 자동 생성하는 온라인 정보(특히 지속적으로 실시간 업데이트 되는 주식시장 정보와 같은 데이터) h. 웹사이트 / 웹페이지의 배너 광고를 포함한 '광고 공간(advertising space)'의 제공 i. 검색엔진이나 인터넷 '디렉토리(directory)'의 이용
9. 음악, 영화, 게임(확률에 따른 게임, 도박성 게임 포함)과, 정치 · 문화 · 예술 · 스포츠 · 과학 · 오락 관련 방송 · 행사의 제공	a. 컴퓨터나 휴대전화로 하는 음악 접속과 다운로드 b. 'CM송', 음악 '발췌(拔萃, excerpts)', 전화벨 소리나 기타 음향의 접속과 다운로드 c. 영화 접속과 다운로드 d. 컴퓨터나 휴대전화로 하는 게임 다운로드 e. 플레이어들이 서로 지리적으로 떨어져 있는 가운데, 인터넷이나 유사한 전자 통신망에 기반하는 자동 온라인 게임에 접속

9. 음악, 영화, 게임(확률에 따른 게임, 도박성 게임 포함)과, 정치 · 문화 · 예술 · 스포츠 · 과학 · 오락 관련 방송 · 행사의 제공	f. 텔레비전이나 '주문형 비디오(VOD)'와 같이, 미디어 역무 제공자가 선정한 프로그램 목록을 기초로, 이용자의 개별 요청에 따라 이용자가 선택한 때에, 청취나 시청을 위한 라디오나 텔레비전 방송망, 또는 인터넷이나 유사한 전자 통신망을 통해 배포되는 라디오 또는 텔레비전 프로그램의 수신. 인터넷 또는 이에 유사한 전자통신망을 통해 배포(스트리밍. 단 라디오나 텔레비전 방송망을 통해 전송 · 재전송됨과 동시에 방송되는 경우는 제외)되는 라디오 · 텔레비전 프로그램의 수신. 미디어 역무 제공자의 '편집(editorial)' 책임 하에 제공되지 않는 통신망을 통한 청각 · 시청각 콘텐츠의 공급. 미디어 역무 제공자에 의한 청각 · 시청각 '출력(output)'의 계속적인 공급으로서, 미디어 역무 제공자 아닌 제3자가 통신망을 통해서 하는 것.
10. '원격 교육(distance teaching)' 의 제공	a. '가상 교실(virtual classroom)'을 포함하여, 인터넷이나 유사한 전자 통신망에 기반하여 작동하고, 그 제공에 사람의 개입이 전혀 필요하지 않거나 제한적으로만 필요한 자동의, 원격 교육 (단 인터넷이나 유사한 전자 통신망이 단지 교사와 학생 간 의사소통의 도구로 사용되는 경우는 제외) b. 학생들이 온라인으로 작성하면, 사람의 개입 없이 자동으로 채점되는 '워크북(workbook)'

전기통신 용역, 라디오 · 텔레비전 방송 용역의 정의가 있는 것처럼, '전자적으로 공급되는 용역'의 범위에 포함되지 않는 역무의 목록도 존재한다. 전기통신 용역, 라디오 · 텔레비전 방송 용역, 그리고 '전자적으로 공급되는 용역'의 다양한 목록들은 각 정의 간 중복을 피하기 위한 도구의 역할을 한다. '번들(bundle)'이나 여러 가지 요소를 결합한 공급에 대한 다양한 취급으로 인한 차이는 각각 다른 결과로 이어질 수 있다. 2015년 1월 1일 이후, 이러한 용역들은 적어도, 이중과

세·비과세 위험을 줄이는 납세지 결정과 관련한 원칙들의 적용범위 내에 있다.

'포함되지 않는 공급'의 목록은 개정된 시행명령 제7조 제3항에 들어 있고, 그 내용을 아래 표 7-3에 모아서 정리하였다.

표 7-3. '전자적으로 공급되는 용역'으로 취급되지 않는 역무의 통합 목록

a. 방송 역무
b. 전기통신 역무
c. 주문이나 '공정(工程, processing)'이 전자적으로 이루어지는 재화
d. CD-ROM, 플로피디스크, 그리고 이에 유사한 유형(有形, tangible) 미디어
e. 도서, 뉴스레터, 신문, 잡지와 같은 인쇄물
f. CD, 오디오카세트
g. 비디오카세트와 DVD
h. CD-ROM 게임
i. 이메일로 고객에게 자문을 제공하는 전문가(예컨대 변호사, 재무 컨설턴트)의 역무
j. 인터넷이나 전자 통신망을 통하여(즉 원격 '링크(link)'를 통해) 교사가 수업 내용을 전달하는 교육 역무
k. 오프라인에서 컴퓨터 장비를 물리적으로 수리하는 역무
l. 오프라인 데이터 '웨어하우징' 역무
m. 광고 용역, 특히 신문이나 포스터, 텔레비전을 통한 것
n. 전화 '헬프 데스크(help desk)' 역무
o. 우편과 같은 '통신교육 과정(correspondence courses)'만을 포함하는 교육 역무
p. (입찰이 이루어지는 방식과는 관계없이) 사람의 직접적인 개입에 의존하는 전통적인 경매 역무
t. 온라인으로 예약하는 문화·예술·스포츠·과학·교육·오락이나 유사한 행사에 대한 입장권
u. 온라인으로 예약하는 숙박, 자동차 렌트, 식당, 여객운송이나 유사한 역무

지금까지 살펴본 세 유형의 공급을 모두 포함하는 의미에서 '디지털 공급'은 납세의무자에게 판매되면 제44조의 일반 원칙에 따라 과세

된다. 납세의무자 아닌 사람들에게 공급되는 경우에 이들 용역은 항속적 주소나 일상적 거소 등 고객이 자리를 잡은 회원국에서 과세된다. 고객이 납세의무자 아닌 법인이라면, 이 법인의 '중앙 관리(central administration)' 기능이 수행되는 곳이나, 인적·기술적 자원의 측면에서 자신의 필요에 따라 역무를 제공 받기에 적합한 구조를 가지며 충분한 수준의 항속성이 있는 장소에 사무소를 두고 자리를 잡은 것이다.

이러한 공급과 관련된 중요한 하나의 문제는 고객의 지위를 확실히 하는 일이다. '사업자 간' 공급에 대한 제44조의 일반 원칙과, '사업자—소비자 간' 공급에 대한 제58조의 특별 규정이 모두 목적지 과세원칙에 따른 과세—즉 고객의 사업장 소재지 등에서 과세하는 것—를 낳는다 하더라도, 주된 차이점은 사업자 간 공급의 경우 대리납부 제도 때문에, 역무의 취득인이 납세의무를 부담한다는 것이다. 반면 제58조에 따라 용역이 공급되는 경우에는 공급자가 납세의무를 진다. 제도를 간소화하기 위하여, 2015년 1월 1일 자로 '소규모·원스톱 등록 제도(Mini One-Stop Shop Scheme)'가 도입되었다.[4]

'디지털 공급'은 온라인에서 '클릭' 한 번으로 구매되어, 여러 변수의 정보를 다룰 수 있도록 체계를 구축하는 일이 어려울 수 있기 때문에, 시행명령은 직접적으로 적용 가능한 몇 가지 '추정' 조항을 두고 있다. 이는 주로 제58조의 적용을 둘러싸고 회원국들 간에 차이가 발생할 위험을 낮추어, 역내시장 안의 이중과세·비과세를 피하고자 하는 것이다.

공중전화 부스, 와이파이 접속이 가능한 구역, 인터넷 카페나 호텔 로비 등 구체적인 장소에서 디지털 공급이 이루어지면, 역무 제공의 장소에 고객의 물리적 존재를 필요로 하는 이러한 디지털 공급의 장소적 기준은, 용역의 결과가 실제로 사용되고 향유되는 곳이 된다. 즉 이러한 곳에 고객은 사업장 등을 둔 것으로 추정된다(시행명령 제24a조). 만약 이러한 장소가 여객운송 중인 선박·기차·항공기 내라면, 고객은 여객운송이 시작되는 국가—곧 출발지국—에 사업장 등을 둔 것으로 추정된다. 이는 여객운송의 납세지가 결정되는 방식과 일치한다.

납세의무자 아닌 고객이 자리를 잡은 장소에 대한, 제58조를 따른 다른 추정은 다음과 같다.

- 유선 전화를 통한 디지털 공급의 경우, 그 고정된 전화 통신선의 소재지.
- 공급이 '이동통신망(mobile networks)'을 통해 이루어지는 경우, 사용된 'SIM 카드'의 '국가별 부호(country code)'가 속한 나라.
- 유선전화 통신선 없이 공급이 이루어지는 경우, '디코더(decoder)'나 유사한 장치가 위치한 장소, 혹은 '시청 카드(viewing card)'가 송부되는 장소.

또한 제58조에 따라 고객이 사업장 등을 둔 곳을 뒷받침하기 위하여, 두 개의 '모순되지 않는 증거'를 사용하도록 할 수 있는데, 예를 들자면 다음과 같다.

a. 고객의 신용카드 청구서에 기재할 고객의 주소.
b. 고객이 사용하는 장치의 인터넷 프로토콜(IP) 주소 또는 어떤 방법으로든 확인되는 '지리적인 위치(geo-location).'
c. 지불에 사용되는 은행 계좌의 소재나, 은행이 가지고 있는 '고객의 청구서상 주소'와 같은 은행 관련 세부적 사항.
d. 고객이 사용하는 '가입자 확인 모듈(Subscriber Identity Module, SIM)' 카드에 저장된 '국제 이동국 식별번호(International Mobile Subscriber Identity, IMSI)'의 '이동 국가 코드(Mobile Country Code, MCC).'
e. 고객이 역무를 제공 받는 유선전화 통신선의 위치.
f. 그 밖에 상업적으로 의미를 가지는 정보.(시행명령 제24f조)

디지털 공급에 관하여 시행명령에 열거된 것들과 같은 추정은, 공급자가 이 중 세 가지의 '서로 모순되지 않는 증거'를 제시한다면 깨어질 수 있다. 따라서 관련 당사자들로서는 디지털 공급을 위한, 상당 부분이 자동화된 판매 시스템과 관련하여 일정한 문서 작업을 수행할 필요가 있다.

총 매출액 기준 10만 유로를 초과하지 않는 기업의 경우, 고객이 있는 곳을 결정하기 위해 단 하나의 증거만이 요구되고, 그 대신에 공급 장소의 결정을 위한 기본 원칙이 적용된다. 이 과정에서 제58조 제2항에 따라, 공급자의 사업장과 고객의 소재지 기준도 아울러 충족되어야 한다.

11 유럽연합 밖에서 납세의무자 아닌 사람들에 공급된 일정한 용역

유럽연합 밖에 항속적 주소나 일상적 거소를 가지거나 하여 자리를 잡은 납세의무자 아닌 사람에게 공급되는 다양한 용역들은 유럽연합 바깥의 공급으로 인정된다. 이러한 경우가 아니라면 제59조에 열거되어 있는 역무들에는, 납세의무자 아닌 사람에 대한 용역 공급에 적용되는 일반 원칙이 그대로 적용될 것이고, 이때 유럽연합 내에서 과세할 수 있다. 제59조가 다루는 용역은 다음과 같다.

a. 저작권, 특허권, 라이선스, 상표권이나 이에 유사한 권리의 양도·이전.

b. 광고 용역.

c. 컨설턴트와 컨설팅 회사, 기술자, 변호사, 회계사들이 제공하거나 이에 유사한 용역, 그리고 데이터의 '처리(processing)'와 정보의 제공.

d. 이 조항에서 규정하고 있는 사업 활동이나 권리의 전부나 그 일

부를 추구하거나 행사하지 않기로 하는 의무[의 이행].

e. 은행, 금융, 보험 거래(재보험을 포함하고, 금고 임대차는 제외된다).

f. 인력 공급.

g. 유체(有體) 동산의 임차(단 교통수단은 제외된다).

h. 유럽연합 역내에 위치한 천연가스 시스템이나 이에 연결된 네트
워크, 전기 시스템, 냉·난방 네트워크에 접속하도록 하거나, 이
를 통한 전파·분배의 역무, 그리고 이에 직접 관련되는 다른 역
무의 제공.

유럽 법원은 몇몇 사건에서 제59조가 규정하고 있는 다양한 용역의
범위에 대해 다루었다. 광고 용역이 그 중 몇 사건에서 다루어졌는데, 직
접적인 광고 용역뿐 아니라, 그 대가가 제3자에게 청구된 다음 광고주에
게 다시 청구되는 구조와 같이, 간접 공급되는 광고 용역도 포함하였다
(C-108/00, "SPI" 판결). 광고 역무를 중개인이 의뢰 받았다는 점은 제59조
의 적용범위에 영향을 미치지 않았다. 하지만 결과적으로는, 중개인에 대
한 광고 용역과 최종 광고주에 대한 광고 용역은 두 개의 서로 다른 광고
용역으로 취급되었다(C-438/01, "디자인 컨셉트(Design Concept)" 판결).

(c)호가 규정하는 다양한 전문 용역과 관련하여, 유럽 법원은 이 조
항이 직업 그 자체를 의미하는 것이 아니라, 그 직업이 일반적으로 수행
하는 역무의 항목들을 규정하는 것이라고 설시하였다(C-145/96, "폰 호프만
(von Hoffmann)" 판결). '이에 유사한 용역'에 관한 언급은 열거된 직업의
전부를 포괄하는 것이 아니라, 각 직업에서 수행되는 개개의 역무들을
의미하는 것이다. 따라서 열거된 직업 중 하나에서 수행되는 역무와 동
일한 목적을 달성하는 것이라면 이는 '이에 유사한 용역'에 해당한다(C-
167/95, "린트호르스트" 판결과, C-145/96, "폰 호프만" 판결).

기술자의 역무나 이에 유사한 용역 공급을 제59조나, 과학적 활동에

적용되는 제53조 및 제54조에 조화롭게 분류하는 일은 어려울 수 있다. "크로노스판" 판결(C-222/09)에서 유럽 법원은 기술자의 특정 용역이 제59조의 적용범위 내에 포섭된다고 결론을 내렸다. 이 사건에서는, 한 회원국에 사업장 등을 둔 기술자들이 계약에 따라 수행하는 환경·기술 관련 연구개발 역무가, 다른 회원국에 사업장 등을 둔 상대방에게 이익을 주기 위한 것이었다.

제59조에서 말하는 금융과 보험, 재보험 용역은, 같은 이유로 면세되는 용역과 그 범위가 같다.

인력의 공급과 관련하여서는, 해당 조항의 문언이 자영업자를 포함하는지 여부가 논의되었다. 문언 자체로는 이러한 사람들을 포함하지 않는 것처럼 보이지만, 유럽 법원은 이러한 공급도 (f)호에 포함된다고 해석하였는데, 이는 제59조의 목적이 거래에 대한 회원국의 과세권 충돌을 해결하는 데에 있기 때문이다(C-218/10, "ADV 올라운드 중개 주식회사 (Allround Vermittlungs AG)" 판결).

12 이중과세·비과세의 방지

납세의무자 간에 공급되거나, 납세의무자로부터 납세의무자 아닌 사람에게 공급되는 용역 모두에 관한 일반 원칙의 적용범위에 속하는 용역들은, 제59a조가 말하는 '실제 사용과 향유' 기준에도 관련되어 있다. 만약 일반 원칙이 적용되는 용역이 회원국 내에서 공급되었다고 인정되지만, 그러한 용역의 '실제 사용과 향유'가 유럽연합 밖에서 이루어졌다면, 제59a조는 일반 원칙에 우선하여 적용될 수 있는 가능성을 열어둔다. 마찬가지로 만약 공급이 유럽연합 바깥에서 발생하였다고 인정되지만, '실제 사용과 향유'는 회원국 안에서 일어났다면, 제59조는 이러한 경우에도 일반 원칙에 우선 적용된다. 하지만 제59a조는 서로 다른 회원국 간에서 '국경을 넘는' 상황을 다루지는 않는다. 이 조항은 오직 회원국과 비(非) 회원국이 관련된 상황에만 적용된다.

제59a조는 납세의무자와 납세의무자가 아닌 사람에 대한 일반 원칙뿐 아니라, 교통수단의 임대(제56조), 디지털 공급(제58조), 그리고 제59조가 다루는 다양한 용역들에 모두 적용된다.

제5절 재화 수입의 장소

재화의 수입에서 납세지를 결정하는 일반 원칙은, 재화가 유럽연합 내로 반입되는 시점에 소재하는 회원국이다(제60조). 이를 유럽연합 안의 첫 번째 '기준점(point of reference)'이라고 부를 수 있다. 자유롭게 유통되지 않는 재화의 경우, 수입 장소는 그 대신 제156조에 따른 일련의 절차나 상황이 더 이상 적용되지 않게 되는 회원국이다(제61조). 자유롭게 유통되는 재화에 관한, 제276조와 제277조—이 조항들은, 유럽연합의 영역 바깥의 '관세 영역', 곧 '제3지역'으로부터 유럽연합 내로 반입되는 재화에 적용된다—에 따른 상황이나 절차의 경우에는, 역시 그러한 절차나 상황의 적용이 중단되는 회원국이 수입 장소가 된다(제61조).

재화 수입의 납세지를 결정하는 일반 원칙에 대한 예외는 '보세 창고(customs warehouse)'나, '일시 수입(temporary importation)'의 절차에 대한 것이다. 이는 제156조에 따른 예외와 연결되어 있다. 이 예외는 제276조, 제277조에 따라 부가가치세가 면제되는 재화에도 적용된다. 두 경우 모두, 납세지는 수입된 재화에 예외 규정이 더 이상 적용되지 않게 되는 영역이다. 따라서 제156조, 제276조, 제277조의 예외가 적용되는 한, 부가가치세 부담은 없고 납세지의 결정도 불필요하다. 수입된 재화가 이러한 절차의 적용범위에서 제외되는 순간, 재화의 면세 규정이 더 이상 적용되지 않게 되는 영역이라는, 유럽연합 내 첫 번째 '기준점'에 따라 납세지가 결정된다(제61조).

유럽 법원은 제61조가 정하는 특정 절차의 '적용이 중단'되는 시점에 관하여 상세한 설명을 제시하였다. 재화가 관련된 절차의 적용범위에서 어떤 형태로든 벗어나게 되면, 부가가치세가 부과되어야 하고 면세 규정은 더 이상 적용되지 않는다. 이는 관세의 납부의무가 발생하는 장소와 연관되어 있는데, 재화가 '관세 통제(customs supervision)'에서 벗어난다는 것은 곧 유럽연합 안에서 자유롭게 이동할 수 있도록 풀어준다는 의도를 수반하기 때문이다(C-66/99, "반델(Wandel)" 판결과, C-371/99, "리베렉심(Liberexim)" 판결).

제6절 결론

납세지를 규율하는 유럽연합 부가가치세의 조항들은 제6장에서 기술하고 있는 다양한 과세대상 거래들을 포괄한다. 어느 나라가 과세권을 갖는지에 관하여 모든 재화와 용역에서 같은 기준 또는 '대체적 표지(proxy)'들이 사용되지 않기 때문에, 재화와 용역의 공급 모두에서, 다양한 하위 항목들이 존재한다. 납세지 규정들은 연관된 면세의 기술적 규정들과 조화시켜서, 또한 과세대상 거래가 어느 한 회원국에서만 과세되어야 한다는 공통의 목표를 염두에 두고 읽어야 한다. 납세지 규정의 기저에 놓인 논리는, 회원국들 간에 과세대상을 합리적으로 배분하는 결과를 가져옴으로써 이중과세와 의도되지 않은 이중비과세를 피함과 동시에, 소비의 장소가 어느 회원국의 영역 안으로 인정되는 경우에 유럽연합 안에서 과세되는 결과를 보장하는 것이다.

[1] 제1 부가가치세 준칙 제4조에는 이 준칙을 비롯하여 당시 '유럽경제공동체'가 목표로 하는 세제가, 어느 나라에서 생산된 재화이든 간에 차별 없이 공동체 내에서 경쟁할 수 있도록 하면서, 동시에 각 나라가 자국에서 생산된 재화·용역에 대하여 과세할 수 있게 하는 것임을 밝히는 내용이 들어 있다. 두 가지 목표를 함께 달성하려면 모든 회원국의 세제가 기본적으로 같은 내용이 되어야 할 것이지만, 이는 물론 이루기 힘든 일이다.

Article 4	제4조
In order to enable the Council to discuss this, and if possible to take decisions before the end of the transitional period, the Commission shall submit to the Council, before the end of 1968, proposals as to how and within what period the harmonisation of turnover taxes can achieve the aim of abolishing the imposition of tax on importation and the remission of tax on exportation in trade between Member States, while ensuring the neutrality of those taxes as regards the origin of the goods or services.	이사회의 논의를 위하여, 또 가능하다면 '경과 기간'이 끝나기 전에 결정을 내릴 수 있도록 하기 위하여, 집행위원회는 1968년 말 이전에 이사회에 제안서를 제출하여야 한다. 이 제안은 매상세의 '조화'가 어떻게, 그리고 어느 정도의 시간 내에, 회원국 간 무역에서 수입에 대한 과세와, 수출에 대한 세액 환급을 폐지하는 목표를, 재화나 용역의 원산지에 관하여 중립을 유지하는 가운데 달성할 수 있을지에 관한 것이다.
In this connection, particular account shall be taken of the relationship between direct and indirect taxes, which differs in the various Member States ; of the effects of an alteration in tax systems on the tax and budget policy of Member States ; and of the influence which tax systems have on conditions of competition and on social conditions in the Community.	이와 관련하여, 특히 다음의 사항들에 관한 고려가 필요한데, 이러한 사항들의 내용은 회원국마다 다르다. a) 직접세와 간접세 간의 관계 b) 세제의 변화가 세금과 예산 정책에 미치는 영향 c) 세제가 유럽공동체 내 경쟁 관련, 그리고 사회적 상황에 미치는 영향

[2] 여기서 언급된 나라나 지역들에 관한 해설은 다음과 같다. 이 내용들의 출처는, '네이버 지식백과(두산백과)'와 인터넷 '위키피디아'(뷔징엔과 캄피오네 디탈리아 부분), '위키백과'(맨 섬 부분)이다. 또한 유럽연합의 공식 웹사이트도 참조.

https://ec.europa.eu/taxation_customs/business/vat/eu-vat-rules-topic/territorial-status-eu-countries-certain-territories_en

유럽연합 영역은 아니지만, 관세·부가가치세 영역의 일부분인 것

모나코 공국: 유럽의 프랑스 남동부 지중해에 면한 항구도시로서 입헌군주제 도시국가이다. 공국이라는 이름에서 보듯이, 군주는 왕이 아니라 모나코 공작이다. 남쪽으로 지중해에 면한 해안을 따라 길이 3㎞, 너비 500m의 땅을 국토로 하며, 바티칸시국(면적 0.44㎢)에 이어 세계 제2의 소국이다. 프랑스 이외의 모든 외국기업에 세금을 면제해 주는 조세피난처로 유명하며 카지노 수입으로 국가를 운영한다. 독립국이지만 국방과 외교는 프랑스에 위임하고 있으며, 공작 임명권도 프랑스 대통령에게 있어 정치, 경제, 군사적으로 사실상의 프랑스 보호령이라고 할 수 있다.

맨 섬(Isle of Man): 아일랜드해에 있는 브리튼 제도에 속하는 영국 왕실령(領)의 섬이며 영국 본토와 아일랜드 섬 사이에 위치한다. 브렉시트 이후의 법적 지위는 아직 불명확하다.

아크로티리(Akrotiri)와 데켈리아(Dhekelia)의 '영국군 기지 지역': 아크로티리와 데켈리아는 지중해 동부의 키프로스 섬의 남쪽과 남동쪽에 위치한 지역이다. 제1차 세계대전 당시 영국이 이 지역에 군사기지를 건설하였는데, 1959년 키프로스의 독립이 승인된 이후에도 이 지역은 영국의 이른바 '주권기지 영역(Sovereign Base Area, SBA)'으로 남게 되었다고 한다. 현재 두 기지에는 영국군 약 3,000여 명이 주둔하고 있으며, 부대 사령관이 '행정관(Administrator)'으로서 주권기지 영역을 통치한다. 1964년 이후 키프로스는 위 지역의 반환을 요구해 왔으나, 영국이 응하지 않아 분쟁 지역으로 남아 있다. 유럽연합의 공식 웹사이트는 이 지역이 브렉시트 후에도 관세·부가가치세 영역의 지위를 유지하고 있는 것으로 표시한다.

유럽연합의 영역이면서 관세 영역의 일부이나, 부가가치세 영역 밖에 있는 것

아토스(Athos) 산: 그리스의 마케도니아에 있는, 전체가 산으로 이루어져 있는 반도이며, 20개의 수도원이 자리하고 있다. 그리스 내에서 행정적 자치 구역의 지위를 가지고 있고, 정식 명칭은 '아토스 성산(聖山) 자치국(Autonomous Monastic State of the Holy Mountain)'이다. 그리스 정교의 콘스탄티노플 총 대주교의 직접 관할 하에 있다.

카나리아 제도(Canary Islands): 아프리카 북서부 대서양에 있는 스페인 령으로서, 화산으로 이루어진 섬들이다.

프랑스의 영토 중 유럽연합기능조약 제349조, 제355조 제1항에서 언급된 지역들, 프랑스 본토에 대한 거리나 그 밖의 상황들을 감안하여, 유럽연합 관련 조약들의 적용 여부에 관하여 따로 정하도록 한 지역이다. 카리브 해의 과들루프(Guadeloupe) 섬, 마르티니크(Martinique) 섬, 남아메리카 북동부에 위치한 프랑스령 기아나(Guiana), 인도양에 위치한 레위니옹(Réunion) 섬, 그리고 그 밖에도 더 있다.

올란드 제도(Åland Islands): 발트 해 북쪽 보트니아 만(灣) 입구에 있는 핀란드 령의 섬들이다.

채널 제도(Channel Islands): 영국 해협에서 프랑스의 노르망디 해안에 위치하고 있는 영국 왕실 소유의 섬들로서, 건지 섬(Guernsey I.)과 저지 섬(Jersey I.)이 여기에 포함된다. 영국 정부의 통치권에서 분리된 왕실령이다. 건지 섬과 저지 섬은 모두 잘 알려진 조세피난처들이기도 하다. 브렉시트로 인하여 현재에는 유럽연합과 관련된 지위에 불명확한 점이 있다.

유럽연합의 영역이지만, 부가가치세·관세 영역 모두에 포함되지 않는 것

헬골란트(Helgoland) 섬: 독일 북서부 슐레스비히-홀슈타인 주(州)에 속하는 섬이다.

뷔징엔 지역(territory of Büsingen): 독일 바덴뷔르템베르크 주, 그리고 프라이부르크 현(縣)에 속한 도시이다. 지리적으로는 스위스 샤프하우젠 주에 둘러싸여 있는 고립된 영토이다. 독일의 영토이나, 스위스의 관세 영역을 구성한다

세우타(Ceuta): 모로코 내부에 위치한 스페인의 고립 영토이다.

멜리야(Melilla): 모로코 지중해 연안에 있는 스페인령 항구 도시이다.

리비뇨(Livigno): 이탈리아 롬바르디아 주 손드리오(Sondrio) 현에 있는 곳으로, 이탈리아 국내에 있지만 특별면세 구역으로 지정되어 있다.

캄피오네 디탈리아(Campione d'Italia): 이탈리아 롬바르디아 주 코모도에 속하는 '자치공동체(commune)'로, 지리적으로는 스위스 티치노 주 안에 위치한 이탈리아의

고립된 영토이다.

　루가노(Lugano) 호수의 이탈리아 수역: 루가노 호는 스위스와 이탈리아의 국경, 알프스의 남쪽 산기슭에 있는 호수이다. 호수 중 63%가 스위스에, 37%가 이탈리아에 속한다.

[3] 이 기준은, 유럽연합 이사회가 2017년 12월 5일 채택한 이른바 '전자상거래 관련 새로운 부가가치세 규정들의 패키지(VAT E-commerce Package)' 중 하나이다. 이러한 규정들은 '준칙(2017/2455)'과 '이사회 명령(2017/2454)', 그리고 '시행명령(2017/2459)'으로 이루어져 있다. 패키지의 내용은 그 후에도 계속 보충되어, 2020년 초의 시행명령(2020/194)의 채택과 함께 비로소 완결되었다고 한다. 이에 관한 일종의 보도자료로서

https://ec.europa.eu/taxation_customs/business/vat/modernising-vat-cross-border-ecommerce_en 참조.

[4] 용역의 공급 장소에 대한 판단 기준을 변경함으로써 납세협력 비용을 줄이기 위해, 회원국 중 어느 한 곳에서만 부가가치세 납세의무를 이행하도록 하는 제도를 가리킨다. 즉 어느 납세의무자가 생산하는 재화나 용역의 소비자가 여러 회원국에 걸쳐 있는 경우, 부가가치세의 등록·신고·납부 등의 의무를 공급자가 속한 본국에서 한 번 이행 ― 즉 '원스톱' ― 하면 충분하도록 하고, 그 대신 이와 같이 부가가치세 등록 등이 이루어진 회원국이 개별 소비자들이 속한 회원국으로 부가가치세 수입을 이전하도록 하는 내용이다. 그 전인 2015년부터는 소규모 사업자들에 한하여 "소규모 원스톱 등록(Mini One-Stop Shop, MOSS)" 제도가 실시되고 있다. 이에 관하여 자세한 것은,

https://ec.europa.eu/taxation_customs/business/vat/telecommunications-broadcasting-electronic-services/content/mini-one-stop-shop_en 참조.

[5] 이기욱, "조세법령 해석정보의 체계적인 생산 및 전달 방안", 『한국조세연구소』, 2005, 134~137면에 의하면, 스웨덴의 '세법해석 사전답변' 제도에는 세무서에서 행하는 통상의 문서·이-메일·전화에 의한 회신 제도 외에

도, 국세청과 별도의 조직으로서 사법 재판에 유사한 기능을 수행하는 '법률 해석위원회(Skatterättsnämnden, 영어로는 흔히 "Council for Advance Tax Rulings"로 번역)'가 있다고 한다. 그리고 납세자가 이 법률해석위원회의 답변에 불복하는 경우에는, 과세처분을 기다리지 않고 직접 '최고 행정법원(Högsta förvaltningsdomstolen, 영어로는 흔히 "Supreme Administrative Court"로 번역)'에 제소할 수 있다고 한다.

[6] 2010년 10월 7일 자 이사회 명령 '부가가치세 영역의 행정적 협력과 부정행위에 대한 대처'(전문 개정) 904/2010 [COUNCIL REGULATION (EU) No 904/2010 of 7 October 2010 on administrative cooperation and combating fraud in the field of value added tax (recast)]

Article 31	제31조
1. The competent authorities of each Member State shall ensure that persons involved in the intra-Community supply of goods or of services and non-established taxable persons supplying telecommunication services, broadcasting services and electronically supplied services, in particular those referred to in Annex II to Directive 2006/112/EC, are allowed to obtain, for the purposes of such transactions, confirmation by electronic means of the validity of the VAT identification number of any specified person as well as the associated name and address. This information shall correspond to the data referred to in Article 17.	1. 각 회원국의 권한 있는 당국은, 재화나 용역의 역내 공급에 관련된 사람들과, 전기통신·방송 역무와 전자적으로 공급되는 역무를 공급하는, 사업장을 두지 않은 납세의무자(특히 부가가치세 준칙의 '부록 II'에 언급된 사람들)들이, 그러한 거래의 범위 내에서, 어떤 특정인이 가지는 부가가치세 등록번호(그들의 이름과 주소도 같다)가 유효함을, 전자적 수단에 따라 확인 받을 수 있도록 보장하여야 한다. 이러한 정보는 제17조에 규정된 것과 같다.

2. Each Member State shall provide confirmation by electronic means of the name and address of the person to whom the VAT identification number has been issued in accordance with its national data protection rules.	2. 각 회원국은 각 나라의 정보보호에 관한 법에 따라, 부가가치세 등록번호가 부여된 사람의 이름과 주소를 전자적 방법에 따라 확인하여 주어야 한다.
3. During the period provided for in Article 357 of Directive 2006/112/EC, paragraph 1 of this Article shall not apply to non-established taxable persons supplying telecommunication services and radio and television broadcasting services.	3. 부가가치세 준칙 제357조에 규정된 기간 동안에, 제1항은 전기통신 역무와 라디오 · 텔레비전 방송 역무를 공급하는, 사업장을 두지 않은 납세의무자에게 적용되지 않는다.

참고판결

[C-320/88 "SAFE"]

(제6장의 '참고판결' 참조)

[C-185/01 "오토리스 홀란드(Auto Lease Holland)" (2003)]

네덜란드의 자동차 리스 사업자인 오토리스가 이용자에게 '연료관리 계약'의 옵션을 제공하였는데, 이 경우 이용자는 오토리스에게 선급금을 내고 오토리스 명의의 신용카드를 교부 받아 주유소에서 연료를 구매한 다음 연말에 연료 대금을 정산하였다. 오토리스가 연료를 공급 받아 이용자에게 공급하는지, 아니면 오토리스는 금융을 제공할 뿐 연료는 이용자가 직접 구매하는 것인지가 쟁점이다. 유럽 법원은, 오토리스가 실제로 연료에 대한 처분 권한을 취득하는 일이 없으므로, 연료는 유류업체로부터 이용자에 직접 공급되었다고 판단하였다.

[C-245/04 "EMAG" (2006)]

오스트리아에 사업장을 둔 EMAG 사(社)는 오스트리아의 K 사(社)로부터, K 사가 이탈리아 또는 네덜란드의 공급업체들로부터 취득한 비철금속을 취득하였다. 쟁점은 공급업체들의 K 사에 대한 공급과, K 사의 EMAG 사에 대한 공급 중 어느 쪽이 역내의 재화 이동과 관련이 있는지 하는 것이다. 유럽 법원의 입장은, 하나의 재화 이동은 두 개의 연속된 거래 중 하나에만 결부될 수 있고, 따라서 재화 이동이 시작되는 시점에 그 재화를 소유자로서 처분할 수 있는 권한이 있는 사람이 그와 같이 물리적 이동이 수반되는 공급을 한다는 것이다. 그 전후의 재화 공급은 물리적 이동이 없는 것으로 된다.

[C-430/09 "유로타이어 지주회사(ETH)" (2010)]

네덜란드에 사업장을 둔 ETH 사(社)는 벨기에의 구매업체들에 자동차 부품을 공급하였고, 이들은 다시 다른 벨기에 회사에 ETH 사로부터 공급받은 부품을 판매하였다. 부품은 ETH 사 창고로부터, 구매업체들에 의하여 다른 벨기에 회사로 직접 배송되었다. 유럽 법원은 "EMAG" 판결을 인용하면서 재화 이동이 두 공급 중 어느 쪽에 결부되는지를 정하여야 하고, 이 판단은 구체적 사실관계를 종합하여 내릴 수밖에 없다고 하면서, 여기서는 ETH 사가 부품의 국외반출 의도를 분명히 하였고 구매업체들로부터 벨기에 사업자등록번호까지 받아둔 점을 들어, 재화 이동이 그 공급에 결부될 가능성이 있다고 판시하였다.

[C-386/16 "토리다스(Toridas)" (2017)]

리투아니아의 사업자인 토리다스 사(社)는, 냉동 생선을 수입하여 에스토니아 사업자인 메갈라인(Megalain) 사에 판매하고, 메갈라인 사는 이를 바로 덴마크 등 제3국에 재판매하였으며, 상품은 리투아니아에서 바로 덴마크 등지로 운송되었다. 이 운송이 토리다스 사와 메갈라인 사의 공급 중 어느 쪽에 결부될 수 있는지가 쟁점이다. 유럽 법원은, 메갈라인 사가 즉각적 재판매와 제3국에 대한 직접 운송이 뒤따를 것을 1차 공급 전에 토리다스 사에게 알린다면, 1차 공급은 면세되는 역내 공급이 아니라고 판단하였고, 메갈라인 사가 토리다스 사와 다른 회원국 사업자라는 점은 결론에 영향이 없다고 판시하였다.

[C-628/16 "크로이츠마이어 유한회사(Kreuzmayr GmbH)" (2018)]

독일 회사인 "BP 마케팅(Marketing)" 사(社)는 오스트리아의 BIDI 사(社)에 석유 제품을 판매했는데, BIDI 사는 BP 측에 알리지 않고 크로이츠마이어 사에 재판매한 다음, 크로이츠마이어 사가 독일에서 오스트리아로 제품을 운송하게 하였다. 이들은 처음에 1차 공급이 면세, 2차 공급은 과세대상이라고 보아, 크로이츠마이어 사가 BIDI 사에 지급한 매입세액을 공제 받으려 하였다. 쟁점은 제품의 운송이 두 공급 중 어디에 결부되는지다. 유럽 법원은, "토리다스" 판결 등을 인용하면서, 운송 전에 크로이츠마이어 사가 처분권을 이전 받은 이상 2차 공급이 면세 대상이며, 매입세액은 공제될 수 없다고 판단하였다.

[C-446/13 "퐁더리(Fonderie) 2A" (2014)]

퐁더리 2A는 이탈리아에서 금속 부품을 제조하여 프랑스의 아트랄 사(社)에 판매하였는데, 부품이 아트랄 사에 공급되기 전에, 마무리 작업을 위해 프랑스 회사인 S 사로 운송하였고 S 사의 작업을 거친 후 그 곳에서 직접 최종 구매자에게 전달하였다. 쟁점은 문제된 부품 공급이 역내 취득에 해당하는지, 아니면 단순히 프랑스 내 재화 공급인지 여부이다. 유럽 법원은, 재화 판매를 위한 계약의 의무를 준수하기 위해 공급자가 운송 전에 다른 회원국의 사업자로 하여금 가공 용역을 수행하게 한 경우, 용역 공급자가 사업장을 둔 회원국이 재화의 공급 장소라고 판시하였다.

[C-58/04 "안티에 쾰러(Antje Köhler)" (2005)]

(제4장의 "참고판결" 참조)

[C-111/05 "NN" 주식회사 (2007)]

스웨덴의 NN 사(社)는, 스웨덴과 다른 회원국의 영토, 그 사이 해저에 광(光) 케이블을 설치하고 사용할 수 있도록 해 주는 계약을 체결하였다. 유럽 법원은 여기서 큰 비중을 차지하는 것은 케이블의 처분권을 고객에 이전하는 부분이고, 설치 역무나 성능 시험 등 역무의 존재에 불구하고 전체적으로 재화 공급이라고 판시하였다. 다른 쟁점은, 하나의 거래를 케이블이 설치된 영역의 비율에 따라 각 회원국이 쪼개어 과세할 수 있는지, 또 그렇다면 유럽연합 밖에 설치된 부분은 아무도 과세할 수 없는지 여부이다. 유럽 법원은, 과세권의 충돌 방지를 이유로 긍정적으로 대답하였다.

[C-108/17 "엔테코 발틱(Enteco Baltic)" (2018)]

리투아니아의 '엔테코 발틱' 사(社)는 벨로루시로부터 면세로 연료를 수입하여 폴란드, 슬로바키아, 헝가리의 회사들에 다시 판매하였는데, 수입신고서에 기재된 것과 다른 회사에 판매하는 경우가 발생하였다. 쟁점 중의 하나는, 과세관청이 이와 같은 사정을 들어 면세의 적용을 거부할 수 있는지 여부이다. 유럽 법원은, 비록 수입 신고에 문제가 있었다 하더라도 수입된 재화를 실제로 공급받은 납세의무자에 대한 정보가 과세관청에게 모두 제공된 이상 그 이유만으로 면세를 거부할 수 없으며, 중요한 것은 면세에 뒤이은 공급이 제138조가 정하는 실체적 요건을 충족하였는지 여부라고 판시하였다.

[C-275/18 "밀란 빈슈(Milan Vinš)" (2019)]

체코 사람인 밀란 빈슈는 우편을 이용하여 유럽연합이 아닌 지역으로 군용물 수집품을 보냈지만 부가가치세 면제를 위한 수출 통관 절차를 거치지 않았다. 재화의 수출에 대한 부가가치세를 면제받을 권리가 통관 절차를 거쳤는지에 좌우될 수 있는지가 쟁점 중 하나다. 유럽 법원은, 우편 기록 등을 통해 해당 재화가 실제로 유럽연합의 영역을 벗어남으로써 면세의 실체적 요건을 충족하였다는 점이 입증되는 이상, 부가가치세를 면제받을 권리를 박탈할 수는 없다고 판시하였다.

[C-536/08, C-539/08 "X", "패싯(Facet)" (병합, 2010)]

네덜란드의 'X' 사(社)와 '패싯' 사(社)는 다른 유럽연합 회원국 내 공급업체들로부터 재화를 구매하여 또 다른 회원국 내 고객들에 판매하였다. 공급업체의 세금계산서에는 X 사 등의 네덜란드 내 부가가치세 등록번호가 기재되었다. 쟁점은, 재화를 취득하는 사람에 등록번호를 부여한 회원국 영역 안에 '역내 취득의 장소'가 있다고 간주하는 경우, 관련 매입세액을 공제할 권리도 곧바로 발생하는지 여부이다. 유럽 법원은, 재화의 발송·운송이 끝나는 회원국 내 취득에 부가가치세가 부과되면 등록번호 부여 회원국 내 과세표준이 줄어들 수 있으므로, 매입세액 공제가 즉시 가능하지는 않다고 판시하였다.

[C-245/04 "EMAG"]

(앞 참조)

[C-430/09 "유로타이어 지주회사(ETH)"]

(앞 참조)

[C-587/10 "VSTR" (2012)]

독일 회사 VSTR의 독일 내 지점은 미국의 아틀란틱 사(社)에 기계를 판매하였는데, 아틀란틱 사는 유럽연합 그 어디에도 부가가치세 사업자등록을 하지 않았다. 아틀란틱 사는 VSTR 지점이 사업자등록번호를 요청하자, 기계를 다시 판매한 핀란드 회사의 사업자등록번호를 제공하였다. 기계는 독일에서 선적되어 핀란드로 바로 운송되었다. 재화를 취득한 사람의 사업자등록이 있어야만 역내 공급을 면세할 수 있다고 독일 국내법을 해석해도 준칙에 어긋나지 않는지 여부가 쟁점이다. 유럽 법원은, 중요한 것은 아틀란틱 사가 부가가치세의 납세의무자라는 점이며, 이를 증명할 수 있는 다른 정보를 제공하였다면 부가가치세 사업자등록번호가 없다는 이유로 면세를 거절할 수 있다고 판시하였다.

[C-580/16 "뷜러(Bühler)" (2018)]

독일과 오스트리아의 등록번호를 갖고 있는 뷜러 사(社)는 독일 회사에서 물품을 구매하여 체코 공화국에 사업장을 둔 고객에 판매하였고, 물품은 독일에서 체코로 직접 이동하였다. 뷜러 사는 오스트리아 과세관청에 대한 신고기한 경과 후 삼각 역내취득임을 뒤늦게 밝혔고, 과세관청은 절차적 요건의 흠결을 들어 오스트리아 내 역내취득이 과세대상이라고 보았다. 유럽 법원은 독일 등록번호를 갖고 있더라도 오스트리아 내 삼각 역내취득의 요건은 충족될 수 있고, 삼각 역내취득임을 늦게 밝혔더라도 그 때문에 실체적 요건의 충족 여부 확인이 곤란하여지는 때에만 면세되지 않는다고 판시하였다.

[C-84/09 "X" (2010)]

스웨덴 거주자 X는 새로 만들어진, 길이 7.5미터가 넘는 돛단배를 영국에서 구입하였다. 선박 인수 후 X는 다른 회원국에서 휴양 목적으로 3~5개월 정도, 100 시간을 초과하여 운항하거나 한 다음 최종 목적지 스웨덴으로 가져갈 생각이다. 쟁점은 이것이 준칙의 신품 교통수단에 해당하는지, 그리고 그 취득의 장소가 스웨덴인지 여부이다. 유럽 법원은 '새 것' 여부는 최초 인도의 시기를 기준으로 판단하여야 하고, 이를 스웨덴에서 취득하였는지 여부는 배가 결국 어디에서 사용될지에 따라 결정되어야 하며 그 과정에서 잠시 다른 곳에서 사용되었다는 사정은 영향을 미치지 않는다고 판시하였다.

[C-291/07 "단체교섭 재단(Kollektivavtalsstiftelsen) TRR 재취업 자문회의 (Trygghetsrådet)" (2008)]

스웨덴의 노동 단체인 "단체교섭 재단(TRR)"은 부가가치세 과세대상이 아닌 구직자 지원과, 과세대상인 노동 관련 컨설팅 업무를 수행하였다. TRR은 과세되지 않는 활동과 관련하여 덴마크 회사로부터 컨설팅 역무를 제공 받았는데, 이러한 용역의 공급 장소가 어디인지가 쟁점이다. 유럽 법원은 준칙 조항의 문언에 따라, 부가가치세가 과세되거나 되지 않는 활동 모두를 영위하는 고객이, 과세되지 않는 활동만을 위하여 다른 회원국의 납세의무자로부터 용역을 공급 받는 경우에도 항상 납세의무자로 해석되어야 한다고 판시하였다. 공급 장소를 판단할 때 과세대상 거래를 실제로 하였는지는 고려하지 않는다는 것이다.

[C-73/06 "플란처(Planzer)" (2007)]

플란처 사(社)는 룩셈부르크에 부가가치세 등록 후 화물운송업을 하였다. 스위스의 플란처운송회사가 유일한 주주였다. 룩셈부르크 거주자 한 명이 플란처운송을 대리, 플란처의 업무를 처리하였다. 이사들은 플란처운송의 직원이고, 스위스·이탈리아에 살았다. 플란처가 독일 내 매입 관련, 룩셈부르크 등록번호를 제시하며 독일 과세관청에 신청한 세액 환급이 거부되었다. 과세관청은 플란처에게 룩셈부르크 내 사업장이 없어, 룩셈부르크의 납세의무자가 아니라고 하였다. 유럽 법원은, 과세관청이 다른 회원국이 제공한 정보에 구속됨이 원칙이나, 의문이 있으면 다른 판단이 가능하다고 하였다. 또 사업장 존부는 회사 중요 의사결정의 장소 등 여러 요소를 종합, 판단하여야 한다고 판시하였다.

[C-421/10 "슈토펠캄프(Markus Stoppelkamp)" (2011)]

사망한 H. 라프(Raab)는 독일에서 오스트리아로 경제적 활동의 본거지와 거소를 이전하였으나 독일에서 주기적으로 거주하였다. 독일에서 용역의 공급을 한 라프가 '독일 내에 사업장을 두지 않은 납세의무자'에 해당하는지가 쟁점이다(만약 그러하다면 부가가치세는 대리납부되어야 한다). 유럽 법원은 이와 관련하여, 문제된 납세의무자가 경제적 활동의 본거지를 해당 회원국 외부에 두고 있고 그것이 허위가 아닌 이상, 그는 독일 내에 사업장을 두지 않은 사업자에 해당하고, 이때 그가 독일 내에 가지고 있는 개인적 거소는 굳이 고려할 필요가 없다고 판시하였다.

[C-168/84 "버크홀츠(Berkholz)" (1985)]

독일 회사 버크홀츠는 게임 기계의 설치·운영 사업을 하면서, 대부분의 사업을 독일에서 운영하였지만 일부는 덴마크와 독일 사이를 왕복하는 선박에서도 하였다. 독일 밖을 운항하는 선박의 관련 시설도 고정사업장에 해당하여 공급 장소로 볼 수 있는지가 쟁점이다. 유럽 법원은 원칙적으로 공급자의 사업장이 공급 장소이지만, 비합리적인 결과를 가져오거나 다른 회원국과 과세권 충돌을 가져오는 경우 그 외의 장소를 공급 장소로 볼 수 있다고 판시하였다. 나아가 상업 활동을 위한 시설은 용역 공급에 필요한 인적·기술적 자원의 항속적 존재가 있을 때 고정사업장으로 인정된다고 판시하였다.

[C-231/94 "포보르-겔팅 여객선(Faaborg-Gelting Linien)" (1996)]

덴마크 회사인 '포보르-겔팅 여객선' 사(社)는 덴마크의 포보르(Faaborg)와 독일의 겔팅(Gelting) 간 정기여객선을 운행하며, 승객에게 식사를 제공한다. 이러한 식사 제공이 재화·용역의 공급 중 어디에 해당하는지가 쟁점이다. 유럽 법원은, 이 사건에서 문제된 거래는 하나의 단일한 거래라는 전제 하에, 음식 제공 외에, 요리, 식탁·식기의 배치·배열, 음식을 그릇에 담아 내어오는 행위 등 일련의 역무가 포함되어 있어, 전체적으로 역무 제공의 비중이 더 크므로, 용역 공급이라고 판단하였다.

또 "버크홀츠" 판결을 인용하면서 원칙적으로 고정사업장이 아니라 사업장이 용역의 공급 장소가 된다고 판시하였다.

[C-190/95 "ARO 리스 회사(ARO Lease BV)" (1997)]

네덜란드에 사업장을 둔 자동차 리스회사 ARO는 별도의 중개인들을 통하여 벨기에서 리스 역무를 제공하였다. 용역 공급의 장소가 어디인지가 쟁점이다. 유럽 법원은, 만약 고정사업장이 납세지를 판단하는 데에 주된 판단기준이 된다면, 고정사업장은 충분한 수준의 항속성과, 인적·기술적 자원의 측면에서 용역 공급에 적합한 구조를 스스로 가지고 있어야 한다는 전제 하에, ARO가 이 사건에서 벨기에 내에 그러한 요소들을 갖고 있지 않다고 보아 고정사업장의 존재를 부정하였다.

[C-210/04 "FCE 은행(FCE Bank)"]

(제5장의 '참고판결' 참조)

[C-605/12 "웰모리(Welmory)" (2014)]

키프로스 회사 '웰모리'는 웰모리 폴란드 사(社)와 협력계약 체결 후, 폴란드 회사의 장비 등을 활용, 폴란드 회사에 온라인경매 운영의 역무를 제공하였다. 소비자들은 키프로스 회사에서 '입찰권' 구매 후, 웹사이트에서 재화를 구매하였다. 키프로스 회사도 역무를 제공 받은 셈인데, 쟁점은 제공을 받는 폴란드 내 고정사업장의 존부였다. 유럽 법원은, 이에 관해 항속성, '적합한 구조' 등 기존 판례를 확인하면서, 이 사건에서 폴란드 회사의 장비 등이 활용되었다거나, 두 회사가 단일한 경제활동을 공동으로 수행한다거나 주로 폴란드 내 소비자들이 혜택을 받는다는 점은 모두 문제가 되지 않는다고 판시하였다.

[C-262/99 "룰루다키스(Louloudakis)" (2001)]

그리스 사람 P. 룰루다키스는 이탈리아로 이주하여 이탈리아 국적을 취득하였다(이중국적). 그는 이탈리아 사람과 결혼했고 두 나라 모두에서 모두 사업을 하였으며, 양쪽에 모두 근거를 두고 관련을 맺고 있었다. 그가 그리스 내로 반입한 차량의 면세 여부가 쟁점이 되었고, 관련된 준칙 조항에 따르면 그가 이탈리아에 일상적 거소를 두었다면 면세가 가능하였다. 유럽 법원은 납세의무자가 두 회원국에 대하여 개인적·직업적 연관성을 모두 가진 경우 일상적 거소는 모든 제반 사정을 고려하여 판단하되, '이해관계의 항속적인 중심지'를 따져야 하고, 최종적으로는 개인적 연관성이 우선한다고 판시하였다.

[C-235/00 "CSC 금융 서비스(Financial Services)" (2001)]

CSC 사(社)는 금융기관의 상품 판매 관련 콜센터 업무를 대행하여 주는 회사이며, 자문을 하거나 상품을 실제로 판매하는 데에는 관여하지 않는다. 준칙에서 면세 대상으로 규정하는 증권과 관련된 거래에 이러한 업무가 속하는지 여부가 쟁점이다. 유럽 법원은 면세 대상이 되려면 당사자들의 권리의무를 창설하거나 변경하거나 소멸시키는 효과를 발생시켜야 하고, 법적 또는 재무적 지위를 변경시키지 않는 단순히 물리적, 기술적, 행정적 역무를 제공함에 불과한 경우는 면세 대상이 아니라고 판단하였다.

[C-453/05 "폴커 루드비히(Volker Ludwig)" (2007)]

폴커 루드비히는 금융자문업을 영위하면서 다른 중개회사를 대신하여, 금융기관과 고객을 연결시켜 주는 역할을 한다. 고객을 물색하고 적합한 금융상품을 권유하며 계약 체결을 보조하는 것이 그의 일이지만, 금융중개 회사의 복(複) 대리인으로서 행위할 뿐 문제되는 계약의 당사자인 고객과 금융기관에 대하여는 아무런 계약 관계에 있지 않았다. 이러한 행위가 준칙에서 면세하는 금융거래 '협상'과 관련된 용역에 해당하는지 여부가 쟁점이고, 유럽 법원은 그가 제공한 역무를 이러한 용역의 일부로 볼 수 있으며, 그가 관련 계약의 당사자들과 직접 계약 관계에 있지 않다는 점은 문제되지 않는다고 판시하였다.

[C-259/11, "DTZ 자델호프(Zadelhoff)" (2012)]

부동산 중개업을 영위하는 DTZ 자델호프 사(社)는, 네덜란드 부동산을 소유한 네덜란드 회사의 주식을 보유한 스웨덴 회사의 지시를 받아, 네덜란드 회사의 주식을 구매함으로써 사실상 부동산을 구매할 사람을 물색하는 역무를 제공하였다. 쟁점은 이러한 용역이 주식 거래와 관련된 것으로 면세되어야 하는지 여부이다. 유럽 법원은, 비록 준칙이 다른 곳에서, 이러한 주식 거래를 부동산 거래와 같이 취급할 수 있는 국내법 조항의 입법 가능성을 각 회원국에 인정하였지만, 네덜란드는 그러한 입법을 하지 않았으므로 이를 주식 거래로 보아야 하고, 자델호프 사는 면세 대상인 '협상' 용역을 공급하였다고 판단하였다.

[C-166/05 "헤거(Heger)" (2006)]

독일 회사인 헤거 사(社)는 오스트리아의 어느 강에서 낚시를 할 수 있는 면허를 대량으로 사들여서 여러 회원국에 거주하는 고객들에게 판매하였다. 쟁점은 관련된 용역 공급의 장소가 오스트리아인지 여부이며, 유럽 법원은 헤거 사가 공급한 용역이 부동산과 충분히 직접적으로 관련되어 있다고 보아 그 공급의 장소는 오스트리아가 된다고 판시하였다.

[C-428/02 "마르셀리스보르(Marselisborg)" (2005)]

"마르셀리스보르 항구 유람선 신탁(Fonden Marselisborg Lystbadehavn)"은 마르셀리스보르 항구에서 동절기에 수·육상 계류지에 배를 보관하여 주는 역무를 제공하였다. 배의 소유자는 계류지의 특정 장소를 임차하고 화장실 등 관련 시설을 사용할 권리를 가진다. 쟁점은 이것이 부동산 관련 용역에 해당하여 면세되는지 여부이다. 유럽 법원은 육상 계류장은 물론 수상 계류장 역시 (수면 아래 땅과 함께 물이 제공됨에도 불구하고) 부동산에 해당하여 이를 선박 소유자에게 제공하는 것은 부동산 관련 용역이라고 판단하였다.

[C-155/12 "RR 도넬리 글로벌 턴키 솔루션즈(Donnelley Global Turnkey Solutions)" (2013)]

폴란드의 RR 사(社)는 재화 저장과 관련한 복합적인 용역을 제공한다. 창고 입고, 적절한 선반 위의 저장, 물건의 포장·적재·하역 등 업무가 포함되어 있다. 이것이 부동산 관련 용역으로서 폴란드에 과세권이 있는지 여부가 쟁점이다. 유럽 법원은 이 사건에서 재화의 저장이 주된 용역의 공급이고 그 밖의 다른 역무는 부수적이라고 판단하였다. 그리고 이러한 저장 용역의 경우, 공급의 상대방에게 특정 부동산의 전부 또는 일부를 사용할 권리가 명시적으로 주어져야 한다고 판시하였다. 즉 실제로 그러한 공간에 접근할 수 있어야 하고, 그 공간이 용역 공급의 핵심적 부분을 이루어야 한다는 것이다.

[C-283/84 "트란스 티레노 엑스프레스(Trans Tirreno Express)" (1986)]

이탈리아 회사인 "트란스 티레노 엑스프레스"는 이탈리아 본토의 리보르노 (Livorno)와 사르데냐(Sardinia) 섬의 올비아(Olbia) 사이를 배로 오가면서, 여객과 화물을 운송하였다. 과세관청은 공해를 포함하여 운송의 모든 구간에 관하여 부가가치세를 부과하려고 하였다. 반면 회사는 공해를 제외한 나머지 구간에 관하여서만 부가가치세를 납부하고자 하였다. 유럽 법원은 운송의 일부 구간이 그 나라의 영역을 벗어났다고 하더라도, 출발과 도착 장소가 같은 나라 안에 있고 다른 나라의 과세권을 침해하지 않는다면 이는 국내 운송으로서 그 전체에 대하여 부가가치세를 부과하는 일이 가능하다고 판시하였다.

[C-327/94 "두다(Dudda)" (1996)]

두다는 음향기술 관련 역무를 제공하는 사업을 하는 사람으로서 특히 콘서트 등 행사를 위해 일하며, 독일에 사업장을 두고 있지만 대개 다른 나라에서 작업을 한다. 쟁점은 용역의 공급 장소가 독일인지 여부이다. 유럽 법원은 제6 준칙 하에서 문화·예술 용역의 공급 장소가 역무의 물리적 수행의 장소라고 할 때, 부수되는 용역의 공급에 대하여도 같은 규정이 적용된다고 판시하였다. 행사를 주최한 측에서 구매한 다양한 용역의 대가가, 그들이 최종 소비자에 청구하는 요금에 포함되어 있다면, 이러한 용역들에 대하여도 행사 전체에 대하여 과세권을 행사하는 나라가 과세하는 결과가 입법의도에 부합한다는 것이다.

[C-114/05 "길란 비치(Gillan Beach)" (2006)]

영국에 설립된 '길란 비치' 사(社)는 1993년 프랑스 니스(Nice)에서 2 번의 '보트쇼'를 주최하여, 참가자들에게 장소와 통신 수단을 제공하고, 방문객을 맞이할 인력을 제공하며, 보트의 계류 구역에 관한 관리와 대여 등 포괄적 용역을 제공하였다. 프랑스 과세관청은 용역의 물리적 수행 장소가 프랑스임을 들어 길란 비치 사의 부가가치세 환급 요청을 거부하였다. 유럽 법원은 이러한 용역의 복합적 성격은 특정

행사와 관련되어 제공되는 경우 일반적인 것이고, 그럼에도 특정 장소에서 발생하기 때문에 식별이 용이하며, 따라서 문화·예술 활동 등에 유사한 것으로 인정된다고 판단하였다.

[C-222/09 "크로노스판(Kronospan)" (2010)]

폴란드에 사업장을 둔 크로노스판은 키프로스의 고객을 위해, 목공품 제조업의 이산화탄소 배출과 배출권 거래에 관한 기술 조사와 분석 관련 용역을 제공하고 자연과학과 기술 분야의 연구·개발 업무를 수행하였다. 쟁점은 이러한 용역이 기술자의 역무와 과학적 활동 중 어느 쪽에 분류되는지 하는 문제이다. 유럽 법원은, 둘 다 새로운 지식과 노하우를 포함하며 혁신적·창의적 측면을 갖고 있으나, 과학적 활동은 그에 참여하는 모든 사람들에게 역무를 제공한다는 점에 차이가 있다고 보았다. 이 사건에서는 용역 제공의 상대방이 하나였다는 점에서 기술자 역무로 인정되었다.

[C-647/17 "Srf-컨설턴트(konsulterna) 회사" (2019)]

스웨덴에 설립된 'Srf-컨설턴트 회사'는 회계·경영·급여 컨설턴트들이 설립한 협회가 소유하고 있으며, 그 회원과 제3자를 위한 회계와 경영 과정에 관한 강의를 제공한다. 강의는 대부분 스웨덴에서 이루어지지만 강사가 다른 회원국에서 용역을 제공하기도 하는데, 스웨덴에 사업장이나 고정사업장을 가진 납세의무자에게만 제공된다. 쟁점은 스웨덴 밖에서 제공된 용역이 준칙 제53조가 정하는 '행사 입장에 관련된 용역'으로 볼 수 있는지 여부이다. 유럽 법원은 이 사건에서 교육 관련 행사가 있었음이 분명하고, 따라서 관련된 용역은 행사가 실제 행하여진 장소에서 과세되어야 한다고 판시하였다.

[C-452/03 "RAL" (2005)]

RAL은 원래 영국 내에 자신들이 소유하는 부지에 슬롯머신을 두고 수익을 올렸다. 이들은 사업구조 조정을 통해, 영국령인 채널(Channel) 제도의 건지(Guernsey) 섬에 설립된 회사에 게임기 관련 라이선스를 부여하였다. 따라서 게임기 운영 관련 역무는 건지에서 제공되었으며, 게임기 고객에게 오락이 아니라 돈을 벌 기회를 제공할 뿐이라는 것이 이들의 주장이었다. 유럽 법원은, 이 사업의 주된 목적은 이용자들에 오락을 제공함에 있고, 예술적 투입이 전혀 없다는 점은 이와 무관하다고 판시하였다. 따라서 역무가 물리적으로 수행되는 게임기 소재지인 영국이 공급의 장소가 된다는 것이다.

[C-97/14 "SMK" (2015)]

SMK 그룹 소속 헝가리 회사는 영국 그룹사의 의뢰에 따라 완제품의 일부를 조립하는 역무를 제공한다. 제품이 헝가리에 머무르는 동안 영국 그룹사는 이를 헝가리 밖 또 다른 그룹사에 판매하고, 이 회사가 다시 고객들에게 판매한다. 쟁점은 헝가리 회사의 용역 공급의 납세지이다. 유럽 법원은 관련 준칙 조항의 목적이 이중과세 · 비과세 회피와 과세권의 합리적 배분에 있음을 감안하여 역무의 실제 수행지가 공급 장소라고 판단하였다. 또 고객 소재지를 납세지로 할 수 있는 예외 조항인 옛 준칙 제55조는, 제품이 고객에게 판매된 이후에 헝가리 밖으로 발송 · 운송되었으므로 적용되지 않는다고 판단하였다.

[C-167/95 "린트호르스트(Linthorst)" (1997)]

네덜란드 수의사들이 만든 린트호르스트 '조합(또는 파트너십)'은, 벨기에 축산업자에 수의사 용역을 제공하였다. 쟁점은 이러한 역무가 유체 동산의 가치 평가나, 그에 대한 '작업' 용역에 포함되는지 여부이다. 유럽 법원은, 평가란 가치 측정을 위한 물리적 상태, 진품 여부의 조사인데, 동물의 건강에 대한 평가, 예방, 진단 · 치료는 이에 해당하지 않는다고 판단하였다. 또 '작업'은 '순수하게 물리적'인 것으로서 과학적 · 지적 성격이 없는 것을 말하므로, 역시 수의사 용역은 해당이 없다고 하였다(그밖에 변호사 등에 유사한 용역이라는 주장 역시 배척되었다). 결국 수의사들의 사업장 소재지가 공급 장소가 된다.

[C-532/11 "주자네 라이헤니히(Susanne Leichenich)" (2012)]

라이헤니히는 독일에서, 카페와 레스토랑으로 이용하던 선상(船上) 가옥과 정착지, 인접 부지를 회사에 맡겨 무도장(舞蹈場)으로 활용하였다. 선상 가옥은 줄과 사슬, 닻으로 고정돼 수년 동안 한 장소에서 전혀 움직이지 않았고, 이에 더하여 수도와 전기가 공급되었으며, 주소와 전화번호, 정화 시설도 갖추고 있었다. 이 선상 가옥이 교통수단이나 부동산 중 어느 쪽에 해당하는지가 쟁점이었다. 유럽 법원은 '탈것'은 실제와 현재의 기능에 기초하여 판단되어야 하며, 사람이나 물건을 운반하고 영구적으로 고정되어 있지 않아야 하므로, 이 선상 가옥은 그에 해당하지 않는다고 판시하였다.

[C-108/00 "SPI" (2001)]

"독립 제작자 조합(Syndicat des producteurs indépendants, SPI)"은 프랑스의 전문적인 영상(광고 영상 포함) 제작자들을 대표하는 단체이다. 이 사건의 쟁점은 광고 영상의 제작자들이 광고주들이 아니라 중간에 낀 광고 대행업자들에게 용역을 제공하였을 때에도, 광고 용역의 납세지를 정하는 준칙의 관련 조항(유럽연합 역외에서 제공된 광고 용역에 대한 면세)을 적용할 수 있을지 여부이다. 유럽 법원은 관련된 준칙 조항의 범위는 합목적적으로 해석되어야 하고, 광고 역무인 이상 그것이 광고대행업자를 통하였다고 하더라도 그 적용 여부가 달라지는 것은 아니라고 판단하였다.

[C-438/01 "디자인 컨셉트(Design Concept)" (2003)]

룩셈부르크 정부는 벨기에에서 열린 박람회에 참가하면서 룩셈부르크의 디자인 컨셉트 사(社)에게 광고 관련 업무를 의뢰하였고, 이 회사는 벨기에의 플란더즈 엑스포(Flanders Expo) 사로부터 관련된 역무를 제공 받았다. 쟁점은 엑스포 사의 용역공급 장소가 벨기에와 룩셈부르크 중 어디인지 하는 것이다. 유럽 법원은 이를 광고 용역의 직접 상대방이 중간 대행업체라는 점은 문제되지 않는다고 함과 동시에, 최종 소비자가 재화·용역을 공급하지 않는 정부라는 점도 쟁점과 관련이 없다고 하여, 결국 용역은 룩셈부르크에서 공급되었다고 판단하였다(그 결과 엑스포 사의 용역공급은 벨기에에서 면세될 것이다).

[C-145/96 "폰 호프만(von Hoffmann)" (1997)]

독일 트리어(Trier) 대학의 민법 교수인 폰 호프만은 프랑스 파리에 소재하고 있는 국제상업회의소(International Chamber of Commerce)의 중재인으로 활동하면서 대가를 수령하였다. 쟁점은 폰 호프만이 중재인으로서 공급한 용역이 변호사의 그것에 해당하거나 이에 유사한지 여부이다. 유럽 법원은 중재인과 변호사의 활동 목적이 다르다는 점을 들어 그렇지 않다고 판단하였다. 이 경우 독일 과세관청은 폰 호프만이 사업자이므로 그의 사업장이 있는 독일이 용역의 공급 장소라는 입장이다.

[C-222/09 "크로노스판(Kronospan)"]

(앞 참조)

[C-218/10 "ADV 올라운드 중개 주식회사(Allround Vermittlungs AG)" (2012)]

독일 회사인 ADV는 개인 사업자들인 트럭 운전자들이 제공하는 운송 용역을 독일이나 다른 유럽연합 회원국에 소재한 사람들에게 중개하여 주는 사업을 하였다. 쟁점은 ADV가 제공하는 이러한 역무가 준칙의 '인력(staff) 공급' 용역에 해당하는지 여부이다. 유럽 법원은, 준칙의 문언만 놓고 볼 때 자영업자를 여기서 말하는 '인력'에 해당한다고 보기 어렵지만, 이중과세 또는 이중비과세를 방지하려는 준칙의 체계나 합목적적인 해석의 측면에서 자영업자가 포함된다고 해석하여야 한다고 판단하였다.

[C-66/99 "반델(Wandel)" (2001)]

독일의 반델 사(社)는 독일 내로 텔레비전과 회로기판 등을 수입하여 세관에 신고하고 창고 안에 보관하다가, 세관의 현장 검사가 있기 전에 창고 밖으로 반출하였다. 유럽 법원은 세관 신고 후에도 관세 감시는 계속되고 현장 검사 전 물품이 반출되어 그러한 감시로부터 벗어난 시점에서 관세와 부가가치세 등의 납세의무가 발생한다고 판단하였다. 이때 수입한 사람들의 의도는 관계가 없다고 한다.

[C-371/99 "리베렉심(Liberexim)" (2002)]

리투아니아(사건 당시인 1993년에는 유럽연합 회원국이 아니었다)에서 출발한 분유 제품은 관련 세관에 통보된 것과 달리 독일에서 다른 차량으로 옮겨졌고, 네덜란드로 밀반입된 후 리베렉심 사(社)가 이를 판매하였다. 관세법규에 위반되는 행위는 독일과 네덜란드에서 순차적으로 행하여졌는데, 이 중 어디에서 관세와 부가가치세 등 면제와 관련된 '절차'의 중단이 발생하였는지가 쟁점이다. 유럽 법원은 여기서 문제 되는 행위는 관세 등 납세의무를 발생시키는 정도의 것이어야 한다고 전제하고, 이를 위해서는 물품이 관세 감독의 범위를 벗어나야 하며, 그러한 사건은 네덜란드에서 비로소 일어났다고 판단하였다.

제 8 장

과세표준과 세율

옮긴이의 말

　제8장은 과세표준과 세율을 다룬다. 부가가치세의 과세표준은 곧 공급의 가액을 말하며, 과세표준에 세율을 곱하면 바로 매출세액이 계산된다. 이는 부가가치세의 기본 원리에 속하는 것이고 유럽연합이나 우리나라나 다를 것이 없다. 다만 10%의 단일 세율을 채택하고 있는 우리나라와 달리, 유럽연합의 부가가치세제는 회원국들에게 다른 경감세율을 사용할 수 있는 선택권을 부여하고 있다. 유럽연합은 각 회원국이 15% 이상의 기본세율을 적용하도록 정하고 있는데, 1970년대 후반 부가가치세를 최초로 도입한 이후 계속하여 10%의 세율을 사용하는 우리나라의 경우 세율 인상에 관한 주장이 때때로 제기된다.

제1절　도입

　유럽연합 역내 취득이나 재화 수입, 재화·용역의 공급이 부가가치세 과세대상에 해당하면 매출세액이 계산된다. 이를 위해서는 두 가지 요소가 필요한데, 첫 번째는 '과세표준(taxable amount)'이고 두 번째는 세율이다. 이 장(章)에서는 이 둘을 설명한다.

부가가치세의 '과세표준'은 일반적으로 복잡하지 않다. 주된 원칙은, 공급된 재화·용역에 대한 반대급부가 과세표준을 구성한다는 것이다. 하지만 어떤 경우에는 과세표준을 결정하는 방법이 좀 더 복잡해진다.

많은 회원국들에서는 '기본세율(standard rate)' 외에 하나 또는 두 개의 '경감세율(輕減稅率, reduced rate)'을 적용한다. 반면 덴마크와 같은 회원국에서는 하나의 기본세율만 적용하고, 경감세율이 없다.[1] 경감세율은 부가가치세제를 유연하게 만들고, 특정한 영역의 거래를 촉진할 가능성을 열어 준다. 하지만 결국에 가서는, 경감세율이 적용되었다고 하더라도 그러한 세율이 적용된 재화나 용역의 소비자 가격이 대부분 아무런 영향을 받지 않는다. 그 이유는 소비자 가격이 수요와 공급의 법칙에 따라 결정되기 때문이다. 따라서 경감세율로 인하여 구매자가 더 저렴한 가격으로 재화·용역을 공급받게 되기보다는, 단지 판매자가 더 큰 이윤을 얻게 될 따름이다. 판매자는 이러한 이윤을 얻어 더 많은 고용을 창출하거나, 사업에 더 많은 투자를 하거나, 아니면 출자자에게 더 큰 이익을 분배할 기회를 잡아 활용하게 된다.

이 장(章)에서는 먼저 과세표준에 대해서 다루고, 이후 세율에 대해 설명한다. 그리고 몇 가지 결론에 해당하는 사례들로 마무리한다.

제2절   과세표준

1 재화·용역 공급의 과세표준

재화·용역의 제공에서 과세표준은, 공급자가 그 거래에 대하여 고객이나 제3자로부터 얻었거나 얻게 될 대가를 구성하는 모든 것을 포함한다. 또한 공급의 가격에 '직접 관련'된 보조금도 과세표준에 포함되어야 한다(부가가치세 준칙 제73조). 보조금은 가격의 일부를 구성할 때 가격에 '직접 관련'되어 있다. 예를 들어, 한 단위의 수도물 가격이 합계 10 유로이고, 공적 기관이 공급자에게 직접 지급하는 보조금 3 유로와 소비자가 지급하는 7 유로로 구성되어 있다면, 이 보조금은 가격에 '직접 관련'되어 있기 때문에 과세표준이 10 유로가 되는 것이다.

과세표준은 공급자와 고객이 합의한 실제 가격만을 포함하는 것이 아니다. 부가가치세를 제외한 세금이나 그 밖의 공과금을 모두 포함한다. 또한 공급자가 소비자에게 청구하는 부수적인 비용들—수수료 · 포장 · 운송이나 보험 등—도 과세표준에 포함된다(준칙 제78조). 대가의 선(先) 지급이나, 공급의 시점에 부여하거나 부여받는 가격 할인과 '대가의 일부 상환(리베이트, rebate)'에 따라 줄어든 가격 상당액은, 과세표준에 산입하지 않는다. 납세의무자가 고객의 이름과 계산으로 지출한 비용을 '가계정(假計定)'으로 기장(記帳)하였다가 상환 받은 금액도 같다(준칙 제79조).

준칙 제16조와 제18조에 따른 간주공급의 과세표준은 그 재화나, 그와 같은 종류의 재화의 '구매가격(purchase price)'이고, 이러한 구매가격이 없을 경우에는 사용 · 처분 · 보유의 시점에 정해지는 원가(原價, cost price)에 의한다(준칙 제74조). 이때 사용되는 것은 '역사적(historical)' 구매가격이 아니라, 현재의 구매가격이다. 그리고 매출 거래의 시장가치가 아니라 매입 거래의 가치가 적용되어야 한다는 사실이 중요하다. 준칙 제17조에 따라 유럽연합 역내의 공급으로 간주된 거래에도 동일한 원리가 적용된다.

용역의 간주공급에 대한 과세표준은 역무를 제공하는 납세의무자에게 발생한 총(總) 원가가 된다(준칙 제75조). 예를 들어 20,000 유로에 구입한 캐러밴을, 50%는 사업(예를 들어 수공업자의 주거), 나머지 50%는 사생활 목적으로 사용한다고 가정하자. 캐러밴의 올해 운영 비용은 1,000 유로이고, 경제적 내용연수는 10년이다. 이 사례에서 사생활 부분의 사용에 대한 과세표준은 20,000 X 50%/10 + 1,000 X 50% = 1,500 유로가 된다.[46] 하지만 준칙 제27조가 적용되는 용역은 '공개 시장(open market)'에서 형성되는 가치가 과세표준이다(준칙 제77조). 이러한 '공개시장 가치'의 개념은 준칙 제72조에 정의되어 있다.

2 역내 취득의 과세표준

유럽연합 역내의 재화 유상취득에는 재화의 유상 공급과 동일한 과세표준이 적용된다(준칙 제83조). 준칙 제21조와 제22조에 따라 역내 취득으로 간주되는 거래에서 과세표준은, 공급 당시를 기준으로 한, 그 재화나 같은 종류의 재화의 구매가격이 된다. 만약 그러한 구매가격이 없다면, 과세표준은 원가로 계산된다. 다른 개별 소비세가 부과되는 재화라면 세금이 환급되는 경우에 관한 특별한 규정이 있다(준칙 제84조).

3 재화 수입의 과세표준

재화 수입의 과세표준은 그 시점에 유효한 유럽연합법 조항들에 따른 '관세 과세가격(customs value)'이다(준칙 제85조). 과세표준에는, 수입하는 회원국 밖에서 부과되는 세금이나 그 밖의 공과금이 모두 포함된다. 나아가 수입 회원국 내 첫 번째 목적지에 도달할 때까지 발생하는 부수적인 비용들—수수료·포장이나 운송·보험 등—도 과세표준에 포함된다. 유럽연합 내 다른 목적지로 운송하는 일에서 발생하는 비용들도,

---

46 용역 간주공급의 연(年) 단위 가치를 산출할 때, 구매가격 중 절반(10,000)을 내용연수 10으로 나누는 정액법(定額法)을 사용하여 감가상각하고, 거기에 매년 발생하는 운영 비용 1,000의 절반을 더하여 '총 원가'를 산정한 결과이다.

그 다른 목적지가 과세요건 충족의 시점에 알려져 있는 경우라면 마찬가지로 과세표준에 포함된다(준칙 제86조). 대가의 선(先) 지급이나, 수입의 시점에 부여하거나 부여받는 가격 할인과 대가의 일부 상환(리베이트)에 따라 줄어든 가격 상당액은 과세표준에 산입하지 않는다(준칙 제87조).

4 조세회피방지 규정들

공급으로 간주되는 거래를 제외하고, 과세표준은 실제로 지급된 주관적 가격을 의미하기 때문에, 이로 인한 위험이 부가가치세 체계에 내재되어 있다. 면세 거래를 수행하는 사람이 재화·용역을 취득하였다면, 그는 일반적으로 매입세액을 공제받을 권리가 없다. 하지만 이 사람이 별도의 사업체를 설립하여, 재화·용역을 제3자로부터 취득한 후 면세 거래를 하는 사람에게 구입가격보다 낮은 가격으로 공급하면, 부가가치세 측면에서 유리한 지위를 얻게 된다. 가령 이 사례에서 재화·용역을 취득한 납세의무자 A가 면세 거래를 수행하는 B에게 재화를 공급한다고 가정하여 보자. 이때 B가 재화·용역을 200에 취득하고 다시 100에 공급하게 되면, 20%의 부가가치세율이 적용된다는 전제 하에서, B가 제3자로부터 직접 200에 재화와 용역을 공급받는 경우보다 부가가치세 20을 절감하는 결과가 된다.[2] 이와 같이 조세회피를 위한 거래를(다른 유형의 거래들과 함께) 방지하기 위한 목적에서, 회원국들은 준칙 제80조에 정하여진 조세회피방지 규정들을 도입할 수 있다.

회원국들은, 재화·용역의 공급에 가족이나 개인적인 유대관계, 경영·소유나 회원의 지위와 관련된 관계, 그 외 경제적·법적 관계가 존재하는 때와 같이 특정한 경우에 과세표준이 공개시장 가치와 일치하도록 하는 조치를 취할 수 있다. 여기서 말하는 특정한 경우들은 다음과 같다.

1. 대가가 공개시장 가치보다 낮고, 대가를 수령하는 거래 상대방이 매입세액을 전부 공제 받을 수 있는 권리가 없는 경우.

2. 대가가 공개시장 가치보다 낮고, 공급자가 매입세액을 전부 공제 받을 수 있는 권리가 없으며, 공급이 제132조, 제135조, 제136조, 제371조, 제375조, 제376조, 제377조, 제378조 제2항, 제379조 제2항 또는 제380~390조에 따라서 면세 대상인 경우.

3. 대가가 공개시장 가치보다 높고, 공급자가 매입세액을 전부 공제 받을 수 있는 권리가 없는 경우.

위에서 언급한 사례는 1.에 해당한다. 2.와 3.은, 부가가치세 준칙 제173~175조에 따라 매출액이 일정한 비율로 안분(按分) 계산되는 거래에서 매입세액을 공제받을 권리를 확대하기 위하여 그러한 계산을 조작하는 경우에 관한 것이다. 이미 언급한 대로 공개시장 가치는 준칙 제72조가 정의하고 있다.

제3절 세율

회원국들은 15% 이상의 기본세율을 적용하여야 한다. 그리고 5% 이상의 하나 또는 두 개의 경감세율을 적용할 수 있다. 회원국에게는, 부가가치세 준칙 제3장에서 정하는 재화·용역의 공급에 한하여 경감세율 적용이 허용된다. 경감세율이 적용될 수 있는 공급 대상의 예시로는, 무(無) 알콜 음료를 포함한 식료품, 물, 약품, 의료기기, 여객 운송(여객이 소지하는 화물 포함), 책, 몇몇 유형의 문화 행사에 대한 입장의 허용, 작가·작곡자·공연 예술가가 제공하는 역무, 운동 경기에 대한 입장의 허용이 있다. 회원국들이 경감세율을 적용할 때에는, 동일한 수요와 기능을 충족시키는 재화 · 용역에 대해서는 다른 세율을 적용하지 않는다는 의미의, 조세중립성 원칙을 준수하여야 한다.

제4절 '복합(composite)' 거래

단일한 재화 · 용역의 공급이라도, 각각 다른 세율이 적용되거나 면세 여부가 다른 부분들이 포함되어 있을 수 있다. 예를 들어 경감세율이 적용되는 잡지와, 기본세율이 적용되는 화장품 견본이 함께 제공되는 경우이다. 부가가치세 측면에서는, 이러한 경우 하나의 공급 거래로서 과세하는 방법과, 두 개의 공급 거래로 나누어 과세하는 방법이 있을 수 있다.

유럽 법원은 많은 판결에서 복합 거래에 대해서 판단하고 있다. "그라픽 프로세데(Graphic Procédé)" 판결(C-88/09)에서는, 일정한 조건이 충족되는 경우 복사(複寫) 전문점의 인쇄 작업을 하나의 재화 공급으로 취급하고 있다. "포보-겔팅 여객선(Faaborg-Gelting Linien)" 판결(C-231/94)은, 비록 음식이 함께 제공된다 하더라도, 식당 용역을 재화의 공급이 아니라 하나의 용역 공급으로 본다. "NN 주식회사(AB)" 판결(C-111/05)에서 광(光) 섬유 케이블의 운송 · 설치는, 비록 설치 작업에 많은 비용이 소요되었다고 할지라도 하나의 재화 공급으로 분류되었다.

기본 원칙은 개별 거래가 따로 과세된다는 것이다. 부가가치세가 거래에 과세되는 세금이기 때문이다. 그러나 재무적인 관점에서 하나의 거래를 구성하는 복합 거래를, 별개 거래로 인위적으로 분할해서는 안 된다. 복합 거래와 관련하여, 유럽 법원은 주된 거래와 부수적인 거래를 구별한다. 복합 거래에서 주된 거래를 가리는 일은 평균적 소비자의 객관적 관점에 근거해야 한다. 거래의 일부가 주된 거래를 가장 잘 실현하도록 하기 위한 하나의 수단에 불과하다면, 그 공급은 하나의 거래로 취급되고 주된 거래를 기준으로 과세한다.

부가가치세의 과세대상 거래에 해당하고 과세표준과 세율이 정해지면, 부가가치세 세액을 계산할 수 있게 된다. 몇 가지 결론에 해당하는 사례들을 살펴보며 이 장을 마무리한다.

사례 1
납세의무자 A는 B에게 포도주 한 통을 공급하였다. 포도주는 주세(酒稅, alcohol tax)의 부과 대상이다. 과세표준에는 A와 B가 합의한 가격과, A가 B에게 청구해야 하는 주세 상당액이 포함된다.

사례 2
C는 제3국으로부터 재화를 수입하였다. 이 재화에는 관세가 부과된다. 과세표준에는 판매자와 C가 합의한 가격과, 관세가 포함된다.

사례 3
D 식당은 E에게 식당 용역을 제공하였다. E는 음식, 포도주와 생수 한 잔씩을 주문하였다. 그 회원국이 음식과 생수에 경감세율을 적용하기로 선택했다면 음식과 생수는 경감세율 적용대상인 반면, 포도주에는 기본세율이 적용된다. 결론적으로 식당 D는 각각에 서로 다른 세율을 적용하여야 한다.

사례 4
프랑스에 있는 납세의무자 F는 스웨덴에 있는 납세의무자 G에게 2,000 유로에 컴퓨터를 판매하였다. 스웨덴의 기본세율은 25%이다. 컴퓨터는 프랑스의 F로부터 스웨덴의 G에게 배송되었다. 프랑스의 납세의무자 F는 준칙 제138조 제1항에 따라 면세되는 재화 공급의 행위를 하였다. 납세의무자 G는 과세되는 유럽연합 역내 취득을 한 것이다. 따라서 납세의무자 G는 매출세액으로서 2,000 X 25% = 500 유로를 신고하여야 한다.

사례 5

납세의무자 H는 빵 굽는 기계를 만들었다. 그리고 돈을 받지 않고 직원 I에게 기계를 주었다. 기계의 공개시장 가치는 400 유로이다. 그리고 기계 제작에 소요된 원가는 200 유로이다. 부가가치세 세율은 20%이다. 납세의무자 H는 매출세액으로 200 X 20% = 40 유로를 신고하여야 한다.[47]

사례 6

사례 5에서 직원 I가 100 유로에 빵 굽는 기계를 취득하였다. 회원국은 준칙 제80조에 따라 조세회피방지 규정을 시행하기로 선택하였다. 이 경우 I에 대한 공급은 공개시장 가치에 따라 이루어진 것으로 취급되고, 이는 400 유로라고 가정한다. 그러면 H가 신고해야 하는 매출세액은 400 X 20% = 80이 된다.

참고자료

[1] 2019년 9월을 기준으로 하였을 때(다만 이제 유럽연합 회원국이 아닌 영국은 제외), 유럽연합 회원국들 중 한 가지 세율만을 규정하는 나라는 덴마크뿐이며, 다른 26개 회원국들은 모두 둘 이상의 세율을 사용한다. 그 상세는 다음과 같다 (출처: 유럽연합 집행위원회, https://ec.europa.eu/taxation_customs/sites/taxation/files/resources/documents/taxation/vat/how_vat_works/rates/vat_rates_en.pdf , 단위 %). 다만 여기서는 기본세율과 경감세율만을 소개하고, 그 밖에 더 예외적인 경우에 적용되는 다른 세율들[경과세율(parting rates)이나 특별 경감세율(super-reduced rates)]에 관한 언급은 생략한다.

---

47 준칙 제74조가 적용된 결과이다.

회원국	기본세율	경감세율	회원국	기본세율	경감세율
벨기에	21	6, 12	리투아니아	21	5, 9
불가리아	20	9	룩셈부르크	17	8
체코 공화국	21	10, 15	헝가리	27	5, 18
덴마크	25	-	몰타	18	5, 7
독일	19	7	네덜란드	21	9
에스토니아	20	9	오스트리아	20	10, 13
아일랜드	23	9, 13.5	폴란드	23	5, 8
그리스	24	6, 13	포르투갈	23	6, 13
스페인	21	10	루마니아	19	5, 9
프랑스	20	5.5, 10	슬로베니아	22	9.5
크로아티아	25	5, 13	슬로바키아	20	10
이탈리아	22	5, 10	핀란드	24	10, 14
키프로스	19	5, 9	스웨덴	25	6, 12
라트비아	21	5, 12			

[2] 원문에는 조금 설명이 간략한 듯하므로, 여기서 더 상세하게 살펴보도록 한다. 원래의 상황은 면세 거래를 수행하는 B가 가령 재화를 세전(稅前) 가격 200에 사오는 경우이다. 20% 부가가치세율 하에서 실제로는 240을 지출하게 될 것이다. 이와 비교하여 원문의 사례에서는, B가 A를 설립했고, 이로 인하여 A와 B는 사실상 '한몸'이다. 이때 A가 세후(稅後) 가격 240에 재화를 구매하면, A는 과세 거래를 하는 것으로 되어 있으므로, 40의 매입세액 공제가 가능하여, 실제의 자금 부담은 200에 지나지 않게 된다. A와 B는 한몸이므로 이들 사이에서는 이 재화를 얼마에 거래하든지 당장 크게 문제가 되지 않는다고 가정하면, A가 B에게 세전 가격 100, 세후 가격 120에 이 재화를 공급하는 일을 이해할 수 있다. 이때 A는 과세관청에 부가가치세 매출세액 20을 납부하여야 한다. 결국 A와 B가 외부로 지출한 돈의 합계는 재화의 세전 가격 200과 부가가치세액 20에 지나지 않게 되고, 처음에 240을 지출하는 사례와 비교하였을 때 20만큼 돈을 아낄 수 있게 된다는 것이다.

[C-88/09 "그라픽 프로세데(Graphic Procédé)" (2010)]

프랑스의 '그라픽 프로세데'는 복사 전문업체이며, 고객의 문서 등을 자신들의 용지에 복사하여 고객에 교부한다. 여기에는 복사라는 역무와, 복사의 결과물이라는 유체물의 요소가 모두 포함되어 있다. 이러한 작업이 재화 · 용역의 공급 중 어디에 해당하는지가 쟁점이다. 유럽 법원은 이에 관한 구별기준을 제시하였고, 특히 고객의 요구에 따라 원본의 수정 · 편집 · 변경 등 다양한 역무가 개입하는 경우 용역 공급으로 분류될 가능성이 있다고 판시하였다. 다만 이 사건에서는, 복사 결과물의 처분에 관한 권리가 고객에게 이전되는 측면에 초점을 맞추어 재화의 공급으로 분류될 가능성이 높다고 언급하였다.

[C-231/94 "포보르 - 겔팅 여객선(Faaborg-Gelting Linien)" (1996)]

(제7장의 '참고판결' 참조)

[C-111/05 "NN 주식회사(Aktiebolaget, AB)" (2007)]

(제7장의 '참고판결' 참조)

면세

· · · · · · · · · ·

제 9 장

면세

옮긴이의 말

유럽연합 부가가치세제의 면세에는 매입세액 공제가 가능한 것과 불가능한 것이 모두 포함되고, 따라서 이는 우리나라 부가가치세법의 용어로 영세율과 면세를 모두 포함하는 개념이다. 특히 공급 상대방의 소재지국이 역내 취득을 과세하는 경우, 그러한 공급에 대하여 면세하는 것은 우리가 알고 있는 영세율의 적용과 같은 내용이다. 준칙의 면세 조항은 준칙 고유의 개념이기 때문에 관련 규정의 체계와 입법목적을 감안하는 해석이 필요하지만, 다른 한편으로 원칙에 대한 예외의 의미를 가진다는 점에서 엄격한 해석이 강조되기도 한다. 이러한 의미에서 면세 조항의 해석은 방법론적으로 까다로운 문제를 던진다. 면세의 대상으로는 다양한 공익적 활동들과, 그 밖에 과세가 적당하지 않은 다른 경제 활동들이 다채롭게 열거되어 있고, 조항에 따라서는 회원국들에게 일정한 입법재량이 인정되어 있기도 하다. 이와 같이 다수의 면세 조항들이 존재하는 것을 용인하는 것을 유럽형 부가가치세제의 특징 중 하나로 들기도 하는데, 우리나라 부가가치세법 역시 그러한 영향을 받았다고 볼 여지가 있다.

제1절 도입

이 장에서는 부가가치세 준칙에 포함된 다양한 면세 규정에 대한 개괄적인 설명을 제공한다. 면세 조항들은 서로 다른 목적을 가지고 있는데, 어떤 것들은 엄밀히 따지면 납세지 결정의 문제와 더 밀접하게 연결되어 있다. 그 밖의 규정들은 아래에서 설명하는 것과 같은 공익이나 그 밖의 다른 목적에 근거한 것이다.

제2절 일반 조항들

부가가치세의 일반 원칙과 작동 방식을 고려하면, 부가가치세 면세는 생산·유통 사슬의 각 단계에서 부가되는 가치에 과세한다는 원칙에 어긋난다. 유럽 법원도 같은 이유에서 면세 규정은 엄격하게 해석하여야 한다고 강조하면서 이러한 점을 확인하였다(C-287/00, "집행위원회 대(對) 독일(Commission v. Germany)" 판결). 면세 제도의 활용에는 여러 다양한 이유가 있고, 따라서 부가가치세제의 이용과 면세의 도입 사이에는 상반되는 정책적인 이유들이 있다. 면세 제도에는 두 가지 주요 유형이 존재하는데, ① 공익의 보호를 목적으로 하는 것과, ② 그 밖의 다른 목적을 위한 것이다. 다만 이에 더하여, ③ 다양한 공급 유형에 따른 납세지 결정에 관련된 세 번째 유형도 존재한다.

면세는 또한, 매입세액 공제의 권리가 없는 것(매입세액 공제는 보통 납세의무자가 과세대상 활동에 종사하고 있을 것을 요구한다)과, 있는 것(기본적으로 영세율의 적용을 받는 제한적 면세를 가리킨다)으로도 나누어 볼 수 있다.

부가가치세 면세는, 관련 조항들의 문맥과 구조에서 발견되는 '목적(telos)'에 따라, 엄격하게 해석되는 유럽연합법 고유의 독립적 개념이다.

회원국들에게 입법재량이 부여된 경우, 예를 들어 면세 여부를 선택할 수 있거나 면세 적용에 일정한 요건을 덧붙일 수 있는 권한이 회원국에게 유보되어 있는 경우에, 그러한 재량은 공통적인 '충실 원칙(principles of loyalty)'[48]과, 제3장 제4절에서 논의한 것과 같은 유럽연합법의 효력 보전에 바탕을 둔다. 따라서 면세 조항들의 해석은 면세의 범위에 관한 엄격해석 원칙에 따라야 할 뿐 아니라, 유럽연합법 고유개념의 범위나 유럽 법원이 그러한 개념을 사용하는 방법을 정의할 때 중립성과 효율성이 중요하다는 이해에 근거를 둔다.

준칙은 면세 규정의 적용과, 회원국 단계(와 유럽연합의 단계)에서 그 적용을 보전하는 일이, 모든 가능한 조세 포탈·회피나, '법의 남용'을 방지하는 것과 긴밀하게 연관되어 있음을 분명하게 밝히고 있다(제131조).

제3절 일정한 공익활동에 대한 면세

1 공공우편 용역

공공우편 용역에 대한 면세는, 우편 역무의 원활한 수행을 보장하고 제공하는, 국가 차원의 역사적 독점에 기초하고 있다. 이러한 면세 규정은 전기통신 역무나 여객 운송에는 적용되지 않는다(준칙 제132조 제1항 (a)호). 2003년에는 우편 용역에 대한 부가가치세제 적용을 강화하기 위하여 집행위원회로부터 면세 조항을 삭제하자는 제안이 있었다(COM (2004) 468 final[49]). 이 제안의 주된 이유는, 공공우편 용역의 민영화가 가

---

48 제3장 제2절 참조.

49 더 상세한 것은, https://eur-lex.europa.eu/legal-content/en/ TXT/?uri=CELEX:52004PC0468 참조.

져온 시장 상황의 변동 하에서, 면세 규정에 의해 발생하는 경쟁 왜곡을 제거하고 시장이 더 잘 작동할 수 있도록 하자는 데에 있었다.

그러나 개별 회원국들에게 면세에 관한 국내법 차원의 입법재량이 주어져 있지는 않다. 심지어 공공우편 용역이 민영화된 경우에도, 유럽 법원의 판례는 면세가 민간·공공우편 용역 사이의 중립성을 해치지 않는다고 결론 짓는다(C-357/07, "TNT 포스트(Post) UK" 판결). 이러한 면세 조항은 보편적인 우편 용역의 공급과 그에 부수하는 재화 공급 모두에 적용된다. 그러나 우편 역무를 수행하는 단체에 공급되는 재화·용역에는 적용되지 않는다(107/84, "집행위원회 대(對) 독일" 판결).

회원국들에게는 민영화된 공공우편 용역이 면세 범위에 포함되지 않도록 할 입법재량이 없다. 스웨덴에 대한 의무위반 절차(infringement procedure)[50]에서, 스웨덴 정부는 이 면세 규정이 경쟁 왜곡을 야기할 수 있기 때문에 스웨덴 내에서 시행되면 안 된다고 주장하였다. 그러나 유럽 법원은 이 주장을 받아들이지 않았다. 그 대신 "TNT 포스트 UK" 판결의 판례가 유지되었다(C-114/14, "집행위원회 대(對) 스웨덴" 판결).

2 병원·의료 용역

병원·의료 역무 그리고 이와 밀접한 관계가 있는 활동은, 공공기관이나 '공법에 따라 규율되는 단체'에 의해 수행되는 경우 면세된다. 또한 이 면세 조항은, 이러한 역무가, 공법에 따라 규율되는 단체 외에, 병원, 의료·진단 시설이나 그 밖에 이에 유사한 성격을 가진 인증된 시설에 의하여, 전자에 적용되는 것에 비견될 수 있는 사회적 조건에 따라 제공되는 경우에 적용된다(제132조 제1항 (b)호). 이는 열거된 시설이 제공하는 여러 유형의 의료 역무를 포함하지만, 준칙에 더 이상의 정의는 마련되

---

50 제3장 제3절 1. 참조.

어 있지 않다.

이 정의 조항이 비록 회원국의 입법재량을 허용하지 않는다 하더라도, 회원국들의 공법은 어떤 시설이 '유사한 성격을 가진 인증된 시설'에 해당하는지에 관한 해석에 영향을 미친다. 제132조 제1항 (b)호의 적용범위를 이해하기 위해서는, 먼저 그 역무가 이 조항이 정하는 범위에 포함되는 기관에서 제공되는 것인지 여부를 따져야 한다(C-106/05, "L.u.P." 판결). '인증된 시설'의 범위가 회원국들의 공법에 따라 정해지기 때문에 그러한 시설의 범위는 회원국마다 다를 수 있다.

또한 회원국들에게는 제132조 제1항 (b)호의 범위를 조정하여, 공법에 따라 규율되는 단체 외에 다른 단체에도 이 조항이 적용되도록 할 수 있는 선택권이 있다(제133조). 이러한 선택권에는 일정한 제약이 포함되어 있는데, 예를 들면 '계획적 · 체계적으로(systematically)' 영리를 추구하는 단체에는 적용될 수 없고, 또 만약 잉여금이 생기면 그 역무의 지속 · 향상을 보장하기 위한 활동에 재투자되어야 한다. 단체는 기본적으로 보수를 받지 않는 구성원들에 의하여 관리 · 운영되어야 하고, 제공된 역무의 가격 결정은 공적(公的) 관리의 범위 내에 있어야 한다. 제133조의 선택권을 사용하여 제132조 제1항 (b)호의 적용범위를 넓히는 것이, 부가가치세 과세대상인 상업적 활동에 불이익을 초래하여 중립성을 해쳐서는 안 된다.

유럽 법원은 제133조가 적용될 수 있는 조직의 목적은 그 정관(定款)을 통해 알 수 있다고 한다. 이 조항에서 '계획적 · 체계적으로 영리를 추구'하지 않는다는 것은 곧 '비영리의 목적'을 가리키는 것으로 해석된다 [C-174/00, "켄네머르 골프(Kennemer Golf)" 판결과, C-498/03, "킹스크레스트 연합과 몬테셀로(Kingscrest Associates and Montecello)" 판결]. 또한 위 규정의 '보수를 받지 않는'이라는 말은, 그 조직의 관리 · 운영에 관여하는 사람들에 관한 것이다. 하지만 이 조직은 역무를 제공하는 활동의 일환으로서,

직원을 고용하고 급여를 지급할 수 있다(C-267/00, "동물학 협회(Zoological Society)" 판결).

의료·병원 용역의 면세는, 회원국들이 정의하는 의료전문가 또는 '준(準, para-)' 의료 전문가들이 수행하는 의료 역무의 제공을 면세하는 제132조 제1항 (c)호와 조화롭게 해석되어야 한다. 이 종류의 면세에서는 역무가 제공되는 장소가 중요하지 않다. 여기서 면세 여부는, 제공된 역무가 의료 용역의 범위에 해당하는지, 그리고 누가 그러한 역무를 제공하는지에 따라 결정된다. 유럽 법원은 여러 판결에서 이러한 면세의 범위에 포함되는 역무의 유형을 명확히 하였다. 가령 수의사가 제공하는 역무는 사람에 대한 것이 아니므로 이 범위에 포함되지 않는다(C-122/87, "집행위원회 대(對) 이탈리아(Commission v. Italy)" 판결). 친자(親子) 확인과 같은 유전자 검사 역시 면세되는 의료 용역으로 인정되지 않는다(C-384/98, "D 대(對) W" 판결). 일반적인 '돌봄(general care)'[51]이나 가사 용역도 면세 대상이 아니다(C-141/00, "퀴글러(Kügler)" 판결). 법원이나 다른 기관에서 손해 또는 의료과실 책임에 대한 배상청구의 근거로 사용되는 의학적 의견을 제시하는 것 역시 의료 용역으로서 면세되지 않는다(C-212/01, "운터페어팅어(Unterpertinger)" 판결; C-307/01, "담브루메닐과 분쟁조정 서비스 사(社, d'Ambrumenil and Dispute Resolution Services)" 판결).

의료 용역에 대한 면세는 의사에 의하여 제공되는 역무뿐 아니라, 자격이 있는 심리학자들이 제공하는 준의료 역무에도 적용된다(C-45/01, "크리스토프 도어니어 임상심리학 재단(Christoph-Dornier-Stiftung für Klinische Psychologie)" 판결). 또한 의사들이 고용주를 위해 직원들의 건강 검진·검사를 하거나, 보험회사를 위해 보험 가입자들의 건강 검진·검사를 하

---

51   이 판결의 문단 10에 따르면, 이러한 '돌봄'은 그 대상이 되는 사람을 가령 목욕시켜 주고, 식사를 준비하여 준다거나, 옷 입는 것을 도와주고, 일어나고 잠드는 일을 도와주는 일을 의미한다고 한다.

는 역무도 모두 부가가치세가 면세된다(C-307/01, "담브루메닐과 분쟁조정 서비스 사" 판결). 여행을 위한 진단서를 발급하는 것도 그 목적이 사람의 건강을 보호하기 위한 것이라면 역시 부가가치세가 면세된다(C-307/01, "담브루메닐과 분쟁조정 서비스 사" 판결).

유럽 법원은 여러 사건들을 통하여, 면세의 대상이 되는 의료·준의료 용역은 넓은 의미에서 치료의 목적이 있어야 하고, 또한 예방적 치료를 그 범위에 포함하여야 한다고 판단하였다(C-76/99, "집행위원회 대(對) 프랑스" 판결; C-307/01, "담브루메닐과 분쟁조정 서비스 사" 판결). 따라서 부가가치세가 면세되는 의료 용역은 치료 목적을 요구하고, 만약 그러한 목적이 없다면 그 용역은 일반적으로 면세되지 않는다. 다시 말하지만, 제132조 제1항 (c)호와 (b)호에 의하여 면세되는 용역에는 차이가 있는데, (b)호에서는 면세가 적용되는 시설에 의하여 공급된 이상 용역에 치료 목적이 없더라도 면세의 범위에 포함되기 때문이다.

제132조 제1항 (c)호는 의료 역무가 특정 시설에서 제공되어야 한다고 명시하고 있지 않으나, 공급자가 필요한 자격을 갖출 것을 요건으로 하고 있다. 어떤 용역과 공급자가 면세 요건을 충족하는지를 정할 때에는 중립성 원칙을 지키는 것이 중요하다. 어떤 전문가가 부가가치세가 면세되는 의료 용역을 공급할 자격이 있는지에 관한 요건을 정하는 데에는, 각 회원국이 입법재량을 가진다. 그러나 이러한 재량도 중립성과 '차별금지(non-discrimination)' 원칙의 제약을 받는다.

제132조 제1항 (b), (c)호와 제133조 외에, 제134조 역시 의료·병원 용역의 범위에 영향을 미치지만, 이는 위 (b)호의 적용을 받는 용역에 한정된다. 제134조는 이러한 용역이 필수적이지 않은 경우에 면세를 적용하지 못하도록 한다. 또 용역의 공급이, 부가가치세 납세의무를 지는 다른 영리 사업체와 직접적 경쟁 관계에 있는 거래를 통하여, 그 단체를 위한 추가적인 소득을 얻는 것을 기본적인 목적으로 하는 경우에도 마찬가

지이다. 제134조는 오로지, 제132조 제1항 (b)호가 정한 시설에서 제공되는 의료·병원 역무에 관한 이 조항의 적용범위에 영향을 미칠 따름이다. 제133조와 같이, 제134조 역시 의료·병원 용역 외 다른 면세 유형들에도 적용된다. 유럽 법원은, 기본적으로 의료·병원 용역의 일부가 아닌 역무에 대한 면세를 제한하지만, 의료·병원 역무와 관련이 있으되 필수적이지 않은 용역의 경우는 그렇지 않다.

3 사람의 장기(臟器, organs), 혈액과 모유(母乳)

사람의 장기, 혈액과 모유의 공급에도 면세가 적용된다(제132조 제1항 (d)호). 이러한 면세는 이 조항에 열거된 공급에 대해서만 적용되고, 회원국들에게 어떠한 입법재량도 주어지지 않는다. 이 면세를 적용하는 목적은 의료·병원 용역에 대한 그것과 마찬가지이다.

4 치과 기공사(技工士, dental technicians)

치과 기공사가 제공하는 용역에 대한 부가가치세는 제132조 제1항 (e)호에 따라 면세된다. 면세는 치과 기공사들이 전문직업인으로서 제공하는 역무와, 치과의사나 치과 기공사들이 공급하는 치과 '보철물(補綴物)'에 적용된다. 이러한 면세에는 회원국의 입법재량이 인정되지 않고, 치과 보철물이 중개인에 의하여 공급될 경우 부가가치세가 과세되며, 오직 치과 의사나 기공사가 공급할 때에만 면세된다. 만약 치과의사·기공사들이 중개인의 역할을 하는 경우라면 면세된다(C-401/05, "VDP 치과 실험실(Dental Laboratory)" 판결}.

제370조와 '부록 10(Annex X)'은, 본래 제132조 제1항 (e)호가 적용되었을 공급에 과세를 허용하고, 이로 인하여 회원국들의 입장이 다르

게 나타난다.[52] 회원국들 사이의 이러한 차이는, '잘 작동하는 역내 시장'이라는 유럽연합 부가가치세제의 '조화'가 추구하는 주된 목적에 영향을 미친다. 이러한 영향은 '누적 효과'와 '비과세'라는 위험이 함께 존재하는, 치과 보철물의 국외 공급에서 특히 두드러진다. 유럽 법원은, 이 영역에서 부가가치세제의 '조화'가 아직 불완전하다고 판단하였다. 유럽연합 단계의 장기적인 목적은 역내 시장에 대한 그러한 장애물을 제거하는 것이다. '평등 대우'와 중립성은 시장의 왜곡을 피하기 위하여, 그리고 '누적 효과'와 '비과세'—어느 한 회원국은 부가가치세를 환급해 주고, 다른 회원국에서는 동일한 생산물이 면세되어 부가가치세가 과세되지 않는 경우—를 최소화하기 위하여, 구체적·개별적 사례에서 충분히 형량(衡量)되어야 한다(C-240/05, "유로덴탈(Eurodental)" 판결).

5 '독립적 인적(人的) 집단(independent group of persons)'

용역을 공급하는 '독립적 인적 집단'이, ① 부가가치세가 면세되거나, 집단 자신이 납세의무를 지지 않는 경제적 활동을 수행하고, ② 집단의 구성원들이 그러한 경제적 활동을 수행하는 데에 직접 필요한 역무를 제공하는 것이 집단의 용역 공급의 목적이며, ③ 구성원들이 부담하는 공동 비용 중 각자의 지분에 상당하는 부분의 상환만을 구성원에게 요구하는 경우라면, 면세가 경쟁의 왜곡을 야기하지 않는 한, 제132조 제1항 (f)호에 따라 이 '독립적 인적 집단'에 부가가치세가 면세된다. 이러한 면

---

52 준칙 제8편(Title VIII)은 준칙 조항들에 관한 다양한 '예외(derogations)'를 인정하는 부분이다. 그 중 제1장(Chapter 1)은 1978년 이전부터 유럽연합 회원국이었던 나라들에게, 그 이전의 입법 태도를 그대로 유지하는 것을 허용하는 내용이며, 제370조는 부록 10의 제1부(Part A)에 열거된 거래들에 관하여 1978년 이전부터 과세하여 온 나라들이 계속하여 과세할 수 있도록 허용한다. 여기에 치과 기공사의 역무 제공과 치과 보철물의 공급이 언급되어 있다.

세의 목적은, 부가가치세가 면세되는 활동을 수행하거나, 부가가치세 납세의무자가 아닌 '독립적 인적 집단'들 사이의 협력을 원활하게 하는 데에 있다(C-407/07, "중앙관리기관(Stichting Centraal Bedleidingsorgaan)" 판결).

이와 같은 면세는, 공급이 용역에 관련되고 재화와 관련이 없으면 적용된다. 그러한 공급은 '비용을 분담'하는 '독립적 인적 집단'의 구성원들을 상대로 이루어져야 한다(348/87, "금융업무수행 재단(Stichting Uitvoering Financiële Acties)" 판결). 용역의 공급은 부가가치세의 과세범위 밖에 있거나 부가가치세가 면세되는 경제적 활동에 제공되어야 한다. 용역 공급의 대가는 그 원가를 초과할 수 없다. 면세의 적용이 '왜곡'의 효과를 야기해서는 안 된다(C-8/01, "탁사토링겐(Tak-satorringen)" 판결). 여기서 말하는 '왜곡 효과'는 실제로 존재해야 하며, 단순히 현재나 미래 공급의 시점에 관한 잠재적인 것이어서는 안 된다. 면세로 인한 미래의 왜곡 효과와 관련하여 불확실성이 있는 경우, 면세의 허용은 시간적으로 제한될 수 있다. 그러나 미래에 그러한 효과가 발생하지 않는다면, 면세의 적용은 계속 허용될 것이다.

'독립적 인적 집단'에 대한 면세는, 과세되지 않는 활동을 수행하거나 그 업무를 외부에 위탁한 공공단체 사이의 협력에 사용될 수 있다. 이와 같은 면세는 제5장 제3절에서 논의한 부가가치세 '연결납세 집단'의 형성 가능성과 혼동되어서는 안 된다.

6 '복지(welfare)'와 '사회보장(social security)' 업무

복지와 사회보장 업무, 정확히 말하면 이와 밀접하게 관련된 재화·용역의 공급은 제132조 제1항 (g)호에 의하여 부가가치세가 면세된다. 이와 같은 면세의 목적은, 사회 복지의 비용을 최소화하여 복지가 필요한 개인들이 더 쉽게 접근할 수 있도록 만드는 데에 있다(C-498/03, "킹스크레스트 연합과 몬테셀로" 판결). 위에서 논의한 제132조 제1항 (b)호의 의료 · 병원 용역과 같이, 복지와 사회보장 업무와 밀접하게 관련된 재화 · 용역의 공급에 대한 면세의 범위를 확대하여, 제133조의 기준을 충족하는 특정 비영리 단체를 포함하도록 하는 것도 가능하다. 마찬가지로, 이러한 용역이 단순히 부수적인 것에 지나지 않는 경우나, 그 공급이 부가가치세 납세의무를 지는 다른 영리 사업체와 직접적 경쟁 관계에 있는 거래를 통하여 그 단체가 추가적인 소득을 얻도록 하는 것을 기본적인 목적으로 하는 경우에 면세를 적용하지 못하도록 하는 제한 역시 제134조에 규정되어 있다.

회원국들에게는 의료 · 병원 용역에 관한 일정한 입법재량이 주어져 있다. 그리고 공법에 따른 규율을 받거나, 회원국들에 의하여 사회복지 업무에 봉사한다고 공인된 단체들 중 어떤 단체에 면세를 적용할지에 관하여도 마찬가지이다. 유럽 법원은, 의료 · 병원 용역에 관한 해석과 같이, 면세에 관련된 유럽연합법 고유 개념들의 해석 방법에 관한 지침도 제공하고 있다. 그 결과 준칙이 '조직'의 개념을 사용한다고 하여 곧 자연인이 그 적용범위에서 배제되지는 않는다. 이런 이유로, '시설'이나 '조직'[53]이라는 용어가 사용되더라도, 이는 법인뿐 아니라 사업을 영위하는 하나 또는 둘 이상 자연인을 포함할 수 있다(C-453/93, "빌트하위스─그리피운(Bulthuis-Griffioen)" 판결; C-216/97, "그렉 부부(Gregg & Gregg)" 판결). 면세 조항이 엄격하게 해석되어야 한다고 하더라도, 어떤 단체가 면세 범위에 포함되는지 정할 때에는 '평등 대우'와 중립성이 준수되어야 한다(C-498/03, "킹크레스트 연합과 몬테셀로" 판결; C-141/00, "퀴글러" 판결).

유럽 법원은 일시적으로 고용되는 노동자의 파견 업무를 하는 업체에 고용된 직원들이 사회 복지와 관련된 재화 · 용역을 공급하더라도, 이

---

53 이들 두 판결은 모두 제6 준칙 제13조 제A항 (g)호에 관련된 것이고, 이 당시에는 '단체(body)'라는 말 대신에 '조직(organisation)'이라는 말이 사용되고 있었다.

들에게는 면세가 적용되지 않는다고 판단하였다. 파견업체는 '복지 업무에 봉사'하는 단체에 해당하지 않기 때문이다{C-594/13, "'고-페어' 차이트아르바이트('go fair' Zeitarbeit)" 판결}.

7 어린이와 청소년에 대한 보호

어린이와 청소년 보호와 밀접하게 관련된 재화 · 용역의 공급에 대한 면세 조항은, 의료 · 병원 용역의 면세 조항이나, 복지와 사회보장 업무와 밀접하게 관련된 재화 · 용역의 면세 조항과 그 구조나 해석이 유사하다(제132조 제1항 (h)호). 이는 이러한 면세에 대하여도 제133조와 제134조가 적용되어 회원국들에게 입법재량이 주어짐을 의미한다. 이에 따라 회원국들은 특정의 비영리 단체에 면세를 적용할 수 있을 뿐 아니라, 이러한 용역이 부수적인 경우나, 그 공급이 부가가치세 납세의무를 지는 다른 영리 사업체와 직접적 경쟁 관계에 있는 거래를 통하여 그 단체가 추가적인 소득을 얻게 하는 것을 기본적인 목적으로 하는 경우에 면세를 적용하지 못하도록 할 수 있다.

어린이 돌보미가 제공하는 역무는, 복지 관련 용역과 어린이 · 청소년의 보호 용역 모두에 연관된다{C-415/04, "엔스헤데 어린이돌봄 재단(Stichting Kinderopvang Enschede)" 판결}. 만약 역무가 중개인에 의해 제공된다면, 그러한 용역의 공급이 그 자체로 제132조 제1항 (g)호와 (h)호 중 어느 하나에 해당하는 경우에만 면세된다. 또 이러한 용역은, 만약 중개인이 관여하지 않았다면 비슷한 수준의 용역을 공급 받았으리라고 부모들이 확신할 수 없을 수준의 것이어야 한다. 또한 영리 사업체에 의해 제공되는 비슷한 역무와 직접적인 경쟁이 존재하는 경우라면, 용역의 공급자로 하여금 추가적인 소득을 얻게 하는 것이 중개인의 기본 목적이 되어서는 안 된다.

8 교육 용역

교육 용역은 직업훈련이나 재훈련을 포함하여, 넓은 의미의 교육을 뜻한다(제132조 제1항 (i)호, 시행명령 제44조). 면세 여부는 용역이 공급된 기간에 따라 결정되지 않는다. 면세는 교육 용역과 밀접하게 관련된 재화·용역의 공급에도 적용된다. 교육 용역은, 공법에 따라 규율되고 이러한 용역을 그들의 존립 목적으로 삼는 단체나, 그와 유사한 목적을 가지고 있다고 회원국들이 공인하는 그 밖의 단체에 의하여 공급되어야 한다. 이러한 이유로, 의료·병원 용역이나 사회복지 용역과 유사한 입법재량이 회원국들에게 주어진다.

교육 용역에 관한 면세의 범위는 두 가지 기준에 따라 정해진다. 첫째, 어떤 역무가 교육 용역에 해당하는지, 둘째, 그 역무가 공인된 공급자에 의해 제공되었는지에 관한 해석 문제이다. 면세 조항을 문리 해석할 때 교육 용역과 관련된 재화·용역의 공급이 모두 포함될 수 있지만, 대학이 공급하는 교육 역무에는, 유상으로 수행된 연구 활동이 포함되지 않는다(C-287/00, "집행위원회 대(對) 독일" 판결). 또한 소속 교수가 다른 대학에서 강의 활동을 하였다면, 그러한 교수 자원의 공급은 면세되는 교육 용역이 아니며, 단지 두 교육 단체 사이의 교원 제공에 지나지 않는다(C-434/05, "호라이즌 대학(Horizon College)" 판결). 그러한 역무가 면세되는 교육 용역의 범위에 포함되기 위해서는, 두 교육 단체가 모두 관련 조항의 적용요건을 충족해야 한다. 즉 용역을 공급받는 교육 단체는, 교육의 '품질 요건'을 유지하기 위하여 그러한 역무를 제공 받는 것이 필요하고, 용역을 공급하는 단체는 영리 사업체와 경쟁하여 추가적인 소득을 얻는 일을 목적으로 하지 않아야 한다.

교육 용역에 대한 면세 외에도, '사(私) 교육(private tuition)' 역시 부가가치세가 면세된다(제132조 제1항 (j)호). 사교육에 대한 면세는 보통의

학교와 대학 교육에 해당하는 내용에 적용된다. 사교육의 면세 범위는, 따라서 면세 조항에 포함되는 교육 용역의 범위보다 더 좁으나, 그렇다고 학위나 특정 직업을 위한 교육에 국한되지는 않는다(C-445/05, "하더러(Haderer)" 판결). 면세를 적용 받는 단체의 범위에 관하여 회원국들에게 일정한 정도의 입법재량이 주어지는 교육 용역과 비교할 때, 사교육에 대한 면세는 회원국들에게 그러한 재량을 주지 않는다. 유럽 법원은 "하더러" 판결에서, 사교육에서는 교사가 수업 내용을 책임지고, 교사 본인이 직접 수업을 하는 것이 요구된다고 판시하였다. 면세의 범위는 수업이 몇 명의 학생들에게 제공되는지에 따라 결정되지 않는다. "운전학원(Fahrschul-Akademie)" 판결에서 유럽 법원은, 'B'와 'C1'[54] 운전면허의 취득을 위해 운전학원이 제공한 수업은 면세 대상에 해당하지 않는다고 판단하였다(C-449/17).

9 종교 · 철학 기관의 인력 제공

종교 또는 철학 관련 '기관(institution)'이 '영적(靈的, spiritual)'인 복지의 차원에서, 의료 · 병원 용역, 복지와 사회보장 업무, 어린이 · 청소년의 보호나 교육 용역과 관련된 역무를 제공하기 위한 목적으로 인력을 제공하는 일에도 부가가치세가 면세된다(제132조 제1항 (k)호). 그러나 이와 같은 면세는 제133조와 제134조의 적용범위에 포함되지 않는다.

10 노동조합

노동조합과 그에 유사한 단체에 회비를 내는 조합원을 상대로 하여, 그들의 공동 이익을 위하여 이루어진 용역 공급과 그와 밀접하게 관련

---

54 독일의 운전면허 종류를 가리킨다.

하여 이루어진 재화의 공급에는, 혹 이러한 공급을 면세하더라도 경쟁의 왜곡이 일어나지 않는 이상, 부가가치세가 면세된다(제132조 제1항 (l)호). 노동조합 외에도, 정치·종교·애국·자선의 목적을 가지거나, '시민단체의 성격(civic nature)'을 가진 비(非) 영리단체들도 면세의 범위에 포함된다. 따라서 면세가 모든 비영리단체에 적용되는 것은 아니고, 오직 단체가 이와 같이 열거된 것 중 하나의 목적을 가지고, 그 구성원들에게 역무를 제공하며, 그러한 역무가 일정한 회비에 대응하여 구성원 공동의 이익을 위하여 제공되었을 때에 면세된다. 만약 역무가 구성원 중 특정인의 이익을 위해 제공되었다면, 이는 그 자체로 면세되지 않는 용역이다.

노동조합에 대한 면세 조항과 관련하여, 회원국에게는 제133조에 따라 특정 비영리단체를 면세할 수 있는 입법재량이 주어진다. 하지만 회원국들은 부수적인 용역의 공급이나, 그 공급이 부가가치세 납세의무를 지는 다른 영리 사업체와 직접적 경쟁 관계에 있는 거래를 통하여 그 단체가 추가적인 소득을 얻도록 하는 것을 기본적인 목적으로 하는 경우에 면세하지 않을 수 있다(제134조).

11 스포츠와 체육 교육

비영리단체가 참가자들에게 제공하는 스포츠나 체육 교육과 밀접하게 관련된 일정한 용역의 공급은 제132조 제1항 (m)호에 의하여 부가가치세가 면세된다. 따라서 스포츠·체육교육에 대한 면세 조항은 모든 스포츠나 체육 교육을 포함하지는 않고, 비영리단체가 참가자들에게 직접 제공하는 역무에만 적용된다. 따라서 이는 스포츠와 체육 교육에 대한 일반적 면세 규정이 아니다(C-150/99, "스톡홀름 린되파크(Stockholm Lindöpark)" 판결). 단체가 여러 가지 활동을 하고 있을 때, 그 비영리적인 성격은 단순히 한 가지의 '과세되지 않는 활동(non-taxable activity)'에 근거할 것이 아니라, 그 단체가 하는 활동 전체에 근거하여 판단하여야 한다(C-174/00, "켄네머르 골프" 판결).

스포츠 · 체육교육에 대한 면세의 목적이 신체적인 건강을 촉진하는 데에 있다고 하더라도, 모든 '스포츠'가 면세 대상에 포함되지는 않는다. 브리지 게임은 정신 건강을 향상시켜 준다고 해도 스포츠로 인정되지 않는다. 면세는 오직 '무시할 수 없는 정도의 신체 움직임이 포함'된 활동에만 적용된다(C-90/16, "영국 브리지 연맹(English Bridge Union)" 판결).

면세되는 용역의 공급은 스포츠 · 체육교육과 밀접한 관련이 있을 것을 필요로 한다. 비영리단체가 제공한 역무와, 그 스포츠 · 체육교육에 참여한 사람들 사이에 밀접한 관련이 있는지 여부의 평가는 문제된 거래의 특징을 이루는 모든 제반 사정에 기초하여 이루어져야 한다(C-150/99, "스톡홀름 린되파크" 판결). 이러한 면세 조항은 스포츠 · 체육교육에 참여하는 개인이 역무의 대가를 직접 지불하는 경우와, 고용주나 단체가 직원 · 구성원을 대신하여 지불하는 경우 모두에 적용된다(C-253/07, "캔터베리 하키 클럽(Canterbury Hockey Club)" 판결).

공익에 대한 몇몇 다른 면세의 경우처럼, 여기서도 회원국들에게 제133조에 따라 특정 비영리단체를 면세할 수 있는 입법재량이 주어지지만, 제134조가 규정하는 제한은 여전히 준수되어야 한다. 회원국에 주어진 재량이 면세의 범위를 더 제한적인 방향으로 변경할 수 있는 것은 아니다(C-253/07, "캔터베리 하키 클럽" 판결).

12 문화적 용역

공법의 규율을 받는 단체나, 회원국이 공인한 문화 단체가 하는 문화적 용역의 공급은, 그에 밀접하게 관련된 재화의 공급과 함께, 제132

조 제1항 (n)호에 따라 부가가치세가 면세된다. 공익에 관한 몇몇 다른 면세와 마찬가지로, 회원국들에게 제133조에 따라 특정 비영리단체를 면세할 수 있는 입법재량이 주어지지만, 제134조가 규정하는 제한이 지켜져야 한다. 회원국의 입법재량이, 비(非) 영리의 문화적 용역 외의 다른 것에 면세가 적용되도록 범위를 변경할 수는 없다(C-267/00, "동물학 협회" 판결). 면세 범위에 해당하는 문화적 용역을 구체적으로 정의하는 조항은 없다. 하지만 유럽 법원의 판례는, 이러한 면세가 '공인된 단체'—개인도 포함될 수 있다—의 공급에 적용된다는 점을 명확히 하였다. 다만 회원국들은 그러한 단체나 예술가에게 면세에 관한 일정한 요건을 부과하여, 면세가 오로지 비영리의 활동에만 적용되도록 할 수 있다(C-144/00, "호프만(Hoffmann)" 판결).

13 '모금(募金, fund-raising)' 용역

모금 용역은 제132조 제1항 (o)호의 요건을 충족하면 부가가치세가 면세된다. 이러한 면세는 재화의 공급에도 적용되지만, 오로지 다음의 면세 용역 중 어느 하나를 공급하는 단체를 위해 이루어지는 모금에 한정된다.

- 제132조 제1항 (b)호에 따라 면세되는 의료 · 병원 용역
- 제132조 제1항 (g)호에 따라 면세되는 복지 · 사회보장 업무
- 제132조 제1항 (h)호에 따라 면세되는 어린이 · 청소년에 대한 보호
- 제132조 제1항 (i)호에 따라 면세되는 교육 용역
- 제132조 제1항 (l)호에 따라 면세되는 노동조합 용역
- 제132조 제1항 (m)호에 따라 면세되는 스포츠 · 체육교육 용역
- 제132조 제1항 (n)호에 따라 면세되는 문화적 용역

면세의 대상이 되는 모금 용역과 재화는 모금 행사와 관련되어야 하고, 이처럼 관련성이 인정되는 재화·용역에만 면세 규정이 적용된다면 경쟁의 왜곡을 일으키지 않을 수 있다. 따라서 이러한 면세의 범위를 규정할 때, 면세 대상이 되는 재화·용역과, 경쟁하는 재화·용역 간 중립성의 관점에서 평가가 이루어질 필요가 있다. 제132조 제2항은 회원국들이 면세를 적용 받는 행사의 횟수나 수령액을 일정한 범위에서 제한하는 것을 허용한다.

14 환자 또는 부상자의 운송

환자 또는 부상자의 운송 용역은, 적법하게 권한을 부여받은 단체가 이 목적을 위해 특수 설계된 차량을 통해 공급되는 경우 부가가치세가 면세된다(제132조 제1항 (p)호). 예를 들어 응급구조 대원에 의한 구급차 운송은 면세된다.

15 공영(公營, public) 라디오·텔레비전 '단체(bodies)'

비(非) 상업적 활동을 수행하는 '공영'의 라디오·텔레비전 '단체'에도 부가가치세가 면세된다(제132조 제1항 (q)호). 라디오·텔레비전 단체의 '공영'과 '민간' 구분은, 그 단체가 어떻게 운영 자금을 조달하는지를 기준으로 한다. 어떤 단체가 수신료나 공익적 출연금을 통해 자금을 조달하는 것은 '공영' 단체의 표지가 될 수 있다. 상업적·비상업적 활동의 구분은 어려울 수 있고, 유럽 법원은 이에 관해 특별한 지침을 밝힌 일이 없다. 부가가치세 면세의 적용에서 나타나는 차이는 공공·민간 단체ー배급·제작을 하는 사람들까지 포함하여ー의 경쟁에 영향을 미칠 수 있다.

제4절 그 밖의 활동에 대한 면세

1 이 절의 내용 일반

제9장 제3절에서 논의한, 공공의 이익을 위한 면세 외에도, 기술적 이유나 행정 효율성의 관점과 같이 다른 목적에 기초한 면세도 있다. 이러한 면세는 다섯 가지의 범주로 나눌 수 있다. ① 첫 번째는 금융·보험 거래에 대한 면세이고, ② 그 다음은 우표·인지(印紙)에 대한 면세이다. ③ 세 번째 범주는 내기(betting), 복권, 도박(gambling)에 대한 면세이고, ④ 네 번째 범주는 부동산과 관련된 면세이며, ⑤ 다섯 번째 범주는 매입세액의 공제를 받을 권리가 주어지지 않은 특정한 재화에 관한 면세를 말한다.

2 금융·보험 거래

첫 번째 범주는 금융과 보험 거래에 대한 것이다. 이러한 역무의 범위는 부가가치세제의 적용범위 그 자체와 관련을 맺는다. 유럽 법원의 판례에서도, 금융 거래의 범위뿐 아니라 부가가치세제의 범위가 함께 논의된다. 이는, '둘 또는 그 이상의 당사자 간 거래'와, '용역의 소비가 있는지 여부를 포함하여, 그 거래에 직접 관련된 대가가 있는지 여부' 간의 연관성을 밝히는 데 어려움이 있기 때문이다. 제135조 제1항 해석의 전제는, 이 조항의 면세가 유럽연합법 고유의 개념으로서, 회원국 간 부가가치세제의 적용에 차이를 만들지 않으려는 목적을 갖고 있다는 점이다(C-540/09, "스칸디나비아 개인 은행(Skandinaviska Enskilda Banken)" 판결과, C-259/11, "자델호프(DTZ Zadelhoff)" 판결). 면세 조항을 엄격하게 해석해야 하는 경우에도, 여기에 사용된 개념의 해석은 면세의 목적에 부합하여야 하고 부가가치세제에 내재된 중립성의 측면을 준수해야 한다. 따라서 면세 규정에서 사용된 개념의 엄격해석이 면세의 효과를 박탈하지 않을 수도 있다(C-461/08, "돈 보스코 부동산(Don Bosco Onroerend Goed)" 판결과, C-326/11, "J.J. 코멘 부자(父子) 관리회사 헤이르후호바르트(J.J. Komen en Zonen Beheer Heerhugowaard)" 판결). 이 영역은 복잡하고 이러한 면세의 범위를 파악할 수 있도록 하기 위해서는 추가적인 설명이 필요하다.

준칙 제135조 제1항에서 분류된 다양한 역무의 유형은 다음과 같다.

(a) 보험 '중개인(brokers)'과 보험 '대리인(agents)'이 수행하는 관련 용역을 포함하여, 보험과 재보험 거래

(b) 신용의 공여(供與)와 관련 협상, 그리고 신용을 공여한 사람이 하는 신용의 '관리(management)'

(c) '신용 보증(credit guarantee)'이나 그 밖의 금전채무 담보(security)에 관한 협상과 이에 관련된 모든 '거래(dealing)', 그리고 신용을 공여한 사람이 하는 신용 보증의 관리

(d) 예금과 당좌예금, 지불, 이체, 대출, 수표나 그 밖에 '유통 가능한 (negotiable)' '증권(instruments)'에 관한 거래(관련 협상을 포함). 다만 채권 추심은 제외.

(e) 통화, 법정 통화인 지폐와 주화(鑄貨)에 관한 거래(관련 협상을 포함). 다만 '수집의 대상(collector's item)', 즉 일반적으로 법정 통화로 사용되지 않는 금이나 은, 다른 금속의 주화나 지폐, 그리고 '화폐 자체로서 관심의 대상이 되는(of numismatic interest)' 동전은 제외.

(f) 주식, 회사나 다른 '단체(association)'의 지분, 사채(社債)나 그 밖의 유가증권(다만 재화의 소유권을 증명하는 문서 제외), 제15조 제2항에 따

른 권리나 '증권(serurities)'[55]의 거래. 관련 협상을 포함하나, 그 '관리 (management)'나 '보관(safekeeping)'은 제외.

(g) 회원국들이 정하는 '특수한 투자 펀드(special investment fund)'의 관리

보험·재보험 거래는, 특정한 보험사고가 발생하는 경우 보험회사가 금전 또는 일정한 '조력(助力, assistance)'으로 약정되어 있는 보상을, 보험료를 미리 지불한 보험 가입자에게 제공하는 의무의 이행을 그 내용으로 한다(C-349/96, "신용카드 보호 약정(Card Protection Plan)" 판결]. 어떠한 거래가 면세되는 보험 거래에 해당하려면, '위험을 보상하는 주체'와, 그의 위험이 보험의 대상이 되는 사람—보험가입자나 피(被) 보험자—사이에 법률관계가 존재하여야 한다(C-240/99, "보험회사 스칸디아 (Försäkringsaktiebolaget Skandia)" 판결]. 이러한 면세는 개인에게, 또는 단체에 집합적으로 공급되는 용역에 모두 적용된다(C-349/96, "신용카드 보호 약정" 판결, 그리고 C-240/99, "보험회사 스칸디아" 판결).

이 면세 조항은 이러한 유형의 보험·재보험 거래뿐 아니라, 보험 '중개인'[56]과 대리인이 이와 관련하여 수행하는 역무에도 적용된다. 이 경우 보험 가입자와 보험 중개인 간에는 구체적인 계약 관계가 없다. 달리 보험회사와 보험 가입자 사이에 개입하여 보험 거래에 기여하였으나 계약의 직접 당사자가 아닌 사람의 경우에도, 만약 중개하는 거래 자체가 보험 거래로 인정된다면 이들이 제공하는 역무가 면세의 대상이 될 수 있다(C-124/07, "비히어(Beheer)" 판결].

---

55 부동산과 관련된 것들을 가리킨다.

56 여기서 말하는 '중개인'은 "broker"를 가리킨다. 지금까지는 "intermediary"라는 용어를, 다소의 부정확함을 무릅쓰고 '중개인'으로 번역하여 왔으나, 그와는 다른 의미이다.

그 외에도 다른 문제들이 있다. 보험 중개인이나 보험 대리인이 될 수 있는 자격도 명확히 되어 있어야 한다. 보험 대리인의 가장 기본적인 업무에는, 잠재 고객을 찾고 보험자에게 소개하는 일이 포함되는 반면, '비(非) 영업' 부서(back office)가 수행하는 역무가 반드시 여기에 포함되지는 않는다. 그러한 종류의 '비영업부서' 역무는 보험회사가 통상적으로 수행하는 활동에 도움을 줄 수 있지만, 보험 가입자와 비영업부서 용역의 공급자 간에는 계약 관계가 존재하지 않는다(C-472/03, "아더 앤더슨 회계법인 부가가치세 집단(the single taxable entity Arthur Andersen & Co Accountants)" 판결). 조직 관리, 마케팅, 손해액 평가가 이와 같이 면세의 범위에 포함되지 않는 관련 역무의 예시가 된다(C-240/99, "보험회사 스칸디아" 판결, C-8/01, "탁사토링겐" 판결).

금융 거래는 제135조 제1항 (b)~(g)호의 여러 다른 역무들을 포함한다. 신용의 공여에는 여러 유형의 대출 거래가 포함되지만, 특별히 신용·직불 카드가 아닌 '은행카드'나, 또는 공급된 재화나 용역의 대가 지불을 분할하는 선택권이 있는 계약은 그렇지 않다. 반대로, 만약 재화·용역의 공급자가 대금의 지급을 유예하여 주고, 공급 상대방이 그 이자 상당액을 지급해야 하는 경우는, 면세되는 금융 거래로 인정된다(C-281/91, "무이 데빈터 건설회사(Muy's en De Winter's Bouw-en Aannemingsbedrijf)" 판결). 신용 공여는, 예를 들자면, '신용 파생상품(credit derivatives)'을 발행하거나, '비(非) 금융 증권(non-financial securities)'을 평가하거나, 신용을 부여하거나 획득하는 전략이나 신용 위험과 전략의 평가를 말한다. 문제되는 거래의 면세 여부를 판단하는 기준은 거래의 성격이고, 그 거래가 신용 공여나 채무 상환 전에 제공되는지 여부는 관계가 없다(C-453/05, "폴커 루드비히" 판결). 신용이나 신용 보증을 제공하는 사람에게 그에 관한 면세가 적용될 때, 이 거래가 면세 공급으로 인정되기 위해서는 당사자 간의 법적·재무적 상황에 영향을 미처야 하고, '관리 성격의 역무'는 면세 범위에 포함하지 않는다(C-2/95, "SDC" 판결).

유럽 법원은 위 (d)~(f)호의 목적이, 과세표준과, 면세되지 않았더라면 공제되었을 부가가치세액을 정하는 어려움을 경감시키는 데에 있음을 명확히 했다(C-455/05, "벨벳 · 슈텔 부동산(Velvet & Steel Immobilien)" 판결). 또한 이러한 면세 조항은 은행이나 금융기관이 하는 금융 거래에만 국한하여 적용되지 않고, 그 적용 여부는 거래의 내용에 따라 정하여진다(C-455/05, "벨벳 · 슈텔 부동산" 판결; C-461/12, "그랜튼 광고(Granton Advertising)" 판결).

여러 부분으로 구성된 금융 거래는 유럽 법원이 '복합(composite)'[57] 또는 그 밖에 '결합된(bundled)' 공급에 관하여 판단한 "신용카드 보호 약정" 판결[58]의 법리에 따라 평가해야 한다. 즉 문제된 거래에 대한 전체적인 평가가 필요하다. 예금과 당좌예금, 지급, 이체 등 (d)호에 열거된 금융 거래와 관련하여 볼 때, 이는 면세의 대상이 전체적 관점에서 하나의 단위로 간주될 수 있는 거래임을 의미한다(C-235/00, "CSC" 판결). 따라서 이러한 '전체적 관점'에서 하나의 단위로 인정되는 것의 일부에 해당하는 거래들은 면세 공급에 포함될 수 있다. 그러나 그러한 역무들은, 문제되는 면세의 유형에 관련된 본질적인 요건들을 충족하고 기능을 수행해야 한다(C-2/95, "SDC" 판결과, C-235/00, "CSC" 판결).

금융 거래에 대한 면세는 '팩터링(factoring)'에도 적용되고, 그러한 역무가 신용카드 회사에 의해 제공되는 경우에는 그 용역에도 적용된다(C-18/92, "발리(Bally)" 판결). 다른 호(號)의 금융 거래를 살펴보면, (d)호에 따른 면세도 용역을 공급하는 회사의 종류에 관계없이 적용된다. 그 거

---

57 이 말에 관하여는 제8장 제4절 참조.
58 C-349/96, "신용카드 보호 약정(Card Protection Plan)" 판결

래의 내용 자체가 면세 기준을 충족해야 하는 것이다. 경마에서 주최 측을 위하여 '베팅(bet)'을 모으고 관리하며 당첨금을 지급하는 일은 제135조 제1항 (d)호에 따른 면세되는 금융거래가 아니다(병합 사건 C-231/07, "라드브로크 경마(Tiercé Ladbroke)"; C-232/07, "데르비(Derby)" 결정).

금융 거래에는 환전과, 법정 통화—수집의 대상이 되는 것은 제외—로 하는 지급 등의 거래도 포함한다. '백금 주화(platinum nobles)'는 시행명령 제45조에 따른 면세의 범위에 포함되지 않는다. 유럽 법원은 법정 통화만이 면세의 대상 범위에 포함된다고 판단하였다. 다른 지폐나 주화 거래는 재화의 공급이 된다(7/78, "톰슨(Thompson)" 판결과, 병합 사건 C-358/93, C-416/93, "보르데사(Bordessa)" 판결). 비트코인에 관한 사건에서, 유럽 법원은 다음과 같이 판시하였다.

> "전통적이지 않은 '화폐(currency)', 즉, 하나 또는 그 이상의 나라에서 법정 통화가 아닌 '화폐'를 수반한 거래는, 그러한 '화폐'가 거래 당사자들에게 법정 통화에 대한 대체물로서 받아들여지고 지불 수단이 되는 것이외에는 다른 목적이 없는 한, 금융 거래이다." (C-264/14, "헤드크비스트 (Skatteverket v. Hedqvist)" 판결)

주식이나 회사·단체(association) 지분의 공급—관련된 협상을 포함하여—은 면세 금융 거래이다(제135조 제1항 (f)호). 다른 금융 거래와 마찬가지로, 그 거래를 누가 하느냐에 관계없이 거래의 내용 자체가 면세의 기준을 충족해야 한다. 그러므로 데이터 처리의 역무라 해도, 그러한 역무의 개별적 성격이 뚜렷하고 면세되는 거래에 특유하며 필수적인 때에는 면세된다는 점을 기억하는 것이 중요하다. 만약 그러한 역무에 요구되는 본질적 특성이 충족될 경우, 주식의 공급 거래는 관련된 데이터 처리도 포함할 수 있다. 만약 데이터 처리 역무의 성격이 단순히 거래를 보조하는 것에 지나지 않고, 이러한 역무를 수행하는 납세의무자의 책임이 제한적인 것이라면, 이는 면세되는 금융 거래에 포함되지 않는다(C-2/95, "SDC" 판결).

유럽 법원은 중개인이 금융기관의 이름으로 전화 응대를 하고 주식 양도나 관련된 협상에 관한 '콜센터' 역무를 제공한 사건에서 비슷한 법리를 적용하였다(C-235/00, "CSC" 판결). 이 판결에서 유럽 법원은, 기술적이고 관리적인 성격을 갖는 공급을 면세의 범위에서 제외하면서, 그러한 해석은 주식의 관리와 보관을 면세 대상에서 제외하고 있는 면세 조항의 문언에 의해 뒷받침된다고 판단하였다. 관리와 보관 역무의 제공은 당사자의 법적 · 재무적 지위를 변경하지 않는데, 관리적이거나 기술적인 역무도 마찬가지이다.

한편 '협상'이란, '의견 조정을 위한 별개의 행위로서 계약 당사자에게 제공되고 계약 당사자가 보상하는 역무'로 정의된다(C-235/00, "CSC" 판결). 어느 당사자가 하청업자에게, 상대방에 정보를 제공하는 역무나, '신청'을 접수 · 처리하는 역무, 다시 말해서 계약 관련 업무 중 사무적 · 절차적인 부분을 맡기는 경우라면, 그러한 역무의 제공은 중개인에 의해 수행되는 협상에 해당하지 않는다.

'투자 펀드'의 '관리(management)'도 면세되는 금융 거래의 하나이다 (제135조 제1항 (g)호). 유럽 법원은 이러한 면세의 목적이 소액 투자자들의 유가증권 투자를 쉽게 하기 위해서라는 점을 명확히 했다. 투자 펀드를 통한 투자와, 보유하고자 하는 유가증권에 대한 직접 투자 간에는, 고려되어야만 하는 중립성의 측면이 있다. (g)호의 문언은 회원국들에게 '투자 펀드'의 범위를 구체적으로 정할 입법재량을 허용한다. 그러나 여기에는 그러한 면세의 범위에 관한 해석을 달리 할 권한이 포함되지 않는다. 유럽 법원은 금융거래 면세의 맥락에서 무엇이 '관리'에 해당하는지를 판단하였다(C-169/04, "애비 내셔널(Abbey National)" 판결). 회원국의 입법재량은 면세 조항에서 중립성이 지켜져야 하는 범위 내로 제한된다. '개방형(open-ended)'과 '폐쇄형(close-ended)' 펀드 양쪽에 관한 사건들이 유럽 법원에서 심리되었다. 서로 다른 유형의 투자 간 중립성이 쟁점이 되었고, 유럽 법원은 문제되는 투자의 형태가 동일할 필요는 없다고 결론지었다. 따라서 회원국의 입법재량은, 경쟁이 실질적으로 왜곡되었는지 여부를 넘어, 중립성 그 자체를 보장하여야 한다. 서로 경쟁 관계에 있는 공급들이 부가가치세 측면에서 동일하게 취급되지 않으면 중립성의 훼손이 생긴다(C-363/05, "JP 모건(Morgan)" 판결). 이와 같은 문제는 투자 펀드의 유형이나, 투자 펀드의 '관리' 주체가 펀드 관련 용역의 공급자인지 아니면 외부의 관리기관인지 여부를 불문하고 적용된다.

3 우표

우표에 대한 면세는 제135조 제1항 (h)호에서 규정하고 있고, 우편 용역의 면세와 관련해서는 제9장 제2절의 1.에서 간략하게 언급하였다. 우표에 대한 면세를 없애자는 주장이 제기되었고, 이에 따르면 우표를 제외하고 오로지 '수입인지(印紙, fiscal stamp)'나 그 밖에 이에 유사한 '인지'들의 액면가(額面價) 공급을 대상으로 하여서만 면세가 이루어지게 된다. 이러한 법 개정은 아직 유럽연합 집행위원회에 의한 제안만이 이루어져 있는 상태이며, 아직은 우표에 대한 면세 조항이 유효하다.

4 도박(gambling)과 내기(betting)

내기, 복권이나 그 외 다른 형태의 도박은 제135조 제1항 (i)호에 따라 부가가치세가 면세된다. 이러한 면세의 목적은 금융 거래의 경우와 유사하다. 즉 이러한 공급의 과세에 현실적인 어려움이 있다는 것이다. 그렇다고 면세의 목적이 그러한 공급을 더 유리하게 취급하려는 데에 있지는 않다(C-86/99, "프리먼즈(Freemans)" 판결; C-89/05, "유나이티드 유틸리티즈(United Utilities)" 판결). 이 면세 조항은 회원국들에게 일정한 수준의 입법재량을 부여하고 있으나, 그러한 재량이, 한 회원국에서 어떤 행위가 적법하고 다른 회원국에서는 위법하다는 점에 근거한 국가 간 차이로 이어질 수 있음을 의미하지는 않는다(C-283/95, "칼하인츠 피셔(Karlheinz Fischer)" 판결). 결국 회원국의 입법재량은 해석의 도구로서 중립성을 활용하는 일과 직접 관련되어 있다(병합 사건 C-453/02, "린네베버(Linneweber)"; C-462/02, "아크리티디스(Akritidis)" 판결).

유럽 법원의 판례는, ① 내기, 복권이나 이에 유사한 것들을 포함하는 이 면세 용역이 공급자에 의해 직접, 아니면 중개인에 의해 공급되는지 여부와, ② 이를 보조하는 역무가 면세 공급의 일부분인지 여부를 가려서, 그러한 면세 용역의 범위를 분명히 하여 왔다. 내기나 도박과 관련된 역무의 제공은 일정한 형태의 '위험 감수(risk-taking)'를 포함한다. 만약 콜센터의 역무나 관리 역무처럼 보조적인 역무의 제공이라면, 면세되는 공급에 해당하지 않는다(C-89/05, "유나이티드 유틸리티즈" 판결).

'본인'의 이름으로 행위하는 중개인의 개입을 통해 공급이 이루어지는 경우, 중개인의 역무에, '본인'의 이름으로 도박에 관한 계약을 체결하거나, 고객의 '베팅'을 등록·확인하거나, 돈의 도난·분실에 관한 위험을 부담하는 등 '베팅'에 대한 책임을 인수하는 것이 포함된다면, 그러한 용역[59]은 면세된다(C-89/05, "유나이티드 유틸리티즈" 판결; 병합 사건

---

59 '본인'에 해당하는 회사에 제공되는 역무가 아니라 도박 행위를 하는 고객에 제공되는 역무의 측면을 말하는 것이라는 점으로 이해하여야 한다. 반대로 이어지는 문장은, "유나이티드 유틸리티즈" 판결에서 보았듯이 '본인'—예컨대 도박회사—을 상대로 이루어지는 용역 공급은 면세되지 않는다는 뜻으로 읽어야 할 것 같다. 이 부분은 사실 원문의 내용이 좀 혼란스럽고 저자들의 해명도, 특히 마지막 문장과 관련하여서는 석연치가 않았다. 그래서 이 마지막 문장은 독자들의 이해를 돕기 위해 조금 더 자명한 내용—"유나이티드 유틸리티즈" 판결

C-231/07, "라드브로크 경마(Tiercé Ladbroke)" 판결; C-232/07, "데르비(Derby)" 결정). 반대로 중개인이 주된 용역 공급에 관여하지 않고, 도박과 직접 관련되지 않는 관리 역무와 같은 보조적 역무를 수행하는 경우라면, 이러한 용역의 공급은 도박과 관련된 면세의 대상에 해당하지 않는다.

5 부동산

부동산을 임대하고 세를 놓는 등의 공급은 제135조 제1항 (j)호 내지 (l)호에 따라 부가가치세가 면세된다. 건물 또는 그 일부—건물 부지를 포함—는, 그 공급이 건물의 사용 전에 이루어진 이상 과세대상이다(제12조 제1항 (a)호). 건축이 예정된 토지의 공급은 과세대상이고 면세에 해당하지 않는다(C-468/93, "에먼 시(市, Gemeente Emmen)" 판결). 금융 거래에 대한 면세의 경우와 마찬가지로, 회원국은 납세의무자들이 부동산에 대한 과세를 선택할 수 있도록 허용할 수 있다(제137조). 그러나 이러한 선택권은 부동산이 사용되기 전의 공급에 대하여는 적용되지 않는다.

부동산에 대한 면세는, 호텔이나 유사한 부문의 숙박 제공—휴일 캠핑장이나 캠팽장으로 조성된 부지 제공을 포함—이나, 차량 주차를 위한 시설·장소의 임대, 항속적으로 설치되는 장비·기계의 임대, 금고 대여 등에 적용되지 않는다(제135조 제2항). 회원국들에게는 부동산 임대에 관한 면세를 제한하는 범위를 늘릴 수 있는 입법재량이 있다. 부동산에 대한 면세 조항은 토지의 특정 부분과 연결된 부동산에 적용되지만, 호수와 같이 물로 덮인 영역을 포함한다(C-166/05, "헤거(Heger)" 판결; C-428/02, "마르셀리스보르(Marselisborg)" 판결). 또한 토지에 부착되어 쉽게 제거될 수 없는 동산에도 부동산에 대한 면세가 적용된다(C-315/00, "마이어호퍼(Maierhofer)" 판결).

이 확인한—으로 바꾸어 번역하였다.

제5절 유럽연합 역내의 취득과 수입 · 수출에 대한 면세

유럽연합 역내 취득을 과세대상으로 삼았기 때문에, 이에 대응하는 회원국 간의 재화 공급이나, 이러한 공급과 관련된 수입 · 수출에 관하여 광범위하게 면세가 적용된다. 이러한 면세는 기본적으로 기술적인 성격의 것이고, 이중과세를 피하는 데에 목적이 있다. 따라서 이러한 면세는, 의료 용역에 대한 면세처럼 공익에 근거하고 있지 않다.

이 범주에는 여덟 가지의 주요 면세 유형이 있는데, 다음과 같다.
- 역내 공급
- '삼각 거래(triangular transactions)'
- 수출
- 국제 운송
- 국제기구, 대사관이나 이에 유사한 것
- (관세법의) '보세 창고(customs warehousing)'나 이에 유사한 것
- (세법의) '보세 창고(tax warehouses)'나 이에 유사한 것
- 수출과 관련된 선택적 면세

유럽연합 역내 공급과 '삼각 거래'와 관련된 면세는 '물리적으로 이동하는 재화의 공급'과 '유럽연합 역내 취득'의 납세지와 관련하여 간략하게 설명하였다(제7장 제2절, 제3절 참조). 면세되는 공급 중 일부, 특히나 위 목록에 있는 것들은, 다른 면세와 달리 매입세액의 공제를 받을 권리에 영향을 미치지 아니한다. 이는 그것들이 갖는 기술적인 성격과, 생산 · 유통 사슬 전체에 걸쳐 누적효과 없이, 부가가치에 세금을 부과하고자 하는 목적 때문이다.

참고판결

[C-287/00 "집행위원회 대(對) 독일(Commission v. Germany)" (2002)]

독일은 국내법으로 공적 영역의 고등 교육기관이 공급하는 연구 용역에 대해 부가가치세를 면세하고 있었다. 쟁점은 이러한 용역을 면세하는 독일의 국내법 조항이 교육 용역을 면세하는 준칙 규정(현행 준칙으로는 제132조 제1항 (i)호)에 어긋나는지 여부이다. 유럽 법원은 면세 조항은 부가가치세제에서 기본적으로 이질적인 것으로 엄격하게 해석되어야 한다는 전제 하에, 이러한 연구 용역은 교육 용역과 충분히 관련되어 있지 않아 준칙에서 정하는 면세 대상이 아니라고 판단하였다.

[C-357/07 "티엔티 포스트(TNT Post)" (2009)]

영국의 '티엔티 포스트'는 업무용 우편물을 배달하는 역무를 제공하는 업체로, 우체국과 계약을 체결하여, 우편물을 수집·분류하여 우체국의 지역 사무소로 배달하는 업무와 직접 고객에게 우편물을 배달하는 두 가지 업무를 수행하였다. 영국 부가가치세법은 우체국의 배달 용역을 면세하였으나, 티엔티 포스트에는 17.5%의 부가가치세를 부과하였다. 쟁점은 이러한 차별의 적법 여부이다. 유럽 법원은 공공우편 용역에 대한 면세 규정은 '보편적 우편 용역(universal postal service)'의 공급에만 적용되며, 티엔티 포스트처럼 개별적 계약에 따라 역무를 제공하는 경우에는 적용되지 않는다고 판단하였다.

[107/84 "집행위원회 대(對) 독일" (1985)]

독일은 연방 철도청이나 루프트한자 항공이 연방 우체국과 계약을 체결하고 공급한 우편물·소포의 운송 용역을 면세하였다. 쟁점은 공공우편 용역에 대한 면세 규정이 이러한 단체들의 용역 공급에도 적용되는지 여부이다. 유럽 법원은 면세 규정은 오직, 법이 공공우편 용역의 주체로 정한 단체가 하는 공공우편 역무에만 적용된다고 판단하였다. 따라서 연방 철도청이나 루프트한자 항공의 용역 공급은 면세 대상이 아니라는 것이다.

[C-114/I4 "집행위원회 대(對) 스웨덴" (2015)]

스웨덴은 1993년 공공우편 용역의 독점 체제를 종식시켰고, 준칙에 불구하고 우편 용역의 공급을 면세하지 않고 있었다. 쟁점은 스웨덴이 어떠한 우편 용역의 공급도 면세하지 않는 것의 준칙위반 여부이다. 유럽 법원은, '공공우편 용역'이란 주체를 불문하고 보편적 우편 역무의 전부나 일부를 제공함을 의미한다는 전제에서, 그러한 용역 공급은 면세되어야 한다고 판단하였다. 스웨덴 정부는 이 회사의 역무가 다른 업체의 그것과 다르지 않기 때문에 경쟁 왜곡의 우려가 있다고 주장하였으나, 유럽 법원은 '티엔티 포스트 판결'의 판례 하에, 보편적 우편 용역에 대한 특별한 취급은 정당화된다고 보았다.

[C-106/05 "L.u.P." (2006)]

독일의 유한회사인 L.u.P는 기업들이 운영하는 실험실들에 의료검사 역무를 제공하는 회사이다. 쟁점은 병원 밖의 실험실에서 수행된 의료검사 역무에 대해서도 면세가 적용되는지 여부이다. 유럽 법원은, 이러한 실험실이 '그 밖에 이에 유사한 성격을 가진 시설'에 해당한다고 보아 면세가 적용되어야 한다고 판단하였다.

[C-174/00 "켄네머르 골프(Kennemer Golf)" (2002)]

켄네머르 골프는 네덜란드의 골프 클럽으로서, 회원들로부터는 연회비 등을, 비회원들로부터는 골프장 이용료를 지급받았다. 쟁점은 이 골프 클럽이 회원제의 비영리단체이기 때문에 그 역무 제공이 부가가치세의 면세 대상인지 여부이다. 유럽 법원은 비영리단체인지 여부는 단체의 전체적인 활동을 근거로 판단해야 하고, 단체가 비록 '계획적·체계적으로' 이익을 얻는다 하더라도 그것이 회원들에게 분배되지 않는 한 여전히 비영리단체일 수 있다고 판시하였다. 다만 회원들이 납부하는 연회비는 협회가 그들에게 공급하는 용역의 대가가 되기에 충분한 '직접 관련성'을 갖는다고도 따로 판단하였다.

[C-498/03 "킹스크레스트 연합, 몬테셀로(Kingscrest Associates and Montecello)" (2005)]

킹스크레스트 연합 주식회사와 몬테셀로 주식회사는, 영국에서 '요양 가정 (residential care homes)'의 운영을 목적으로 하는 파트너십을 만들었으나, 이들은 영국 국내법에 따를 때 '자선(charitable) 단체'가 아니었다. 쟁점은 준칙과 국내법이 각각 정하는 '자선단체'의 의미가 같은지, 영리 단체가 준칙의 면세 대상에 포함되는지 여부 등이다. 유럽 법원은, '자선단체'는 준칙 고유의 개념으로 영리단체를 배제하지 않고, 다만 회원국의 국내 법원은 국내법상 자선단체가 아닌 것을 준칙에 따라 면세 대상인 자선단체로 인정할 수 있는지 여부를 스스로 판단할 권한을 가진다고 판시하였다.

[C-267/00 "동물학 협회(Zoological Society)" (2003)]

비영리단체인 런던 동물학 협회가 런던 안에서 운영하는 동물원과 관련하여 제공한 역무에 대한 부가가치세 과세 여부가 문제되었고, 특히 협회의 사람들이 자원봉사자가 아니라 보수를 받는 임직원으로서 협회 업무에 관여하였음에도 협회의 용역 공급이 면세 대상인지 여부가 쟁점이다. 유럽 법원은, 비영리단체도 유급으로 직원을 고용할 수 있으나, 관리·행정 등 높은 수준의 의사 결정에 관여하는 임직원들은 보수를 지급 받아서는 안 되며, 이 사건에서 보수를 지급 받은 사람들이 이에 속하는지는 국내 법원이 판단할 사항이라고 판시하였다(방론으로 관련 조항이 비영리의 용역 공급에 대한 것임을 강조한다).

[C-122/87 "집행위원회 대(對) 이탈리아" (1988)]

이탈리아는 수의사들이 공급하는 용역을 면세하고 있었다. 쟁점은 수의사들이 공급하는 용역이 면세 대상인 '의료·준(準) 의료 용역'에 포함되는지 여부이다. 유럽 법원은, 준칙의 면세 규정이 의료 역무가 '사람에 대하여' 제공되었을 때에만 면세한다고 명시적으로 정하고 있으므로(다만 준칙의 영어와 이탈리어 본(本)에서만 이 점이 분명하지 않다고 한다), 수의사들이 공급하는 용역은 면세되지 않는다고 판단하였다.

[C-384/98 "D 대(對) W" (2000)]

오스트리아의 의사인 로젠마이어는 친자 확인에 관한 법정 다툼에서 유전자 검사를 통해 의학적 의견을 제시하였고, 이러한 전문가 의견을 제시하는 것은 부가가치세 과세대상이라고 보아 부가가치세를 포함한 금액을 대가로 하여 국가로부터 수

취하였다. 쟁점은 의사가 법정에서 전문가 의견을 제시하는 것이 의료·준의료 용역으로서 면세 대상인지 여부이다. 유럽 법원은 이러한 유전자 검사가 사람을 진단하고 치료하는 것과 구별되는 일로서, 의료 용역에 해당되지 않고 따라서 면세 대상이 아니라고 판단하였다

[C-141/00 "퀴글러(Kügler)" (2002)]

퀴글러 사(社)는 외래환자 진료를 목적으로 하는 독일 회사로, 신체적인 장애로 타인의 조력이나 경제적인 지원이 필요한 사람들에게 자선 성격의 지원을 하는 것을 목적으로 삼고 있었다. 쟁점은 자격 있는 간호사가 병원이 아닌 곳에서 제공하는 여러 가지 역무들—진료, 치료, 일반적 돌봄, 가사 용역 등—의 전부 또는 일부가 면세 대상인지 여부이다. 유럽 법원은 회사가 용역을 공급하더라도 간호사가 제공하는 의료·준의료 역무는 면세될 수 있으나, 다만 진단이나 치료가 아닌 일반적 돌봄이나 가사 용역은 이러한 면세의 적용대상이 아니라고 판시하였다.

[C-212/01 "운터페어팅거(Unterpertinger)" (2003)]

M. 운터페어팅거는 연금 기관을 상대로 장애연금의 지급을 청구하는 소를 제기하였고, 법원은 전문의에게 운터페어팅거의 건강 상태에 관한 의학적 의견을 제출할 것을 요청하였다. 이러한 의견의 제출 비용은 피고가 부담하게 되어 있었고, 그에 따라 의사는 연금 기관에 비용의 지급을 요청하였다. 연금 기관은 의사의 이러한 용역 공급은 면세된다는 전제에서, 부가가치세를 제외한 금액만을 지급하였다. 유럽 법원은, 이러한 종류의 역무는 의료 용역에 해당하지 않는다고 판단하였다.

[C-307/01 "담브루메닐과 분쟁조정 서비스(d'Ambrumenil and Dispute Resolution Service)" (2003)]

의사인 P. 담브루메닐은 개인으로서, 또 그가 설립한 분쟁조정 서비스 사(社)의 직원으로서 다양한 역무를 제공하였다. 유럽 법원은, 이 중 ① 고용주나 보험회사를 위하여, 피용자나 보험 가입자들의 건강을 검진하거나, ② 여행하기 적합한 건강 상태를 갖추고 있음을 진단서를 통하여 확인하여 주는 역무는, 그 대상자 건강의 보호 — 유지와 회복을 포함한다고 한다—를 주로 의도한다는 점에서 의료 용역에 해당하여

면세된다고 판단하였다. 하지만 ③ 손해배상청구의 근거 마련을 위한 건강 검진은 이에 해당하지 않는다고 판단하였다.

[C-45/01 "크리스토프 도어니어 임상 심리학 재단(Christoph-Dornier-Stiftung für Klinische Psychologie)"]

도어니어 재단은 임상 심리학의 발전을 목적으로 하는 독일의 자선재단으로서, 외래환자의 정신적 치료를 위한 시설을 보유하고 있다. 재단은 자격을 갖춘 심리상담사들로 하여금 진료 역무를 제공하도록 하였는데, 독일 과세관청은 의사가 제공하는 역무가 아니라는 이유로 면세 대상이 아니라고 주장하였다. 유럽 법원은 준칙이 면세하는 의료 용역에는 자격 있는 심리상담사들이 공급하는 정신적 치료와 같이, 의사가 아닌 사람들이 공급하는 준의료 용역도 포함된다고 판단하였다.

[C-76/99 "집행위원회 대(對) 프랑스" (2001)]

프랑스 세법에 의하면 사람의 질병의 예방·진단·치료 목적의 용역은 부가가치세가 면세되고, 그에 따라 대상자의 샘플을 채취하는 용역이나 샘플을 다른 실험실로부터 전달받아 분석하는 용역도 모두 면세되지만, 샘플을 채취한 실험실이 샘플을 전달 받은 실험실에게 제공하는 운송 역무는 면세되지 않는다. 유럽 법원은 샘플의 운송은 진단 용역과 밀접하게 관계있는, 부수적인 용역으로서 함께 면세되어야 한다고 판단하였다.

[C-401/05 "VDP 치과 연구소(Dental Laboratory)" (2006)]

VDP는 치과의사들이 치과 보철물을 만들기 위하여 석고로 본뜬 것을 취합하고, 이를 제조회사에 넘겨 치과 보철물을 제조하도록 한 다음, 다시 전달받아 치과의사들에게 공급하는 사업을 영위하는 회사이다. 이 회사는 치과의사나 치과 기공사를 고용하지 않는다. 쟁점은 이와 같이 공급하는 치과 보철물이, 부가가치세가 면세되는 '치과 기공사에 의하여 공급되는 치과 보철물'에 해당하는지 여부이다. 유럽 법원은 치과의사나 치과 기공사가 아닌 사람이 중개인으로서 하는 치과 보철물의 공급에는 부가가치세가 면세되지 않는다고 판단하였다.

[C-240/05 "유로덴탈(Eurodental)" (2006)]

유로덴탈은 독일의 고객들을 위하여 치과 보철물의 제조·수리 사업을 영위하는 룩셈부르크 회사이다. 유로덴탈이 이와 같이 공급한 치과 보철물은 룩셈부르크 법에 따를 때 부가가치세가 면세되지만, 동시에 유럽연합 역내 공급의 성격이 있어서 매입세액의 공제를 받을 수 있어야 하지 않는가 하는 의문이 생긴다. 쟁점은 이와 같이 유로덴탈이 보철물의 공급과 관련하여 부담한 매입세액을 공제받을 수 있는지 여부이다. 유럽 법원은 보철물의 공급 거래가 회원국 사이의 것이거나, 보철물이 공급된 국가에서 부가가치세를 과세하는지 여부와 무관하게, 매입세액 공제를 받을 수 없다고 판단하였다.

[C-407/07 "중앙관리기관(Stichting Centraal Bedleidingsorgaan)" (2008)]

'중앙관리기관'은 네덜란드의 의료전문가 단체, 국립 보건원, 국립병원 이사회 등 병원·보건 분야의 기관·단체들로 이루어진 집단이다. 쟁점은 이 기관이 그 구성 단체 중 일부에 대하여만 공급한 용역이 부가가치세 면세 대상인지 여부이다. 유럽 법원은, '독립적 인적 집단'의 용역 공급을 면세하는 이유가, '다른 단체와 사이에 공동의 구조(common structure)를 통한 협력이 요구되는 일정한 용역을 공급하는 단체'를 면세하기 위한 데에 있음을 고려할 때, 구성 단체 중 일부에 대하여만 공급한 용역도 면세된다고 판단하였다.

[348/87 "금융업무수행 재단(Stichting Uitvoering Financiële Acties)" (1989)]

금융업무수행 재단 또는 "SUFA"는 네덜란드의 비영리재단으로, "네덜란드 복권 재단(ALN)"을 위하여 복권 제도의 실시에 관한 업무를 수행하였고, ALN으로부터 그 비용을 상환 받았다. 이것이 '독립적인 인적 집단'이 그 구성원에게 한 용역 공급으로서 면세되는지 여부가 쟁점이다. 유럽 법원은, '독립적인 인적 집단'이란 둘 이상의 사람이나 단체가 특정 활동을 공동으로 수행하기 위하여 조직한 것을 말한다고 전제하고, SUFA처럼 다른 단체를 대신하여 단독으로 업무를 수행하는 경우는 이에 해당하지 않는다고 판단하였다.

[C-8/01 "탁사토링겐(Tak-satorringen)" (2003)]

탁사토링겐은 덴마크의 중소 자동차 보험사들로 구성된 협회이고, 그 구성원을 대신하여 자동차 손상 정도를 평가하는 업무를 수행하며, 구성원들은 공동 비용 중 자신의 지분 상당액을 지급한다. 쟁점은 면세 대상인 보험 용역의 해당 여부, 그리고 협회를 '독립적 인적 집단'으로 보아 용역 공급을 면세할 경우 경쟁을 왜곡할 수 있을지 여부이다. 유럽 법원은 협회가 수행한 평가 업무는 보험계약자와 직접 관련이 없으므로 보험 용역으로서 면세될 수 없다고 판시하였다. 두 번째 쟁점과 관련하여 유럽 법원은 왜곡의 우려가 이론적인 것을 넘어 '실재'하여야 하지만, 면세가 현재뿐 아니라 장래 경쟁을 왜곡하는 경우도 이에 해당한다고 판단하였다.

[C-453/93 "빌트하위스 그리피운(Bulthuis-Griffioen)" (1995)]

빌트하위스-그리피운은 낮 동안 어린이집을 운영하고, 매출에서 비용을 공제한 금액은 보수로 받았으나, 그 금액은 비슷한 일을 하는 사람이 일반적으로 받는 보수의 수준보다는 낮았다. 쟁점은 이때 제공된 돌봄 역무가 면세되는지 여부이고, 특히 제6 준칙 제13조 제A항 (현행 준칙 제132조 제1항 (g)호) (g)호에서 말하는 '단체(bodies)'나 '조직(organizations)'이 복지와 사회보장 업무로서 공급하는 용역에 해당하는지 여부이다. 이 사건에서 유럽 법원은 위 (g)호는 다른 호와 달리 명확하게 용역의 공급 주체를 '단체'나 '조직'으로 정하고 있으므로, 한 사람의 자연인이 한 용역의 공급이 이에 해당할 수 없다고 판단하였다.

[C-216/97 "그렉 부부(Gregg & Gregg)" (1999)]

그렉 부부는 동업 형태로 어린이집을 운영하였고, 매입세액 공제를 위해 부가가치세 납세의무자로 등록하려 신청하였으나, 면세 용역을 공급한다는 이유로 거부되었다. 그렉 부부는 "빌트하위스-그리피운" 판결을 근거로 법인 아닌 단체가 제공하는 역무가 면세될 수 없다고 주장하였다. 유럽 법원은, 조세중립성 원칙 등에 근거하여, 면세 조항이 엄격 해석되어야 함은 "빌트하위스" 판결의 판시와 같지만, 그렇다고 '단체'나 '조직'의 의미가 자연인 아닌 법인에 국한된다고 해석할 근거는 없다고 판단하였다(역자 주: "빌트하위스" 판결과 구별되는 사안이라는 판단이나, 그렇다고 근거가 명확히 제시된 것 같지는 않다).

[C-594/13 "'고-페어' 차이트 아르바이트('go fair' Zeitarbeit)" (2015)]

'고-페어'는 일시적으로 고용되는 노동자의 파견 업무를 하는 독일의 합명회사로서, 간호 인력을 고용하여 입원환자나 외래환자 관련 시설에 공급하였다. 쟁점은 이러한 용역 공급이 복지와 사회보장 업무와 밀접하게 관련된 것으로 면세 대상인지 여부이다. 유럽 법원은, 인력의 공급은, 간호가 필요한 사람에게 복지와 사회보장 용역을 공급한 것이 아니라고 판단하였다.

[C-415/04 "엔스헤데 어린이돌봄 재단(Stichting Kinderopvang Enschede)" (2006)]

엔스헤데 재단은 어린이 돌봄의 역무를 직접 제공하기도 하고, 이러한 역무를 제공할 돌보미와 수요자를 중개하기도 하는 비영리단체이다. 중개 용역이 면세 대상인지가 쟁점이다. 유럽 법원은, 중개 용역에 대한 면세를 위해서는, ① 중개의 대상인 용역이 그 자체로 면세 대상이어야 하고, ② 중개된 용역이 중개 역무 없이는 그러한 수준의 역무를 제공 받을 수 없었을 것이라고 볼 정도의 것이어야 하며, ③ 중개 용역의 기본적인 목적이 추가적 소득의 획득에 있어서는 안 된다고 판시하고, 그 구체적 판단은 국내 법원이 내려야 한다고 하였다.

[C-434/05 "호라이즌 대학(Horizon College)" (2007)]

호라이즌 대학은 네덜란드의 교육 단체로서 소속 교수를 다른 교육 단체에서 근무하도록 하고, 그 단체로부터 해당 교수의 급여 상당액을 상환받았다. 쟁점은 이러한 교수 지원의 역무가 교육 용역으로서 면세되는지 여부이다. 유럽 법원은, 호라이즌 대학이 제공한 역무는 교육 용역에 해당하지 않고, 단지 다른 단체의 교육용역 공급을 가능하게 하여 주는 역무에 불과하다고 판단하였다. 다만 교원을 지원하고 지원받는 단체가 모두 교육 단체에 해당하고, 그 목적이 교육 용역의 품질 제고에 있으며, 추가적 소득의 획득이 목적이 아닌 경우라면 교육 용역에 밀접하게 관련된 용역으로 면세될 가능성은 있다고 판시하였다.

[C-445/05 "하더러(Haderer)" (2007)]

W. 하더러는 프리랜서 강사의 지위에서 베를린 주(州, Land)가 운영하는 성인

교육기관들의 조교로 일하거나 도자기에 관한 강의를 하였다. 쟁점은 그가 공급한 용역이 준칙이 면세하는 '학교와 대학 교육'에 관한 '사교육'에 해당하는지 여부이다. 유럽 법원은, 위 규정의 '학교와 대학 교육'의 범위가 학위나 특정 직업을 위한 교육에 국한되지는 않는다는 전제 하에, 학교나 대학이 학생들의 지식 기술을 높이기 위한 목적에서 흔히 가르치는 활동 범위에 속한다면, 하더러가 공급한 용역은 면세 대상이 될 여지가 있다고 판단하였다.

[C-449/17 "운전학교(Fahrschul-Akademie)" (2019)]

"A & G 운전학교" 사(社)는 독일의 B와 C1 운전면허 취득을 위한 이론과 실기 교육을 제공하는 유한회사이다. 쟁점은 운전학교가 공급한 용역이 '학교와 대학 교육'에 해당하여 부가가치세 면세 대상인지 여부이다. 여기서 유럽 법원은, '학교와 대학 교육'이란 폭 넓고 다양한 주제에 관한 지식과 기술을 전수하는 것을 의미한다고 해석한 다음, 운전학교가 학생들의 운전면허 취득을 위하여 공급하는 운전 교육은 이에 해당하지 않는 '특화된(specialised)' 것에 불과하여, 면세 대상에 해당하지 않는다고 판단하였다.

[C-150/99 "스톡홀름 린되파크(Stockholm Lindöpark)" (2001)]

스톡홀름 린되파크 사(社)는 골프장을 운영하는 회사이다. 스웨덴 국내법은 1997년 1월 1일 전까지 스포츠·체육교육에 관한 일반적 면세 규정을 두고 있어, 린되파크는 영리단체임에도 불구하고 그 기간 동안 부가가치세 매입세액 공제를 받지 못하였다. 쟁점은 비영리단체가 공급하는 스포츠 등 관련 용역을 면세하는 준칙 조항이 스웨덴 국내법과 같은 일반적 면세 규정을 금지하는지 여부이다. 유럽 법원은, 관련된 준칙 조항이 비영리단체의 스포츠·체육교육 용역에 한하여 면세하고 있으므로, 스웨덴 국내법의 영리단체 면세는 준칙 위반이라고 판단하였다.

[C-90/16 "영국 브리지 연맹(English Bridge Union)" (2017)]

영국 브리지 연맹은 브리지 게임의 규율과 발전을 목적으로 하는 비영리단체이다. 영국 브리지 연맹은 대회를 개최함에 따라 참가자들로부터 참가비를 납부 받았다. 쟁점은 브리지 대회를 개최하는 역무가 준칙에서 말하는 면세 대상인 스포츠·

체육교육에 해당하는지 여부이다. 유럽 법원은, 부가가치세 면세 대상인 '스포츠'는 '무시할 수 없는 정도의 신체 움직임이 포함'된 활동만을 의미한다고 전제한 다음, 브리지는 그에 해당할 수 없다고 판단하였다.

[C-253/07 "캔터베리 하키 클럽(Canterbury Hockey Club)" (2008)]

캔터베리 하키 클럽은 여러 하키 팀이 소속된 비(非) 법인사단으로, 영국 하키 협회의 구성원으로서 회비를 납부하였다. 쟁점은 협회가 캔터베리 하키 클럽에 한 용역의 공급이 면세되는지 여부이며, 특히 준칙의 관련 조항이 용역 공급의 상대방을 "사람(persons)"이라고 표현하고 있다는 점이 문제되었다. 유럽 법원은, 이 조항이 종목에 구애 받음 없이 스포츠에 면세하려는 규정이라는 점과 조세중립성의 원칙을 들어, 팀이나 클럽 단위로 이루어지는 스포츠에도 면세되어야 하고, 또 용역 대가를 지급하는 주체가 집단의 개개인이 아니라 법인이나 비법인사단과 같은 단체 자체인 경우에도 마찬가지라고 판시하였다.

[C-144/00 "호프만(Hoffmann)" (2003)]

독일의 공연 기획자 M. 호프만은 유명한 "쓰리 테너" 콘서트를 주최하였으나, 독일 내에서 이 공연과 관련한 부가가치세를 포탈한 혐의로 기소되었다. 호프만은 문화 당국으로부터 세 테너가 '문화 단체'에 해당한다는 공인을 받았으나, 과세관청은 여기에 구속력이 없고, 이들은 '단체'에 해당할 수 없다는 입장을 취하였다. 유럽 법원은 중립성 원칙에 비추어 볼 때 '단체'에 개인 예술가가 포함되지 않는다고 볼 수 없으며, 준칙 조항 자체는 관련 면세 조상이 비영리단체에만 적용된다고 제한하고 있지는 않다고 판단하면서, 다만 방론으로서 회원국이 이러한 제한을 국내법으로 정하는 것은 무방하다고 설시하였다.

[C-540/09 "스칸디나비아 개인 은행(Skandinaviska Enskilda Banken)" (2011)]

이 스웨덴의 금융기관은 부가가치세 연결집단의 모법인이다. 이 집단은 다른 회사의 신주인수 관련, 미(未) 청약 주식을 스스로 취득한다는 인수보증의 대가로 수수료를 받았다. 쟁점은 이러한 보증 역무가 준칙 제135조 제1항 (f)호에 해당하여 면세되는지 여부이다. 유럽 법원은, 우선 지침 제135조 제1항의 목적은 회원국들 간 부가가치세제 적용에 관한 불일치를 피하는 데에 있고 따라서 면세의 개념은 유럽 연합 고유의 것임을 전제로 하여, 이 사건의 보증용역 공급도 신주 발행와 관련된 거래 당사자들의 법적·재무적 상황의 변화로 이어지는 한 위 (f)호의 면세 범위에 포함된다고 판단하였다.

[C-259/11 "DTZ 자델호프" (2012)]

(제7장 '참고판결' 참조)

[C-461/08 "돈 보스코 부동산(Don Bosco Onroerend Goed)" (2009)]

네덜란드의 돈보스코 사(社)는 토지 매수 후 지상 건물을 철거하고 새 건물을 지을 계획이었고, 매도인이 철거 의무를 지는 대신 매매대금에 철거비용을 포함시켰다. 국내법에 따르면 양도 거래가 부가가치세 과세대상이 될 때에만 '양도세(transfer duty)'를 면제하는데, 과세관청은 이 거래는 건물의 양도로서 부가가치세 면세대상이라고 보아 양도세를 부과하였다. 유럽 법원은 면세 조항의 엄격해석에서도 그 해석은 면세의 목적에 부합하여야 하고 중립성의 가치를 존중해야 함을 전제하면서, 그런 시각에서 볼 때 이 거래는 전체로서 하나의 토지 양도이며, 건물 양도만을 따로 면세할 수는 없다고 판단하였다.

[C-326/11 "J.J. 코멘 부자(父子, Komen en Zonen) 관리(Beheer) 회사 헤이르후호바르트(Heerhugowaard)" (2012)]

코멘(Komen) 부자 관리회사는 쇼핑몰 건물을 양수하여 개축을 진행하였다. 네덜란드 과세관청은 이 건물의 양수 거래는 부가가치세 면세대상이라고 보아 양도세(transfer duty)를 부과하였다. 준칙 제135조 제1항 (j)호는 건물과 부지의 양도에 관하여 건물의 최초 사용 전 양도는 과세하고, 그 이후의 양도는 면세한다고 정하고 있다. 유럽 법원은 면세 조항의 해석 방법에 관한 "돈 보스코" 판결의 일반론을 그대로 전제한 다음, 부분적인 철거 작업만 수행되고 일부가 계속 사용되고 있는 건물을, 양수인의 개축을 전제로 양도한 것은 전체로 보아 건물의 양도로서 면세 대상에 해당한다고 판단하였다.

[C-349/96 "신용카드 보호 약정(Card Protection Plan)" (1999)]

"신용카드 보호 약정(Card Protection Plan)" 회사는 신용카드 소지자들의 분실·도난으로 인한 손실에 대한 보호를 제공하는 상품을 제공하였다. 이 상품에는 (i) 이 회사가 카드 분실·도난의 때에 직접 제공하는 역무와, (ii) 보험회사를 통한 손해 보상(판결에는 계약 내용에 관한 상세한 설명이 들어 있다)이 포함되었다. 하나의 상품 안에 이와 같이 과세·면세되는 요소들이 섞여 있을 때 이를 어떻게 다룰지가 쟁점이다. 유럽 법원은 원칙적으로 각각의 요소를 독립된 것으로 취급해야 하나, 경제적 관점에서 단일한 용역의 공급으로 판단될 때에는 그러하지 않다고 하면서 그 구체적 구별은 국내 법원에 미루었다.

[C-240/99 "보험회사 스칸디아(Försäkringsaktiebolaget Skandia)" (2001)]

스웨덴의 보험회사 스칸디아는 그 100% 자(子) 회사로 '생명보험회사(Livbolaget)'를 두고 있었는데, 생명보험사업을 스칸디아로 이전하되 자회사의 법인격은 그대로 두어 자회사가 법적으로는 여전히 보험자로 남는 구조의 거래를 계획하였다. 유럽 법원은 면세되는 보험 거래에 해당하기 위해서는 위험을 보상하는 주체와 보험가입자 또는 피보험자 사이에 일정한 법률관계가 존재하여야 하는데, 스칸디아와, 생명보험회사 고객들 사이에는 법률관계가 존재하지 않으므로 이때의 보험 거래는 면세될 수 없다고 판단하였다.

[C-124/07 "관리(또는 '베헤어', Beheer)" 회사 (2008)]

네덜란드의 베헤어 사는 보험 중개인·대리인으로 활동하는 VDL 사의 복(複)대리인(sub-agent)이었다. 베헤어 사는 VDL을 대리하여 보험 계약을 체결하고 그 대가로 VDL이 보험사들로부터 받는 수수료의 80%를 받았다. 쟁점은 베헤어 사의 복대리 용역도 면세 대상인지 여부이다. 유럽 법원은 보험 중개인·대리인이 보험 계약자와 직접 관계가 없지만, 그러한 직접 관계를 가진 다른 사람에게 계약상 구속되고 그를 통해 계약자들과 간접 관계를 갖는다면, 직접적인 계약 관계가 없다는 이유만으로 면세 혜택을 배제해서는 아니된다고 판단하였다.

[C-472/03 "아더 앤더슨 회계법인 부가가치세 집단(the single taxable entity Arthur Anderson & Co Accountants) (2005)]

아더 앤더슨 집단에 속한 네덜란드 회사인 앤더슨 컨설팅(Anderson Consulting Management Consultants) 사는 보험대리인을 통해 생명보험 사업을 하는 유니버설 레벤 사와, 협력 계약을 체결하여 앤더슨 사가 레벤 사의 비영업부서 활동을 대행하도록 하였다. 쟁점은 이러한 대행 역무가 보험 거래로서 면세되는지 여부이다. 유럽 법원은 비영업부서가 수행하는 활동은, 보험가입자에 대한 계약 관계와도 무관하고, 보험 가입자의 물색이나 보험회사의 소개와 같은 보험대리 업무의 본질적인 측면도 결여되어, 보험 중개인·대리인이 수행하는 보험 용역으로서 면세되지 않는다고 판단하였다.

[C-281/91 "무이·데빈터 건축회사(Muy's en De Winter's Bouw-en Aannemingsbedrijf)" (1993)]

네덜란드의 무이·데빈터 사는 고객과 '구매·작업 계약'을 체결하여, 고객에 부지를 제공하면서 주택을 신축하여 주고, 대가는 공사 진행에 따라 분할 지급받음을 원칙으로 하지만, 고객이 총 대금 10%의 보증금을 지급하고 지급 연기분에 대한 이자를 지급한다면, 토지·주택의 인도일까지 대금 지급을 미룰 수 있도록 정하였다. 쟁점은 이자 상당액의 면세 여부이다. 유럽 법원은 재화·용역의 공급자가 고객에 대금 지급을 연기해 주면서 이자를 받는 것은 일반적으로 면세 대상이지만, 목적물의 인도 시점까지만 대금 지급을 연기하여 주면서 수취하는 이자는 과세대상인 공급 대가에 포함된다고 판단하였다.

[C-453/05 "폴커 루드비히" (2007)]

(제7장 '참고판결' 참조)

[C-2/95 "저축은행 데이터센터(Sparekassenrnes Datacenter, SDC)" (1997)]

저축은행 데이터센터는, 회원 저축은행들에게 거래와 관련된 자료 처리와, 내부의 관리 업무와 관련된 역무를 제공하여 주고 대가를 받았다. 유럽 법원은 이러한 용역 공급이 면세되기 위해서는, 그 용역이 면세되는 거래에 고유하고 꼭 필요한 성격을 가져야 하는데, 단순히 금융 관련 정보를 은행 등에 제공하는 일은 이에 해당하지 않는다고 판시하였다. 이때 데이터센터의 책임이 단순히 기술적 측면에 국한되어 있는지, 아니면 금융 거래에 고유하고 꼭 필요한 측면에까지 확장되어 있는지 여부가 중요하다고도 판시하였다.

[C-455/05 "벨벳·슈텔 부동산(Velvet & Steel Immobilien)" (2007)]

벨벳·슈텔 부동산은 제3자 간에 체결된 토지·건물의 매매와 개보수 계약에 관하여, 매도인들의 의무를 함께 부담하는 대신 계약 대금의 일부를 받기로 하였다. 벨벳·슈텔은 이 거래가 준칙 제135조 제1항 (c)호의 신용 보증에 해당하여 면세된다고 주장하고, 과세관청은 금전채무에 대한 보증이 아니므로 이에 해당하지 않는다고 주장하였다. 유럽 법원은 면세되는 신용보증 용역은 본질적으로 금융 용역을 의미하는 것이므로, 벨벳·슈텔의 채무 인수는 이에 해당되지 않는다고 판단하였다(이때 금융거래 면세가 일반적으로 과세표준과 공제세액의 크기 결정에 관한 실무상 어려움을 덜기 위함이라는 설시를 덧붙였다).

[C-461/12 "그랜튼 광고(Granton Advertising)" (2014)]

네덜란드의 그랜튼 광고회사는 식당, 호텔 등 사업체와 제휴하여, '그랜튼 카드'를 소지한 사람은 이들 사업체로부터 재화나 용역을 구매할 때 할인을 받을 수 있도록 하고, 이 카드를 발행하여 소비자들에게 판매하였다. 쟁점은 이러한 카드의 발행이 준칙 제135조 제1항 (d), (f)호가 말하는 증권에 해당하는지 여부이다. 유럽 법원은, 면세 대상인 금융 거래가 꼭 금융기관에 의해 수행되어야 하는 것은 아니지만, 그 거래의 내용은 금융 거래에 해당하여야 한다고 전제하면서, 이 사건의 할인 카드는 카드 자체로 아무런 가치가 없고 그렇다고 결제 수단으로 기능하는 것도 아니므로 금융 거래의 성격이 없다고 판단하였다.

[C-235/00 "CSC" (2001)]

(제7장의 '참고판결' 참조)

[C-18/92 "발리(Bally)" (1993)]

고급 제화(製靴)를 생산하는 발리 사(社)는 벨기에에서 고객이 신용카드로 제품 대금을 결제한 경우, 카드회사 수수료를 제외한 나머지 금액만을 매출액으로 보아 부가가치세를 납부하였다. 유럽 법원은 기본적으로 대금 결제의 방법이 부가가치세 과세표준에 영향을 미칠 수 없다고 전제하고, 따라서 수수료를 공제한 나머지 금액만이 과세표준을 구성한다는 주장은 받아들일 수 없다고 판시하였다. 그리고 이 과정에서 신용카드 회사가 판매자에게 제공하는 역무에 관한 용역 공급은 신용 공여 등에 해당하여 면세된다는 설명도 덧붙였다.

[C-231/07 "라드브로크 경마(Tiercé Ladbroke)", C-232/07 "데르비(Derby)" (병합, 2008)]

벨기에 법원의 선결적 판결 사건이지만, 유럽 법원은 간략한 '결정(order)'의 형식으로 결론만 제시하였다. 제6 준칙 제13B조 (d)항 제3호(현행 준칙 제135조 제1항 (d)호)에서 말하는 "예금 계좌와 지불에 관한 거래(관련 협상을 포함)"에는 다음의 것이 포함되지 않는다는 내용이다. 이들은, 경마나 다른 스포츠 행사에서 고객을 대신하여 '베팅'을 수령하는 중개인의 행위('베팅'을 수령하고 등록하며, 마권 등의 교부를 통하여 '베팅'이 접수되었음을 확인시키고, 돈을 수령하고 배당금을 지급하는 행위), 고객을 위하여 돈을 관리하고 돈의 도난이나 분실에 대한 책임을 지거나 이에 대하여 수수료를 받는 행위이다.

[7/78 "톰슨(Thompson)" (1978)]

유럽연합 바깥에서 제조된 금화의 수입과, 영국 내에서 과거에 유통되던 은화의 수출은 모두 영국법 위반 행위로서, 형사 소추의 대상이 되었다. 이러한 영국법이 유럽연합법이 재화의 자유로운 유통을 금지할 수 없다고 규정하고 있는 것에 어긋나는 것이 아닌지 여부가 쟁점이다. 유럽 법원은, 시장에서 이러한 금화나 은화가 여전히 화폐의 일부로서 취급되고 있다는 점 등을 들어, 이들은 자유로운 유통의 대상이 되는 재화에 해당하지 않는다고 판단하였다.

[C-358/93 "보르데사(Bordessa)", C-416/93 "메야도(Mellado)" (병합, 1996)]

A. 보데사와 M. 메야도는 각각 스페인으로 입국하고 출국하는 과정에서 거액의

현금을 허가 없이 반입·반출하려던 행위가 적발되어 형사 소추의 대상이 되었다. 이러한 형사처벌 법규가 재화의 자유로운 유통을 정한 유럽연합법에 위반되는 것이 아닌지 여부가 쟁점이다. 유럽 법원은 법정 화폐와 같은 지급 수단은 재화에 해당하지 않는다는 점을 확인하면서, 각 회원국이 신고나 허가를 조건으로 동전, 지폐 또는 수표를 국외 반출할 수 있게 하고 이를 지키지 않은 경우 형사 처벌하는 규정은 유럽연합법에 위반되지 않는다고 판단하였다.

[C-264/14 "헤드크비스트(Skatteverket v. Hedqvist)" (2015)]

스웨덴 사람인 헤드크비스트(Hedqvist)는 전통적인 화폐와 비트코인을 교환하는 역무를 제공하는 회사를 운영하려 하면서 이러한 교환 거래에 대해 부가가치세가 과세되는지 여부를 질의하였다. 유럽 법원은, 비(非) 전통적 통화라 할지라도 법정 통화의 대체물로서 거래 당사자들에게 받아들여졌고 지급 수단으로 사용되는 것 이외의 목적이 전혀 없는 경우에 이를 수반한 거래는 준칙 제135조 제1항 (e)호가 규정하는 면세되는 금융 거래에 해당한다고 판단하였다(금융 거래를 면세하는 실무적인 이유는 비트코인 거래에서도 마찬가지로 존재한다고 한다).

[C-169/04 "애비 내셔널(Abbey National)" (2006)]

애비 내셔널 그룹이 운영하는 계약형 투자신탁이나 개방형 투자회사들에 관하여, 펀드의 회계 처리, 세금 신고 등 업무를 제3자 은행들에 위탁하여 처리하였다. 이러한 제3자가 수탁자 지위에서 수행하는 업무에 과세할 수 있는지 여부가 쟁점이다. 유럽 법원은, 제3자가 수행하는 펀드 자체의 내부관리 역무라도 그 펀드의 운영에 특유하고 필수적인 것이라면 면세되는 관리 역무에 포함되고, 반대로 정보 시스템의 이용 등 단순한 물적·기술적 역무는 이에 포함되지 않는다고 판단하였다. 특히 펀드가 법에 따라 운용되도록 보장하는 다양한 역무들(준칙 85/611 관련)이 이에 포함되지 않는다고 판단하였다.

[C-363/05 "JP 모건(Morgan)" (2007)]

JP 모건은 영국 내에서 투자신탁회사와 자산운용회사를 만들고, 서로 간에 관리 용역을 제공하게끔 하였다. 영국 법은 외부 관리자가 개방형 투자회사에 공급하는 용역에 부가가치세를 면세하고, 폐쇄형 투자회사는 그러한 면세를 받지 못하였기 때문에, JP 모건의 투자신탁회사에 공급하는 관리 용역에 부가가치세가 과세되었다. 유럽 법원은 준칙 제135조 제1항 (g)호가 투자 펀드의 범위를 정할 수 있다고 규정하고 있지만, 입법재량은 조세중립성을 존중하는 가운데 행사되어야 하고, 영국의 이러한 입법 태도는 조세중립성에 어긋나고 준칙 위반이라고 판단하였다.

[C-86/99 "프리먼즈(Freemans)" (2001)]

이 판결의 쟁점은 그 자체로 내기나 도박과 무관하고, 우편판매 등에서 구매 실적에 따라 할인 혜택을 주는 경우 할인된 금액이 과세표준에 포함되는지 여부가 다투어졌다. 다만 납세의무자가 게임머신과 관련된 용역 공급에서 과세표준을 산정할 때 게임머신에 투입하는 돈 전부를 과세표준으로 보지 않는다는 법리가 이 사건의 쟁점과 관련이 있다고 주장하였기 때문에, 유럽 법원은 이러한 주장을 배척하면서, 내기나 도박의 경우에는 실무적인 차원에서 부가가치세에 관한 특별 취급이 필요할 수밖에 없다는 설시를 덧붙이고 있다(문단 30에 이러한 언급이 집중되어 있다).

[C-89/05 "유나이티드 유틸리티즈(United Utilities)" (2006)]

유나이티드 유틸리티즈 사(社)는 이 사건에서 연결납세 집단의 대표이고 실제 문제는 '버텍스(Vertex)'라는 이름의 회사와 관련하여 발생하였다. 이 회사는 스포츠나 그 밖의 사건과 관련하여 돈을 걸고 돈을 따거나 잃는 거래를 계속적으로 운영하는 '리틀우즈(Littlewoods)'라는 회사의 콜센터 역할을 수행하고 리틀우즈로부터 대가를 지급 받았다. 유럽 법원은 내기나 도박에 관한 거래를 면세하는 이유는 실무적인 것인데, 이러한 콜센터 용역에는 그러한 실무적 면세의 이유가 존재하지 않는다고 보아 면세 대상이 아니라고 판단하였다.

[C-283/95 "칼하인츠 피셔(Karlheinz Fischer)" (1998)]

피셔는 독일 내에서 허가를 받고 게임 기계를 만들었으나, 실제의 기계는 허가받은 내용과 달리 불법 도박을 내용으로 하는 것이었다. 피셔의 이러한 사업에 부가가치세를 부과할 수 있는지 여부가 쟁점이다. 유럽 법원은 이러한 사업이 비록 불법적인 것이라 하더라도, 같은 내용의 도박이 허가 받은 카지노에서는 적법하게 행하여질 수 있고 그러한 도박장 영업이 면세되는 이상 피서에게도 준칙의 면세 규정이 적용되어야 한다고 판단하였다.

[C-453/02 "린네베버(Linneweber)", C-462/02 "아크리티디스(Akritidis)" (병합, 2006)]

린네베버는 식당이나 그 밖의 장소에 게임머신을 두고 영업하였고, 아크리티디스는 합법적인 카지노 사업자이지만 카지노 영업장 내에서 허가 내용에 어긋나는 영업을 하였다. 이러한 경우에 각각 부가가치세 납세의무를 부담하는지 여부가 쟁점이다. 유럽 법원은 납세의무자가 카지노 영업허가를 받은 사람인지, 그러한 허가 내에서 영업하는지 여부는 부가가치세 면세 여부에 영향을 미치지 않고 따라서 이들은 모두 면세되어야 한다고 판단하였다. 준칙에서 회원국이 이러한 면세에 제한을 가할 수 있다고 정하고 있더라도, 회원국은 이러한 제한을 정할 때 조세중립성을 반드시 고려해야 한다고도 설시하였다.

[C-468/93 "에먼 시(市, Gemeente Emmen)" (1996)]

에먼 시는 도로 등으로 이용되던 땅을 주택 부지로 조성하여 수요자들에게 공급하였다. 쟁점은 이 부지가 준칙 제135조 제1항 (j)호가 규정하는 '건축용지'에 해당하는지 여부이다. 유럽 법원은 준칙 제12조 제3항이 이 개념의 정의를 각 회원국에 맡기고 있음을 들어, 어느 정도의 개량이 뒤따라야 이를 '건축용지'에 해당한다고 볼 수 있는지에 관한 판단 역시 각 회원국의 부가가치세제 내에서 이루어져야 하고 유럽 법원이 판단할 사항이 아니라고 판시하였다.

[C-166/05 "헤거" (2006)]

(제7장의 '참고판결' 참조)

[C-428/02 "마르셀리스보르(Marselisborg)" (2005)]

(제7장의 '참고판결' 참조)

[C-315/00 "마이어호퍼(Maierhofer)" (2003)]

R. 마이어호퍼는 독일의 바이에른 주 정부에게 망명 신청자들을 수용할 수 있는 토지와, 그 지상에 건축된 조립식 건물을 대여하였다. 이 건물은 토지에 고정되어 있고 쉽게 움직일 수 없으나, 일정 기간이 지나면 용이하게 철거할 수 있는 성격의 것이었다. 독일 과세관청은 기존의 행정해석에 의존하여, 이러한 건물의 임대는 면세 대상이 아니라고 보았지만, 유럽 법원은 면세 대상인 부동산 임대에서 부동산의 개념은 유럽연합법 고유의 것이라고 판시하였고, 토지에 튼튼하게 부착되어 쉽게 움직일 수 없는 성격의 것이라면 이는 부동산에 해당한다고 판단하였다.

제 10 장

매입세액의 공제와 환급

• • • • • • • • •

제 10 장

매입세액의 공제와 환급

옮긴이의 말

잘 알려진 대로 매입세액의 공제는 부가가치세제의 핵심적인 요소이며, 그 이전의 매상세와 부가가치세를 명확하게 구별하도록 하는 요소이다. 제8장에서 과세표준과 세율을 통하여 매출세액의 계산을 다루었으니 마지막 제10장에서 매입세액의 공제를 다루는 것은 논리 필연적이기도 하다. 매입세액의 공제에 관한 기본적인 요건이나 내용은 우리 부가가치세법과 다를 것이 없으나, 다만 매입세액의 공제를 받을 '권리'라는 표현을 쓰는 점은 우리 입장에서 생소하다. 매입세액을 발생시킨 거래가 특정의 매출 거래와 대응되지 않고, 문제된 납세의무자가 과세·면세되는 거래를 모두 수행하는 경우, 면세 거래에서는 매입세액의 공제가 허용되지 않을 수 있기 때문에 까다로운 문제가 생긴다. 또 문제된 재화나 용역을 처음에 매입한 시점과 이후 사용하는 시점 간에 그러한 재화·용역의 사용처에 관한 계획 변경이 생기거나 하는 경우에도 매입세액의 '조정'이라고 불리는 까다로운 제도가 작동하게 된다. 우리나라 부가가치세법 역시 비슷한 문제들을 다루고 있으나, 현재의 유럽연합 부가가치세제의 규정이 더 복잡하고 자세하다.

제1절 도입

　부가가치세를 다른 세금과 구별되는 독특한 것으로 만드는 가장 큰 특징 중 하나는 '매입세액 공제'이다. 이러한 공제 제도는, 각 거래 단계에서 새로이 창출된 부가가치에 대해서만 부가가치세가 부과되도록 보장한다. 또한 이는 재화·용역이 최종 소비자나 '납세의무자 아닌 사람'에 이르기까지 얼마나 많은 단계를 거쳐 거래되는지에 상관없이 부가가치세액이 비례적으로 산정되도록 한다. 공제 제도의 목적은, 상인이 자신의 경제 활동―그 자체는 부가가치세의 과세대상 거래에 해당함이 전제되어야 한다―을 하는 과정에서 납부되었거나 납부되어야 할 부가가치세의 부담에서 완전히 벗어날 수 있도록 함에 있다.

　납세의무자를 부가가치세 부담에서 벗어나게 한다는 이러한 공제 제도의 목적이 중요하다 해도, 이 제도는 여전히 행정적 측면에서 상당한 부담을 안긴다. 온전하게 과세되는 거래들을 수행하는 '사업자 간(B2B)'의 거래에서 납세의무자들은 단지 (부가가치세제가 요구하는 대로) 세금을 '관리'할 따름이다. 이들은 모든 공급에 대해 매출세액을 신고하고, 자신이 재화·용역을 공급 받는 모든 과정에서 부담한 매입세액을 마찬가지로 공제하여야 한다. 만약 '납세의무자 아닌 사람'에게 공급하는 경우만 과세대상으로 삼는다면, '사업자 간' 거래에 참여하는 사람들은 모두 무거운 행정적 부담에서 벗어날 수 있을 것이다.

　유럽연합의 회원국들처럼 복잡하고 현대적인 경제 사회에서, 기업은 일반적으로 '사업자 간', 그리고 '사업자―소비자 간(B2C)' 거래에 모두 관여한다. 가령 같은 공급자가 컴퓨터 프로그램을 사업자와 개인 소비자에게 모두 판매하는 것과 같다. 전화나 인터넷 사용도 동일하다. 또한 상점에서 고객들은 기업용 사무용품뿐 아니라, 커피나 케이크도 구매할 수 있다. 이러한 공급자들의 입장에서는 하나의 동일한 기준을, 재화·용역의 과세 여부에 관계없이 적용하는 편이, 고객이 사업자나 개인 소비자인지에 따라 두 개의 서로 다른 기준을 적용하는 것보다 간이하다.

유럽연합 내에서 부가가치세제는 '조화'되어 있지만, 매입세액 공제에 관한 개별 회원국의 국내법 규정들은 조금씩 다르다. 부가가치세 준칙 제176조가 그러한 차이의 원인 중 하나이다. 이 조항에 따르면 기존 회원국들은 1979년 1월 1일 당시 적용하던 매입세액 공제에 대한 모든 예외 규정을 계속 유지할 수 있었다. 한편 1979년 1일 1일 후에 유럽연합에 가입한 회원국은 그 가입일 당시 적용하던 매입세액 공제에 관한 모든 예외 규정을 계속 적용할 수 있다. 회원국들은 예외 규정을 확장할 수는 없고, 기존의 것을 유지할 수 있을 따름이다. 따라서 회원국들은 매입세액 공제에 관한 예외 규정들이, 준칙이 각 나라에 적용되기 시작한 당시보다 더 넓게 해석되거나 적용되지 않도록 주의해야 한다. 보통 그러한 예외 규정은 차량과 오토바이, 그리고 접대성(接對性)의 비용[60]과 관련되어 있다.

이 장에서는 매입세액 공제와 환급을 다룬다. 먼저 과세대상인 재화·용역의 공급 과정에서 이루어진 모든 취득에서 발생한 매입세액이 공제되어야 한다는 기본 원칙으로부터 시작한다(제2절). 이후 과세·비과세의 목적이 '혼합된' 거래의 매입세액 공제를 설명하고(제3절), '공제에 대한 권리(right of deduction)'의 행사(제4절)와, 매입세액의 '조정(adjustment)'(제5절)을 각각 논의한 다음, 몇 가지 결론으로 장을 마무리

---

60 원문에서는 "representation expense"라는 표현을 사용하고 있는데, 그대로 번역하자면 '행사비' 정도가 되겠지만, 우리나라에서 잘 알려져 있는 개념은 아닌 것 같다. 인터넷에서 이 용어를 검색하여 보면, "고객이나 사주(社主), 임직원의 오락을 위한 비용. 흔히 여행 관련 비용과 함께 등장하며, 따라서 계정의 이름으로는 '여행 행사 비용(travel and representation expense)'과 같이 쓰인다."는 설명을 찾을 수 있다(https://www.accountingverse.com/financial-accounting/elements/expense-accounts.html).

한다(제6절).

제2절 기본 원칙―과세된 거래와 관련하여

1 이 절의 내용 일반

부가가치세 준칙 제168조의 주된 내용은, 재화·용역이 납세의무자의 과세대상 거래에 사용되는 한, 납세의무자는 그러한 거래를 수행한 회원국 내에서 매입세액을 공제 받을 수 있다는 것이다. 매입세액이란, 납세의무자가 다른 납세의무자로부터 공급받았거나 받을 재화·용역에 관하여, 이러한 회원국에서 이미 납부되었거나 납부될 부가가치세를 의미한다. 나아가 유럽연합 역내 취득이나 재화의 수입에 따른 부가가치세도 매입세액에 해당한다. 또한 재화·용역의 공급으로 간주되는 일정한 거래에 대한 부가가치세 역시 매입세액으로서 공급 상대방은 이를 공제 받을 수 있다. 이는 준칙 제18조 (a)호와 제27조가 규정하는 '간주공급'의 문제이다. 각 회원국들은 준칙의 이 조항들을 적용할지 여부를 선택할 수 있다(회원국들은 이 거래들을 재화·용역의 공급으로 취급'할 수 있다'). 그에 비해 준칙 제17조와 제26조가 규정하는, 의무적―즉 재화·용역의 공급으로 취급되어야만 하는―인 간주공급의 상대방은 매입세액을 공제받지 못한다.

일단 매입세액이 있다는 것이 확인되면, 다음으로는 그 재화·용역이 납세의무자의 과세대상 거래에 사용되었는지 여부를 판단해야 한다. 무엇이 재화·용역의 공급이고, 누가 납세의무자인지에 대해서는 제5, 6장에서 이미 논의하였다. 그러나 매입과 매출 거래 사이의 관계에 대해서는 이 책에서 아직까지 논의되지 않았다.

준칙 제1조는 매입세액의 '공제를 받을 권리(right of deduction)'에 관한 중요한 내용을 포함하고 있다. 이 조항은, 각 거래에서 재화·용역의 가격에 적용되는 세율을 곱하여 산정된 부가가치세가 부과되는데, 이때 여러 '원가 구성요소(cost component)'들이 '직접 부담한(directly borne)' 부가가치세의 액수를 공제해야 한다고 규정한다. 따라서 오직 매출 거래의 '원가 구성요소'가 '직접 부담'하는 매입세액만이 공제될 수 있다.

유럽 법원은 "BLP 그룹(Group)" 판결(C-4/94)에서, 제6 부가가치세 준칙 제17조(현행 준칙 제168조)[61]가 '거래를 위하여(for transaction)'라고 규정하고 있음은, 매입세액 공제를 위해서, 문제된 재화·용역이 과세대상 거래와 '직접적·즉각적 관련(direct and immediate link)'을 가져야 함을 보여 준다고 판시하였다. 나아가 매입세액 공제의 여부를 판단할 때, 납세의무자가 갖는 궁극적인 목적은 관련이 없다고 한다. 이 사건의 당사자는, '간접적 관련'만으로도 매입세액 공제에 충분하다고 주장하였지만 배척되었다. 다만 "BLP 그룹" 판결만을 살펴볼 때에는, 자칫 직접비(direct cost)에 관련된 매입세액만이 공제될 수 있다는 오해를 낳을 수 있어 주의를 요한다.

유럽 법원은 "미들랜드 은행(Midland Bank)" 판결(C-98/98) 판결을 통해 '직접적·즉각적 관련'의 개념을 더 구체화하였다. 유럽 법원은 "BLP 그룹" 판결의 '직접적·즉각적 관련'이란 곧 어떤 지출이, 공급된 재화·용역을 활용하는 과세거래의 원가를 구성해야 한다는 의미라고 설명하였다. 그에 해당하기 위해서는, 일반적으로 납세의무자가 관련된 거래를 행하기에 '앞서', 그러한 비용이 이미 발생하였어야 한다. 하지만 그

---

61 이 판결에서 문제된 제6 준칙의 조항은 제17조 제2항과 제5항인데, 각각 현행 준칙 제168조 (a)호, 제173조 제1항에 대응하며, 특히 원문에 인용된 '거래를 위하여(for transaction)'라는 표현이 그대로 등장하는 것은 제168조보다는 오히려 제173조 제1항의 쪽이다.

렇다고 해서 과세대상 거래가 이루어진 '다음에' 발생한 비용과 관련된 매입세액이 공제될 수 없다는 뜻은 아니다. 이러한 매입거래 역시 납세의무자의 '일반 비용(general cost)'의 일부를 이루고, 그리하여 기업 생산품의 가격을 구성하는 요소가 된다. 따라서 이들 거래 역시 납세의무자의 사업 전체에 직접적·즉각적 관련을 가진다. 또 유럽 법원은 이미 과세대상 거래가 행하여진 후에 비용이 발생한 경우에도, 어떤 거래와 직접적·즉각적 관련을 가진다고 볼 수 있는 가능성을 열어 두었다. 납세의무자가, 매입세액이 공제되는 거래의 결과로서 재화·용역을 활용하고, 그 재화·용역에 관한 비용이 그러한 '거래'의 '원가 구성요소'의 일부라는 점을 예외적으로 입증하는 경우가 그에 해당할 것이다.[62]

"미들랜드 은행" 판결로부터, 완전하게 과세되는 사업을 영위하는 경우라면, 문제되는 재화·용역의 공급을 받는 시점이 거래 전이든 후이든 상관없이 매입세액 공제를 받을 수 있음을 추론할 수 있다. 일반적으로 직접비뿐 아니라 간접비 역시 공제되는 매입세액에 포함된다. 또한 어떤 사업이 전체적으로 보아 어떤 원가 구성요소를 포함하고 있다면, 관련된 매입세액은 공제할 수 있다.

유럽 법원은 "SKF" 판결(C-29/08)에서, 과세되거나 과세되지 않는 부분이 혼합된 경우, 매입세액 공제가 허용되는지 여부의 판단에는 원가 구성요소들이 결정적이라고 강조하였다. 선결적 판결을 위한 절차인 이 사건에서, 국내 법원에서는 문제된 회사의 사업 일반이 모두 부가가치세의 과세대상이라고 인정되었다. 이 회사는 자회사 한 곳과, 또 다른 회사

---

62 요컨대 ① 문제된 거래에 '앞서' 발생한 비용은 일반적으로 '해당 과세거래'와 직접적·즉각적 관련성을 가지므로 (전부) 공제된다. 반면 ② '다음에' 발생한 비용은 그러한 직접적·즉각적 관련성이 없지만, 일반 비용으로서 '전체 사업'과 직접적·즉각적 관련성이 있을 수 있고, 이때 과세대상 거래에 사용되는 비율 상당만큼 (일부) 공제가 가능할 것이다. 다만 본문에서 살폈듯이 ③ '다음에' 발생한 비용이 해당 거래의 원가를 구성하는 예외적인 경우도 존재할 수 있다.

지분의 26.5%를 매도하려고 했다. 주식의 판매는 준칙 제135조 제1항에 따라 면세된다. 유럽 법원은, 만약 공급 받은 용역에 관련된 비용과, 납세의무자의 전제적인 경제 활동 사이에 직접적·즉각적 관련이 인정된다면, 주식 처분을 위하여 공급 받은 용역에 대하여 지급한 매입세액을 공제할 수 있다고 판시하였다. 나아가 국내 법원의 본안(本案) 절차에서 거래를 둘러싼 모든 제반 사정을 고려하여, 발생한 비용이 주식의 판매 가격에 포함될지 아니면 단지 납세의무자의 경제활동 범위 내에서 거래의 원가 구성요소에 포함될지 여부를 판단하는 일은, 이 사건의 쟁점을 유럽 법원에 제기한 각 회원국 법원의 몫이다. 구체적·개별적 사건에서 이 문제를 어떤 방법으로 판단할지는 각 회원국의 '절차적 자율성' 차원의 쟁점일 뿐, 부가가치세법의 문제가 아니다.[63] 자국의 증거법을 적용하여 판단을 내리는 것은 회원국 과세관청과 법원의 일이다.

2 '사적(私的, private)' 용도에 사용된 경우

재화나 용역이 사적인 용도에 사용되는 경우 관련 매입세액은 공제되지 않는다고 생각하기 쉽다. 하지만 항상 그러한 것은 아니다. 제6장에서 설명한 것처럼, 사적 용도의 재화·용역 사용은 일정한 요건을 충족할 경우 부가가치세가 과세된다. 부가가치세 준칙 제16조는, 납세의무자가 사업용 자산의 일부를 구성하는 재화를 자신이나 직원의 사적 용도에 사용하거나, 무상으로 처분하거나, 아니면 좀 더 일반적으로 말하여 사업 아닌 다른 목적에 사용하는 경우를 재화의 유상 공급으로 간주한다. 이러한 경우 그 재화나 그 일부 구성요소에 관한 부가가치세가 전부 또는 일부 공제될 수 있다. 준칙 제26조는, 사업용 자산의 일부를 구

---

63 원문에서는 '법의 문제(matter of law)'라고 되어 있지만, 전체적인 의미를 감안하여 '부가가치세법의 문제'로 번역하였다.

성하는 재화를 자신이나 직원의 사적 용도에 사용하거나, 아니면 좀 더 일반적으로 말하여, 그 재화에 관한 부가가치세의 전부 또는 일부가 공제될 수 있는 사업 아닌 다른 목적에 사용하는 경우를 용역의 공급으로 간주한다. 그리고 납세의무자가 스스로 또는 직원의 사적 용도를 위해 무상으로 역무를 제공하거나, 아니면 좀 더 일반적으로 말하여, 사업 아닌 다른 목적으로 역무를 제공하는 경우에도 마찬가지이다. 이러한 거래들은 모두, 원칙적으로 관련 매입세액 공제의 권리를 발생시키는 과세대상 거래이다(C-97/90, "렌나르츠(Lennartz)" 판결).[64]

만약 '자본재(capital goods)'가 '혼합'된 목적으로 사용된다면, 그 재화를 구매한 사람에게 선택권이 있다. 즉 납세의무자는 부가가치세와 관련하여 다음 중 한 가지를 골라서 이용할 수 있다.

- 그 재화를 전적으로 사업용 자산으로 분류하거나,
- 그 재화를 전적으로 그의 '비(非) 사업용 자산(private asset)'으로 보유함으로써 부가가치세 체계에서 완전히 배제하거나,
- 그 재화를 실제로 사업적 용도에 사용하는 범위에서 사업용 자산에 포함시킬 수 있다(C-291/92, "암브레히트(Armbrecht)" 판결; C-434/03, "찰스와 찰스-테이멘스(Charles and Charles-Tijmens)" 판결).

---

64 "렌나르츠" 판결에서도 그렇고, 가령 우리나라의 대법원 2016. 7. 7. 선고 2014 두1956 판결에서도 그러하지만, 자산을 사업용 목적으로 취득하면 그 시점에서 매입세액 공제가 허용되고, 그럼에도 추후에 사업 외의 다른 목적에 사용되면 공급으로 의제되어 매출세액이 과세된다. 이론적으로 보면, 과거의 매입세액 공제를 부정할 수도 있겠지만, 그렇게 하지 않고 현재 시점에 매출세액을 과세하는 방법을 택한 것이다. 이때의 매입세액 공제와 매출세액 과세는 이와 같이 논리적으로 서로 연결되어 있고, 본문의 설명은 이러한 의미일 것이다. 하지만 그렇다고 매출세액 과세의 시점에서 비로소 매입세액 공제의 허용 여부가 현실적으로 정하여지지는 않는다. 이 점에 관해 오해가 없기 바란다.

재화가 전적으로 사업용 자산으로 분류되면, 사적 용도의 사용은 준칙 제26조에 따른 용역 공급의 거래로 간주된다. 만약 재화가 납세의무자의 '비사업용 자산'으로 남아 있다면, 납세의무자는 반대로 어떠한 매입세액도 공제받지 못한다. 재화가 실제로 사업적 용도에 사용되는 범위에서만 사업용 자산에 포함되는 경우, 사적 용도의 사용에는 부가가치세가 과세되지 않는다. 이 경우 당초 예상한 것과 실제의 사용이 달라질 수 있기 때문에, 부가가치세 측면에서 문제가 발생한다. 만약 당초 예상보다 사업적 용도로 덜 사용된다면, 그에 대응하는 사적 사용에는, 준칙 제26조에서 규정하는 대로 부가가치세가 과세되어야 한다.

준칙 제168a조에 따라, 회원국들은 건물이 혼합적으로 사용되는 경우, '공제 받을 권리'의 한계를 설정할 수 있다. 만약 어떤 건물이 사업적 용도와 함께, 스스로나 직원의 사적 용도를 위하여, 또는 더 일반적으로 사업 아닌 다른 목적에서 사용된다면, 이 재산과 관련된 지출에 대한 부가가치세는 사업적 용도에 비례하여 부분적으로만 공제가 허용된다. 이러한 '공제 받을 권리'의 제한은 회원국들의 정함에 따라 다른 종류의 재산에도 적용될 수 있다.

제168a조는 2009년 12월 22일 부가가치세 준칙에 도입되었다(준칙 2009/162/EU). 이 조항의 시행은 의무적인 것이 아니다. 따라서 모든 회원국들이 이 제한을 적용하지는 않는다.

3 창업 또는 폐업에 관련된 활동

공제를 받는 시점 또한 납세의무자에게는 매우 중요한 문제이다. 창업의 시점에서는, 수익이 적은 데 비해 투자와 비용에는 돈이 많이 든다. 그러한 지출에 관한 매입세액이 공제될 수 있다면, 새로 시작한 사업의 재정적 부담을 덜 수 있다. 반면 폐업을 하면, 더 이상 수익이 발생하지 않는 상황에서도 비용이 계속 발생하는 경우가 종종 있다. 그러한 비용에도 매입세액이 있을 수 있다.

유럽 법원의 판례에 따르면, 어떤 사업을 위하여 이루어진 최초의 투자 지출도 하나의 경제적 활동으로 취급될 수 있다(C-110/94, "INZO" 판결). 그러한 경우 납세의무자는 장래의 과세대상 거래와 관련하여 매입세액을 공제 받을 수 있는 권리가 있다. 회사가 실제 사업을 하는 단계로 나아가지 않기로 결정되고, 그 대신 (가령) 회사를 청산하기로 하여, 그 결과 당초 예정했던 경제 활동이 과세대상 거래의 발생으로 이어지지 않았다고 하더라도, 조세 포탈이나 회피(또는 남용)에 해당하지 않는 이상, 그 회사가 갖는 부가가치세 납세의무자의 지위가 소급적으로 소멸하지는 않는다. 과세관청이 첫 번째의 과세 시점에 이미, 과세대상 거래를 발생시키기로 예정된 경제 활동이 계속되지 않을 것을 알고 있었더라도, 당초 계획된 경제 활동이 실현될 것이라는 전제에서 이루어진 거래에 관한 매입세액을 공제 받을 권리는 그대로 존속한다(C-400/98, "브라이트졸(Breitsohl)" 판결).

장래에 과세사업을 영위할 의사가 있었고, 문제된 지출이 실제로 최초의 투자 지출에 해당한다는 점은 납세의무자가 입증해야 한다. 마케팅 활동이나, 산업적 목적으로 통상 사용되는 기계의 구입은 그러한 증거가 될 수 있다.

또한 어떤 사람이 경제 활동을 중단한 채 비용만 지출하고 있더라도, 이러한 비용이 이전의 상업적 활동과 직접적·즉각적인 관련을 맺고 있다면, 앞에서 설명한 대로 여전히 납세의무자로 인정된다. 조세포탈·회피의 의도가 없는 이상, 지출된 비용에 대한 매입세액을 공제받을 권리가 있다(C-32/03, "I/S Fini H" 판결).

4 조세포탈 또는 '부정(不正, fraudulent)'한 거래

조세포탈에 해당하는 '부정'한 거래는 다른 사람들의 매입세액 공제를 받을 권리에 부정적(否定的)인 영향을 미칠 수 있다. 납세의무자가, 어떤 구매를 통해 부가가치세를 포탈하는 부정한 거래에 참여한다는 것을 알았거나 알 수 있었다면, 실제로 그가 그 재화를 재판매하여 이익을 얻었는지 여부와 무관하게, 그는 그러한 부정한 거래에 참여하였다고 인정된다. 이때 납세의무자는 부정한 거래를 저지른 사람들에 조력함으로써 이를테면 공범(共犯)이 되기 때문이다. 또한 이러한 해석은 부정한 거래를 실행하는 것을 더 어렵게 만듦으로써, 이를 방지하는 수단이 될 수 있다. 따라서 이러한 경우 매입세액 공제의 권리는 인정되지 않는다(병합사건 C-439/04, 440/04, "키텔(Kittel)" 판결).[1]

제3절 '혼합적 활동(mixed activities)'

1 이 절의 내용 일반

납세의무자가 과세대상 거래와 과세되지 않는 활동을 함께 하는 경우가 있다. 대표적으로 유럽연합이나 각 나라의 정부로부터 일정한 활동에 관하여 보조금을 받는 농부가, 제3자에게 예컨대 곡물과 같은 재화를 판매하는 경우를 들 수 있다. 이 농부의 경제활동 중 일부는 부가가치세의 적용범위 밖—즉 과세대상이 아닌—에 있는 반면, 나머지는 과세대상이다. 또한 은행과 같은 금융기관이, 면세인 금융업(준칙 제135조 제1항 (a)~(g)호) 관련 활동과 함께, 과세대상인 자문 역무를 제공하는 경우도 마찬가지이다. 부가가치세와 관련하여, 이러한 사람들이 하는 일을 종

종 '혼합적 활동'이라고 부른다.

납세의무자가 경감세율이 적용되는 재화·용역을 공급하더라도, 일반적으로 그는 관련 매입세액을 전부 공제받을 수 있다. 가령 그러한 재화·용역에 6%의 매출세액만 부과되더라도, 6% 세율로 산정되는 매입세액만이 아니라, 매입세액 전부가 공제된다. 따라서 어떤 납세의무자가 공급하는 재화·용역의 일부에 기본세율이 적용되고 나머지에 경감세율이 적용되는 경우를 '혼합적'이라고 하지는 않는다.

2 '비례적 안분(按分, pro-rata calculation)'

납세의무자가 혼합적 목적에서 재화·용역을 사용한다면, 과세대상이 되거나 매입세액의 환급 청구권을 주는 거래에 귀속되는 부가가치세만이 공제 가능하다. 많은 경우 납세의무자는 취득한 재화·용역이 어떤 거래에 사용될지 알고 있다. 과세대상 거래의 목적에 사용된다면 매입세액은 공제할 수 있고, 그렇지 않은 경우라면 공제되지 않는다.

만약 취득 시점에 재화·용역이 실제로 어디에 사용될지 알 수 없거나, 재화·용역이 두 가지 목적 모두에 사용될 것이라면, 공제 가능한 금액의 산정을 위해서 먼저 그 비율을 결정해야 한다. 이러한 과정을 흔히 '비례적 안분'이라고 하며, 준칙 제174조에 규정되어 있다. 공제할 수 있는 금액은 아래의 분수(分數)를 이용하여 계산된다.

- 분자(分子): 제168, 169조에 따라 매입세액 공제가 허용되는 거래의 연간 매출액(부가가치세 제외) 합계
- 분모(分母): 제168, 169조에 따라 매입세액 공제가 허용되는 거래와, 매입세액 공제가 허용되지 않는 거래에 관한 연간 매출액 합계 (부가가치세 제외)

회원국들은 방금 말한 분모에, 재화·용역의 가격과 직접 관련되지 않은 보조금을 포함시킬 수 있다. 가령 어떤 농부가 습지(濕地)를 만드는 대가로 보조금을 받는다면, 그러한 보조금을 분모에 포함시킬 수도 있다.

그러나 모든 재화·용역의 공급이 이 계산에 반영되는 것은 아니다. 납세의무자가 자기의 사업에 사용하는 자본재의 공급이나, '부수적인(incidental)' 부동산·금융 거래의 매출은 고려되지 않는다.[65]

준칙 제175조에 따라, 이러한 매입세액 공제 비율은 1년 단위의 백분율(%)로 산정하되, 소수점 이하는 반올림한다. '잠정적(provisional)'인 공제 비율은 전년도 거래를 기준으로 산정한다. 참조할 만한 거래가 없거나, 거래가 있더라도 그 금액이 충분히 크지 않은 경우에는, 과세관청의 지도 하에 납세의무자의 예측 값을 기준으로 공제 비율을 산정한다. 다만 회원국들은 1979년 1월 1일 당시 시행되던 규정을 유지할 수 있다. 만약 이 날짜 이후에 유럽연합에 가입한 회원국이라면 그 가입일 당시 시행되던 규정을 마찬가지로 유지할 수 있다. 이렇게 잠정적인 비율에 따라 이루어진 공제는, 다음 해에 최종적으로 산정된 비율에 따라 조정되어야 한다. 즉 실무적으로는, 매년 초에 정해지는 비율을 그 해 내내 적용할 수밖에 없다는 뜻이다. 결산의 기준 시점이 되어야 비로소 최종적인 공제 비율을 정할 수 있기 때문이다. 이렇게 공제 비율이 최종 확정되면, 매입세액 공제액도 그에 맞추어 조정된다. 조정의 결과에 따라 과세관청으로부터 부가가치세를 환급받을 수도 있고, 반대로 추가 납부해야 할 수도 있다.

---

65 일시적이거나 우발적인 성격을 가지면서, 상당한 금액의 매출을 발생시키는 경우, 그러한 금액을 감안하는 것은, 각 사업 활동 간의 일상적인 비중을 측정하는 데에 도움이 되지 않는다고 본 때문이 아닐까 여겨진다.

3 '대안적(代案的) 안분(alternative calculations)'

회원국들은 매입세액 공제액 계산에서 '대안적 안분' 방식을 사용할 수 있는 입법재량을 가진다(준칙 제173조). 회원국들은 납세의무자가 사업 부문 별로 구분경리를 하는 경우 그러한 부문 별로 공제 비율을 산정하도록 허용할 수 있다. 이때 각 부문 별 매출액을 기준으로 비율을 산정한다. 그 결과 단일한 납세의무자가 여러 개의 공제 비율을 적용할 수도 있다. 또 회원국들은 각 사업 부문 별로 구분경리하고 따로 공제 비율을 산정하라고 요구할 수도 있다.

회원국들은 납세의무자에게 재화·용역의 전부·일부에 대한 사용을 기준으로 매입세액을 공제하도록 허용하거나 요구할 수 있다. 그러한 재화·용역의 사용을 기준으로 공제하는 일은 상당히 까다로운 형태의 방식일 수 있다. 이 점은 유럽 법원의 "마이스 은행(Banco Mais)" 판결(C-183/13)에 잘 드러난다. 마이스 은행은 자동차 '리스(lease)'와 함께 다른 금융 역무를 제공하였는데, 리스는 과세대상 사업이지만, 금융 용역은 대개 준칙 제135조 제1항에 따라 면세된다. 이러한 혼합적 사용의 재화·용역과 관련하여 마이스 은행은, 부가가치세가 공제될 수 있는 금융 거래에서 지급 받은 금액—따라서 부가가치세가 공제될 수 있는 리스 거래에서 발생하는 매출이 포함된다—을 분자로 하고, 모든 금융 거래에서 지급 받은 금액—여기에는 모든 리스 거래의 매출이 포함된다—을 분모로 하여 공제 비율을 계산하였다. 즉 마이스 은행은 준칙 제174조에 따른 비례적 안분의 방법을 적용한 것이다. 이 방법에 따라 마이스 은행은 매입세액 중 39%를 공제 받을 수 있다고 판단하였다. 그러나 포르투갈 과세관청은 납세자와 다른 견해를 취했다. 즉 리스 거래와 관련하여, 매입세액이 공제되는 거래에 대한 매출을 기준으로 매입세액을 안분하면서, 자동차의 구입 비용과 상계되는 '리스 료(料, rental payment)'를 매출에서 차감하지 않는 것은, 공제 비율의 왜곡을 가져온다고 주장했다. 포르투갈 국내법에 의하면, (세액계산에 중대한 왜곡이 있을 때에는)[66] 납세의무자에게 재화·용역에 대한 사용을 기준으로 매입세액을 공제할 것을 요구할 수 있다. 유럽 법원은 회원국들이 은행, 특히 리스 업(業)을 영위하는 은행에 대해서, 혼합 사용되는 재화·용역 전부에 적용되는 하나의 공제 비율을 산정할 때, 고객들이 리스 계약에 따라 지불한 리스료 중 이자에 해당하는 부분만을 고려하도록 요구하는 것을 금지한다고 해석될 수는 없다고 판단했다. 이는 재화·용역의 사용이 주로, 리스 계약에 따른 금융과 그러한 계약의 운영 때문에 가능하여졌음을 전제로 하는데, 실제 그러한지는 각 회원국의 법원이 판단할 사항이다. 이러한 판시는 준칙 제174조에 따른 일반 원칙을 적용하는 경우보다, 공제 받을 권리를 상당히 축소하는 것이다. 이러한 방식의 대안적 안분은, 매출을 기준으로 한 배분보다 더 정확한 안분을 보장하는 경우에만 허용된다[C-153/17, "폴크스바겐 금융 서비스 영국(Volkswagen Financial Services(UK))" 판결].

회원국들은 또한 납세의무자에게, 준칙 제174조가 규정하는 일반 원칙에 따라, 이 조항이 말하는 모든 재화·용역의 거래에서 매입세액을 공제하도록 요구하거나 허용할 수 있다. 이러한 방법에 의하면, 제174조의 일반 원칙은 오로지 면세 또는 오로지 과세되는 사업을 위해 재화·용역을 공급받는 경우에도 적용할 수 있다.[67] 한편으로 이때 납세의무자는 재화·용역이 실제로 어떻게 사용될지에 대해 걱정할 필요가 없다. 단순히 하나의 동일한 공제 비율을 모든 취득에 적용하면 된다. 다른 한

---

66 이 괄호 부분은 원문에 없으나, 이해를 돕기 위해 판결의 문단 17에서 가져와 옮긴이의 임의로 본문에 추가한 것이다.

67 오로지 면세 사업만을 위해 공급받는 재화 또는 용역의 경우 분자는 0일 것이므로 매입세액은 전액 불공제될 것이고, 반대로 과세사업만을 위해 공급받는 재화·용역의 경우 분자와 분모가 동일하므로 매입세액은 전액 공제될 것이다.

편 회원국들은 취득한 재화·용역의 성격 또는 실제 사용되는 장소에 기초하거나, 과세 또는 과세되지 않는 활동에 각각 귀속되는 비용을 객관적으로 반영하는 계산방법을 제공할 필요가 없다(C-378/15, "메르세데스 벤츠 이탈리아(Mercedes Benz Italia)" 판결).

준칙 제173조에 따라 회원국들이 선택할 수 있는 마지막 방안으로서, 납세의무자가 공제받을 수 없는 매입세액이 충분히 크지 않다면, 그저 영(0)으로 취급할 수 있다. 이는 세제 간소화를 위한 조치로서, 많은 회원국들이 시행하고 있다.

4 부가가치세제의 적용범위 밖 활동

어떤 활동이 면세되지는 않지만 아예 부가가치세제의 적용범위 밖에 있어서 과세되지 않는 경우라면, 준칙 제173~175조도 직접 적용될 수 없다. 어떤 활동이 부가가치세제 적용범위 밖에 있다는 것은, 어떤 재화·용역의 공급이 면세되거나, 해외—또는 부가가치세제의 '사항적·지리적 적용범위' 바깥—에서 공급되었다는 이유가 아닌 다른 사유로 과세되지 않는 경우를 의미한다. 가령 재화나 용역의 공급이 없거나, 있더라도 경제적 활동을 구성하지 않는 경우가 있을 수 있다. 이렇게 부가가치세 과세범위 밖의 활동은 그 자체만으로 매입세액을 공제받을 권리를 발생시키지 않는다.

"제쿠렌타(Securenta)" 판결(C-437/06)에 의하면, 각 회원국들에게는 준칙에서 말하는 '경제적' 활동과 비(非) '경제적' 활동에 매입세액을 안분하는 기준이나 방법을 정하는 입법재량이 있다. 다만 이 재량을 행사할 때 각 회원국은 준칙의 목적과 전체적인 논리를 반드시 고려해야 하며, 두 가지 활동에 각각 실제로 귀속되어야 할 지출을 객관적으로 반영하는 산정 방법을 제공해야 한다. 따라서 이렇게 혼합된 활동에 적용되는 계산의 방식은 회원국마다 다르다.

　과세대상 공급에 직접 이용되지 않는 활동이 전부 부가가치세제의 적용범위 밖에 있는 것은 아니다. 예를 들어 납세의무자가 구내식당의 식탁과 의자를 구매했다면, 이때 구입된 가구들은 명백히 직접적으로는 직원의 복지를 위한 것이며, 재화·용역의 공급과 간접적으로 관련되었을 뿐이다. "스베다(Sveda)" 사건(C-126/14)에서, 납세의무자는 당초 계획된 오락 목적의 전원(田園) 관광과 관련된 경제 활동의 목적을 위해 자본재를 구매하고 생산하였다. 이 자본재는 직접적으로, 대중이 무료 사용하도록 하는 목적에서 구입·제작되었고, 경우에 따라서는 과세대상 거래를 위하여 사용될 수도 있었다. 유럽 법원에 의하면, 이 자본재가 무료로 사용된다는 점은, 매입과 과세대상인 매출 거래 사이에 존재하는 '직접적·즉각적 관련'에나, 매입세액을 공제받을 수 있는 권리에 아무런 영향이 없다. 그렇다면 납세의무자가 지출한 비용과, 당초에 계획된 경제 활동의 전체 사이에는 '직접적·즉각적 관련'이 존재하는 것이다.

제4절　매입세액을 '공제 받을 권리(right of deduction)'의 행사

　납세의무자의 '공제 받을 권리' 행사는, 이러한 권리가 발생하고 행사되는 과세기간에 납부해야 하는 부가가치세 총액으로부터 공제하는 방식으로 이루어진다(부가가치세 준칙 제179조). '공제 받을 권리'는 공제되는 부가가치세를 '부과할 수 있는(chargeable)' 시점에 발생한다(준칙 제167조). 이는 재화·용역의 공급 시기를 말한다(준칙 제63조). 만약 이 과세기간에 대한 매입세액이 매출세액을 초과한다면, 회원국들은 그 초과액을 환급할지, 아니면 다음 과세기간으로 이연하여 공제할지 여부를 선택할 수 있다(준칙 제183조).

납세의무자가 이러한 '공제 받을 권리'를 행사하기 위해서는, 일반적으로 말해 세금계산서를 갖고 있어야 한다. 일정한 유럽연합 역내 취득에 한하여 예외적으로, 세금계산서를 갖고 있지 않더라도 공제가 허용된다. 세금계산서의 기재사항과, 세금계산서의 구체적인 수수 방식에 관하여는, 부가가치세 준칙 제217~249조가 자세히 규정하고 있다(준칙 2010/45/EU에 의해 개정된 부가가치세 준칙). 부가가치세제의 범위에서는, 전자 세금계산서와 종이 형태로 발행된 세금계산서 모두 유효하다. 이러한 요건은 모든 회원국에 공통적으로 적용되지만, 절차적 요건의 준수가 얼마나 엄격하게 요구되는지는 회원국마다 다르다. 가령 스웨덴의 경우 세금계산서에 공급 상대방이 잘못 기재되었다고 해도, 그것만으로 매입세액을 '공제 받을 권리'가 자동적으로 부인되지는 않는다.

제5절 매입세액의 '조정(adjustment)'

공제에 대한 권리는 '즉각적'이다. 이 권리를 행사하기 위해 납세의무자는 공급을 받는 시점까지, 공제의 여부와 범위를 결정해야 한다. 공제 후에 상황이 변하여, 당초의 공제가 잘못된 것이 될 수도 있다. 가령 종래 과세대상 재화를 생산하기 위하여 사용되었던 기계가 나중에는 과세되지 않는 재화의 생산에 사용될 수도 있다. 당초 과세되지 않는 주거 용도로 임대되었던 건물이 나중에는 납세의무자에게 임대되어 이에 대한 '선택적'인 납세의무가 발생할 수도 있다(부가가치세 준칙 제137조 제1항 (d)호). 이러한 경우에 매입세액 공제를 조정하는 방법에 관하여는 준칙 제184~192조가 규정하고 있다.

당초의 매입세액 공제의 금액이 그 납세의무자가 공제할 수 있는 금액을 초과하거나 그에 미달하는 경우, 이러한 공제액은 '조정'되어야 한다. 특히 부가가치세 신고 후에 공제 금액을 결정하는 요소에 변경이 있는 경우 매입세액은 조정되어야 한다. 매입이 취소되거나 매입 가격의 감액이 이루어지는 경우가 대표적이다. 하지만 재화·용역의 거래 대금이 전부 또는 일부 지급되지 않았거나, 재화 또는 용역의 결과물이 파괴·분실되거나 도난당한 경우에는, 이러한 사실이 적절히 증명되거나 확인된다고 해도, 매입세액이 조정되지 않는다. 다만 도난이나 대금이 지불되지 않은 거래에 대해서 각 회원국이 조정을 요구할 수는 있다.

자본재에 대해서는 별도의 조정 방식이 존재한다. 자본재가 무엇인지는 준칙에 규정이 없고, 대신 유럽 법원의 판례가 정의하고 있다. 이에 따르면 자본재는, "어떤 사업 활동의 목적에 사용되는 재화로서, '내구적(耐久的, durable)' 특성과 그 가치에 따라 다른 재화와 구별되며, 그 취득비용이 통상 당기(當期) 비용으로 처리되지 않고 몇 년에 걸쳐 상각되는 재화"를 가리킨다(C-118/11, "에온 자산운용(Eon Aset)" 판결). 자본재에 대한 매입세액 조정에는 그 경제적 내용연수(耐用年數)가 고려된다. 즉 그 자본재를 생산·매입한 해를 포함하여 5년에 걸쳐 조정이 이루어진다. 자본재로서 부동산을 매입한 경우, 회원국은 조정 기간을 최대 20년까지 연장할 수 있다.

5년의 조정기간을 사용하는 일반적인 사례에서, 조정은 매년 1/5씩 진행된다. 매입세액 조정은 그 기간 동안 공제할 수 있는 금액의 변화를 반영하여 이루어진다. 그러나 만약 어떤 자본재에 대한 공급이 그 조정기간 중에 일어나면, 그 자본재는 마치 조정기간이 만료되는 시점까지 납세의무자의 경제 활동에 사용된 것처럼 취급된다. 이러한 경우 자본재의 양도가 과세되면, 이러한 경제 활동은 모두 과세되었다고 추정된다. 반대로 자본재의 공급이 과세되지 않으면, 경제 활동은 완전히 면세되었다고 추정한다. 자본재 공급의 경우, 잔여 조정기간 전부에 대하여 매입세액 조정은 오로지 한 번만 이루어진다. 그러나 자본재 공급이 면세된다면 각 회원국은, 자본재를 공급 받은 납세의무자가 이를 매입세액 공제가 허용되는 거래에만 사용하는 경우에 한하여, 조정을 요구하지 않을 수 있다.

이하의 사례들은 조정에 관한 규정들의 작용을 보여 준다.

사례 1

A가 제1 과세연도에 기계를 구입하였다. A는 이 기계를 과세대상 거래의 목적에 사용하였고 매입세액을 공제받았다. 제3 과세연도 후에 A는 과세되지 않는 거래의 목적에 기계를 사용하기 시작했다. 제4 과세연도 말에 A는 기계가 제4 과세연도에 어떤 목적에서 사용되었는지 살펴보았고 과세되지 않는 거래에 사용되었음을 확인했다. 제5 과세연도 초에는, A가 공제받은 매입세액의 1/5 상당에 대한 납세의무가 발생한다. 제6 과세연도 초에도 마찬가지이다. 제5 과세연도 종료 시점의 전체적인 효과를 살펴보면, 매입세액의 3/5는 공제 가능하였고, 2/5는 공제할 수 없었다.

사례2

B는 건물을 신축한다. B가 속한 회원국에서는 건물에 대한 조정기간이 10년이다. B는 과세대상 거래의 목적에 건물을 사용하고 매입세액을 공제받았다. 제5 과세연도가 지난 후에 B는 이 건물을 포함하여 자산을 매각하였다. 이러한 공급은 준칙 제135조 제1항 (j)호에 따라 면세된다. 준칙 제137조 제1항 (b)호는 적용되지 않는다. 건물을 매입한 사람은 부가가치세의 납세의무자가 아니다. B는 딱 한 번만 매입세액을 조정한다. 조정에 따라 B는 제1 과세연도에 공제받은 매입세액의 5/10에 상응하는 부가가치세를 납부해야 한다.

제6절 결론

매입세액의 공제는 매출세액의 납부와 밀접하게 관련되어 있다. 납세의무자의 하나 또는 여러 개, 아니면 모든 과세거래에 직접적·즉각적 관련을 가진 매입세액만이 공제될 수 있다. 만약 납세의무자의 활동이 혼합적—즉 과세되거나 과세되지 않는 활동을 모두 영위—이라면, 공제 받을 수 있는 부분을 구별해야 한다. 기본 원칙은 매출액에 기초하여 비례적으로 배분하는 것이다. 이 경우 분자에 매입세액이 공제되는 거래에 관한 매출을, 분모에 납세의무자의 모든 거래에 관한 매출을 넣어서 나오는 분수로써 계산한다.

유럽연합 부가가치세제에서 '공제 받을 권리'는 그 일부를 이루는 가장 중요한 특징임에도, 모든 회원국들이 동일한 규정을 적용하는 것은 아니다. 부가가치세 준칙은 각 국가들이 적용할 수 있는 특별한 조항들을 두고 있다. 첫째, 회원국들은 1979년 1월 1일 또는 유럽연합 가입일 당시 보유하던 '공제 받을 권리'에 관한 모든 예외 규정을 유지할 수 있다. 둘째, 혼합적 활동에 대한 매입세액 공제의 금액을 계산하는 방법 중에는 선택적으로 도입할 수 있는 것들이 있다.

공제 받을 권리를 행사하기 위해서는 세금계산서를 갖고 있는 것이 중요하다. 세금계산서의 정확성에 관한 요건들은 엄격하고 상세하기 때문에, 세금계산서에 기재될 사항들은 준칙과 개별 회원국들의 국내법에 의해서 규율되고 있다.

공제에 대한 권리는 '즉각적'이므로, 공제 받을 권리에 영향을 미치는 변경된 사유가 부가가치세 신고 이후에 발생할 수 있다. 준칙은 그러한 경우—예컨대 자본재의 사용에 관한 상황이 변경—에 매입세액을 조정할 수 있는 기회를 부여하고 있다.

참고자료

[1] "키텔" 사건은 우리나라에도 이른바 '회전목마(carousel)' 거래의 중요 사례로서 소개되어 있다(김완석 · 이중교, "면세금지급 변칙거래의 매입세액공제에 관한 연구—유럽

지역 회전목마형 사기거래(carousel fraud)와의 비교법적 고찰을 중심으로", 조세연구 제 10-1집, 2010, 7면 이하 참조]. 우리나라에서도 한때 세상을 떠들썩하게 했던 이른 바 '금지금(金地金)' 거래를 통한 부가가치세 포탈 사건과 관련이 있다는 점에 서 관심을 끈 것이다. BBC의 2008년 보도에 따르면, 회전목마 거래로 인하여 상실되는 부가가치세 수입의 크기는 당시 유럽연합 전체로 볼 때 매년 1,700 억 유로—유럽연합 전체 예산의 두 배라고 한다—에 달한다고 한다(http:// news.bbc.co.uk/2/hi/uk_news/7650883.stm). 한편 2006년에 적발된 우리나라의 '금지금' 거래는 1999년부터 약 6년 간의 기간을 기준으로 할 때 국고에 약 2 조 원 상당의 손실을 입힌, '사상 최대의 탈세 사건'으로 보도되기도 하였다 (https://news.naver.com/main/read.nhn?mode=LSD&mid=sec&sid1=115&oid=055& aid=0000086474). 각각에서 문제된 거래 구조의 자세한 내용은 위에 인용한 문 헌을 참조하면 되겠으나, 매출세액이 납부되지 않더라도 매입세액이 공제되 는 특유의 구조 때문에, 중간에 낀 하나의 납세의무자—유럽연합 부가가치세 제에서는 흔히 '사라진 거래상(missing trader)', 우리나라에서는 '폭탄업체'—가 처음부터 매출세액을 납부하지 않고 사라질 의도를 갖고 있다면, 국고의 손실 은 구조적으로 불가피하다는 약점을 파고든 것이다. 그리고 우리나라의 금지 금 사건에서도 나타나듯이, 처음부터 부가가치세를 납부할 의도가 없는 '폭탄 업체'가 이를 이용하여 적절하게 거래 가격을 낮출 경우, 이러한 국고의 손실 에 상응하는 이익은 '폭탄업체'뿐 아니라 전체 거래 구조에 참여하는 모든 납 세의무자들에게 배분될 수도 있다. 이는 물론 이러한 거래를 주도하는 사람들 뿐 아니라, 관련 업계에 종사하는 사람들 모두가 자기도 모르게 이러한 거래 구조에 끌려 들어올 수밖에 없는 상황을 만들게 되며, 전체 거래에 참여한 사 람들 가운데 누가 '선의'이고 '악의'인지의 구별을 곤란하게 하기도 한다.

참고판결

[C-4/94 "BLP 그룹(Group)" (1995)]

영국의 "BLP 그룹" 지주회사는 독일의 "베르크(Berg)" 사(社) 주식을 인수하였다 가, 재무상황 악화로 그 주식의 매각 대금을 채무변제에 사용하였고, 이때 변호사 등으로부터 공급 받은 용역과 관련된 매입세액을 공제 받고자 하였다. 주식의 양도는 그 자체로 면세 대상이므로, 이 매입세액이 공제될 수 있는지 여부가 쟁점이다. 유럽 법원은 문제된 재화·용역이 과세대상 거래와 '직접적·즉각적 관련'을 가져야 매입 세액 공제가 가능하고, 채무 변제의 궁극적 목적은 이와 무관하다고 판시하였다.

[C-98/98 "미들랜드 은행(Midland Bank)" (2000)]

미들랜드 은행은 연결납세 집단의 대표이며, 이에 속한 "사무엘 몬테규(Samuel Montagu)" 은행은 고객에게 기업인수 자문을 제공하였으나 인수 무산 후 소송을 당하였고, 이때 지출한 법률비용의 매입세액 공제를 구하였다. 쟁점은 이러한 비용과 몬테규 은행의 과세대상 거래 간 직접적·즉각적 관련의 유무이다. 유럽 법원은 이러한 '관련'이, 어떤 지출이 매출 거래의 원가를 구성한다는 뜻임을 전제로, 통상은 매출 거래 전에 발생한 비용만이 이 요건을 충족하나, 사후적 비용도 일반 비용의 일부로 생산품의 가격구성 요소를 이룸이 입증되면 마찬가지라고 판단하였다(구체적 판단은 국내 법원에 유보).

[C-29/08 "SKF" (2009)]

스웨덴의 SKF 사(社)는 여러 자회사에 경영지원 등 역무를 제공하는 지주회사이고 이에 대하여 부가가치세 납세의무를 진다. SKF 사는 그룹 구조조정의 일환으로, 그리고 다른 활동을 위한 자금 마련을 위해 자회사 주식들을 매각하였고, 그 과정에서 기업 평가, 법률 자문 등 다양한 역무를 제공 받고자 하였으며, 관련된 비용이 매입세액 공제의 대상인지 여부를 질의하였다. 유럽 법원은 주식의 매각 자체는 면세 대상이지만, 제공 받은 역무와 SKF 사의 전반적 활동 사이에 직접적·즉각적 관련이 있다면, 문제된 매입세액이 공제될 수 있다고 판시하였다(구체적 판단은 국내 법원에 유보).

[C-97/90 "렌나르츠(Lennartz)" (1991)]

뮌헨의 세무사인 H. 렌나르츠는 1985년에 자동차를 사서 주로 개인적 목적에 사용했고(비율로 환산하면 약 92%), 이때 매입세액을 공제하지 않았으나, 1986년 개인 사무실을 열면서 이 차량을 사업용으로 하여 부가가치세 신고에서도 전년도 분 매입세액의 소급 공제를 신청하였다(현행 준칙 제187조 제2항 관련). 유럽 법원은, 사업자로서 매입한 경우에만 그 범위에서 공제 가능하며, 만약 그러한 경우라면 당장 사업용으로 사용하지 않더라도 공제 가능하다고 판시하였다(이때 사업 외 목적의 사용이 용역 공급으로 의제됨을 지적). 다만 렌나르츠가 사업자로서 매입한 것인지에 관한 판단은 국내 법원에 유보하였다.

[C-291/92 "암브레히트(Armbrecht)" (1995)]

독일에서 호텔업을 하는 D. 암브레히트 소유의 건물 중 일부는 숙박 시설과 식당, 나머지 일부는 개인의 주거 공간이었다. 그는 1981년에 건물을 매각하면서 주거 부분을 제외한 나머지에 대한 부가가치세만을 납부하였다. 유럽 법원은 개인적 자산의 양도는 부가가치세 과세대상이 아니라는 당연한 전제 하에, 납세의무자가 취득의 시점에 단일한 자산의 일부만을 사업 목적으로 사용할 것을 선택할 수 있다고 판시하였다. 이때 개인적으로 사용되는 부분에 대해서는 매입세액 공제도 허용되지 않고, 따라서 감가상각 자산의 매입세액 공제를 사후적으로 조정하는 현행 준칙 제187조의 적용도 없다고 덧붙였다.

[C-434/03 "찰스와 찰스-테이멘스(Charles and Charles-Tijmens)" (2005)]

찰스와 찰스-테이멘스, 두 사람은 네덜란드에 휴양용 방갈로를 함께 취득하여, 임대하기도 하고 스스로 사용하기도 하였다(비율로 환산하면 임대가 약 87.5%). 쟁점은 임대와 관련된 부가가치세 신고에서 방갈로와 관련된 매입세액을 87.5%만 공제하여야 하는지, 아니면 100% 공제할 수 있는지 하는 것이다. 유럽 법원은 이들이 방갈로의 전부를 사업용 자산으로 취급하고 있는 이상, 개인적 사용이 과세대상 거래로 의제되는 한편 매입세액이 전부 공제될 수 있다고 판시하였다(또는 이를 불허하는 네덜란드 국내법은 준칙 위반이라고 판단하였다).

[C-110/94 "INZO" (1996)]

INZO(Intercommunale voor Zeewaterontzilting, 바닷물의 담수화를 위한 지자체 간 협력 기구)는 1974년에 설립된 벨기에의 단체이며, 관련 사업을 위한 연구를 의뢰하고 매입세액을 환급받았다. 연구의 결과 사업의 수익성이 확인되지 않아 1988년 INZO는 사업 활동을 개시하지 못한 채 청산하게 되었다. 과세관청은 INZO가 실제 과세대상 사업을 영위한 적이 없음을 이유로, 당초의 매입세액 환급을 부인하고 이를 추징하였다. 유럽 법원은 사업 목적의 초기 투자 역시 경제적 활동의 일환이고, 관련된 매입세액은 공제되어야 한다고 판단하였다.

[C-400/98 "브라이트졸(Breitsohl)" (2000)]

B. 브라이트졸은 자동차 판매·수리업을 영위하기 위해 토지를 구입하고 사업장 건설을 시작하였으나, 결국 사업을 개시하지 못하고 토지와 미완성 건물을 제3자에게 매각하였다. 브라이트졸이 지출한 각종 비용에 관한 매입세액을 건물의 매출세액으로부터 공제 받을 수 있는지 여부가 쟁점이다. 유럽 법원은 경제 활동의 목적 하에 초기 투자가 이루어졌음이 확인되는 한 공제가 가능하다고 판시하였다(다만 브라이트졸이 토지와 건물 중 건물에 대하여만 준칙 제137조 제1항 (b)호에 따라 과세를 선택할 수는 없고, 둘은 한꺼번에 과세 또는 면세되어야 한다고도 판시하였다).

[C-32/03, "I/S 피니(Fini) H" (2005)]

(제5장의 '참고판결' 참조)

[C-439/04, 440/04 "키텔(Kittel)" "레콜타(Recolta)" (2006)]

함께 심판된 두 사건에서는 부가가치세 포탈을 위한 이른바 '회전목마(carousel)' 거래가 문제되었다. 특히 키텔 사건에서는 벨기에의 컴퓨타임(Computime) 사(社)—키텔은 그 파산관재인—가 컴퓨터 부품을 매입하여 룩셈부르크의 구매인에게 판매하며, 룩셈부르크 구매인은 다시 룩셈부르크의 다른 사업자에게 판매하고 이 룩셈부르크 사업자가, 원래 컴퓨타임에 판매한 벨기에 사업자에게 또 다시 판매하였는데, 이 사업자는 매출 부가가치세를 전혀 납부하지 않았다. 유럽 법원은 컴퓨타임 사와 같은 납세의무자가 어떤 구매가 이러한 부정행위에 연결됨을 알았거나 알 수 있었다면(구체적 판단은 국내 법원이 내린다), 실제 이익을 얻었는지를 묻지 않고 매입세액을 불공제할 수 있다고 판단하였다.

[C-183/13 "마이스 은행(Banco Mais)" (2014)]

마이스 은행은 자동차 리스와 기타 금융 활동을 수행하면서 과세·비과세 사업을 함께 하였다. 마이스 은행은 양쪽에 모두 사용되는 재화·용역의 매입세액과 관련하여, 공제 비율을 39%로 계산하였는데, 계산식은 다음과 같았다.

매입세액이 공제되는 거래의 수입금액(역시 매입세액 공제가 가능한 리스 거래의 매출 포함) / 모든 금융활동에서 발생하는 수입금액(모든 리스 거래의 매출 포함)

1차적인 쟁점은, 포르투갈 과세관청의 입장처럼, 리스 료(料)의 전액을 분자·분모에 포함시키기보다, 그 중 이자 상당분만을 포함시킴이 더 정확한 비율의 산출로 이어지는지 여부이다. 한편 준칙 제173조 제2항 (c)호는 각 회원국에게 공제 비율을 정할 수 있는 특별한 권한을 인정하는데, 유럽 법원은 이러한 권한이 더 정확한 비율을 산정하기 위하여 행사될 수 있음을 전제로, 과세관청의 입장이 그러한 경우에 해당한다고 판단하였다.

[C-153/17 "폴크스바겐 금융서비스 영국(Volkswagen Financial Services (UK))" (2018)]

폴크스바겐 금융(이하 "VWFC")은 폴크스바겐 차량의 판매에 대한 금융서비스를 제공하였다. 계약에 따를 때 VWFC가 차량을 공급하고 품질에 대한 책임도 부담한다. 차량 소유권은 대금 전부가 납입되어야 이전되고, 대금에는 원래의 차량 대금과 할부이자 상당액이 포함되어 있다. 공통비용 매입세액의 공제 비율을 정할 때, 과세관청은 차량 대금은 무시한 상태로 과세·면세 공급의 가치에 따라야 한다고 주장하였으나 (이때 과세 공급의 가치가 0), 유럽 법원은 공통비용이 차량 가격의 일부도 구성하므로(그 근거가 뚜렷하지는 않다), 이를 고려하지 않는 것이 더 정확한 안분 기준으로 연결되지 않는다고 판단하였다.

[C-378/15 "메르세데스 벤츠 이탈리아(Mercedes Benz Italia)" 판결 (2016)]

이탈리아 내 기업 브랜드의 마케팅 전략을 책임지는 벤츠 이탈리아는 부가가치세 신고에서, 계열사들에 자금을 대여하고 이자를 받는 활동을 과세사업에 부수되는 활동으로 분류한 후, 이자수입(전체 매출의 71.64%)을 공통매입세액 안분비율의 분모 계산에서 제외하였다. 과세관청은 이자수입의 상대적 크기를 중시하고 이를 포함하여 안분 비율을 계산하였다. 유럽 법원은 과세 근거인 국내법과 관련하여, 모든 매입 거래에 대해 단순히 매출 기준으로 매입세액을 안분하는 것이 준칙 제173조 제2항 (d)호에 어긋나지 않는다고 보았고, 매출 구성비율로 '부수성' 여부를 판단하는 것도 마찬가지라고 판단하였다.

[C-437/06 "제쿠렌타(Securenta)" (2008)]

독일 회사 제쿠렌타는 부동산, 증권 등에 투자하였고, 이를 위해 주식을 발행하였다. 제쿠렌타의 매입세액 중 상당 부분은 특정한 매출 거래에 귀속시키기 어려웠고, 과세관청은 이 중 일정 금액을 공제하여 주지 않았다. 유럽 법원은 주식 발행이 부가가치세제의 적용범위 바깥에 있음을 전제로, 관련된 매입세액은 '비 경제적' 활동을 위한 것으로 과세대상 거래와 '직접적·즉각적 관련'이 없어 불공제된다고 판단하였다. 납세의무자가 이를 경제적 활동과 함께 하는 경우에 관하여 유럽 법원은, 공제를 위한 안분 기준의 책정은, 부가가치세제의 목적에 부합하는 범위 내에서 회원국의 입법재량에 맡겨진다고 판시하였다.

[C-126/14 "스베다(Sveda)" (2015)]

스베다는 숙박, 관광업 등 역무를 제공하는 리투아니아 회사로서, 정부 지원 하에 관광 상품을 대중들에 무료로 제공하기로 하고 관련된 도로공사 비용도 일부 부담하였다. 도로를 무료 개방하였으므로, 도로공사 관련 자본재의 구입 비용이 매입세액 공제될 수 있는지 여부가 쟁점이다. 유럽 법원은 재화·용역을 경제적 활동에 공할 의도가 있는 한 즉시 사용하지 않더라도 경제적 활동과 직접적·즉각적 관련이 있어 공제 가능한데, 향후 관광이 실제 활성화될 때 스베다로서는 도로 인근에서 기념품이나 식음료 판매 등 다양한 매출을 올릴 수 있고 또 그런 계획이었으므로 공사에 경제적 의도가 있다고 판단하였다.

[C-118/11 "에온 자산(Eon Aset) 운용" (2012)]

불가리아의 에온 자산은 다양한 경제적 활동을 영위하는데, 과세관청은 임원의 출퇴근용으로 '금융 리스'한 차량의 용도를 문제 삼아 관련 매입세액을 불공제하였다. 유럽 법원은 이와 관련하여, 리스 차량이 납세의무자의 경제적 활동에 직접적 · 즉각적 관련이 있으면 그 과세기간이 종료되는 시점에 매입세액 공제의 권리가 발생하지만, 납세의무자나 그 직원의 개인적 용도 등 사업이 아닌 다른 목적에 이용되는 경우에는 유상의 용역 공급이 있는 것으로 보아야 한다고 판단하면서, 다만 납세의무자가 수행하는 비 경제적 활동을 위한 매입세액을 공제하지 않도록 정하는 것도 가능하다고 덧붙였다.

유럽연합조약, 유럽연합기능조약 (발췌)

번역문은, 이호선, "(완역) 유럽연합창설조약, 국민대학교 출판부, 2019"에서 가져온 것이다. 연구 결과물의 사용을 기꺼이 승낙해 주신 이호선 선생에게 다시 감사드린다.

Article 4

1. In accordance with Article 5, competences not conferred upon the Union in the Treaties remain with the Member States.

2. The Union shall respect the equality of Member States before the Treaties as well as their national identities, inherent in their fundamental structures, political and constitutional, inclusive of regional and local self-government. It shall respect their essential State functions, including ensuring the territorial integrity of the State, maintaining law and order and safeguarding national security. In particular, national security remains the sole responsibility of each Member State.

3. Pursuant to the principle of sincere cooperation, the Union and the Member States shall, in full mutual respect, assist each other in carrying out tasks which flow from the Treaties.

The Member States shall take any appropriate measure, general or particular, to ensure fulfilment of the obligations arising out of the Trea-

제4조

1. 제5조에 따라 조약상 연합에 부여되지 않은 권한은 각 회원국들에 유보된다.

2. 연합은 각 회원국들의 지역 및 지방 정부를 포함하여 각 국의 정치적 및 헌법적 기본 질서에 고유한 국가 정체성과 함께 조약 앞에서 회원국들 간의 평등을 구현하여야 한다. 연합은 영토 보전, 법과 질서의 유지 및 국가 안보의 확보를 포함하여 각 회원국의 필수적인 국가 기능을 존중하여야 한다. 특히 국가 안보는 각 회원국의 고유한 책임으로 유보한다.

3. 연합과 회원국들은 진실한 협력의 원칙에 따라 충분한 상호 존중의 바탕 위에 조약에 기한 과제를 수행함에 있어 상호 부조한다.

각 회원국들은 조약에 기하여 또는 연합의 각 기관들의 업무로부터 파생되는 의무의 완전한 이행을 담보하기 위한 보편적 또는 특정한 조

ties or resulting from the acts of the institutions of the Union.

The Member States shall facilitate the achievement of the Union's tasks and refrain from any measure which could jeopardise the attainment of the Union's objectives.

Article 5
(ex Article 5 TEC)

1. The limits of Union competences are governed by the principle of conferral. The use of Union competences is governed by the principles of subsidiarity and proportionality.

2. Under the principle of conferral, the Union shall act only within the limits of the competences conferred upon it by the Member States in the Treaties to attain the objectives set out therein. Competences not conferred upon the Union in the Treaties remain with the Member States.

3. Under the principle of subsidiarity, in areas which do not fall within its exclusive competence, the Union shall act only if and in so far as the objectives of the proposed action cannot be sufficiently achieved by the Member States, ei-

치들을 취하여야 한다.

회원국들은 연합의 과업 달성에 조력할 의무를 지고 연합의 목표 달성에 위험을 야기할 수 있는 여하한 조치도 하여서는 아니 된다.

제5조

1. 유럽연합의 수권 범위는 양도의 원칙에 의해 규율된다. 연합은 이 권한을 사용함에 있어 보충성과 비례성의 원칙에 따른다.

2. 양도의 원칙에 따라 유럽연합은 각 회원국들이 조약상의 목적을 달성하기 위하여 부여한 권한 범위 내에서만 행위능력을 갖는다. 조약상 유럽연합에 부여되지 않은 권한은 각 회원국들에 유보된다.

3. 유럽연합은 보충성의 원칙에 따라 그 배타적 권한에 속하는 영역을 제외하고는 당해 조치의 목적이 각 회원국의 중앙 또는 지방 정부 차원에서 충분히 달성될 수 없고, 그 조치의 범위와 효과 면에서 연합 차원에서 더 잘 수행될 수 있을 때에만

ther at central level or at regional and local level, but can rather, by reason of the scale or effects of the proposed action, be better achieved at Union level.

The institutions of the Union shall apply the principle of subsidiarity as laid down in the Protocol on the application of the principles of subsidiarity and proportionality. National Parliaments ensure compliance with the principle of subsidiarity in accordance with the procedure set out in that Protocol.

4. Under the principle of proportionality, the content and form of Union action shall not exceed what is necessary to achieve the objectives of the Treaties.

The institutions of the Union shall apply the principle of proportionality as laid down in the Protocol on the application of the principles of subsidiarity and proportionality.

행동하여야 한다.

유럽연합의 기관들은 (보충성 및 비례성의 원칙 적용에 관한 의정서 상의) 보충성의 원칙을 준수하여야 한다. 각 회원국 의회들은 위 부속서에 명시된 절차에 따라 보충성의 원칙에 부합되도록 하여야 한다.

4. 비례성의 원칙을 좇아 유럽연합이 취하는 조치의 범위와 형식은 조약의 목적 달성을 위해 필요한 범위를 넘지 않아야 한다.

유럽연합의 기관들은 (보충성 및 비례성의 원칙 적용에 관한 의정서 상의) 비례의 원칙을 준수하여야 한다.

Article 2

1. When the Treaties confer on the Union exclusive competence in a specific area, only the Union may legislate and adopt legally binding acts, the Member States being able to do so themselves only if so empowered by the Union or for the implementation of Union acts.

2. When the Treaties confer on the Union a competence shared with the Member States in a specific area, the Union and the Member States may legislate and adopt legally binding acts in that area. The Member States shall exercise their competence to the extent that the Union has not exercised its competence. The Member States shall again exercise their competence to the extent that the Union has decided to cease exercising its competence.

3. The Member States shall coordinate their economic and employment policies within arrangements as determined by this Treaty, which the Union shall have competence to provide.

제2조

1. 일정한 분야에 관하여 설립조약들이 유럽연합에 배타적 권한을 부여한 경우, 유럽연합만이 입법적 사항을 결정하고 법적 구속력 있는 조치를 취하며, 회원국들은 연합이 위임하였거나 또는 연합의 조치들을 이행하기 위한 목적으로만 당해 분야에 관한 권한을 행사할 수 있다.

2. 일정한 분야에 관하여 설립조약들이 회원국들과 유럽연합에 권한을 분산시켜 놓은 경우 유럽연합과 회원국들은 당해 분야에 있어 법안을 채택하고 법적 구속력 있는 조치들을 취할 수 있다. 회원국들은 유럽연합이 그 권한을 행사하지 않는 경우에 한하여 권한을 행사하여야 한다. 회원국들은 유럽연합이 행사하였던 권한을 중단하기로 결정한 한도 내에서 다시 권한을 행사한다.

3. 회원국들은 이 조약이 정하는 바에 따라 자국의 경제 및 고용 정책을 조율하여야 하며, 그 조율방식은 유럽연합이 제공한다.

4. The Union shall have competence, in accordance with the provisions of the Treaty on European Union, to define and implement a common foreign and security policy, including the progressive framing of a common defence policy.

5. In certain areas and under the conditions laid down in the Treaties, the Union shall have competence to carry out actions to support, coordinate or supplement the actions of the Member States, without thereby superseding their competence in these areas.

Legally binding acts of the Union adopted on the basis of the provisions of the Treaties relating to these areas shall not entail harmonisation of Member States' laws or regulations.

6. The scope of and arrangements for exercising the Union's competences shall be determined by the provisions of the Treaties relating to each area.

Article 4

1. The Union shall share competence with the Member States where the Treaties confer on it a compe-

4. 유럽연합은 유럽연합조약에서 정한 바에 따라 점진적인 공동방어체제의 수립을 포함한 공동외교안보정책을 수립하고 시행할 권한을 갖는다.

5. 설립조약들이 규정하는 특정 분야 및 요건에 따라 유럽연합은 회원국의 조치들을 원조, 조율 또는 보완하기 위한 수단을 시행할 권한을 갖는다. 다만, 이는 당해 분야에서의 회원국의 권한을 대체하여서는 아니 된다.

이러한 분야들에 관하여 설립조약들의 규정에 근거하여 유럽연합이 채택하는 법적 구속력 있는 조치들은 회원국 법률 체제의 조화를 수반하여서는 아니 된다.

6. 유럽연합의 권한 행사의 범위와 방식은 각 분야와 관련한 설립조약들의 내용이 정하는 바에 따른다.

제4조

1. 유럽연합은 제3조 및 제6조 소정의 분야 이외의 분야로서 설립조약들에 의해 권한을 부여받고 있는

tence which does not relate to the areas referred to in Articles 3 and 6.

2. Shared competence between the Union and the Member States applies in the following principal areas:

(a) internal market;

(b) social policy, for the aspects defined in this Treaty;

(c) economic, social and territorial cohesion;

(d) agriculture and fisheries, excluding the conservation of marine biological resources;

(e) environment;

(f) consumer protection;

(g) transport;

(h) trans-European networks;

(i) energy;

(j) area of freedom, security and justice;

(k) common safety concerns in public health matters, for the aspects defined in this Treaty.

3. In the areas of research, technological development and space, the Union shall have competence to carry out activities, in particular to define and implement programmes; however, the exercise of that competence shall not result in Member States being prevented from exercising theirs.

경우에는 회원국들과 그 권한을 공유한다.

2. 유럽연합과 회원국들 사이의 공유 권한은 아래 주요 분야에 적용된다.

(a) 역내 시장

(b) 사회 정책 중 이 조약에 의해 규정된 부분

(c) 경제, 사회 및 영토적 결속

(d) 해양 생물 자원의 보호를 제외한 농어업

(e) 환경

(f) 소비자 보호

(g) 운송

(h) 범유럽 네트워크

(i) 에너지

(j) 자유, 안보 및 사법 분야

(k) 공중 보건 문제와 관련된 공공 안전 중 이 조약에 규정된 부분

3. 연구, 기술 개발 및 우주 분야에 있어 유럽연합은 권한을 갖되, 특히 관련 계획을 수립하고 시행함에 있어 조치를 취할 권한을 갖는다. 다만, 연합의 이러한 권한 행사는 회원국들이 독자적으로 계획을 수립, 시행하는 것을 저해하여서는 아니 된다.

4. In the areas of development co-operation and humanitarian aid, the Union shall have competence to carry out activities and conduct a common policy; however, the exercise of that competence shall not result in Member States being prevented from exercising theirs.

Article 258

If the Commission considers that a Member State has failed to fulfil an obligation under the Treaties, it shall deliver a reasoned opinion on the matter after giving the State concerned the opportunity to submit its observations.

If the State concerned does not comply with the opinion within the period laid down by the Commission, the latter may bring the matter before the Court of Justice of the European Union.

Article 259

A Member State which considers that another Member State has failed to fulfil an obligation under the Treaties may bring the matter before the Court of Justice of the European Union.

4. 개발 협력 및 인도주의적 원조 분야에 있어 유럽연합은 관련 조치들을 취하고 공동 정책을 실시할 권한을 갖는다. 다만, 유럽연합의 이러한 권한 행사는 회원국들의 독자적인 조치를 저해하여서는 아니 된다.

제258조

집행위원회는 어느 회원국이 설립조약들 상의 의무를 이행하지 않는다고 판단하는 경우 당해 회원국에게 자신의 입장을 개진할 기회를 부여한 뒤 당해 사안에 대한 적발소견서를 교부하여야 한다.

당해 회원국이 집행위원회가 의견 제시한 기한 내에 따르지 않는 경우 집행위원회는 당해 사안을 유럽 법원에 제소할 수 있다.

제259조

어느 회원국이 다른 회원국이 설립조약들 상의 의무를 이행하지 않는다고 판단하는 경우 그 회원국은 위반 회원국을 상대로 유럽 법원에 제소할 수 있다.

Before a Member State brings an action against another Member State for an alleged infringement of an obligation under the Treaties, it shall bring the matter before the Commission.

The Commission shall deliver a reasoned opinion after each of the States concerned has been given the opportunity to submit its own case and its observations on the other party's case both orally and in writing.

If the Commission has not delivered an opinion within three months of the date on which the matter was brought before it, the absence of such opinion shall not prevent the matter from being brought before the Court.

Article 267

The Court of Justice of the European Union shall have jurisdiction to give preliminary rulings concerning:

(a) the interpretation of the Treaties;

(b) the validity and interpretation of acts of the institutions, bodies, offices or agencies of the Union;

Where such a question is raised before any court or tribunal of a Member State, that court or tribunal may, if it considers that a decision on

회원국이 다른 회원국을 상대로 설립조약들 상의 의무 위반 혐의로 제소하기 전 제소 회원국은 집행위원회에 사안을 회부하여여 한다.

집행위원회는 각 해당 회원국에 대하여 상대의 주장에 대한 입장을 구술 또는 서면으로 소명할 기회를 부여한 후 적발소견서를 발부하여야 한다.

집행위원회가 사안을 회부받아 3개월 이내에 적발소견서를 발부하지 않을 경우 회부 회원국은 위반 회원국을 상대로 직접 법원에 제소할 수 있다.

제267조

유럽 법원은 아래와 같은 사항에 관하여 선결적 판결의 관할권을 가진다.

(a) 설립조약들의 해석

(b) 연합의 기관, 기구, 부서 또는 수탁자가 취한 행위의 유효성 및 그에 관한 해석

위와 같은 쟁점이 판정대상이 되어 있는 회원국의 법원이나 심판기구는 그 쟁점에 관한 결정이 종국적 판결을 내림에 있어 필요하다고 생

the question is necessary to enable it to give judgment, request the Court to give a ruling thereon.

Where any such question is raised in a case pending before a court or tribunal of a Member State against whose decisions there is no judicial remedy under national law, that court or tribunal shall bring the matter before the Court.

If such a question is raised in a case pending before a court or tribunal of a Member State with regard to a person in custody, the Court of Justice of the European Union shall act with the minimum of delay.

Article 288

To exercise the Union's competences, the institutions shall adopt regulations, directives, decisions, recommendations and opinions.

A regulation shall have general application. It shall be binding in its entirety and directly applicable in all Member States.

A directive shall be binding, as to the result to be achieved, upon each Member State to which it is addressed, but shall leave to the national authorities the choice of form

각하는 경우 유럽 법원에 대하여 그에 관한 결정을 내려줄 것을 요청할 수 있다.

위와 같은 쟁점이 회원국의 법원이나 심판기구에 계류 중이고, 해당 법원이나 심판기구의 결정에 대하여 그 회원국의 국내법상 사법적 구제수단이 없는 최종심인 경우 당해 법원 또는 심판기구는 사안을 유럽 법원에 회부하여야 한다.

회원국의 법원이나 심판기구에 계류된 위와 같은 쟁점이 인신 구속과 관련되어 있는 경우 유럽 법원은 신속하게 결정을 내려야 한다.

제288조

유럽연합의 권한을 행사하기 위하여 기관들은 명령, 준칙, 결정, 권고, 의견을 채택한다.

명령은 보편적 적용성을 갖는다. 명령은 완전한 구속력을 갖고 전 회원국에 직접 적용된다.

준칙은 목적 달성을 위하여 이를 시달한 개별 회원국에 대하여 구속력을 갖되, 그 형식과 방법의 선택은 회원국 국내 당국에 유보한다.

and methods.

A decision shall be binding in its entirety. A decision which specifies those to whom it is addressed shall be binding only on them.

Recommendations and opinions shall have no binding force.

결정은 완전한 구속력을 갖는다. 시달 대상이 특정된 결정은 당해 당사자들에게만 구속력을 갖는다.

권고와 의견은 구속력을 갖지 아니한다.

부가가치세 준칙 (발췌)

Title I Subject Matter and Scope

Article 1

1. This Directive establishes the common system of value added tax (VAT).

2. The principle of the common system of VAT entails the application to goods and services of a general tax on consumption exactly proportional to the price of the goods and services, however many transactions take place in the production and distribution process before the stage at which the tax is charged.

On each transaction, VAT, calculated on the price of the goods or services at the rate applicable to such goods or services, shall be chargeable after deduction of the amount of VAT borne directly by the various cost components.

The common system of VAT shall be applied up to and including the retail trade stage.

Article 2

1. The following transactions shall be subject to VAT:

(a) the supply of goods for consid-

제1편 이 준칙이 다루는 대상과 범위

제1조

1. 이 준칙은 공통의 부가가치세제를 규정한다.

2. 공통 부가가치세제의 원칙은, 재화와 용역의 가격에 정확히 비례하는 일반 소비세를 재화·용역에 적용하는 것이고, 이는 세금이 부과되는 단계 이전의 생산과 유통 과정에서 얼마나 많은 거래가 발생하는지와 무관하다.

각각의 거래에서, 재화·용역의 가격과 그에 적용되는 세율에 따라 계산된 부가가치세액으로부터, 각종 원가 구성요소들이 직접 부담한 부가가치세액을 공제한 나머지 금액이 부가가치세로서 부과될 수 있다.

공통 부가가치세제는 소매 단계까지, 그리고 이 단계를 포함하여 적용되어야 한다.

제2조

1. 다음의 거래는 부가가치세의 부과대상이다.

(a) 납세의무자로서 그와 같이 행동

eration within the territory of a Member State by a taxable person acting as such;

(b) the intra-Community acquisition of goods for consideration within the territory of a Member State by:

    (i) a taxable person acting as such, or a non-taxable legal person, where the vendor is a taxable person acting as such who is not eligible for the exemption for small enterprises provided for in Articles 282 to 292 and who is not covered by Articles 33 or 36;

    (ii) in the case of new means of transport, a taxable person, or a non-taxable legal person, whose other acquisitions are not subject to VAT pursuant to Article 3(1), or any other non-taxable person;

    (iii) in the case of products subject to excise duty, where the excise duty on the intra-Community acquisition is chargeable, pursuant to Directive 92/12/EEC, within the territory of the Member State, a taxable person, or a non-taxable legal person, whose other

하는 사람이 회원국의 영역 내에서 하는 재화의 유상 공급

(b) 다음의 어느 하나에 해당하는 사람이 회원국의 영역 내에서 유상으로 하는, 재화의 유럽연합 역내 취득

    (i) 납세의무자로서 그와 같이 행동하는 사람이나, 납세의무자 아닌 법인. 판매업자가 제282조부터 제292조까지에 규정된 소(小) 기업을 위한 면세를 받을 자격이 없고, 제33조나 제36조의 적용을 받지 않는 경우에 한한다.

    (ii) 신품(新品)인 교통수단의 경우, 납세의무자나 납세의무 없는 법인(그의 다른 취득이 제3조 제1항에 따라 부가가치세 과세대상이 되지 않는 경우에 한한다), 그리고 그 밖의 다른 모든 납세의무 없는 사람

    (iii) 개별 소비세의 과세대상이 되는 재품의 경우(역내 취득에 대한 개별 소비세가 92/12/EEC 준칙에 따라 회원국의 영역 내에서 부과될 수 있는 경우를 가리킨다), 납세의무자나 납세의무 없는 법인(그의 다른 취득이 제3조 제1항에 따라 부가가치세 과세대상이 되지 않는 경우에 한한다)

acquisitions are not subject to VAT pursuant to Article 3(1);

(c) the supply of services for consideration within the territory of a Member State by a taxable person acting as such;

(d) the importation of goods.

2. (a) For the purposes of point (ii) of paragraph 1(b), the following shall be regarded as 'means of transport', where they are intended for the transport of persons or goods:

(i) motorised land vehicles the capacity of which exceeds 48 cubic centimetres or the power of which exceeds 7.2 kilowatts;

(ii) vessels exceeding 7.5 metres in length, with the exception of vessels used for navigation on the high seas and carrying passengers for reward, and of vessels used for the purposes of commercial, industrial or fishing activities, or for rescue or assistance at sea, or for inshore fishing;

(iii) aircraft t he take-off weight of which exceeds 1,550 kilograms, with the exception of aircraft used by airlines operating for reward chiefly on inter-

(c) 납세의무자로서 그와 같이 행동하는 사람이 회원국의 영역 내에서 하는 용역의 유상 공급

(d) 재화의 수입

2. (a) 제1항 (b)호 (ii)목과 관련하여, 다음의 것들은 사람이나 재화의 운송을 목적으로 하는 '교통수단'으로 인정된다.

(i) 원동기가 장치된 육상 차량으로서, 부피가 48 세제곱센티미터를 초과하거나 전력이 7.2 킬로와트를 초과하는 것

(ii) 길이가 7.5 미터를 초과하는 선박. 다만 공해 상을 항해하면서 유상으로 승객을 운송하는 선박, 상업·공업·어업, 또는 해상 구조나 지원, 연안 어업을 위한 목적으로 사용되는 선박을 제외한다.

(iii) 이륙중량이 1,550 킬로그램을 초과하는 항공기. 다만 주로 국제노선에서 유상 운항을 하는 항공사가 사용하는 것을 제외한다.

national routes.

(b) These means of transport shall be regarded as 'new' in the cases:

    (i) of motorised land vehicles, where the supply takes place within six months of the date of first entry into service or where the vehicle has travelled for no more than 6,000 kilometres;

    (ii) of vessels, where the supply takes place within three months of the date of first entry into service or where the vessel has sailed for no more than 100 hours

    (iii) of aircraft, where the supply takes place within three months of the date of first entry into service or where the aircraft has flown for no more than 40 hours.

(c) Member States shall lay down the conditions under which the facts referred to in point (b) may be regarded as established.

3. 'Products subject to excise duty' shall mean energy products, alcohol and alcoholic beverages and manufactured tobacco, as defined by cur-

(b) 이 조에서 말하는 '교통수단'은 다음과 같은 경우에 신품인 것으로 간주한다.

    (i) 원동기가 장치된 육상 차량의 경우, 처음으로 사용을 개시한 날부터 6개월 이내에 공급이 발생하거나, 주행거리가 6,000 킬로미터 이하인 것

    (ii) 선박의 경우, 처음으로 사용을 개시한 날부터 3개월 이내에 공급이 발생하거나, 항행시간이 100시간 이하인 것

    (iii) 항공기의 경우, 처음으로 사용을 개시한 날부터 3개월 이내에 공급이 발생하거나, 비행시간이 40시간 이하인 것

(c) 회원국들은 (b)호가 규정한 요건이 충족되었다고 인정할 수 있게 하는 구체적 요건들을 규정하여야 한다.

3. '개별 소비세의 과세대상이 되는 제품'은, 현행 유럽연합 법규에 의하여 정의된, 에너지 제품, 알코올이나 알코올 음료, 제조된 담배를 의

rent Community legislation, but not gas supplied through the natural gas distribution system or electricity.

Article 3

1. By way of derogation from Article 2(1)(b)(i), the following transactions shall not be subject to VAT:

(a) the intra-Community acquisition of goods by a taxable person or a non-taxable legal person, where the supply of such goods within the territory of the Member State of acquisition would be exempt pursuant to Articles 148 and 151;

(b) the intra-Community acquisition of goods, other than those referred to in point (a) and Article 4, and other than new means of transport or products subject to excise duty, by a taxable person for the purposes of his agricultural, forestry or fisheries business subject to the common flat-rate scheme for farmers, or by a taxable person who carries out only supplies of goods or services in respect of which VAT is not deductible, or by a non-taxable legal person.

미하지만, 천연가스 분배 시스템을 통하여 공급되는 가스나 전기는 이에 속하지 않는다.

제3조

1. 제2조 제1항 (b)호 (i)목에 대한 예외로서, 다음의 거래들은 부가가치세 과세대상이 아니다.

(a) 납세의무자나, 납세의무자 아닌 법인이 하는 재화의 역내 취득. 관련된 재화의 공급이 제148~151조에 따라, 그 영역 내에서 취득이 일어난 회원국 내에서 면세되는 경우에 한한다.

(b) (a)호와 제4조가 규정하는 것, 그리고 신품 교통수단이나 개별소비세의 과세대상인 생산품 외의 재화에 대한 역내 취득으로서 다음 중 어느 하나에 해당하는 것.

(i) 납세의무자가 농부들에 대한 공통 고정세율 제도의 적용을 받는 그의 농·임·어업을 위하여 하는 것.

(ii) 부가가치세 매입세액이 공제되지 않는 재화·용역의 공급만을 수행하는 납세의무자가 하는 것.

(iii) 납세의무자 아닌 법인이 하는 것.

2. Point (b) of paragraph 1 shall apply only if the following conditions are met:

(a) during the current calendar year, the total value of intra-Community acquisitions of goods does not exceed a threshold which the Member States shall determine but which may not be less than EUR 10 000 or the equivalent in national currency;

(b) during the previous calendar year, the total value of intra-Community acquisitions of goods did not exceed the threshold provided for in point (a).

The threshold which serves as the reference shall consist of the total value, exclusive of VAT due or paid in the Member State in which dispatch or transport of the goods began, of the intra-Community acquisitions of goods as referred to under point (b) of paragraph 1.

3. Member States shall grant taxable persons and non-taxable legal persons eligible under point (b) of paragraph 1 the right to opt for the general scheme provided for in Article 2(1)(b)(i).

Member States shall lay down

2. 제1항 (b)호는 다음의 요건들이 충족되었을 때에는 적용이 없다.

(a) 현재의 역년(曆年) 동안, 재화의 역내 취득의 가액 합계가 회원국이 정하는 수량적 기준(1만 유로 또는 국내 통화로 이에 상당하는 가액보다 작아서는 안 된다)을 넘지 않을 것.

(b) 그 직전의 역년 동안, 재화의 역내 취득의 가액 합계가 (a)호가 규정하는 기준을 넘지 않았을 것.

여기서 기준이 되는 액수들은, 제1항 (b)호에 규정된 재화 역내취득의 가액 합계를 가리킨다. 다만 재화의 발송·운반이 시작되는 회원국 내에서 납부했거나 납부해야 하는 부가가치세를 제외한다.

3. 회원국은 제1항 (b)호의 적용을 받을 수 있는 납세의무자와, 납세의무자 아닌 법인에게, 제2조 제1항 (b)호 (i)목이 규정하는 일반적 제도의 적용을 선택할 수 있는 권리를 부여하여야 한다.

회원국은 제1문이 규정하는 선택

the detailed rules for the exercise of the option referred to in the first sub-paragraph, which shall in any event cover a period of two calendar years.

권의 행사를 규율하는 상세한 규칙들을 마련하여야 한다. 이러한 규칙들은 어느 경우에나 적어도 2개 역년 동안은 계속하여 적용되어야 한다.

TITLE III Taxable Persons

Article 9

1. 'Taxable person' shall mean any person who, independently, carries out in any place any economic activity, whatever the purpose or results of that activity.

Any activity of producers, traders or persons supplying services, including mining and agricultural activities and activities of the professions, shall be regarded as 'economic activity'. The exploitation of tangible or intangible property for the purposes of obtaining income therefrom on a continuing basis shall in particular be regarded as an economic activity.

2. In addition to the persons referred to in paragraph 1, any person who, on an occasional basis, supplies a new means of transport, which is dispatched or transported to the customer by the vendor or the customer, or on behalf of the vendor or the customer, to a destination outside the territory of a Member State but within the territory of the Community, shall be regarded as a taxable person.

제3편 납세의무자

제9조

1. 납세의무자는 그 활동의 목적이나 결과와 무관하게 어떤 장소에서 독립적으로 경제적 활동을 수행하는 사람을 뜻한다.

제조업자, 거래상, 광업·농업 관련 활동이나 또는 전문직 활동을 포함하여 역무를 제공하는 사람의 활동은 '경제적 활동'으로 인정된다. 특히 유체 또는 무체의 재산으로부터 지속적으로 소득을 얻고자 그 재산을 사용하는 것은 경제적 활동으로 인정된다.

2. 제1항에서 언급된 사람들에 더하여, 신품 교통수단을 그 회원국 바깥, 하지만 유럽연합 내의 목적지로 간헐적으로 공급하는 사람은 납세의무자로 인정된다. 다만 신품 교통수단의 발송·운송이 이를 판매하는 사람이나 취득하는 사람, 또는 그를 대신한 제3자에 의하여 이루어진 경우에 한한다.

Article 10

The condition in Article 9(1) that the economic activity be conducted 'independently' shall exclude employed and other persons from VAT in so far as they are bound to an employer by a contract of employment or by any other legal ties creating the relationship of employer and employee as regards working conditions, remuneration and the employer's liability.

Article 11

After consulting the advisory committee on value added tax (hereafter, the 'VAT Committee'), each Member State may regard as a single taxable person any persons established in the territory of that Member State who, while legally independent, are closely bound to one another by financial, economic and organisational links.

A Member State exercising the option provided for in the first paragraph, may adopt any measures needed to prevent tax evasion or avoidance through the use of this provision.

제10조

직원이나, 그 밖에 고용계약에 따라 고용주에게 일정한 의무를 부담하거나, 근로조건, 보수, 사용자 책임 등 고용주·직원의 법률관계를 창설하는 다른 법률관계를 맺고 있는 사람들은, 경제적 활동이 독립적으로 수행되어야 한다는 제9조 제1항의 요건을 충족하지 못한다.

제11조

부가가치세 자문위원회(이하 '부가가치세 위원회'라 한다)와 협의를 거친 후, 각 회원국은 자국의 영역 내에 사업장을 두고 있고, 서로 간에 재무적·경제적·조직적으로 긴밀하게 연결되어 있는 사업자들을 하나의 납세의무자로 간주할 수 있다.

제1문에 규정된 선택권을 행사하는 회원국은, 이러한 규정의 활용을 통한 조세 포탈·회피를 방지하는 데에 필요한 조치를 취할 수 있다.

Article 12

1. Member States may regard as a taxable person anyone who carries out, on an occasional basis, a transaction relating to the activities referred to in the second subparagraph of Article 9(1) and in particular one of the following transactions:

(a) the supply, before first occupation, of a building or parts of a building and of the land on which the building stands;

(b) the supply of building land.

2. For the purposes of paragraph 1(a), 'building' shall mean any structure fixed to or in the ground.

Member States may lay down the detailed rules for applying the criterion referred to in paragraph 1(a) to conversions of buildings and may determine what is meant by 'the land on which a building stands'.

Member States may apply criteria other than that of first occupation, such as the period elapsing between the date of completion of the building and the date of first supply, or the period elapsing between the date of first occupation and the date of subsequent supply, provided that those periods do not exceed five years and

제12조

1. 회원국은 제9조 제1항 제2문이나 아래에 언급한 활동과 관련된 거래를 간헐적으로 하는 사람을 납세의무자로 인정할 수 있다.

(a) 최초 사용이 있기 전 건물의 전부 또는 일부와, 그 건물 부지의 공급

(b) 건축용지의 공급

2. 제1항 (a)호와 관련하여, 건물은 지면에 고정되어 있거나 지면에 세워진 모든 구조물을 뜻한다.

회원국은 제1항 (a)호의 기준을 건물의 변형에 적용하기 위한 상세한 규칙을 마련할 수 있고, 건물 부지의 의미를 정할 수 있다.

회원국은 최초 사용 외에도, 건물의 완공일과 최초 공급 간의 기간, 또는 최초 사용일 이후 공급 간의 기간과 같은 다른 기준을 적용할 수 있다. 다만 이러한 기간이 각각 5년과 2년을 초과하지 않는 경우에 한한다.

two years respectively.

3. For the purposes of paragraph 1(b), 'building land' shall mean any unimproved or improved land defined as such by the Member States.

Article 13

1. States, regional and local government authorities and other bodies governed by public law shall not be regarded as taxable persons in respect of the activities or transactions in which they engage as public authorities, even where they collect dues, fees, contributions or payments in connection with those activities or transactions.

However, when they engage in such activities or transactions, they shall be regarded as taxable persons in respect of those activities or transactions where their treatment as non-taxable persons would lead to significant distortions of competition.

In any event, bodies governed by public law shall be regarded as taxable persons in respect of the activities listed in Annex I, provided that those activities are not carried out on such a small scale as to be negligible.

3. 제1항 (b)호와 관련하여 건축용지는, 개량되거나 그렇지 않은 토지로서 회원국이 정하는 것을 가리킨다.

제13조

1. 회원국이나 그 지방 정부의 기관들, 그리고 그 밖에 공법(公法)에 따라 규율되는 단체들은, '공적(公的) 기관'으로서 수행하는 활동이나 거래와 관련하여 납세의무자로 취급되지 않아야 한다. 이러한 단체들이 활동·거래와 관련하여 회비, 수수료, 기부금이나 그 밖의 금전 지급을 받은 경우에도 같다.

그러나 공공단체가 공적 기관으로서 활동·거래를 할 때, 이들을 납세의무자가 아닌 것으로 취급하면 중대한 경쟁의 왜곡으로 이어지는 경우, 이들은 그러한 활동·거래의 범위에서 납세의무자로 간주된다.

어떤 경우에라도, 공법에 따라 규율되는 단체는 부록 I에 열거된 활동에 관하여는 납세의무자로 간주된다. 다만 그러한 활동이 무시할 정도의 작은 규모로 이루어지는 경우는 그렇지 않다.

2. Member States may regard activities, exempt under Articles 132, 135, 136, 371, 374 to 377, and Article 378(2), Article 379(2), or Articles 380 to 390, engaged in by bodies governed by public law as activities in which those bodies engage as public authorities.

2. 회원국은, 공법에 따라 규율되는 단체가 제132, 135, 136, 371조와, 제374조부터 제377조까지, 그리고 제378조 제2항, 제379조 제2항, 제380조부터 제390조까지에 따라 면세되는 활동에 관여하는 경우, 이들 단체가 공적 기관으로서 이러한 활동을 수행하는 것으로 간주할 수 있다.

TITLE IV Taxable Transactions

Chapter 1 Supply of Goods

Article 14

1. 'Supply of goods' shall mean the transfer of the right to dispose of tangible property as owner.

2. In addition to the transaction referred to in paragraph 1, each of the following shall be regarded as a supply of goods:

(a) the transfer, by order made by or in the name of a public authority or in pursuance of the law, of the ownership of property against payment of compensation;

(b) the actual handing over of goods pursuant to a contract for the hire of goods for a certain period, or for the sale of goods on deferred terms, which provides that in the normal course of events ownership is to pass at the latest upon payment of the final instalment;

(c) the transfer of goods pursuant to a contract under which commission is payable on purchase or sale.

3. Member States may regard the

제4편 과세대상 거래

제1장 재화의 공급

제14조

1. '재화의 공급'은 유체의 재산을 소유자로서 처분할 수 있는 권한을 이전하는 것을 뜻한다.

2. 제1항에서 규정하는 거래에 추가하여, 다음의 것들도 재화의 공급으로 간주된다.

(a) 공적 기관의 명령, 또는 그 이름으로 이루어지는 명령에 따르거나, 법을 집행하는 과정에서 발생하는, 대가를 지급 받고 하는 재산 소유권의 이전

(b) 일정 기간 동안 재화를 임차하는 계약에 따른 재화의 현실 인도, 또는 일반적인 경우라면 늦어도 마지막 할부금의 지급 이전에 소유권이 이전되도록 하는 할부 조건에 따른 재화 판매에 의한 재화의 현실 인도

(c) 구매·판매에 수수료가 지급되는 계약에 따른 재화의 이전

3. 회원국들은 건축 공사의 일정한

handing over of certain works of construction as a supply of goods.

Article 15

1. Electricity, gas, heat, refrigeration and the like shall be treated as tangible property.

2. Member States may regard the following as tangible property:

(a) certain interests in immovable property;

(b) rights in rem giving the holder thereof a right of use over immovable property;

(c) shares or interests equivalent to shares giving the holder thereof de jure or de facto rights of ownership or possession over immovable property or part thereof.

Article 16

The application by a taxable person of goods forming part of his business assets for his private use or for that of his staff, or their disposal free of charge or, more generally, their application for purposes other than those of his business, shall be treated as a supply of goods for consideration, where the VAT on those goods or the component parts there-

결과물을 인도하는 것을 재화의 공급으로 취급할 수 있다.

제15조

1. 전기, 가스, 열, 냉기(冷氣)와 이에 유사한 것들은 유체의 재산으로 취급된다.

2. 회원국들은 다음의 것들을 유체의 재산으로 취급할 수 있다.

(a) 부동산에 관한 일정한 법적 지위

(b) 부동산에 관한 사용의 권능을 부여하는 대물적(對物的) 권리

(c) 부동산이나 그 일부를 법률상 또는 사실상으로 소유·점유할 수 있는 권능을 부여하는 지분이나 법적 지위

제16조

납세의무자 또는 그 직원의 개인적 용도로 사업용 자산의 일부를 구성하는 재화를 사용하거나 또는 무상으로 처분하거나, 아니면 좀 더 일반적으로 말하여 자신의 사업 아닌 다른 목적으로 사용하는 경우, 재화 또는 그 구성 부분에 대한 부가가치세액의 전부 또는 일부가 공제되었다면, 이는 대가를 받고 재화를 공급한 것으로 취급되어야 한다.

of was wholly or partly deductible.

However, the application of goods for business use as samples or as gifts of small value shall not be treated as a supply of goods for consideration.

그러나, 견본품 또는 소액의 사은품으로서 사업을 위하여 사용하는 경우에는 재화의 공급으로 취급되지 않아야 한다.

Article 17

1. The transfer by a taxable person of goods forming part of his business assets to another Member State shall be treated as a supply of goods for consideration.

'Transfer to another Member State' shall mean the dispatch or transport of movable tangible property by or on behalf of the taxable person, for the purposes of his business, to a destination outside the territory of the Member State in which the property is located, but within the Community.

2. The dispatch or transport of goods for the purposes of any of the following transactions shall not be regarded as a transfer to another Member State:

(a) the supply of the goods by the taxable person within the territory of the Member State in which the dispatch or transport ends, in accordance with the conditions laid down in Article 33;

제17조

1. 납세의무자가 사업용 자산의 일부를 구성하는 재화를 다른 회원국으로 양도하면 이는 재화의 유상 공급으로 취급된다.

'다른 회원국으로 양도'한다는 것은, 납세의무자의 사업과 관련하여, 직접 또는 그를 대신하는 사람을 통하여, 유체의 동산을 그 재산이 위치한 회원국의 영토 밖, 하지만 유럽연합 역내의 목적지로 발송 또는 운반하는 일을 의미한다.

2. 다음 중 어느 하나의 거래를 위하여 재화를 발송 또는 운반하더라도, 다른 회원국으로 양도하는 것으로 인정되지 않는다.

(a) 제33조가 규정하는 요건에 따라, 발송이나 운반이 종료되는 회원국의 영토 내에서 납세의무자가 하는 재화의 공급

(b) the supply of the goods, for installation or assembly by or on behalf of the supplier, by the taxable person within the territory of the Member State in which dispatch or transport of the goods ends, in accordance with the conditions laid down in Article 36

(c) the supply of the goods by the taxable person on board a ship, an aircraft or a train in the course of a passenger transport operation, in accordance with the conditions laid down in Article 37;

(d) the supply of gas through the natural gas distribution system, or of electricity, in accordance with the conditions laid down in Articles 38 and 39;

(e) the supply of the goods by the taxable person within the territory of the Member State, in accordance with the conditions laid down in Articles 138, 146, 147, 148, 151 or 152;

(f) the supply of a service performed for the taxable person and consisting of work on the goods in question physically carried out within the territory of the Member State in which dispatch or transport of

(b) 제36조가 규정하는 요건에 따라, 공급자가 직접 하거나 또는 제3자가 그를 대신하여 하는 설치·조립을 위한, 재화의 발송이나 운반이 종료되는 회원국의 영토 내에서 납세의무자가 하는 재화의 공급

(c) 제37조가 규정하는 요건에 따라, 납세의무자가 여객 운송의 과정에서 선박·항공기·열차 내에서 하는 재화의 공급

(d) 제38조와 제39조가 규정하는 요건에 따른, 천연가스 분배시스템을 통한 가스의 공급이나, 전기의 공급

(e) 제138조, 제146조, 제147조, 제148조, 제151조, 제152조가 규정하는 요건에 따라, 회원국의 영토 내에서 납세의무자가 하는 재화의 공급

(f) 납세의무자를 위하여 제공되고 해당 재화에 대한 작업으로 이루어진 역무로서, 재화의 발송·운반이 종료되는 회원국의 영토 내에서 물리적으로 수행되는 용역의 공급. 다만 관련된 작업이 종

the goods ends, provided that the goods, after being worked upon, are returned to that taxable person in the Member State from which they were initially dispatched or transported;

(g) the temporary use of the goods within the territory of the Member State in which dispatch or transport of the goods ends, for the purposes of the supply of services by the taxable person established within the Member State in which dispatch or transport of the goods began;

(h) the temporary use of the goods, for a period not exceeding twenty-four months, within the territory of another Member State, in which the importation of the same goods from a third country with a view to their temporary use would be covered by the arrangements for temporary importation with full exemption from import duties.

3. If one of the conditions governing eligibility under paragraph 2 is no longer met, the goods shall be regarded as having been transferred to another Member State. In such cases, the transfer shall be deemed

료된 후 그 재화가 최초에 발송·운반된 회원국의 영토 내의 납세의무자에게 반환되는 경우에 한한다.

(g) 재화의 발송 또는 운반이 시작된 회원국 안에 사업장을 둔 납세의무자가 하는 용역의 공급을 위하여, 재화의 발송·운반이 종료되는 회원국의 영토 내에서 이루어지는 재화의 임시 사용

(h) 어떤 재화의 임시 사용을 위하여 제3국으로부터 그 재화를 수입하였다면 수입 관세의 완전한 면제를 위한 조치들이 적용되었을 회원국의 영토 내에서 이루어지는, 24개월 이내의 기간을 초과하지 않는 재화의 임시 사용

3. 제2항에 따른 적격 요건들 중 하나가 더 이상 충족되지 않으면, 재화는 다른 회원국으로 양도된 것으로 간주된다. 이 경우의 양도는 문제된 요건이 충족되지 않게 되는 시점에 일어나는 것으로 한다.

to take place at the time when that condition ceases to be met.

Article 18

Member States may treat each of the following transactions as a supply of goods for consideration:

(a) the application by a taxable person for the purposes of his business of goods produced, constructed, extracted, processed, purchased or imported in the course of such business, where the VAT on such goods, had they been acquired from another taxable person, would not be wholly deductible;

(b) the application of goods by a taxable person for the purposes of a non-taxable area of activity, where the VAT on such goods became wholly or partly deductible upon their acquisition or upon their application in accordance with point (a);

(c) with the exception of the cases referred to in Article 19, the retention of goods by a taxable person, or by his successors, when he ceases to carry out a taxable economic activity, where the VAT on such goods became wholly or partly deductible upon their acquisition

제18조

회원국은 다음의 거래를 유상의 재화 공급으로 취급할 수 있다.

(a) 납세의무자가 생산·건설·추출·가공·구매·수입된 재화를 그의 사업 목적으로 사용하는 것. 그러한 재화가 다른 납세의무자로부터 취득한 것이었다면, 부가가치세액이 모두 공제되지는 않았을 경우에 한한다.

(b) 납세의무자가 과세되지 않는 활동 영역을 위하여 재화를 사용하는 것. 그러한 재화를 취득하거나 (a)항에 따라 사용하였을 때 부가가치세액의 전부 또는 일부가 공제될 수 있게 되는 경우에 한한다.

(c) 제19조에서 언급된 경우를 제외하고, 납세의무자가 과세되는 경제적 활동의 수행을 중단할 때 납세의무자 또는 그 승계인이 재화를 계속 보유하는 것. 그러한 재화를 취득하거나 (a)항에 따라 사용하였을 때 부가가치세액의 전부 또는 일부가 공제될 수 있게

or upon their application in accordance with point (a).

Article 19

In the event of a transfer, whether for consideration or not or as a contribution to a company, of a totality of assets or part thereof, Member States may consider that no supply of goods has taken place and that the person to whom the goods are transferred is to be treated as the successor to the transferor.

Member States may, in cases where the recipient is not wholly liable to tax, take the measures necessary to prevent distortion of competition. They may also adopt any measures needed to prevent tax evasion or avoidance through the use of this Article.

되는 경우에 한한다.

제19조

자산들 전부 또는 일부의 양도가 있는 경우, 대가의 수수 여부나 그것이 회사에 대한 출자인지 여부에 관계없이, 회원국들은 재화의 공급이 일어나지 않았다고 간주하고, 재화를 양도받은 사람을 양도인의 승계인처럼 취급할 수 있다.

회원국들은 양수인이 온전히 납세의무를 부담하지 않는 경우에, 경쟁의 왜곡을 방지하기 위해 필요한 조치를 취할 수 있다. 회원국들은 또한 본조의 활용을 통하여 조세포탈이나 회피를 방지하기 위하여 필요한 모든 조치를 채택할 수 있다.

Chapter 2 Intra-Community Acquisition of Goods

Article 20

'Intra-Community acquisition of goods' shall mean the acquisition of the right to dispose as owner of movable tangible property dispatched or transported to the person acquiring the goods, by or on behalf of the vendor or the person acquiring the goods, in a Member State other than that in which dispatch or transport of the goods began.

Article 21

The application by a taxable person, for the purposes of his business, of goods dispatched or transported by or on behalf of that taxable person from another Member State, within which the goods were produced, extracted, processed, purchased or acquired within the meaning of Article 2(1)(b), or into which they were imported by that taxable person for the purposes of his business, shall be treated as an intra-Community acquisition of goods for consideration.

제2장 재화의 유럽연합 역내 취득

제20조

'재화의 역내 취득'이란, 재화를 취득하는 사람에게 발송·운송된 유형 재산에 관하여, 소유자로서 처분할 수 있는 권한을 취득하는 것을 가리킨다. 다만 그러한 발송·운송이 유형 재산을 판매하는 사람이나 취득하는 사람, 또는 그를 대신한 제3자에 의하여 이루어지고, 또 발송·운송이 시작된 회원국 외의 다른 회원국에 있는 취득인에 대하여 이루어진 경우에 한한다.

제21조

납세의무자가 자기의 사업을 위하여, 다른 회원국으로부터, 스스로 또는 그를 대신한 제3자에 의하여 발송·운반된 재화를 사용하는 것은 재화의 유상 역내취득으로 취급된다. 다른 회원국이란, 그 안에서 제2조 제1항 (b)호가 규정하는 재화의 생산·추출·가공·구매·획득이 이루어졌거나, 납세의무자가 자신의 사업을 위하여 재화를 수입하여 반입한 그 회원국을 말한다.

Article 22

The application by the armed forces of a State party to the North Atlantic Treaty, for their use or for the use of the civilian staff accompanying them, of goods which they have not purchased subject to the general rules governing taxation on the domestic market of a Member State shall be treated as an intra-Community acquisition of goods for consideration, where the importation of those goods would not be eligible for the exemption provided for in point (h) of Article 143.

Chapter 3 Supply of Services

Article 24

1. 'Supply of services' shall mean any transaction which does not constitute a supply of goods.
2. 'Telecommunications services' shall mean services relating to the transmission, emission or reception of signals, words, images and sounds or information of any nature by wire, radio, optical or other electromagnetic systems, including the

제22조

북대서양 조약의 당사국 군대가, 회원국의 국내 시장에 대한 과세에 관한 일반 원칙에 따라 구매하지 않은 재화를 스스로, 또는 함께 복무하는 민간인 직원의 사용을 위하여 사용하는 행위는, 그 재화의 수입이 제143조 (h)호에 규정된 면제 대상이 되지 않으면, 재화의 유상 역내취득으로 취급된다.

제3장 용역의 공급

제24조

1. '용역의 공급'은 재화의 공급을 구성하지 않는 모든 거래를 의미한다.

2. '전기통신 용역'은, 유·무선, 광학이나 기타 전자기 시스템에 의한, 부호·문자·영상·음향이나 기타 정보의 전송·송출·수신과 관련된 역무를 가리킨다. 여기에는 그러한 전송·송출·수신을 위한 능력을 사용할 수 있는 권리의 관련된 이전이나 할당, 특

related transfer or assignment of the right to use capacity for such transmission, emission or reception, with the inclusion of the provision of access to global information networks.

히 전(全) 세계적 정보망에 대한 접속의 제공이 포함된다.

Article 25

A supply of services may consist, inter alia, in one of the following transactions:

(a) the assignment of intangible property, whether or not the subject of a document establishing title;

(b) the obligation to refrain from an act, or to tolerate an act or situation;

(c) the performance of services in pursuance of an order made by or in the name of a public authority or in pursuance of the law.

제25조

용역의 공급은 아래의 거래들을 포함한다.

(a) 무형 재산의 양도. 권리를 증명하는 문서에 기재되어 있는지 여부는 묻지 않는다.

(b) 어떠한 행동을 하지 않거나 어떠한 상황을 수인(受忍)할 의무의 이행

(c) 공공기관이 발하거나 그 이름으로 발하여진 명령이나 법률에 따른 역무의 수행

Article 26

1. Each of the following transactions shall be treated as a supply of services for consideration:

(a) the use of goods forming part of the assets of a business for the private use of a taxable person or of his staff or, more generally, for purposes other than those of his business, where the VAT on such goods

제26조

1. 다음 중 어느 하나에 해당하는 거래는 유상의 용역 공급으로 간주한다.

(a) 사업용 자산을 구성하는 재화를 납세의무자 자신이나 직원의 개인적 용도에 사용하거나, 아니면 좀 더 일반적으로 말하여, 그 재화에 관한 부가가치세의 전부 또는 일부가 공제될 수 있는, 사업

was wholly or partly deductible;
(b) the supply of services carried out free of charge by a taxable person for his private use or for that of his staff or, more generally, for purposes other than those of his business.
2. Member States may derogate from paragraph 1, provided that such derogation does not lead to distortion of competition.

Article 27

In order to prevent distortion of competition and after consulting the VAT Committee, Member States may treat as a supply of services for consideration the supply by a taxable person of a service for the purposes of his business, where the VAT on such a service, were it supplied by another taxable person, would not be wholly deductible.

Article 28

Where a taxable person acting in his own name but on behalf of another person takes part in a supply of services, he shall be deemed to have received and supplied those services himself.

아닌 다른 목적에 사용하는 경우.
(b) 용역 공급이 납세의무자 또는 직원의 개인적 용도를 위해 무상으로 이루어지거나, 아니면 좀 더 일반적으로 말하여, 사업 아닌 다른 목적에 사용되는 경우.
2. 회원국은 제1항의 규정으로부터 벗어난 예외를 규정할 수 있으나, 그러한 예외의 규정이 경쟁의 왜곡을 발생시키지 않는 경우에 한한다.

제27조

경쟁의 왜곡을 방지하기 위하여, 회원국은 부가가치세 위원회와 협의를 거쳐, 만약 어떤 납세의무자가 다른 납세의무자로부터 용역을 공급 받았다면 부가가치세 전액이 공제되지 않았을 경우에, 그러한 역무를 스스로의 사업을 위하여 제공하는 것을 유상의 용역 공급으로 취급할 수 있다.

제28조

다른 사람을 대신하여 자신의 명의로 행위하는 납세의무자가 어떤 용역의 공급에 관여한다면, 그는 그 용역을 스스로 공급받았다가 다른 사람에게 공급한 것으로 간주된다.

Article 29

Article 19 shall apply in like manner to the supply of services.

CHAPTER 4 Importation of goods

Article 30

'Importation of goods' shall mean the entry into the Community of goods which are not in free circulation within the meaning of Article 24 of the Treaty.

In addition to the transaction referred to in the first paragraph, the entry into the Community of goods which are in free circulation, coming from a third territory forming part of the customs territory of the Community, shall be regarded as importation of goods.

제29조

제19조는 용역의 공급에 준용된다.

제4장 재화의 수입

제30조

'재화의 수입'이란 유럽연합설립조약 제24조에서 말하는 '자유로운 유통'의 대상이 되지 않은 재화의 역내 반입을 의미한다.

제1문이 규정하는 거래 외에, 유럽연합의 관세 영역에 속하는 제3국으로부터 출발하여 자유로운 유통의 대상이 된 재화의 역내 반입도 재화의 수입으로 간주한다.

TITLE V Place of Taxable Transactions

Chapter 1 Place of supply of goods

Section 1 Supply of goods without transport

Article 31

Where goods are not dispatched or transported, the place of supply shall be deemed to be the place where the goods are located at the time when the supply takes place.

Section 2 Supply of goods with transport

Article 32

Where goods are dispatched or transported by the supplier, or by the customer, or by a third person, the place of supply shall be deemed to be the place where the goods are located at the time when dispatch or transport of the goods to the customer begins.

However, if dispatch or transport of the goods begins in a third territory or third country, both the place

제5편 과세대상 거래의 장소

제1장 재화 공급의 장소

제1절 물리적 이동 없는 재화의 공급

제31조

재화가 발송되거나 운송되지 않는 경우, 재화의 공급이 이루어지는 때에 재화가 있는 곳을 공급의 장소로 간주한다.

제2절 물리적으로 이동하는 재화의 공급

제32조

재화가 공급자나 고객 또는 제3자에 의하여 발송되거나 운송되는 경우, 고객에 대한 발송·운송이 시작되는 때에 재화가 있는 곳을 공급의 장소로 간주한다.

그러나, 재화의 발송 또는 운송이 제3의 영역 또는 제3국에서 시작되는 경우, 제201조에 따라 부가

of supply by the importer designated or recognised under Article 201 as liable for payment of VAT and the place of any subsequent supply shall be deemed to be within the Member State of importation of the goods.

Article 33

1. By way of derogation from Article 32, the place of supply of goods dispatched or transported by or on behalf of the supplier from a Member State other than that in which dispatch or transport of the goods ends shall be deemed to be the place where the goods are located at the time when dispatch or transport of the goods to the customer ends, where the following conditions are met:

(a) the supply of goods is carried out for a taxable person, or a non-taxable legal person, whose intra-Community acquisitions of goods are not subject to VAT pursuant to Article 3(1) or for any other non-taxable person;

(b) the goods supplied are neither new means of transport nor goods supplied after assembly or installation, with or without a trial run, by or on behalf of the supplier.

가치세 납부의무가 있다고 지정되거나 인정되는 수입업자의 공급 장소와, 그에 이어 이루어지는 모든 공급의 장소는 모두, 재화의 수입이 이루어진 회원국 안에 있다고 간주한다.

제33조

1. 제32조의 예외로서, 재화의 발송 또는 운송이 끝나는 회원국 외 다른 회원국의 공급자에 의하여, 또는 그러한 공급자를 대신하여 발송·운송된 재화의 공급 장소는, 다음의 요건들이 충족되는 경우에는, 고객에 대한 발송·운송이 끝나는 시점에 재화가 소재한 곳에 있다고 간주한다.

(a) 재화를 역내 취득하더라도 제3조 제1항에 따라 부가가치세의 과세대상이 되지 않는 납세의무자나, 납세의무자 아닌 법인을 위하여 재화의 공급이 이루어졌을 것.

(b) 공급된 재화가 신품인 교통수단이 아니고, 또한 공급자에 의하여 또는 공급자를 대신하여 조립이나 설치가 있은 후(시운전의 유무를 묻지 않는다)에 공급되는 재화도

2. Where the goods supplied are dispatched or transported from a third territory or a third country and imported by the supplier into a Member State other than that in which dispatch or transport of the goods to the customer ends, they shall be regarded as having been dispatched or transported from the Member State of importation.

Article 34

1. Provided the following conditions are met, Article 33 shall not apply to supplies of goods all of which are dispatched or transported to the same Member State, where that Member State is the Member State in which dispatch or transport of the goods ends:

(a) the goods supplied are not products subject to excise duty;

(b) the total value, exclusive of VAT, of such supplies effected under the conditions laid down in Article 33 within that Member State does not in any one calendar year exceed EUR 100 000 or the equivalent in national currency;

(c) the total value, exclusive of VAT,

아닐 것.

2. 공급된 재화가 제3의 영역 또는 제3국으로부터 발송 또는 운송되어, 고객에 대한 재화의 발송·운송이 끝난 회원국 외 회원국 내로 공급자에 의하여 수입된 경우, 재화는 수입이 이루어진 회원국으로부터 발송·운송된 것으로 간주된다.

제34조

1. 다음의 요건들이 충족되는 경우, 제33조는 같은 회원국(재화의 발송이나 운송이 끝나는 회원국을 말한다)으로 발송·운송되는 모든 재화의 공급에 대하여 적용되지 않는다.

(a) 공급된 재화가 개별 소비세의 과세대상인 생산품이 아닐 것.

(b) 어느 한 해{역년(曆年)을 말한다}라도, 제33조가 규정하는 요건 하에 그 회원국 내에서 이루어진 그러한 공급의 가액 합계(부가가치세액은 제외)가 10만 유로 또는 이에 상응하는 국내 통화의 가액을 초과하지 않을 것.

(c) 그 전 해에, 제33조가 규정하는

of the supplies of goods, other than products subject to excise duty, effected under the conditions laid down in Article 33 within that Member State did not in the previous calendar year exceed EUR 100 000 or the equivalent in national currency.

2. The Member State within the territory of which the goods are located at the time when their dispatch or transport to the customer ends may limit the threshold referred to in paragraph 1 to EUR 35 000 or the equivalent in national currency, where that Member State fears that the threshold of EUR 100 000 might cause serious distortion of competition.

Member States which exercise the option under the first subparagraph shall take the measures necessary to inform accordingly the competent public authorities in the Member State in which dispatch or transport of the goods begins.

3. The Commission shall present to the Council at the earliest opportunity a report on the operation of the special EUR 35 000 threshold referred to in paragraph 2, accompanied, if necessary, by appropriate

요건 하에 그 회원국 내에서 이루어진, 개별 소비세 과세대상이 아닌 재화 공급의 가액 합계(부가가치세액은 제외)가 10만 유로 또는 이에 상응하는 국내 통화의 가액을 초과하지 않을 것.

2. 고객에 대한 발송이나 운송이 끝날 때에 재화가 그 영역 내에 있는 회원국은, 10만 유로의 기준이 경쟁을 심각하게 왜곡시킬 것으로 우려하는 경우, 제1항이 규정하는 기준을 3만 5천 유로나 이에 상응하는 국내 통화의 가액으로 낮출 수 있다.

제1문이 규정하는 선택권을 행사하는 회원국은 재화의 발송·운송이 시작하는 회원국의 권한 있는 공적 기관에 이를 알리기 위하여 필요한 조치를 취하여야 한다.

3. 집행위원회는 가장 가까운 기회에, 제2항에 언급된 3만 5천 유로라는 특별 기준의 운용에 관하여, 필요하다면 적절한 제안과 함께, 이사회에 보고하여야 한다.

proposals.

4. The Member State within the territory of which the goods are located at the time when their dispatch or transport begins shall grant those taxable persons who carry out supplies of goods eligible under paragraph 1 the right to opt for the place of supply to be determined in accordance with Article 33.

The Member States concerned shall lay down the detailed rules governing the exercise of the option referred to in the first subparagraph, which shall in any event cover two calendar years.

Article 35

Articles 33 and 34 shall not apply to supplies of second-hand goods, works of art, collectors' items or antiques, as defined in points (1) to (4) of Article 311(1), nor to supplies of second-hand means of transport, as defined in Article 327(3), subject to VAT in accordance with the relevant special arrangements.

Article 36

Where goods dispatched or transported by the supplier, by the custom-

4. 재화의 발송이나 운송이 시작되었을 때 재화가 그 영역 내에 있는 회원국은 제1항의 요건을 충족하는 재화의 공급을 수행하는 납세자들에게, 제33조에 따라 공급의 장소를 정할 수 있는 선택권을 부여하여야 한다.

관련된 회원국은, 제1문이 규정하는 선택권의 행사를 규율하는 상세한 규칙들을 마련하여야 한다. 이러한 규칙들은 어느 경우에나 적어도 2개 역년 동안은 계속하여 적용되어야 한다.

제35조

제33조와 제34조는, 제311조 제1항의 (1)~(4)호에 정의된 것과 같은, 중고 재화, 예술작품, 수집품이나 골동품에 적용되지 않는다. 제327조 제3항이 정의하고, 관련된 특별 절차에 따라 부가가치세의 과세대상이 되는 중고 교통수단도 같다.

제36조

공급자나 고객 또는 제3자에 의하여 발송 또는 운송되는 재화가 이

er or by a third person are installed or assembled, with or without a trial run, by or on behalf of the supplier, the place of supply shall be deemed to be the place where the goods are installed or assembled.

Where the installation or assembly is carried out in a Member State other than that of the supplier, the Member State within the territory of which the installation or assembly is carried out shall take the measures necessary to ensure that there is no double taxation in that Member State.

공급자에 의하여, 또는 공급자를 대신하여 설치되거나 조립되는 경우, 시운전의 유무와 관계없이, 재화가 설치되거나 조립되는 곳을 공급의 장소로 간주한다.

공급자가 속한 회원국이 아닌 다른 회원국에서 설치 또는 조립이 수행되는 경우, 설치·조립이 이루어진 영역이 속한 회원국은 그 회원국 내에서 이중과세가 일어나지 않도록 하는 데 필요한 조치를 하여야 한다.

Article 37

1. Where goods are supplied on board ships, aircraft or trains during the section of a passenger transport operation effected within the Community, the place of supply shall be deemed to be at the point of departure of the passenger transport operation.
2. For the purposes of paragraph 1, 'section of a passenger transport operation effected within the Community' shall mean the section of the operation effected, without a stopover outside the Community, between the point of departure and the point of arrival of the passenger

제37조

1. 유럽연합 역내에서 이루어진 구간의 여객운송 운항 동안에 선박, 항공기, 열차 위에서 재화가 공급되는 경우, 그 여객운송의 운항이 출발하는 장소를 공급의 장소로 간주한다.

2. 제1항의 적용과 관련하여, '유럽연합 역내에서 이루어진 구간의 여객운송 운항'이란, 여객운송 운항의 출발점과 도착점 사이에서, 유럽연합 바깥에 기착함이 없이 이루어지는 운항의 구간을 가리킨다.

transport operation.

'Point of departure of a passenger transport operation' shall mean the first scheduled point of passenger embarkation within the Community, where applicable after a stopover outside the Community.

'Point of arrival of a passenger transport operation' shall mean the last scheduled point of disembarkation within the Community of passengers who embarked in the Community, where applicable before a stopover outside the Community.

In the case of a return trip, the return leg shall be regarded as a separate transport operation.

3. The Commission shall, at the earliest opportunity, present to the Council a report, accompanied if necessary by appropriate proposals, on the place of taxation of the supply of goods for consumption on board and the supply of services, including restaurant services, for passengers on board ships, aircraft or trains.

Pending adoption of the proposals referred to in the first subparagraph, Member States may exempt or continue to exempt, with deductibility of the VAT paid at the preceding stage,

'여객운송 운항의 출발점'이란, 유럽연합 내에서 승객이 처음으로 탑승하도록 예정된 지점(유럽연합 바깥에 기착하는 경우 그러한 기착 후의 지점)을 가리킨다.

'여객운송 운항의 도착점'이란 유럽연합 내에서 탑승한 승객이 같은 역내에서 마지막으로 하승(下乘)하도록 예정된 지점(유럽연합 바깥에 기착하는 경우 그러한 기착 전의 지점)을 가리킨다.

왕복 여행의 경우, 돌아오는 구간은 별개의 운송 운항으로 간주된다.

3. 집행위원회는, 가장 가까운 기회에, 선박, 항공기, 열차 위의 소비를 위한 재화 공급과, 용역 공급(식당 관련 역무를 포함한다)의 납세지에 관하여, 필요하다면 적절한 제안과 함께, 이사회에 보고하여야 한다.

제1문이 규정하는 제안의 채택 여부를 고려하는 동안, 회원국은 제1항에 따라 납세지가 결정되는, 탑승 중 소비를 위한 재화의 공급을 새로 면세하거나 기존의 면세를 유지

the supply of goods for consumption on board in respect of which the place of taxation is determined in accordance with paragraph 1.

Article 38

1. In the case of the supply of gas through a natural gas system situated within the territory of the Community or any network connected to such a system, the supply of electricity, or the supply of heat or cooling energy through heating or cooling networks to a taxable dealer, the place of supply shall be deemed to be the place where that taxable dealer has established his business or has a fixed establishment for which the goods are supplied or, in the absence of such a place of business or fixed establishment, the place where he has his permanent address or usually resides.

2. For the purposes of paragraph 1, 'taxable dealer' shall mean a taxable person whose principal activity in respect of purchases of gas, electricity, heat or cooling energy is reselling those products and whose own consumption of those products is negligible.

할 수 있다. 여기서 말하는 면세에서는 그 이전 단계에 부과된 부가가치세액의 공제가 가능하다.

제38조

1. 납세의무자인 중간거래상에 대하여 이루어지는, 유럽연합 영역 내에 위치한 천연가스 배송 체계나 이러한 체계와 연결된 망(網)을 통한 가스의 공급, 전기의 공급, 냉·난방 망을 통한 열이나 냉(冷) 에너지의 공급, 천연가스 배송 체계를 통한 가스 공급의 경우, 납세의무자 중간거래상이 사업장을 둔 곳이나, 재화 공급의 상대방인 고정사업장을 둔 곳을 공급의 장소로 간주한다. 그와 같은 사업장 또는 고정사업장이 없는 경우 그러한 중간거래상이 항속적인 주소나 일상적 거소를 둔 곳을 공급 장소로 간주한다.

2. 제1항에서 '납세의무자인 중간거래상'이란, 가스 또는 전기의 구매와 관련하여 가스, 전기, 열·냉 에너지의 재판매를 주된 활동으로 하고 스스로 하는 소비는 무시해도 될 정도인 납세의무자를 가리킨다.

Article 39

In the case of the supply of gas through the natural gas distribution system, or of electricity, where such a supply is not covered by Article 38, the place of supply shall be deemed to be the place where the customer effectively uses and consumes the goods.

Where all or part of the gas or electricity is not effectively consumed by the customer, those non-consumed goods shall be deemed to have been used and consumed at the place where the customer has established his business or has a fixed establishment for which the goods are supplied. In the absence of such a place of business or fixed establishment, the customer shall be deemed to have used and consumed the goods at the place where he has his permanent address or usually resides.

Chapter 2 Place of an intra-Community acquisition of goods

Article 40

The place of an intra-Community acquisition of goods shall be deemed

제39조

천연가스 배송 체계를 통한 가스 공급, 또는 전기 공급으로 제38조가 적용되지 않는 경우, 고객이 재화를 사실상 사용하고 소비한 곳을 공급 장소로 간주한다.

고객이 가스·전기의 전부 또는 일부를 사실상 소비하지 않은 경우, 소비되지 않은 가스·전기는 고객이 사업장을 둔 곳이나, 그 재화의 공급 상대방인 고정사업장을 둔 곳에서 사용·소비한 것으로 간주한다. 그와 같은 사업장 또는 고정사업장이 없는 경우 고객의 항속적인 주소나 일상적 거소를 둔 곳에서 사용·소비한 것으로 간주한다.

제2장 재화 역내취득의 장소

제40조

재화를 취득하는 사람에 대한 발송·운송이 끝나는 곳을 재화의 역

to be the place where dispatch or transport of the goods to the person acquiring them ends.

내 취득이 이루어지는 장소로 간주한다.

Article 41

Without prejudice to Article 40, the place of an intra-Community acquisition of goods as referred to in Article 2(1)(b)(i) shall be deemed to be within the territory of the Member State which issued the VAT identification number under which the person acquiring the goods made the acquisition, unless the person acquiring the goods establishes that VAT has been applied to that acquisition in accordance with Article 40.

If VAT is applied to the acquisition in accordance with the first paragraph and subsequently applied, pursuant to Article 40, to the acquisition in the Member State in which dispatch or transport of the goods ends, the taxable amount shall be reduced accordingly in the Member State which issued the VAT identification number under which the person acquiring the goods made the acquisition.

제41조

제40조의 적용을 방해하지 않는 범위 내에서, 제2조 제1항 (b)호 (i) 목이 규정하는 재화 역내취득의 장소는, 재화를 취득하는 사람이 제40조에 따라 그 취득에 부가가치세가 부과되었다는 점을 입증하지 않는 한, 재화를 취득하는 사람에게 그 취득과 관련된 부가가치세 등록번호를 부여한 회원국의 영역 안에 있는 것으로 간주한다.

제1문에 따라 재화의 취득에 부가가치세가 부과된 후에 제40조에 따라 재화의 발송·운송이 끝나는 회원국 내의 취득에도 부가가치세가 부과된다면, 재화를 취득하는 사람에게 그 취득과 관련된 부가가치세 등록번호를 부여한 회원국 내의 과세표준은 그만큼 줄어들어야 한다.

Article 42

The first paragraph of Article 41 shall not apply and VAT shall be deemed to have been applied to the intra-Community acquisition of goods in accordance with Article 40 where the following conditions are met:

(a) the person acquiring the goods establishes that he has made the intra-Community acquisition for the purposes of a subsequent supply, within the territory of the Member State identified in accordance with Article 40, for which the person to whom the supply is made has been designated in accordance with Article 197 as liable for payment of VAT;

(b) the person acquiring the goods has satisfied the obligations laid down in Article 265 relating to submission of the recapitulative statement.

Chapter 3 Place of supply of services

Section 1 Definitions

Article 43

For the purpose of applying the

제42조

다음의 요건을 충족하는 경우 제41조 제1문은 적용되지 않고 제40조에 따라 재화의 역내 취득에 부가가치세가 부과된 것으로 간주한다.

(a) 재화를 취득한 사람이, 제40조에 따라 정해지는 회원국의 영역 안에서, 제197조에 따라 부가가치세를 납부할 의무가 있는 것으로 지정된 공급의 상대방을 위한 또 다른 공급을 할 목적으로 재화의 역내 취득을 하였다고 입증할 것.

(b) 재화를 취득하는 사람이 요약 명세서의 제출과 관련된, 제265조에 정해진 의무를 이행하였을 것.

제3장 용역 공급의 장소

제1절 정의

제43조

용역의 공급 장소에 관한 규정을

rules concerning the place of supply of services:

1. a taxable person who also carries out activities or transactions that are not considered to be taxable supplies of goods or services in accordance with Article 2(1) shall be regarded as a taxable person in respect of all services rendered to him;

2. a non-taxable legal person who is identified for VAT purposes shall be regarded as a taxable person.

적용할 때에는 다음을 따른다.

1. 제2조 제1항에 따라 과세되는 재화나 용역의 공급으로 인정되지 않는 활동이나 거래를 수행하는 납세의무자는 그에게 제공된 모든 역무에 관하여 납세의무자로 인정된다.

2. 부가가치세와 관련하여 등록된, 납세의무자 아닌 법인은 납세의무자로 간주한다.

Section 2 General rules

제2절 일반 원칙들

Article 44

The place of supply of services to a taxable person acting as such shall be the place where that person has established his business. However, if those services are provided to a fixed establishment of the taxable person located in a place other than the place where he has established his business, the place of supply of those services shall be the place where that fixed establishment is located. In the absence of such place of establishment or fixed establishment, the place of supply of services shall be

제44조

납세의무자로서 행위하는 납세의무자에게 공급된 용역의 공급 장소는, 그 납세의무자가 사업장을 둔 곳으로 한다. 그 이외의 장소에 둔 고정사업장에 역무가 제공된 경우에는 고정사업장을 둔 곳이 용역의 공급 장소가 된다. 그러한 사업장이나 고정사업장이 없는 경우에는, 그러한 역무를 제공 받은 납세의무자가 항속적인 주소나 일상적인 거소를 둔 곳이 용역의 공급 장소가 된다.

the place where the taxable person who receives such services has his permanent address or usually resides.

Article 45

The place of supply of services to a non-taxable person shall be the place where the supplier has established his business. However, if those services are provided from a fixed establishment of the supplier located in a place other than the place where he has established his business, the place of supply of those services shall be the place where that fixed establishment is located. In the absence of such place of establishment or fixed establishment, the place of supply of services shall be the place where the supplier has his permanent address or usually resides.

Section 3 Particular Provisions

Subsection 1 Supply of services by intermediaries

Article 46

The place of supply of services rendered to a non-taxable person by

제45조

납세의무자 아닌 사람에 대한 용역의 공급 장소는 공급자가 사업장을 둔 곳으로 한다. 그 이외의 장소에 둔 고정사업장으로부터 역무가 제공된 경우에는 고정사업장을 둔 곳이 용역의 공급 장소가 된다. 그러한 사업장이나 고정사업장이 없는 경우에는, 공급자가 항속적인 주소나 일상적인 거소를 둔 곳이 용역의 공급 장소가 된다.

제3절 특별 조항

제1항 중개인에 의한 용역 공급

제46조

다른 사람의 명의와 계산으로 행위하는 중개인에 의하여 납세의무자

an intermediary acting in the name and on behalf of another person shall be the place where the underlying transaction is supplied in accordance with this Directive.

아닌 사람에게 이루어진 용역의 공급 장소는, 해당 거래가 이 준칙에 따라 공급되는 장소이다.

Subsection 2 Supply of services connected with immovable property

제2항 부동산과 관련된 용역의 공급

Article 47

The place of supply of services connected with immovable property, including the services of experts and estate agents, the provision of accommodation in the hotel sector or in sectors with a similar function, such as holiday camps or sites developed for use as camping sites, the granting of rights to use immovable property and services for the preparation and coordination of construction work, such as the services of architects and of firms providing on-site supervision, shall be the place where the immovable property is located.

제47조

부동산과 관련된 용역(전문가 용역 또는 중개 용역을 포함한다), 호텔이나 유사한 분야의 숙박 제공(휴일 캠핑장이나, 캠핑장으로 이용하기 위해 조성한 부지를 제공하는 것을 포함한다), 부동산을 사용할 수 있는 권리의 부여, 건설 공사의 준비와 조직을 위한 용역(건축가나 현장감독 역무를 제공하는 회사의 용역을 포함한다)의 공급 장소는 그 부동산이 소재하는 곳으로 한다.

Subsection 3 Supply of transport

Article 48

The place of supply of passenger transport shall be the place where the transport takes place, proportionate to the distances covered.

Article 49

The place of supply of the transport of goods, other than the intra-Community transport of goods, to non-taxable persons shall be the place where the transport takes place, proportionate to the distances covered.

Article 50

The place of supply of the intra-Community transport of goods to non-taxable persons shall be the place of departure.

Article 51

'Intra-Community transport of goods' shall mean any transport of goods in respect of which the place of departure and the place of arrival are situated within the territories of two different Member States.

제3항 운송 용역의 공급

제48조

여객운송 용역의 공급 장소는, 운송된 거리에 비례하여 그러한 운송이 일어나는 장소로 한다.

제49조

역내의 재화 운송이 아닌 재화운송 용역으로서 납세의무자 아닌 사람에게 공급된 것의 공급 장소는, 운송된 거리에 비례하여 그러한 운송이 일어나는 장소로 한다.

제50조

납세의무자 아닌 사람에 대한 역내 재화운송의 공급 장소는 그 출발의 장소로 한다.

제51조

'역내의 재화 운송'은 출발 장소와 도착 장소가, 서로 다른 두 회원국의 영역 내에 위치하고 있는 모든 재화 운송을 의미한다.

'Place of departure' shall mean the place where transport of the goods actually begins, irrespective of distances covered in order to reach the place where the goods are located and 'place of arrival' shall mean the place where transport of the goods actually ends.

'출발 장소'는, 재화가 소재하는 장소에 도달하기 위하여 필요한 거리를 불문하고 재화의 운송이 실제로 시작되는 장소를 의미하고, '도착 장소'는 재화의 운송이 실제로 종료되는 장소를 의미한다.

Article 52

Member States need not apply VAT to that part of the intra-Community transport of goods taking place over waters which do not form part of the territory of the Community.

제52조

회원국들은 유럽연합의 영역 바깥의 수역 위에서 일어나는 역내 재화운송의 구간에 관하여는 부가가치세를 적용하지 않아도 된다.

Subsection 4 Supply of cultural and similar services, ancillary transport services or services relating to movable tangible property

제4항 문화나 그에 유사한 용역, 부수적인 운송 용역, 유체 동산에 관련된 용역의 공급

Article 53

The place of supply of services in respect of admission to cultural, artistic, sporting, scientific, educational, entertainment or similar events, such as fairs and exhibitions, and of ancillary services related to the admission, supplied to a taxable per-

제53조

문화·예술·스포츠·과학·교육·오락이나, 축제·전시회 등 이에 유사한 행사에 대한 입장과 관련되거나 이에 부수하는 용역이 납세의무자에게 공급된 경우, 공급 장소는 그 행사가 실제로 열린 곳으로 한다.

son, shall be the place where those events actually take place.

Article 54

1. The place of supply of services and ancillary services, relating to cultural, artistic, sporting, scientific, educational, entertainment or similar activities, such as fairs and exhibitions, including the supply of services of the organisers of such activities, supplied to a non-taxable person shall be the place where those activities actually take place.

2. The place of supply of the following services to a non-taxable person shall be the place where the services are physically carried out:

(a) ancillary transport activities such as loading, unloading, handling and similar activities;

(b) valuations of and work on movable tangible property.

Subsection 5 Supply of miscellaneous services

Article 55

The place of supply of restaurant and catering services other

제54조

1. 문화·예술·스포츠·과학·교육·오락이나, 축제·전시회 등 이에 유사한 행사에 대한 입장과 관련되거나 이에 부수하는 용역(이러한 활동의 조직 용역을 포함한다)이 납세의무자 아닌 사람에게 공급된 경우, 공급 장소는 이러한 활동이 실제로 일어나는 곳으로 한다.

2. 납세의무자 아닌 사람에게 다음의 용역을 공급하는 경우 공급의 장소는 그 역무가 물리적으로 수행되는 곳으로 한다.

(a) 화물의 적재나 하역, 그 밖의 취급과 같은 운송에 부수되는 활동

(b) 동산의 가치 평가나 동산 자체에 대한 작업

제5항 그 밖의 다양한 용역의 공급

제55조

유럽연합 내에서 이루어지는 여객운송 구간 중에 있는 선박, 항공

than those physically carried out on board ships, aircraft or trains during the section of a passenger transport operation effected within the Community, shall be the place where the services are physically carried out.

기, 열차 내에서 실제로 이루어지는 것을 제외하고, 식당이나 케이터링 용역의 공급 장소는 그러한 역무가 실제로 수행되는 곳으로 한다.

Subsection 6 hiring of means of transport

제6항 교통수단의 임차

Article 56

1. The place of short-term hiring of a means of transport shall be the place where the means of transport is actually put at the disposal of the customer.

2. The place of hiring, other than short-term hiring, of a means of transport to a non-taxable person shall be the place where the customer is established, has his permanent address or usually resides.

However, the place of hiring a pleasure boat to a non-taxable person, other than short-term hiring, shall be the place where the pleasure boat is actually put at the disposal of the customer, where this service is actually provided by the supplier from his place of business or a fixed

제56조

1. 교통수단이 단기로 임대된 경우 공급의 장소는, 그 교통수단이 실제로 고객이 사용할 수 있는 상태에 놓여진 곳으로 한다.

2. 교통수단이 납세의무자 아닌 사람에게 임대되고 단기 임대가 아닌 경우 공급의 장소는 그가 항속적 주소나 일상적 거소를 가지거나 그 밖에 자리를 잡은 곳으로 한다.

그러나 유람선이 납세의무자 아닌 사람에게 임대(단기의 임대를 제외한다)되고, 임대 역무가 공급자의 사업장이나 고정사업장에서 제공되어 그 유람선이 실제로 고객이 사용할 수 있는 상태에 놓여진 경우, 그와 같은 상태에 놓여진 곳을 공급의 장소로 한다.

establishment situated in that place.

3. For the purposes of paragraphs 1 and 2, 'short-term' shall mean the continuous possession or use of the means of transport throughout a period of not more than thirty days and, in the case of vessels, not more than 90 days.

3. 제1항, 제2항과 관련하여, '단기' 란 30일(선박의 경우에는 90일로 한다)을 초과하지 않는 기간 동안에 걸쳐 교통수단을 지속적으로 점유하거나 사용하는 것을 가리킨다.

Subsection 7 Supply of restaurant and catering services for consumption on board ships, aircraft or trains

제7항 선박이나 항공기, 열차 위의 소비를 위한 식당이나 케이터링 용역의 공급

Article 57

1. The place of supply of restaurant and catering services which are physically carried out on board ships, aircraft or trains during the section of a passenger transport operation effected within the Community, shall be at the point of departure of the passenger transport operation.

2. For the purposes of paragraph 1, 'section of a passenger transport operation effected within the Community' shall mean the section of the operation effected, without a stopover outside the Community, between the point of departure and

제57조

1. 유럽연합 내에서 이루어지는 여객운송 구간 중에 있는 선박, 항공기, 열차 내에서 실제로 이루어지는, 식당이나 케이터링 용역의 공급 장소는 여객 운송의 출발 지점으로 한다.

2. 제1항과 관련하여, '유럽연합 내에서 이루어지는 여객운송 구간'이란, 여객 운송의 출발 지점과 도착 지점 사이에서 유럽연합 바깥에 기착하지 않고 이루어지는 운항의 구간을 뜻한다. '여객 운송의 출발 지점'은 유럽연합 내에서 처음 예정된

the point of arrival of the passenger transport operation.

'Point of departure of a passenger transport operation' shall mean the first scheduled point of passenger embarkation within the Community, where applicable after a stopover outside the Community.

'Point of arrival of a passenger transport operation' shall mean the last scheduled point of disembarkation within the Community of passengers who embarked in the Community, where applicable before a stopover outside the Community.

In the case of a return trip, the return leg shall be regarded as a separate transport operation.

승객의 탑승지를 말한다(유럽연합 바깥에서 기착한 경우에는 그러한 기착 후의 탑승지이다). '여객 운송의 도착 지점'은 유럽연합 내에서 탑승한 승객의, 유럽연합 내 마지막으로 예정된 승객의 하승지(下乘地)를 말한다(유럽연합 바깥에 기착하는 경우에는 그러한 기착 직전의 하승지이다). 왕복 운행 중 돌아오는 길의 부분은 별개의 운송으로 간주한다.

Subsection 8 Supply of telecommunications, broadcasting and electronic services to non-taxable persons

제8항 납세의무자 아닌 사람에 대한 전기통신, 방송, 전자적 용역의 공급

Article 58

1. The place of supply of the following services to a non-taxable person shall be the place where that person is established, has his permanent address or usually resides:

제58조

1. 납세의무자 아닌 사람에 대한 다음의 용역의 공급 장소는, 그 사람이 항속적 주소나 일상적 거소를 갖는 등 자리를 잡은 곳으로 한다.

(a) telecommunications services;

(b) radio and television broadcasting services;

(c) electronically supplied services, in particular those referred to in Annex II.

Where the supplier of a service and the customer communicate via electronic mail, that shall not of itself mean that the service supplied is an electronically supplied service.

2. Paragraph 1 shall not apply where the following conditions are met:

(a) the supplier is established or, in the absence of an establishment, has his permanent address or usually resides in only one Member State; and

(b) services are supplied to non-taxable persons who are established, have their permanent address or usually reside in any Member State other than the Member State referred to in point (a); and

(c) the total value, exclusive of VAT, of the supplies referred to in point (b) does not in the current calendar year exceed EUR 10 000 , or the equivalent in national currency, and did not do so in the course of the preceding calendar year.

3. Where, during a calendar year,

(a) 전기통신 용역

(b) 라디오와 텔레비전 방송 용역

(c) 전자적으로 공급되는 용역, 특히 '별지 부록 2'에 언급된 것들.

용역의 공급자와 고객이 전자 메일로 교신하더라도, 그 자체로 공급된 용역이 전자적으로 공급된 용역임을 의미하지 않는다.

2. 제1항은 다음의 요건들이 모두 충족된 경우에는 적용되지 않는다.

(a) 공급자가 단 하나의 회원국 내에만 사업장을 두고 있거나, 사업장이 없는 경우 항속적 주소나 일상적 거소를 두고 있을 것.

(b) 용역이, (a)호의 회원국이 아닌 다른 회원국에 항속적 주소나 일상적 거소를 두는 등 자리를 잡은, 납세의무자 아닌 사람에게 공급될 것.

(c) (b)호에서 언급한 공급의 가액(부가가치세 제외) 합계가 올해와 작년(역년을 가리킨다) 모두 1만 유로(또는 그에 상당하는 가치를 가진 회원국 통화의 금액)를 넘지 않을 것.

3. 어느 역년의 중간에 제2항 (c)호

the threshold referred to in point (c) of paragraph 2 is exceeded, paragraph 1 shall apply as of that time.

4. The Member State within the territory of which the suppliers referred to in paragraph 2 are established or, in the absence of an establishment, have their permanent address or usually reside, shall grant those suppliers the right to opt for the place of supply to be determined in accordance with paragraph 1, which shall in any event cover two calendar years.

5. Member States shall take appropriate measures to monitor the fulfilment by the taxable person of the conditions referred to in paragraphs 2, 3 and 4.

6. The corresponding value in national currency of the amount referred to in point (c) of paragraph 2 shall be calculated by applying the exchange rate published by the European Central Bank on the date of adoption of Council Directive (EU) 2017/2455.

의 기준을 초과하게 되는 경우, 제1항은 그 시점으로부터 적용된다.

4. 제2항에 언급된 공급자가 사업장을 그 영역 내에 두거나, 사업장이 없는 경우 항속적 주소나 일상적 거소를 그 영역 내에 둔 회원국은 제1항에 따라 공급의 장소를 선택할 수 있는 권리를 부여하여야 한다. 이러한 선택은 적어도 2 역년 간 적용되어야 한다.

5. 회원국은 제2항, 제3항, 제4항이 규정하는 요건들의 충족 여부를 감시하기 위하여 적절한 조치를 취하여야 한다.

6. 제2항 (c)호에 언급된 회원국 통화의 금액 가치는 유럽연합 이사회 준칙 2017/2455 가 채택된 날 유럽중앙은행이 공지한 환율을 적용하여 계산하여야 한다.

Subsection 9 Supply of services to non-taxable persons outside the Community

Article 59

The place of supply of the following services to a non-taxable person who is established or has his permanent address or usually resides outside the Community, shall be the place where that person is established, has his permanent address or usually resides:

(a) transfers and assignments of copyrights, patents, licences, trade marks and similar rights;

(b) advertising services;

(c) the services of consultants, engineers, consultancy firms, lawyers, accountants and other similar services, as well as data processing and the provision of information;

(d) obligations to refrain from pursuing or exercising, in whole or in part, a business activity or a right referred to in this Article;

(e) banking, financial and insurance transactions including reinsurance, with the exception of the hire of safes;

(f) the supply of staff;

제9항 유럽연합 영역 바깥에 있는 납세의무자 아닌 사람에 대한 용역 공급

제59조

유럽연합 밖에 항속적 주소나 일상적 거소를 가지는 등 자리를 잡은, 납세의무자 아닌 사람에게 공급되는 다음의 용역들의 공급 장소는, 그 납세의무자 아닌 사람이 그와 같이 자리를 잡은 곳으로 한다.

(a) 저작권, 특허권, 라이선스, 상표권이나 이에 유사한 권리의 양도·이전

(b) 광고 용역

(c) 컨설턴트, 기술자, 컨설팅 회사, 변호사, 회계사들이 제공하거나 이에 유사한 용역, 그리고 데이터의 처리와 정보의 제공

(d) 이 조항에서 규정하고 있는 사업 활동이나 권리의 전부나 그 일부를 추구하거나 행사하지 않기로 하는 의무

(e) 은행, 금융, 보험 거래(재보험을 포함하고, 금고 임대차는 제외)

(f) 인력 공급

(g) the hiring out of movable tangible property, with the exception of all means of transport;

(h) the provision of access to a natural gas system situated within the territory of the Community or to any network connected to such a system, to the electricity system or to heating or cooling networks, or the transmission or distribution through these systems or networks, and the provision of other services directly linked thereto.

(g) 유체(有體) 동산의 임차(단 교통수단은 제외)

(h) 유럽연합 역내에 위치한 천연가스 시스템이나 이에 연결된 네트워크, 전기 시스템, 냉·난방 네트워크에 접속하도록 하거나, 이를 통한 전파·분배의 역무, 그리고 이에 직접 관련되는 다른 역무의 제공

Subsection 10 Prevention of double taxation or non-taxation

제10항 이중과세나 비과세의 방지

Article 59a

In order to prevent double taxation, non-taxation or distortion of competition, Member States may, with regard to services the place of supply of which is governed by Articles 44, 45, 56, 58 and 59:

(a) consider the place of supply of any or all of those services, if situated within their territory, as being situated outside the Community if the effective use and enjoyment of the services takes place outside the

제59a조

이중과세·비과세나 경쟁의 왜곡을 방지하기 위하여, 회원국은 그 공급의 장소가 제44, 45, 56, 58, 59조에 의하여 규율되는 용역에 관하여 다음과 같은 조치를 취할 수 있다.

(a) 이러한 용역의 공급 장소가 유럽연합 역내라고 하더라도, 그러한 용역의 실제 사용과 향유가 유럽연합 영역 바깥에서 이루어지는 한 용역의 공급 장소를 유럽연합 영역 바깥으로 간주하는 것.

Community;

(b) consider the place of supply of any or all of those services, if situated outside the Community, as being situated within their territory if the effective use and enjoyment of the services takes place within their territory.

(b) 이러한 용역의 공급 장소가 유럽연합 영역 외라고 하더라도, 그러한 용역의 실제 사용과 향유가 유럽연합 역내에서 이루어지는 한 용역의 공급 장소를 유럽연합 영역 안으로 간주하는 것.

CHAPTER 4 Place of importation of goods

제4장 재화 수입의 장소

Article 60

The place of importation of goods shall be the Member State within whose territory the goods are located when they enter the Community.

제60조

재화의 수입 장소는, 재화가 유럽연합 내로 반입되는 시점에 소재하는 회원국이다.

Article 61

By way of derogation from Article 60, where, on entry into the Community, goods which are not in free circulation are placed under one of the arrangements or situations referred to in Article 156, or under temporary importation arrangements with total exemption from import duty, or under external transit arrangements, the place of importation of such goods shall be the Mem-

제61조

제60조에 대한 예외로서, 유럽연합 내로 반입되는 시점에, 자유롭게 유통될 수 없는 재화가 제156조에 따른 절차나 상황의 적용을 받게 되거나, 수입 관세가 완전히 면제되는 일시수입 거래, 또는 외부환송 절차의 적용을 받게 되는 경우, 그러한 재화의 수입 장소는 그러한 절차나 상황의 적용이 중단되는 시점에 그러한 재화가 소재하는 회원국이다.

ber State within whose territory the
goods cease to be covered by those
arrangements or situations.

TITLE VI CHARGE-ABLE EVENT AND CHARGEABILITY OF VAT

CHAPTER 1 General provisions

Article 62

For the purposes of this Directive:

(1) 'chargeable event' shall mean the occurrence by virtue of which the legal conditions necessary for VAT to become chargeable are fulfilled;

(2) VAT shall become 'chargeable' when the tax authority becomes entitled under the law, at a given moment, to claim the tax from the person liable to pay, even though the time of payment may be deferred.

CHAPTER 2 Supply of goods or services

Article 63

The chargeable event shall occur and VAT shall become chargeable when the goods or the services are supplied.

제6편 부가가치세의 부과와 그 시기

제1장 일반 조항들

제62조

(1) 이 준칙의 범위에서 '부과할 수 있는 사건'이란, 그 발생으로 인하여 부가가치세의 납세의무가 부과될 수 있게 되는 데에 필요한 법적 요건들이 충족되는 사건을 가리킨다.

(2) 이 준칙의 범위에서, 부가가치세 납세의무는, 부가가치세법 하에서 과세관청이 특정 시점에, 납세의무자에게 세액의 납부를 요구할 수 있게 되었을 때에 '부과할 수 있'게 된다. 실제 납부의 시점이 연기되는 것은 이와 무관하다.

제2장 재화와 용역의 공급

제63조

재화나 용역이 공급되었을 때에 부과할 수 있는 사건이 일어난 것이고 또 부가가치세가 부과할 수 있는 것이 된다.

TITLE VII Taxable Amount

Chapter 1 Definition

Article 72

For the purposes of this Directive, 'open market value' shall mean the full amount that, in order to obtain the goods or services in question at that time, a customer at the same marketing stage at which the supply of goods or services takes place, would have to pay, under conditions of fair competition, to a supplier at arm's length within the territory of the Member State in which the supply is subject to tax.

Where no comparable supply of goods or services can be ascertained, 'open market value' shall mean the following:

(1) in respect of goods, an amount that is not less than the purchase price of the goods or of similar goods or, in the absence of a purchase price, the cost price, determined at the time of supply;

(2) in respect of services, an amount that is not less than the full cost to the taxable person of providing the service.

제7편 과세표준

제1장 정의

제72조

이 준칙의 '공개시장 가치'는, 해당 재화·용역의 공급이 이루어지는 것과 같은 판매 단계의 고객이, 같은 시점에 그 재화·용역을 취득하기 위하여, 공정한 경쟁의 조건 하에서, 해당 공급이 과세되는 회원국의 영역 내에 있는 특수관계 없는 공급자에게 지불해야 할 금액의 전체를 의미한다.

비교 가능한 재화·용역의 공급을 확인할 수 없는 경우의 '공개시장 가치'는 다음의 것을 말한다.

(1) 재화와 관련하여, 해당 재화 또는 그에 유사한 재화의 구매 가격 이상의 금액. 구매가격이 없는 경우에는 공급 시점에 결정되는 원가

(2) 용역과 관련하여, 역무를 제공하는 납세의무자에게 발생하는 전체 원가 이상의 금액

Chapter 2 Supply of Goods or Services

Article 73

In respect of the supply of goods or services, other than as referred to in Articles 74 to 77, the taxable amount shall include everything which constitutes consideration obtained or to be obtained by the supplier, in return for the supply, from the customer or a third party, including subsidies directly linked to the price of the supply.

Article 74

Where a taxable person applies or disposes of goods forming part of his business assets, or where goods are retained by a taxable person, or by his successors, when his taxable economic activity ceases, as referred to in Articles 16 and 18, the taxable amount shall be the purchase price of the goods or of similar goods or, in the absence of a purchase price, the cost price, determined at the time when the application, disposal or retention takes place.

제2장 재화와 용역의 공급

제73조

제74조부터 제77조까지 언급된 것 외의 재화·용역 공급에서 과세표준은, 공급자가 공급의 대가로서, 고객 또는 제3자로부터 받았거나 받을 모든 것을 포함한다. 여기에는 공급가격과 직접 관련된 보조금도 포함된다.

제74조

제16조와 제18조가 규정하는 것처럼, 납세의무자가 사업용 자산의 일부를 구성하는 재화를 사용 또는 처분하거나, 과세되는 경제적 활동의 수행을 중단할 때 납세의무자 또는 그 승계인이 재화를 계속 보유하는 경우, 과세표준은 그 재화나 유사한 재화의 구매가격으로 하고, 그러한 구매가격이 없으면 사용, 처분, 보유의 시점에 정해지는 원가로 한다.

Article 75

In respect of the supply of services, as referred to in Article 26, where goods forming part of the assets of a business are used for private purposes or services are carried out free of charge, the taxable amount shall be the full cost to the taxable person of providing the services.

Article 77

In respect of the supply by a taxable person of a service for the purposes of his business, as referred to in Article 27, the taxable amount shall be the open market value of the service supplied.

Article 78

The taxable amount shall include the following factors:

(a) taxes, duties, levies and charges, excluding the VAT itself;

(b) incidental expenses, such as commission, packing, transport and insurance costs, charged by the supplier to the customer.

For the purposes of point (b) of the first paragraph, Member States may regard expenses covered by a separate agreement as incidental expenses.

제75조

용역 공급과 관련하여, 제26조가 규정하는 것처럼 사업용 자산의 일부를 구성하는 재화가 개인적 용도로 사용되거나 역무가 무상으로 수행된 경우, 과세표준은 역무를 제공하는 납세의무자에게 발생한 비용 전부가 된다.

제77조

제27조에 규정된, 납세의무자 자신의 사업을 위하여 하는 용역 공급과 관련하여, 과세표준은 제공된 역무의 공개시장 가치가 된다.

제78조

과세표준에는 다음의 사항이 포함되어야 한다.

(a) 부가가치세를 제외한 세금이나 그 밖의 공과금

(b) 공급자가 고객에게 청구하는 수수료, 포장, 운송, 보험과 같은 부수적인 비용

제1문 (b)호의 범위 내에서, 회원국은 별도 계약에 정하여진 비용을 부수적인 비용으로 인정할 수 있다.

Article 79

The taxable amount shall not include the following factors:

(a) price reductions by way of discount for early payment;

(b) price discounts and rebates granted to the customer and obtained by him at the time of the supply;

(c) amounts received by a taxable person from the customer, as repayment of expenditure incurred in the name and on behalf of the customer, and entered in his books in a suspense account.

The taxable person must furnish proof of the actual amount of the expenditure referred to in point (c) of the first paragraph and may not deduct any VAT which may have been charged.

Article 80

1. In order to prevent tax evasion or avoidance, Member States may in any of the following cases take measures to ensure that, in respect of the supply of goods or services involving family or other close personal ties, management, ownership, membership, financial or legal ties as defined by the Member State, the taxable amount is

제79조

과세표준은 다음의 사항들을 포함하지 않는다.

(a) 대가의 선지급에 따른 가격 할인

(b) 공급의 시점에 고객에게 부여하거나 고객이 부여 받는 가격할인과 리베이트(또는 대가의 일부상환)

(c) 납세의무자가 고객의 이름과 계산으로 지출한 비용을 가계정(假計定)으로 기장(記帳)하였다가 상환 받은 금액

납세의무자는 제1문 (c)호가 규정하는 지출의 실제 금액에 관한 증빙을 제공해야 하고, 이 지출에 부과되었을 수 있는 어떠한 부가가치세액도 공제할 수 없다.

제80조

1. 조세포탈·회피를 방지하기 위해 다음의 어느 하나에 해당하는 경우 회원국은, 가족이나 다른 가까운 개인적 유대관계, 경영·소유나 회원의 지위와 관련된 관계나 그 밖의 경제적·법적 관계가 존재하는 재화·용역의 공급에 관하여, 공개시장 가치가 과세표준이 되도록 하는 조치를 취할 수 있다.

to be the open market value:

(a) where the consideration is lower than the open market value and the recipient of the supply does not have a full right of deduction under Articles 167 to 171 and Articles 173 to 177;

(b) where the consideration is lower than the open market value and the supplier does not have a full right of deduction under Articles 167 to 171 and Articles 173 to 177 and the supply is subject to an exemption under Articles 132, 135, 136, 371, 375, 376, 377, 378(2), 379(2) or Articles 380 to 390;

(c) where the consideration is higher than the open market value and the supplier does not have a full right of deduction under Articles 167 to 171 and Articles 173 to 177.

For the purposes of the first subparagraph, legal ties may include the relationship between an employer and employee or the employee's family, or any other closely connected persons.

2. Where Member States exercise the option provided for in paragraph 1, they may restrict the categories of

(a) 대가가 공개시장 가치보다 낮고, 제167조부터 제171조, 그리고 제173조부터 제177조까지의 규정에 따라 대가를 수령하는 거래상대방이 매입세액을 전부 공제 받을 수 있는 권리가 없는 경우.

(b) 대가가 공개시장 가치보다 낮고, 공급자가 제167조부터 제171조, 그리고 제173조부터 제177조까지의 규정들에 따라 매입세액을 전부 공제 받을 권리가 없으며, 공급이 제132조, 제135조, 제136조, 제371조, 제375조, 제376조, 제377조, 제378조 제2항, 제379조 제2항 또는 제380조부터 제390조까지의 규정에 따라 면세 대상인 경우

(c) 대가가 공개시장 가치보다 높고, 공급자가 제167조에서 제171조, 제173조에서 제177조까지의 규정에 따라 매입세액을 전부 공제 받을 수 있는 권리가 없는 경우.
제1항과 관련하여, 법적 유대관계는 고용주와 직원 또는 그 가족이나 그 밖의 밀접하게 연결된 다른 사람들 간 관계를 포함할 수 있다.

2. 제1항이 제공하는 선택권을 회원국이 행사하는 경우, 그러한 조치가 적용될 공급자나 공급 상대방의

suppliers or recipients to whom the measures shall apply.

3. Member States shall inform the VAT Committee of national legislative measures adopted pursuant to paragraph 1 in so far as these are not measures authorised by the Council prior to 13 August 2006 in accordance with Article 27 (1) to (4) of Directive 77/388/EEC, and which are continued under paragraph 1 of this Article.

CHAPTER 3 Intra-Community acquisition of goods

Article 83

In respect of the intra-Community acquisition of goods, the taxable amount shall be established on the basis of the same factors as are used in accordance with Chapter 1 to determine the taxable amount for the supply of the same goods within the territory of the Member State concerned. In the case of the transactions, to be treated as intra-Community acquisitions of goods, referred to in Articles 21 and 22, the taxable

범주를 제한할 수 있다.

3. 회원국은, 준칙 77/388/EEC 제27조 제1항부터 제4항까지의 규정에 따라 2006년 8월 13일 이전에 집행위원회가 승인하고 본조 제1항에 따라 계속되는 것이 아닌 한, 제1항에 따라 채택한 국내입법 조치에 관하여 부가가치세 위원회에 알려야 한다.

제3장 재화의 역내 취득

제83조

유럽연합 역내의 재화 취득과 관련하여 과세표준은, 제1장의 규정에 따라 회원국의 영역 내에서 같은 재화의 공급에 관한 과세표준을 결정하기 위해 사용된 것과 동일한 요소들에 근거하여 결정되어야 한다. 제21, 22조가 규정하는 역내 취득으로 취급되기 위하여, 과세표준은 해당 재화 또는 그에 유사한 재화의 구매가격, 또는 구매가격이 없는 경우에는 공급의 시점에 결정되는 원가가 된다.

amount shall be the purchase price of the goods or of similar goods or, in the absence of a purchase price, the cost price, determined at the time of the supply.

Article 84

1. Member States shall take the measures necessary to ensure that the excise duty due from or paid by the person making the intra-Community acquisition of a product subject to excise duty is included in the taxable amount in accordance with point (a) of the first paragraph of Article 78.

2. Where, after the intra-Community acquisition of goods has been made, the person acquiring the goods obtains a refund of the excise duty paid in the Member State in which dispatch or transport of the goods began, the taxable amount shall be reduced accordingly in the Member State in the territory of which the acquisition was made.

제84조

1. 회원국은 개별 소비세가 부과되는 제품을 역내 취득하는 사람에게 부과되거나 그가 납부한 개별 소비세가 제78조 제1문 (a)호에 따라 과세표준에 포함될 수 있도록 하는 데에 필요한 조치를 취하여야 한다.

2. 재화의 역내 취득이 이루어진 후, 재화를 취득한 사람이 재화의 발송·운반이 시작된 회원국에서 납부된 개별 소비세의 환급을 받았다면, 그 영역 내에서 취득이 이루어진 회원국에서 과세표준은 그에 따라 감액된다.

CHAPTER 4
IMPORTATION OF GOODS

Article 85

In respect of the importation of goods, the taxable amount shall be the value for customs purposes, determined in accordance with the Community provisions in force.

Article 86

1. The taxable amount shall include the following factors, in so far as they are not already included:

(a) taxes, duties, levies and other charges due outside the Member State of importation, and those due by reason of importation, excluding the VAT to be levied;

(b) incidental expenses, such as commission, packing, transport and insurance costs, incurred up to the first place of destination within the territory of the Member State of importation as well as those resulting from transport to another place of destination within the Community, if that other place is known when the chargeable event occurs.

제4장 재화의 수입

제85조

재화의 수입과 관련하여, 과세표준은 그 시점에 유효한 유럽연합법 조항에 따른 관세 과세가격이다.

제86조

1. 달리 벌써 포함되어 있지 않은 한, 과세표준은 다음의 사항들을 포함한다.

(a) 부가가치세를 제외하고, 수입 회원국 바깥에서 부과되는 세금과 각종 공과금, 수입을 이유로 부과되는 세금과 각종 공과금

(b) 수입 회원국의 영역 내 첫 번째 목적지까지 발생하는 수수료·포장·운송·보험과 같은 부수적인 비용과, 유럽연합 내 다른 목적지로 운송할 때 발생하는 비용. 다른 목적지가 과세요건의 충족 시점에 알려져 있는 경우에 한한다.

2. For the purposes of point (b) of paragraph 1, 'first place of destination' shall mean the place mentioned on the consignment note or on any other document under which the goods are imported into the Member State of importation. If no such mention is made, the first place of destination shall be deemed to be the place of the first transfer of cargo in the Member State of importation.

Article 87

The taxable amount shall not include the following factors:

(a) price reductions by way of discount for early payment;

(b) price discounts and rebates granted to the customer and obtained by him at the time of importation.

2. 제1항 (b)호와 관련하여, '첫 번째 목적지'는 화물 운송장이나 그 밖에 재화가 수입 회원국 내로 반입되는 것과 관련된 문서에 기재된 장소를 뜻한다. 그러한 기재가 없으면, 수입 회원국에서 화물이 첫 번째로 이동하는 장소를 첫 번째 목적지로 본다.

제87조

과세표준은 다음의 항목을 포함하지 않는다.

(a) 대가의 선지급에 따른 가격 할인

(b) 수입의 시점에 부여하거나 부여 받는 가격 할인과 대가의 일부 상환

TITLE IX
EXEMPTIONS

CHAPTER 1 General provisions

Article 131

The exemptions provided for in Chapters 2 to 9 shall apply without prejudice to other Community provisions and in accordance with conditions which the Member States shall lay down for the purposes of ensuring the correct and straightforward application of those exemptions and of preventing any possible evasion, avoidance or abuse.

CHAPTER 2 Exemptions for certain activities in the public interest

Article 132

1. Member States shall exempt the following transactions:

(a) the supply by the public postal services of services other than passenger transport and telecommunications services, and the supply of goods incidental thereto;

제9편 면세

제1장 일반 조항

제131조

제2장부터 제9장까지의 면세 규정들은, 다른 규정들의 적용을 방해하지 않는 않는 범위 내에서, 회원국들이 면세 규정들을 정확하고 직접적으로 적용하고 조세 포탈이나 조세 회피·남용을 방지하기 위한 목적에서 정한 요건에 따라 적용되어야 한다.

제2장 공익을 위한 일정한 활동들의 면세

제132조

1. 회원국들은 다음 각 호의 거래들을 면세하여야 한다.

(a) 공공우편 기관에 의한 공공우편 용역의 공급 및 그에 부수한 재화의 공급. 다만 여객운송 용역과 전기통신 용역의 공급은 제외한다.

(b) hospital and medical care and closely related activities undertaken by bodies governed by public law or, under social conditions comparable with those applicable to bodies governed by public law, by hospitals, centres for medical treatment or diagnosis and other duly recognised establishments of a similar nature;

(c) the provision of medical care in the exercise of the medical and paramedical professions as defined by the Member State concerned;

(d) the supply of human organs, blood and milk;

(e) the supply of services by dental technicians in their professional capacity and the supply of dental prostheses by dentists and dental technicians;

(f) the supply of services by independent groups of persons, who are carrying on an activity which is exempt from VAT or in relation to which they are not taxable persons, for the purpose of rendering their members the services directly necessary for the exercise of that activity, where those groups merely claim from their members exact

(b) 병원·의료 용역과, 그에 밀접하게 관련된 활동들로서, 공법이나 이에 비견될 수 있는 사회적 조건들에 따라 규율되는 단체들, 병원과 의료·진단 시설, 그리고 이에 유사한 성격을 가졌다고 공인된 시설에 의한 것

(c) 회원국들이 규정하는 의료·준 의료 직업인들이 수행하는 의료 역무의 제공

(d) 사람의 장기(臟器), 혈액과 모유(母乳)의 공급

(e) 치과 기공사들이 전문 직업인으로서 하는 용역의 공급과, 치과 의사나 치과 기공사들의 치과 보철물 공급

(f) 부가가치세가 면세되거나, 납세 의무를 부담하지 않는 경제적 활동을 수행하고, 구성원이 그 경제적 활동을 수행하는 데 필요한 역무를 제공하는 것이 그러한 용역 공급의 목적이 되며, 공동 비용 중 구성원 지분에 상당하는 부분의 상환만을 구성원들에게 요구하는 독립적 인적 집단의 용역 공급. 다만 이러한 면세로 인하

reimbursement of their share of the joint expenses, provided that such exemption is not likely to cause distortion of competition;

(g) the supply of services and of goods closely linked to welfare and social security work, including those supplied by old people's homes, by bodies governed by public law or by other bodies recognised by the Member State concerned as being devoted to social wellbeing;

(h) the supply of services and of goods closely linked to the protection of children and young persons by bodies governed by public law or by other organisations recognised by the Member State concerned as being devoted to social wellbeing;

(i) the provision of children's or young people's education, school or university education, vocational training or retraining, including the supply of services and of goods closely related thereto, by bodies governed by public law having such as their aim or by other organisations recognised by the Member State concerned as hav-

여 경쟁에 왜곡이 발생하여서는 아니 된다.

(g) 복지와 사회보장 업무와 밀접하게 관련된 용역과 재화의 공급. 양로원, 공법에 따라 규율되는 단체, 회원국에 의하여 사회 복지에 봉사한다고 공인된 단체에 의한 재화·용역의 공급을 포함한다.

(h) 어린이와 청소년에 대한 보호와 밀접하게 관계된 용역과 재화의 공급. 공법에 따라 규율되는 단체 또는 회원국에 의하여 사회복지 업무에 봉사한다고 공인된 조직에 의한 재화·용역의 공급을 포함한다.

(i) 어린이와 청소년 교육, 학교 또는 대학교 교육, 직업훈련 또는 재훈련의 제공. 교육을 존립 목적으로 하면서 공법에 따라 규율되는 단체나, 회원국에 의하여 유사한 목적을 갖고 있다고 공인된 조직에 의하여 이루어지는, 교육과 밀접하게 관련된 재화·용역의 공급을 포함한다.

ing similar objects;

(j) tuition given privately by teachers and covering school or university education;

(k) the supply of staff by religious or philosophical institutions for the purpose of the activities referred to in points (b), (g), (h) and (i) and with a view to spiritual welfare;

(l) the supply of services, and the supply of goods closely linked thereto, to their members in their common interest in return for a subscription fixed in accordance with their rules by non-profitmaking organisations with aims of a political, trade-union, religious, patriotic, philosophical, philanthropic or civic nature, provided that this exemption is not likely to cause distortion of competition;

(m) the supply of certain services closely linked to sport or physical education by non-profit-making organisations to persons taking part in sport or physical education;

(n) the supply of certain cultural services, and the supply of goods closely linked thereto, by bodies governed by public law or by other cultural bodies recognised by the

(j) 학교 또는 대학 교육에 관하여, 교사에 의해 사적(私的)으로 이루어지는 수업

(k) 종교 또는 철학 관련 기관이 영적(靈的)인 복지의 차원에서 (b)호, (g)호, (h)호, 그리고 (i)호의 활동을 목적으로 하는 인력의 공급

(l) 정치·노동조합·종교·애국·철학·자선의 목적을 갖거나 시민단체의 성격을 갖는 비영리단체가, 공동 이익을 위하여 회비에 대한 대가로 구성원에게 하는 용역 공급과, 그에 밀접하게 관련된 재화·용역의 공급

(m) 스포츠 또는 체육 교육과 밀접하게 관련된 일정한 용역의 공급으로서, 비영리단체에 의하여 스포츠 또는 체육 교육에 참여한 사람들에게 이루어진 것

(n) 공법에 의해 규율되는 단체나, 관련된 회원국이 공인한 문화 단체가 하는, 일정한 문화적 용역의 공급과, 그에 밀접하게 관련된 재화의 공급

Member State concerned;

(o) the supply of services and goods, by organisations whose activities are exempt pursuant to points (b), (g), (h), (i), (l), (m) and (n), in connection with fund-raising events organised exclusively for their own benefit, provided that exemption is not likely to cause distortion of competition;

(p) the supply of transport services for sick or injured persons in vehicles specially designed for the purpose, by duly authorised bodies;

(q) the activities, other than those of a commercial nature, carried out by public radio and television bodies.

2. For the purposes of point (o) of paragraph 1, Member States may introduce any restrictions necessary, in particular as regards the number of events or the amount of receipts which give entitlement to exemption.

Article 133

Member States may make the granting to bodies other than those governed by public law of each exemption provided for in points (b), (g), (h), (i), (l), (m) and (n) of Article 132(1) subject in each individual

(o) 그 활동이 (b), (g), (h), (i), (l), (m), (n)호에 따라 면세되는 단체에 의한 재화·용역의 공급으로서, 오로지 그 스스로의 이익을 위하여 조직된 모금(募金) 행사와 관련된 것. 면세가 경쟁을 왜곡시킬 가능성이 없는 경우에 한한다.

(p) 적법하게 권한을 부여받은 단체가 하는, 이러한 목적을 위해 특수 설계된 차량을 통한 환자 또는 부상자의 운송 용역의 공급.

(q) 공영의 라디오·텔레비전 관련 단체가 수행하는 비(非) 상업적 활동

2. 제1항 (o)호와 관련하여 회원국은, 특히 면세의 자격을 부여하는 행사의 횟수나 모금의 액수에 관하여 필요한 제한을 도입할 수 있다.

제133조

회원국들은 개별적 사안에서, 아래 각 호의 요건 중 하나 또는 그 이상의 충족 여부에 따라, 공법에 따라 규율되는 단체 이외의 단체에 제132조 제1항 (b)호, (g)호, (h)호, (i)호, (l)호, (m)호, 그리고 (n)호가 정

case to one or more of the following conditions:

(a) the bodies in question must not systematically aim to make a profit, and any surpluses nevertheless arising must not be distributed, but must be assigned to the continuance or improvement of the services supplied;

(b) those bodies must be managed and administered on an essentially voluntary basis by persons who have no direct or indirect interest, either themselves or through intermediaries, in the results of the activities concerned;

(c) those bodies must charge prices which are approved by the public authorities or which do not exceed such approved prices or, in respect of those services not subject to approval, prices lower than those charged for similar services by commercial enterprises subject to VAT;

(d) the exemptions must not be likely to cause distortion of competition to the disadvantage of commercial enterprises subject to VAT.

하는 면세를 적용할 수 있다.

(a) 해당 단체들은 계획적·체계적으로 영리를 목적으로 하여서는 아니 되고, 그럼에도 불구하고 발생하는 잉여금은 분배되어서는 아니 되며 공급되는 용역의 지속·향상을 위하여 사용되어야 한다.

(b) 해당 단체들은 관련된 활동의 결과에, 직·간접적으로, 또 그들 자체로든 중개인을 통해서든, 이해관계가 없는, 기본적으로 보수를 받지 않는 사람들에 의하여 관리·운영되어야 한다.

(c) 해당 단체는 공공기관에 의하여 승인된 가격 또는 그 이하의 가격을 청구해야 한다. 승인의 대상이 되지 않는 용역의 경우에는, 부가가치세 납세의무를 부담하는 영리 사업체가 유사한 역무에 청구하는 가격보다 낮은 가격을 청구해야 한다.

(d) 이러한 면세가 부가가치세 납세의무를 부담하는 영리 사업체에게 불이익을 주어, 경쟁에 왜곡을 발생시킬 가능성이 있어서는 아니 된다.

Article 134

The supply of goods or services shall not be granted exemption, as provided for in points (b), (g), (h), (i), (l), (m) and (n) of Article 132(1), in the following cases:

(a) where the supply is not essential to the transactions exempted;

(b) where the basic purpose of the supply is to obtain additional income for the body in question through transactions which are in direct competition with those of commercial enterprises subject to VAT.

CHAPTER 3 Exemptions for other activities

Article 135

1. Member States shall exempt the following transactions:

(a) insurance and reinsurance transactions, including related services performed by insurance brokers and insurance agents;

(b) the granting and the negotiation of credit and the management of credit by the person granting it;

제134조

아래 각 호의 경우, 제132조 제 1항 (b)호, (g)호, (h)호, (i)호, (l)호, (m)호, 그리고 (n)호의 재화 또는 용역의 공급은 면세하지 아니한다.

(a) 재화 또는 용역의 공급이 면세 대상 거래에 필수적인 것이 아닐 경우

(b) 재화 또는 용역 공급의 기본적 인 목적이 부가가치세 납세의무 를 부담하는 영리 사업체와 직접 적인 경쟁 관계에 있는 거래를 통 하여 추가적인 소득을 얻는 것에 있는 경우

제3장 그 밖의 활동에 대 한 면세

제135조

1. 회원국은 다음의 거래들을 면세 하여야 한다.

(a) 보험 중개인과 보험 대리인이 수 행하는 관련 용역을 포함하여, 보 험과 재보험 거래

(b) 신용의 공여(供與)와 관련 협상, 그리고 신용을 공여한 사람이 하 는 신용의 관리

(c) the negotiation of or any dealings in credit guarantees or any other security for money and the management of credit guarantees by the person who is granting the credit;

(d) transactions, including negotiation, concerning deposit and current accounts, payments, transfers, debts, cheques and other negotiable instruments, but excluding debt collection;

(e) transactions, including negotiation, concerning currency, bank notes and coins used as legal tender, with the exception of collectors' items, that is to say, gold, silver or other metal coins or bank notes which are not normally used as legal tender or coins of numismatic interest;

(f) transactions, including negotiation but not management or safekeeping, in shares, interests in companies or associations, debentures and other securities, but excluding documents establishing title to goods, and the rights or securities referred to in Article 15(2);

(g) the management of special investment funds as defined by Member States;

(c) 신용 보증이나 그 밖의 금전채무 담보에 관한 협상과 이에 관련된 모든 거래, 그리고 신용을 공여한 사람이 하는 신용 보증의 관리

(d) 예금과 당좌예금, 지불, 이체, 대출, 수표나 그 밖에 유통 가능한 증권에 관한 거래(관련 협상을 포함하지만 채권 추심은 제외한다)

(e) 통화, 법정 통화인 지폐와 주화에 관한 거래(관련 협상을 포함한다). 다만 수집의 대상, 즉 일반적으로 법정 통화로 사용되지 않는 금이나 은, 다른 금속의 주화나 지폐, 그리고 '고전학적(古錢學的) 관심의 대상이 되는' 동전은 제외한다.

(f) 주식, 회사나 다른 단체의 지분, 사채나 그 밖의 유가증권(다만 재화의 소유권을 증명하는 문서는 제외), 제15조 제2항에 따른 권리나 증권의 거래. 관련 협상을 포함하나, 그 관리나 보관은 제외한다.

(g) 회원국들이 정하는 특수한 투자 펀드의 관리

(h) the supply at face value of postage stamps valid for use for postal services within their respective territory, fiscal stamps and other similar stamps;

(i) betting, lotteries and other forms of gambling, subject to the conditions and limitations laid down by each Member State;

(j) the supply of a building or parts thereof, and of the land on which it stands, other than the supply referred to in point (a) of Article 12(1);

(k) the supply of land which has not been built on other than the supply of building land as referred to in point (b) of Article 12(1);

(l) the leasing or letting of immovable property.

2. The following shall be excluded from the exemption provided for in point (l) of paragraph 1:

(a) the provision of accommodation, as defined in the laws of the Member States, in the hotel sector or in sectors with a similar function, including the provision of accommodation in holiday camps or on sites developed for use as camping sites;

(b) the letting of premises and sites

(h) 관련된 국가 영역 내의 우편 역무의 사용을 위하여 유효한 우표의, 액면가로 하는 공급과, 수입인지(印紙)나 그 밖에 다른 인지의 공급

(i) 내기, 복권이나 그 밖의 다른 형태의 도박. 각 회원국들이 정하는 요건이나 제한의 적용을 받는 범위에서 그러하다.

(j) 건물의 전부나 일부와, 그 부지의 공급. 제12조 제1항 (a)호가 규정하는 공급은 제외한다.

(k) 건축용지가 아닌 토지의 공급. 제12조 제1항 (b)호가 규정하는 공급은 제외한다.

(l) 부동산의 임대

2. 다음의 것들은 제1항 (l)호가 규정하는 면세의 범위에서 제외된다.

(a) 회원국의 국내법이 정의하는, 호텔이나 유사한 분야의 숙박 제공. 휴일 캠핑장이나, 캠핑장으로 이용하기 위해 조성한 부지의 제공을 포함한다.

(b) 차량 주차를 위한 시설이나 장

for the parking of vehicles;

(c) the letting of permanently in-stalled equipment and machinery;

(d) the hire of safes.

Member States may apply further exclusions to the scope of the exemp-tion referred to in point (l) of para-graph 1.

Article 137

1. Member States may allow tax-able persons a right of option for taxation in respect of the following transactions:

(a) the financial transactions re-ferred to in points (b) to (g) of Article 135(1);

(b) the supply of a building or of parts thereof, and of the land on which the building stands, other than the supply referred to in point (a) of Article 12(1);

(c) the supply of land which has not been built on other than the sup-ply of building land referred to in point (b) of Article 12(1);

(d) the leasing or letting of immov-able property.

2. Member States shall lay down the detailed rules governing exercise of the option under paragraph 1.

소의 임대

(c) 항속적으로 설치된 장비나 기계의 임대

(d) 금고의 대여

회원국들은 제1항 (l)호가 규정하는 면세의 범위에 그 이상의 예외를 적용할 수 있다.

제137조

1. 회원국은 납세의무자에게 다음의 거래들에 관하여 과세를 선택할 수 있는 권리를 부여할 수 있다.

(a) 제135조 제1항 (b)호부터 (g)호까지에 규정된 금융 거래

(b) 건물의 전부나 일부, 그리고 그러한 건물 부지의 공급. 제12조 제1항 (a)호가 규정하는 공급은 제외한다.

(c) 건물 부지가 아닌 토지의 공급. 제12조 제1항 (b)호가 규정하는 공급은 제외한다.

(d) 부동산의 임대

2. 회원국은 제1항이 규정하는 선택권의 행사를 규율하는 상세한 규칙들을 마련하여야 한다.

Member States may restrict the scope of that right of option.

회원국은 선택권의 범위를 좁힐 수 있다.

CHAPTER 4 Exemptions for intra-community transactions

제4장 역내 거래에 관한 면세

Section 1 Exemptions related to the supply of goods

제1절 재화의 공급에 관련된 면세

Article 138

1. Member States shall exempt the supply of goods dispatched or transported to a destination outside their respective territory but within the Community, by or on behalf of the vendor or the person acquiring the goods, for another taxable person, or for a non-taxable legal person acting as such in a Member State other than that in which dispatch or transport of the goods began.

2. In addition to the supply of goods referred to in paragraph 1, Member States shall exempt the following transactions:

(a) the supply of new means of transport, dispatched or transported to the customer at a destination outside their respective territory

제138조

1. 회원국은 유럽연합 내에서 각국의 영역 바깥의 목적지로, 판매업자나 재화를 취득하는 사람에 의하여, 또는 이들을 대신하여 발송·운송된 재화의 공급을 면세한다. 다만 이러한 발송·운송이, 다른 납세의무자나 납세의무 없는 법인으로서, 발송·운송이 시작한 회원국 외의 회원국 내에서 그와 같이 행위하는 사람들에 대하여 이루어진 경우에 한한다.

2. 제1항이 규정하는 재화의 공급 외에도, 회원국은 다음의 거래를 면세할 수 있다.

(a) 각 회원국 영토 밖이지만 유럽연합 내에 있는 목적지 소재 고객에게 발송·운송된, 신품 교통수단의 공급. 발송·운송이 판매업자

but within the Community, by or on behalf of the vendor or the customer, for taxable persons, or non-taxable legal persons, whose intra-Community acquisitions of goods are not subject to VAT pursuant to Article 3(1), or for any other non-taxable person;

(b) the supply of products subject to excise duty, dispatched or transported to a destination outside their respective territory but within the Community, to the customer, by or on behalf of the vendor or the customer, for taxable persons, or non-taxable legal persons, whose intra-Community acquisitions of goods other than products subject to excise duty are not subject to VAT pursuant to Article 3(1), where those products have been dispatched or transported in accordance with Article 7(4) and (5) or Article 16 of Directive 92/12/EEC;

(c) the supply of goods, consisting in a transfer to another Member State, which would have been entitled to exemption under paragraph 1 and points (a) and (b) if it had been made on behalf of another

나 고객에 의하여, 또는 이들을 대신한 제3자에 의하여, 납세의무자나, 제3조 제1항에 따라 납세의무가 없는 법인, 또는 그 밖의 모든 납세의무 없는 사람에 대하여 이루어진 경우이어야 한다.

(b) 개별 소비세의 과세대상이 되고, 각 회원국 영토 밖이지만 유럽연합 내에 있는 목적지의 고객에게 발송·운송된 제품의 공급. 발송·운송이 판매업자나 고객에 의하여, 또는 이들을 대신한 제3자에 의하여, 납세의무자나, 개별 소비세의 과세대상이 되는 제품(준칙 92/12/EEC 제7조 제4항, 제5항, 제16조에 따라 발송·운송된 것을 말한다) 외의 다른 재화의 역내 취득이 제3조 제1항에 따라 과세되지 않는, 납세의무 없는 법인에 대하여 이루어진 경우이어야 한다.

(c) 만약 다른 납세의무자를 대신한 제3자에 의하여 공급되었더라면, 제1항과, (a), (b)호에 의해 면세되었을, 다른 회원국에 대한 이전에 해당하는 재화 공급

taxable person.

Article 141

Each Member State shall take specific measures to ensure that VAT is not charged on the intra-Community acquisition of goods within its territory, made in accordance with Article 40, where the following conditions are met:

(a) the acquisition of goods is made by a taxable person who is not established in the Member State concerned but is identified for VAT purposes in another Member State;

(b) the acquisition of goods is made for the purposes of the subsequent supply of those goods, in the Member State concerned, by the taxable person referred to in point (a);

(c) the goods thus acquired by the taxable person referred to in point (a) are directly dispatched or transported, from a Member State other than that in which he is identified for VAT purposes, to the person for whom he is to carry out the subsequent supply;

(d) the person to whom the subsequent supply is to be made is an-

제141조

각 회원국은 다음의 요건이 충족되는 경우, 자국의 영역 안에서 제40조에 따라 이루어지는 재화의 역내 취득에 부가가치세가 부과되지 않도록 구체적인 조치를 하여야 한다.

(a) 문제된 회원국에 사업장을 두고 있지는 않으나 다른 회원국에 등록되어 있는 납세의무자에 의하여 재화가 취득될 것.

(b) 문제된 회원국 내에서, (a)호가 규정하는 납세의무자가 이를 다시 공급할 목적으로 재화를 취득할 것.

(c) (a)호가 규정하는 납세의무자가 이와 같이 취득한 재화가, 그가 등록된 회원국 아닌 다른 회원국으로부터, 후속 공급의 상대방에게 직접 발송·운송될 것.

(d) 후속 공급의 상대방은, 문제된 회원국에서 등록되어 있는 또 다

other taxable person, or a non-taxable legal person, who is identified for VAT purposes in the Member State concerned;

(e) the person referred to in point (d) has been designated in accordance with Article 197 as liable for payment of the VAT due on the supply carried out by the taxable person who is not established in the Member State in which the tax is due.

른 납세의무자이거나 납세의무 없는 법인일 것.

(e) (d)호에서 규정하는 사람이 제 197조에 따라, 부가가치세가 납부되어야 하는 회원국에 사업장을 두고 있지 않은 납세의무자에 의하여 수행된 공급에 대한 부가가치세 납세의무자로 지정될 것.

Chapter 5 Exemptions on importation

제5장 수입에 대한 면세

Article 143

Member States shall exempt the following transactions:

(a) the final importation of goods of which the supply by a taxable person would in all circumstances be exempt within their respective territory;

(b) the final importation of goods governed by Council Directives 69/169/EEC (5), 83/181/EEC (6) and 2006/79/EC (7);

(c) the final importation of goods, in free circulation from a third ter-

제143조

회원국은 다음의 거래를 면세한다.

(a) 자국의 영역 안에서라면 그 어떠한 상황에서도, 납세의무자에 의한 공급이 면세되었을 재화의 최종적인 수입

(b) 준칙 69/169/EEC 제5항, 83/181/EEC 제6항 그리고 2006/79/EC 제7항에 의해 규율되는 재화의 최종적인 수입

(c) 유럽연합 관세 영역의 일부를 이루는 제3의 영역으로부터 자유

ritory forming part of the Community customs territory, which would be entitled to exemption under point (b) if they had been imported within the meaning of the first paragraph of Article 30;

(d) the importation of goods dispatched or transported from a third territory or a third country into a Member State other than that in which the dispatch or transport of the goods ends, where the supply of such goods by the importer designated or recognised under Article 201 as liable for payment of VAT is exempt under Article 138;

(e) the reimportation, by the person who exported them, of goods in the state in which they were exported, where those goods are exempt from customs duties;

(f) the importation, under diplomatic and consular arrangements, of goods which are exempt from customs duties;

(g) the importation of goods by international bodies recognised as such by the public authorities of the host Member State, or by members of such bodies, within the lim-

롭게 유통되는 재화의 최종적인 수입으로서, 제30조 제1문의 요건을 충족하였더라면 (b)호에 따라 면세되었을 것.

(d) 제3의 영역 또는 제3국으로부터 발송 또는 운송되는 재화의 회원국(재화의 발송·운송이 끝나는 회원국이 아닌 회원국을 말한다) 내 수입. 제201조에 따라 부가가치세 납부의무가 있다고 지정되거나 인정되는 수입업자에 의한 재화의 공급이 제138조에 의하여 면세되는 경우에 한한다.

(e) 재화가 관세가 면제된 채 수출되었던 국가에서, 그 수출업자가 하는 재화의 재수입

(f) 외교·영사 협정에 따라 관세가 면제되는 재화의 수입

(g) 국제단체가 소재하는 회원국의 공적 기관으로부터 그와 같이 인정받은 국제단체나 그 구성원이 하는 재화의 수입. 단체를 설립하는 국제 협약이나 본부 협정에

its and under the conditions laid
down by the international conven-
tions establishing the bodies or by
headquarters agreements;

(h) the importation of goods, into
Member States party to the North
Atlantic Treaty, by the armed forc-
es of other States party to that
Treaty for the use of those forces
or the civilian staff accompanying
them or for supplying their messes
or canteens where such forces take
part in the common defence effort;

(i) the importation of goods by the
armed forces of the United King-
dom stationed in the island of
Cyprus pursuant to the Treaty
of Establishment concerning the
Republic of Cyprus, dated 16 Au-
gust 1960, which are for the use of
those forces or the civilian staff ac-
companying them or for supplying
their messes or canteens;

(j) the importation into ports, by
sea fishing undertakings, of their
catches, unprocessed or after un-
dergoing preservation for market-
ing but before being supplied;

(k) the importation of gold by cen-
tral banks;

(l) the importation of gas through the

서 정해진 한계와 조건 안에서 이
루어지는 경우에 한한다.

(h) 북대서양 조약의 당사자인 국가
의 군대가, 같은 조약의 당사자인
회원국 내에서 하는 재화의 수입.
공동 방위에 참여하는 군대나 이
에 따르는 민간인 직원들의 사용,
또는 구내식당·매점에 대한 공급
을 위한 것을 말한다.

(i) 1960년 8월 16일 자 키프로스
공화국 설립 조약에 따라 키프로
스 섬에 주둔하고 있는 영국 군
대에 의하여 이루어지는 재화의
수입. 군대나 이에 따르는 민간
직원의 사용, 또는 구내식당·매
점에 대한 공급을 위한 것을 말
한다.

(j) 해양 어업을 하는 기업이 항구에
서 하는 어획물의 수입. 가공되지
않거나, 공급되기 전에 판매를 위
해 보존 처리를 거친 것을 수입하
는 경우를 말한다.

(k) 중앙은행에 의한 금의 수입

(l) 천연가스 분배 체계를 통한 가스

natural gas distribution system, or of electricity.

의 수입 또는 전기의 수입

CHAPTER 7 EXEMP-TIONS RELATED TO INTERNATIONAL TRANSPORT

제7장 국제 운송에 관련된 면세

Article 148

Member States shall exempt the following transactions:

(a) the supply of goods for the fuelling and provisioning of vessels used for navigation on the high seas and carrying passengers for reward or used for the purpose of commercial, industrial or fishing activities, or for rescue or assistance at sea, or for inshore fishing, with the exception, in the case of vessels used for inshore fishing, of ships' provisions;

(b) the supply of goods for the fuelling and provisioning of fighting ships, falling within the combined nomenclature (CN) code 8906 10 00, leaving their territory and bound for ports or anchorages outside the Member State concerned;

(c) the supply, modification, repair,

제148조

회원국은 다음의 거래들을 면세하여야 한다.

(a) 공해 상 항해와 유상 여객운송이나, 상업·산업이나 어업 활동, 해상 구조나 조력 제공, 또는 연안 어업을 위하여 이용되는 선박의 연료와 식량의 보급을 위하여 하는 재화의 공급. 다만 연안 어업을 위하여 사용되는 선박에 대한 식량 보급은 제외한다.

(b) 유럽연합 상품분류번호 8905 10 00 에 속하는 것으로서, 자국의 영역을 떠나서 다른 나라의 항구나 경유지를 향하는 전투용 선박의 연료와 식량 보급을 위한 재화의 공급

(c) (a)호가 규정하는 선박의 공급·

maintenance, chartering and hiring of the vessels referred to in point (a), and the supply, hiring, repair and maintenance of equipment, including fishing equipment, incorporated or used therein;

(d) the supply of services other than those referred to in point (c), to meet the direct needs of the vessels referred to in point (a) or of their cargoes;

(e) the supply of goods for the fuelling and provisioning of aircraft used by airlines operating for reward chiefly on international routes;

(f) the supply, modification, repair, maintenance, chartering and hiring of the aircraft referred to in point (e), and the supply, hiring, repair and maintenance of equipment incorporated or used therein;

(g) the supply of services, other than those referred to in point (f), to meet the direct needs of the aircraft referred to in point (e) or of their cargoes.

개조·수리·관리·임대차와, 그러한 선박에 포함되어 있거나 선박에서 사용되는 장비(어업용을 포함한다)의 공급·임차·수리·관리

(d) (c)호가 규정하는 것 외에, (a)호가 규정하는 선박이나 그 화물의 직접적 필요를 충족시키기 위한 용역의 공급

(e) 주로 국제 항로에서 유상으로 운항하는 항공기를 위한 연료나 식량의 보급을 위한 재화의 공급

(f) (e)호가 규정하는 항공기의 공급·개조·수리·관리·임대차와, 그러한 항공기에 포함되어 있거나 항공기에서 사용되는 장비의 공급·임차·수리·관리

(g) (f)호가 규정하는 것 외에, (e)호가 규정하는 항공기나 그 화물의 직접적 필요를 충족시키기 위한 용역의 공급

CHAPTER 9 Exemptions for the supply of services by intermediaries

Article 153

Member States shall exempt the supply of services by intermediaries, acting in the name and on behalf of another person, where they take part in the transactions referred to in Chapters 6, 7 and 8, or of transactions carried out outside the Community.

The exemption referred to in the first paragraph shall not apply to travel agents who, in the name and on behalf of travellers, supply services which are carried out in other Member States.

CHAPTER 10 Exemptions for transactions relating to international trade

Section 1 Customs warehouses, warehouses other than customs warehouses and similar arrangements

Article 156

1. Member States may exempt the

제9장 중개인에 의한 용역 공급의 면세

제153조

회원국은, 제3자의 이름과 계산으로 행위하는 중개인이 제6, 7, 8장이 규정하는 거래나, 유럽연합 바깥에서 수행된 거래에 참여하는 경우, 그 용역을 면세한다.

제1문이 규정하는 면세는, 다른 회원국 내에서 여행자의 이름과 계산으로 용역을 공급하는 여행 중개업자에게 적용되지 않는다.

제10장 국내 무역에 관련된 거래의 면세

제1절 관세나 그 밖의 보세 창고, 그리고 그에 유사한 조치

제156조

1. 회원국은 다음의 거래들을 면세

following transactions:

(a) the supply of goods which are intended to be presented to customs and, where applicable, placed in temporary storage;

(b) the supply of goods which are intended to be placed in a free zone or in a free warehouse;

(c) the supply of goods which are intended to be placed under customs warehousing arrangements or inward processing arrangements;

(d) the supply of goods which are intended to be admitted into territorial waters in order to be incorporated into drilling or production platforms, for purposes of the construction, repair, maintenance, alteration or fitting-out of such platforms, or to link such drilling or production platforms to the mainland;

(e) the supply of goods which are intended to be admitted into territorial waters for the fuelling and provisioning of drilling or production platforms.

2. The places referred to in paragraph 1 shall be those defined as such by the Community customs provisions in force.

할 수 있다.

(a) 세관에 제시될 의도 하에 있는, 경우에 따라 일시보관 상태에 놓인 재화의 공급

(b) 자유무역 지대 또는 보세창고 내에 두려고 하는 재화의 공급

(c) 보세창고 절차나 역내가공 절차 하에 두려고 하는 재화의 공급

(d) 시추나 제조에 쓰이는 플랫폼의 건축, 수리, 유지, 개축, 의장(艤裝)을 위하여 그러한 플랫폼의 일부로 부속시키거나, 그러한 시추·제조 플랫폼을 육지에 연결시키기 위하여 영해 내로 반입시키려고 하는 재화의 공급

(e) 시추·제조 플랫폼의 급유나 이를 위한 보급을 위하여 영해 내로 반입시키려고 하는 재화의 공급

2. 제1항의 장소들이 갖는 의미는, 유럽연합의 관세 규정들이 정의한 것과 같다.

TITLE X DEDUCTIONS

CHAPTER 1 Origin and scope of right of deduction

Article 167

A right of deduction shall arise at the time the deductible tax becomes chargeable.

Article 168

In so far as the goods and services are used for the purposes of the taxed transactions of a taxable person, the taxable person shall be entitled, in the Member State in which he carries out these transactions, to deduct the following from the VAT which he is liable to pay:

(a) the VAT due or paid in that Member State in respect of supplies to him of goods or services, carried out or to be carried out by another taxable person;

(b) the VAT due in respect of transactions treated as supplies of goods or services pursuant to Article 18(a) and Article 27;

(c) the VAT due in respect of intra-Community acquisitions of

제10편 매입세액의 공제

제1장 매입세액 공제를 받을 권리의 발생과 범위

제167조

공제 받을 권리는, 공제되어야 할 세액이 부과될 수 있는 시점에 발생한다.

제168조

재화와 용역이 납세의무자의 과세대상 거래를 위하여 사용된 경우, 납세의무자는 그러한 거래를 수행한 회원국 내에서, 그가 납부할 의무가 있는 부가가치세액으로부터 다음의 항목을 공제할 권리를 갖는다.

(a) 위 회원국 내에서, 납세의무자가 다른 납세의무자로부터 공급받았거나 받을 재화·용역에 관하여 이미 납부되었거나 납부되어야 할 부가가치세액

(b) 제18조 (a)호와 제27조에 따라 재화나 용역의 공급으로 간주되는 거래에 관하여 납부되어야 할 부가가치세액

(c) 제21조 제1항 (b)호 (i)목에 따른 역내 취득에 관하여 납부되어야

goods pursuant to Article 2(1)(b)(i);

(d) the VAT due on transactions treated as intra-Community acquisitions in accordance with Articles 21 and 22;

(e) the VAT due or paid in respect of the importation of goods into that Member State.

Article 168a

1. In the case of immovable property forming part of the business assets of a taxable person and used both for purposes of the taxable person's business and for his private use or that of his staff, or, more generally, for purposes other than those of his business, VAT on expenditure related to this property shall be deductible in accordance with the principles set out in Articles 167, 168, 169 and 173 only up to the proportion of the property's use for purposes of the taxable person's business.

By way of derogation from Article 26, changes in the proportion of use of immovable property referred to in the first subparagraph shall be taken into account in accordance with the principles provided for in Articles 184 to 192 as applied in the

할 부가가치세액

(d) 제21조와 제22조에 따라 역내 취득으로 간주되는 거래에서 납부되어야 할 부가가치세액

(e) 그 회원국 내로 반입된 재화의 수입에 관하여 납부되었거나 납부되어야 할 부가가치세액

제168a조

1. 납세의무자의 사업용 자산의 일부를 구성하고, 납세의무자의 사업과, 납세의무자 또는 그 직원의 사적인 용도, 아니면 좀 더 일반적으로 말하여 자신의 사업 아닌 다른 목적에 모두 사용하는 부동산의 경우, 이 부동산에 관련된 지출에 대한 부가가치세는 제167, 168, 169, 173조가 정하는 원칙에 따라, 납세의무자의 사업 목적에 사용된 비율 내에서만 공제되어야 한다.

제26조에 대한 예외로서, 제1문이 정하는 부동산 사용의 비율에 관하여 일어난 변화는 제184조부터 제192조(각 회원국이 적용하는 내용과 방식에 따른다)까지의 규정이 정하는 원칙에 따라 고려될 수 있다.

respective Member State.

2. Member States may also apply paragraph 1 in relation to VAT on expenditure related to other goods forming part of the business assets as they specify.

Article 169

In addition to the deduction referred to in Article 168, the taxable person shall be entitled to deduct the VAT referred to therein in so far as the goods and services are used for the purposes of the following:

(a) transactions relating to the activities referred to in the second subparagraph of Article 9(1), carried out outside the Member State in which that tax is due or paid, in respect of which VAT would be deductible if they had been carried out within that Member State;

(b) transactions which are exempt pursuant to Articles 138, 142 or 144, Articles 146 to 149, Articles 151, 152, 153 or 156, Article 157(1)(b), Articles 158 to 161 or Article 164;

(c) transactions which are exempt pursuant to points (a) to (f) of Article 135(1), where the customer is

2. 회원국은 그들이 정하는 다른 종류의 자산으로서 사업용 자산을 구성하는 것에 관련하여 이루어진 지출에 대한 부가가치세에도 제1항을 적용할 수 있다.

제169조

납세의무자는 제168조가 규정하는 공제 외에, 다음의 것들에 관련하여 재화와 용역이 공급되는 경우에, 제168조가 규정하는 항목의 부가가치세액을 공제할 수 있다.

(a) 제9조 제1항 제2문에 규정된 활동에 관련된 거래로서, 부가가치세액이 납부되었거나 납부되어야 하는 회원국 바깥에서 이루어진 것. 만일 그 회원국 내에서 수행되었더라면 부가가치세액이 공제되었을 경우에 한한다.

(b) 제138조, 제142조 또는 제144조, 제146조부터 제149조, 제151조, 제152조, 제153조 또는 제156조, 제157조 제1항 (b)호, 제158조부터 제161조 또는 제164조에 따라 면세되는 거래.

(c) 제135조 제1항 (a)호부터 (f)호까지에 따라 면세되는 거래. 고객이 유럽연합 영역의 바깥에 자

established outside the Community or where those transactions relate directly to goods to be exported out of the Community.

CHAPTER 2 Proportional deduction

Article 173

1. In the case of goods or services used by a taxable person both for transactions in respect of which VAT is deductible pursuant to Articles 168, 169 and 170, and for transactions in respect of which VAT is not deductible, only such proportion of the VAT as is attributable to the former transactions shall be deductible.

The deductible proportion shall be determined, in accordance with Articles 174 and 175, for all the transactions carried out by the taxable person.

2. Member States may take the following measures:

(a) authorise the taxable person to determine a proportion for each sector of his business, provided that separate accounts are kept for each sector;

리를 잡고 있거나, 이러한 거래가 유럽연합 바깥으로 수출될 재화에 직접 관련된 경우를 말한다.

제2장 매입세액의 안분

제173조

1. 납세의무자가 제168조, 제169조, 제170조에 따라 부가가치세액이 공제되는 거래와, 부가가치세액이 공제되지 않는 거래를 위하여 모두 사용하는 재화나 용역에 관하여는, 공제되는 거래에 상응하는 부가가치세액 부분만을 공제 받을 수 있다.

이때 공제되는 부분의 비율(이하 '공제 비율'이라 한다)은, 납세의무자가 수행한 모든 거래에 관하여, 제174조와 제175조에 따라 결정된다.

2. 회원국은 다음과 같은 조치를 취할 수 있다.

(a) 사업의 각 부문마다 구분하여 경리하는 경우에, 납세의무자가 부문 별 비율을 결정하도록 허용

(b) require the taxable person to determine a proportion for each sector of his business and to keep separate accounts for each sector;

(c) authorise or require the taxable person to make the deduction on the basis of the use made of all or part of the goods and services;

(d) authorise or require the taxable person to make the deduction in accordance with the rule laid down in the first subparagraph of paragraph 1, in respect of all goods and services used for all transactions referred to therein;

(e) provide that, where the VAT which is not deductible by the taxable person is insignificant, it is to be treated as nil.

Article 174

1. The deductible proportion shall be made up of a fraction comprising the following amounts:

(a) as numerator, the total amount, exclusive of VAT, of turnover per year attributable to transactions in respect of which VAT is deductible pursuant to Articles 168 and 169;

(b) as denominator, the total amount, exclusive of VAT, of turnover per

(b) 납세의무자가 사업의 각 부문별 비율을 결정하되, 각 부문마다 구분하여 경리하도록 요구

(c) 납세의무자가 재화·용역의 전부나 일부의 사용에 근거하여 부가가치세액의 공제를 받도록 허용하거나 요구

(d) 납세의무자가 제1항 제1문이 규정하는 모든 거래를 위하여 사용된 모든 재화·용역에 관련하여, 제1항 제1문의 규정에 따라 부가가치세액의 공제를 받도록 허용하거나 요구

(e) 납세의무자가 공제할 수 없는 부가가치세액의 크기가 사소한 경우, 그러한 세액이 영(0)인 것으로 취급하도록 규정

제174조

1. 공제 비율은 다음과 같은 금액으로 구성되는 분수(分數)로 정한다.

(a) 분자(分子): 제168조와 제169조에 따라 부가가치세가 공제되는 거래에 따른 연간 매출(부가가치세액은 제외)의 총액

(b) 분모(分母): 분자에 포함된 거래와, 부가가치세가 공제되지 않는

year attributable to transactions included in the numerator and to transactions in respect of which VAT is not deductible.

Member States may include in the denominator the amount of subsidies, other than those directly linked to the price of supplies of goods or services referred to in Article 73.

2. By way of derogation from paragraph 1, the following amounts shall be excluded from the calculation of the deductible proportion:

(a) the amount of turnover attributable to supplies of capital goods used by the taxable person for the purposes of his business;

(b) the amount of turnover attributable to incidental real estate and financial transactions;

(c) the amount of turnover attributable to the transactions specified in points (b) to (g) of Article 135(1) in so far as those transactions are incidental.

3. Where Member States exercise the option under Article 191 not to require adjustment in respect of capital goods, they may include disposals of capital goods in the calculation of the deductible proportion.

거래에 따른 연간 매출(부가가치세액은 제외)의 총액

회원국은, 제73조가 규정하는, 재화·용역의 공급가격에 직접 관련된 것 이외의 보조금을 분모에 포함시킬 수 있다.

2. 제1항에 대한 예외로서, 다음의 금액들은 공제 비율 계산에서 제외될 수 있다.

(a) 납세의무자의 사업에 사용되는 자본재의 공급에 따른 매출액

(b) 부수적인 부동산이나 금융 거래에 따른 매출액

(c) 제135조 제1항 (b)호부터 (g)호까지에 규정된 거래에 따른 매출액. 이러한 거래가 부수적인 성격을 갖는 경우에 한한다.

3. 회원국이 제191조에 따라, 자본재와 관련하여 조정을 요구하지 않을 수 있는 선택권을 행사한다면, 이 회원국은 공제되는 부분의 비율 계산에 자본재의 처분을 포함시킬 수 있다.

Article 175

1. The deductible proportion shall be determined on an annual basis, fixed as a percentage and rounded up to a figure not exceeding the next whole number.

2. The provisional proportion for a year shall be that calculated on the basis of the preceding year's trans-actions. In the absence of any such transactions to refer to, or where they were insignificant in amount, the deductible proportion shall be estimated provisionally, under the supervision of the tax authorities, by the taxable person on the basis of his own forecasts.

However, Member States may re-tain the rules in force at 1 January 1979 or, in the case of the Member States which acceded to the Com-munity after that date, on the date of their accession.

3. Deductions made on the basis of such provisional proportions shall be adjusted when the final proportion is fixed during the following year.

제175조

1. 공제 비율은 연 단위로 결정되고, 백분율로 정해지되 소수점 첫 자리에서 반올림한다.

2. 한 해의 잠정적 비율은 직전 해의 거래를 기준으로 계산한다. 그러한 거래가 없거나 있더라도 그 금액이 충분히 크지 않다면, 공제 비율은 과세관청의 감독 하에, 납세의무자가 스스로의 예측에 따라 잠정적으로 추산한다.

그러나 회원국은 1979년 1월 1일에 시행되던 규정을 그대로 유지할 수 있고, 만약 이 날짜 이후 유럽공동체에 가입한 회원국이라면 그 가입일 당시 시행되던 규정을 유지할 수 있다.

3. 이러한 잠정적 비율에 따라 이루어진 공제는, 다음 해에 최종적으로 공제 비율이 확정될 때 조정된다.

CHAPTER 3 Restrictions on the right of deduction

Article 176

The Council, acting unanimously on a proposal from the Commission, shall determine the expenditure in respect of which VAT shall not be deductible. VAT shall in no circumstances be deductible in respect of expenditure which is not strictly business expenditure, such as that on luxuries, amusements or entertainment.

Pending the entry into force of the provisions referred to in the first paragraph, Member States may retain all the exclusions provided for under their national laws at 1 January 1979 or, in the case of the Member States which acceded to the Community after that date, on the date of their accession.

CHAPTER 4 Rules governing exercise of the right of deduction

Article 179

The taxable person shall make the

제3장 매입세액을 공제 받을 권리의 제한

제176조

이사회는 집행위원회의 제안에 대하여 만장일치로써, 관련된 부가 가치세액이 공제될 수 없는 지출의 범위를 정하여야 한다. 사치품, 놀 이나 오락 등 엄격한 의미에서 사업 과 관련된 비용으로 볼 수 없는 지출 에 관하여 부가가치세가 공제되어서 는 아니 된다.

제1항에 언급된 조항들의 효력이 발생하기 전에, 회원국은 1979년 1 월 1일 기준으로 국내법에 규정되 어 있던 모든 불공제 규정을 유지할 수 있고, 이 날 후에 유럽연합에 가 입한 회원국이라면 가입일을 기준으 로 하여 그러한 불공제 규정을 유지 할 수 있다.

제4장 매입세액 공제를 받을 권리의 행사를 규율하는 규정

제179조

납세의무자는 어느 과세기간에

deduction by subtracting from the total amount of VAT due for a given tax period the total amount of VAT in respect of which, during the same period, the right of deduction has arisen and is exercised in accordance with Article 178.

However, Member States may require that taxable persons who carry out occasional transactions, as defined in Article 12, exercise their right of deduction only at the time of supply.

Article 183

Where, for a given tax period, the amount of deductions exceeds the amount of VAT due, the Member States may, in accordance with conditions which they shall determine, either make a refund or carry the excess forward to the following period.

However, Member States may refuse to refund or carry forward if the amount of the excess is insignificant.

관하여 납부하여야 할 부가가치세액의 합계액으로부터, 같은 과세기간에 발생하였고 제178조에 따라 행사되는 공제 받을 권리가 관련되어 있는 부가가치세액의 합계액을 공제하여야 한다.

다만 회원국은 제12조가 규정하는 것처럼 간헐적 거래를 수행하는 납세의무자에게는, 공급의 시기에만 공제 받을 권리를 행사하도록 요구할 수 있다.

제183조

어느 과세기간에 관하여, 공제되어야 할 액수가 납부되어야 할 부가가치세액을 초과하는 경우, 회원국은 그들이 정하는 요건에 따라, 차액을 환급하거나 다음 과세기간으로 이월시킬 수 있다. 다만 회원국은 차액의 크기가 사소한 경우 환급과 이월 공제를 하지 않을 수 있다.

CHAPTER 5 Adjustment of deductions

Article 184

The initial deduction shall be adjusted where it is higher or lower than that to which the taxable person was entitled.

Article 185

1. Adjustment shall, in particular, be made where, after the VAT return is made, some change occurs in the factors used to determine the amount to be deducted, for example where purchases are cancelled or price reductions are obtained.

2. By way of derogation from paragraph 1, no adjustment shall be made in the case of transactions remaining totally or partially unpaid or in the case of destruction, loss or theft of property duly proved or confirmed, or in the case of goods reserved for the purpose of making gifts of small value or of giving samples, as referred to in Article 16.

However, in the case of transactions remaining totally or partially unpaid or in the case of theft, Member States may require adjustment to

제5장 매입세액의 조정

제184조

납세의무자가 받을 수 있는 것보다 더 크거나 작은 금액으로 당초에 이루어진 매입세액의 공제는 조정되어야 한다.

제185조

1. 조정은 특히 공제되어야 할 매입세액을 정할 때 사용되는 요소들에 관하여, 부가가치세 신고 후에 변화가 생긴 경우에 이루어져야 한다. 예컨대 매매 계약이 해제되거나 매매 가격이 감액된 경우와 같다.

2. 제1항에 대한 예외로서, 거래의 전부 또는 일부에 대하여 대금이 지급되지 않는 경우, 재산에 파괴·분실·도난이 일어났다는 점이 입증 또는 확인되는 경우, 제16조가 규정하는 대로 선물이나 소액의 견본품을 증정하기 위해 따로 떼어 둔 재화의 경우에는 조정을 하지 않을 수 있다.

다만 거래의 전부 또는 일부에 대한 대금이 지급되지 않은 경우와 도난의 경우, 회원국은 조정을 요구할 수 있다.

be made.

Article 186

Member States shall lay down the detailed rules for applying Articles 184 and 185.

Article 187

1. In the case of capital goods, adjustment shall be spread over five years including that in which the goods were acquired or manufactured.

Member States may, however, base the adjustment on a period of five full years starting from the time at which the goods are first used.

In the case of immovable property acquired as capital goods, the adjustment period may be extended up to 20 years.

2. The annual adjustment shall be made only in respect of one-fifth of the VAT charged on the capital goods, or, if the adjustment period has been extended, in respect of the corresponding fraction thereof.

The adjustment referred to in the first subparagraph shall be made on the basis of the variations in the deduction entitlement in subsequent years in relation to that for the year

제186조

회원국은 제184조와 제185조를 적용하기 위한 상세한 규칙을 마련하여야 한다.

제187조

1. 자본재의 경우, 조정은 재화가 구매되거나 제조된 해를 포함하여 5년에 걸쳐 이루어져야 한다.

그러나 회원국들은 재화가 최초로 사용된 때로부터 만 5년의 기간에 걸쳐 조정할 수 있다.

자본재로 공급된 부동산의 경우, 조정 기간은 20년까지 연장될 수 있다.

2. 매 해의 조정은 자본재에 부과된 부가가치세액의 5분의 1의 범위(조정 기간이 연장된 경우에는 그에 따르는 범위) 내에서만 이루어져야 한다.

제1문이 규정하는 조정은, 재화가 구매·제조되거나 또는 경우에 따라 최초로 사용된 해의 공제액에 대하여 그 이후에 일어나는 공제액의 변경을 감안하여 이루어져야 한다.

in which the goods were acquired, manufactured or, where applicable, used for the first time.

Article 188

1. If supplied during the adjustment period, capital goods shall be treated as if they had been applied to an economic activity of the taxable person up until expiry of the adjustment period.

The economic activity shall be presumed to be fully taxed in cases where the supply of the capital goods is taxed.

The economic activity shall be presumed to be fully exempt in cases where the supply of the capital goods is exempt.

2. The adjustment provided for in paragraph 1 shall be made only once in respect of all the time covered by the adjustment period that remains to run. However, where the supply of capital goods is exempt, Member States may waive the requirement for adjustment in so far as the purchaser is a taxable person using the capital goods in question solely for transactions in respect of which VAT is deductible.

제188조

1. 조정 기간 동안에 자본재에 관하여 공급 거래가 일어날 경우, 자본재는 마치 조정 기간이 끝나는 시점까지 납세의무자의 경제적 활동에 사용된 것처럼 취급되어야 한다.

자본재의 공급이 과세되는 경우, 경제적 활동은 완전하게 과세된 것으로 인정된다.

자본재의 공급이 면세되는 경우, 경제적 활동은 완전하게 면세된 것으로 인정된다.

2. 제1항에 규정된 조정은 남아 있는 조정 기간 전부에 관하여 단 한 번 이루어져야 한다. 그러나 자본재의 공급이 면세되는 경우, 매수인이 오로지 그 자본재를 부가가치세가 공제되는 거래에 관하여 사용하는 한, 회원국은 조정을 요구하지 않을 수 있다.

Article 189

For the purposes of applying Articles 187 and 188, Member States may take the following measures:

(a) define the concept of capital goods;

(b) specify the amount of the VAT which is to be taken into consideration for adjustment;

(c) adopt any measures needed to ensure that adjustment does not give rise to any unjustified advantage;

(d) permit administrative simplifications.

Article 190

For the purposes of Articles 187, 188, 189 and 191, Member States may regard as capital goods those services which have characteristics similar to those normally attributed to capital goods.

Article 191

If, in any Member State, the practical effect of applying Articles 187 and 188 is negligible, that Member State may, after consulting the VAT Committee, refrain from applying those provisions, having regard to the overall impact of VAT in the Member State concerned and the

제189조

제187조와 제188조와 관련하여, 회원국은 다음의 조치들을 취할 수 있다.

(a) 자본재의 개념 정의

(b) 조정을 위하여 감안되어야 할 부가가치세액의 특정

(c) 조정이 어떠한 부당한 이익의 발생으로도 이어지지 않는다는 점을 분명히 하기 위한 조치의 채택

(d) 행정적 간소화의 허용

제190조

제187조, 제188조, 제189조, 제191조와 관련하여, 회원국은 통상적으로 자본재에 결부되는 성격에 유사한 성격을 가진 용역을 자본재로 인정할 수 있다.

제191조

어느 회원국에서 제187조와 제188조를 적용한 현실적인 효과가 무시할 만한 것이라면, 그 회원국은 부가가치세 위원회의 협의를 거쳐, 이 조항들의 적용을 하지 않을 수 있다. 이때 관련된 회원국 내의 전체적 부가가치세 효과와, 행정적 간소화의 필요성을 감안하여야 하고, 이

need for administrative simplification, and provided that no distortion of competition thereby arises.

로 인한 경쟁의 왜곡이 일어나지 않아야 한다.

Article 192

Where a taxable person transfers from being taxed in the normal way to a special scheme or vice versa, Member States may take all measures necessary to ensure that the taxable person does not enjoy unjustified advantage or sustain unjustified harm.

제192조

납세의무자가 일반적 방식의 과세에서 특별한 제도의 적용을 받는 것으로 옮겨가거나 그 반대의 경우, 회원국은 납세의무자가 부당한 이익이나 손해를 보지 않도록 보장하기 위하여 필요한 모든 조치를 취할 수 있다.

TITLE XI OBLIGA-TIONS OF TAXABLE PERSONS AND CER-TAIN NON-TAXABLE PERSONS

CHAPTER 1 Obligation to pay

Section 1 Persons liable for payment of VAT to the tax authorities

Article 192a

For the purposes of this Section, a taxable person who has a fixed establishment within the territory of the Member State where the tax is due shall be regarded as a taxable person who is not established within that Member State when the following conditions are met:

(a) he makes a taxable supply of goods or of services within the territory of that Member State;

(b) an establishment which the supplier has within the territory of that Member State does not intervene in that supply.

제11편 납세의무자와, 일정한 납세의무자 아닌 사람의 의무

제1장 납부의무

제1절 과세관청에 부가가치세를 납부할 의무를 부담하는 사람

제192a조

이 절(節)과 관련하여, 부가가치세가 납부되어야 하는 회원국의 영역 내에 고정사업장을 가진 납세의무자는, 다음의 요건들이 모두 갖추어진 경우, 그 회원국 내에 사업장을 두지 않은 납세의무자로 인정된다.

(a) 그 회원국의 영역 내에서 과세대상이 되는 재화나 용역의 공급을 하는 경우

(b) 공급자가 그 회원국의 영역 내에 둔 사업장이 그러한 공급에 관여하지 않는 경우

Article 197

1. VAT shall be payable by the person to whom the goods are supplied when the following conditions are met:

(a) the taxable transaction is a supply of goods carried out in accordance with the conditions laid down in Article 141;

(b) the person to whom the goods are supplied is another taxable person, or a non-taxable legal person, identified for VAT purposes in the Member State in which the supply is carried out;

(c) the invoice issued by the taxable person not established in the Member State of the person to whom the goods are supplied is drawn up in accordance with Articles 220 to 236.

2. Where a tax representative is appointed as the person liable for payment of VAT pursuant to Article 204, Member States may provide for a derogation from paragraph 1 of this Article.

제197조

1. 다음의 요건을 충족하는 경우에는, 재화 공급의 상대방이 부가가치세를 납부하여야 한다.

(a) 과세대상 거래가, 제141조가 규정하는 요건에 따라 이루어지는 재화의 공급일 것.

(b) 재화 공급의 상대방이, 공급이 이루어지는 회원국에서 부가가치세와 관련하여 등록된 또 다른 납세의무자이거나 납세의무 없는 법인일 것.

(c) 재화 공급의 상대방이 속하는 회원국에 사업장을 두지 않은 납세의무자에 의해 발행된 세금계산서가 제220조부터 제236조의 규정에 따라 작성될 것.

2. 세무대리인이 제204조에 따라 부가가치세 납부의무를 지는 사람으로 지명된 경우, 회원국은 국내법에서 제1항과 다른 내용의 예외 규정을 둘 수 있다.

Section 4 Content of invoices

Article 226

Without prejudice to the particular provisions laid down in this Directive, only the following details are required for VAT purposes on invoices issued pursuant to Articles 220 and 221:

(1) the date of issue;

(2) a sequential number, based on one or more series, which uniquely identifies the invoice;

(3) the VAT identification number referred to in Article 214 under which the taxable person supplied the goods or services;

(4) the customer's VAT identification number, as referred to in Article 214, under which the customer received a supply of goods or services in respect of which he is liable for payment of VAT, or received a supply of goods as referred to in Article 138;

(5) the full name and address of the taxable person and of the customer;

(6) the quantity and nature of the goods supplied or the extent and nature of the services rendered;

(7) the date on which the supply of

제4절 세금계산서의 기재사항

제226조

이 준칙이 따로 정하는 규정의 적용을 방해하지 않는 범위 내에서, 오직 다음의 것들만이, 부가가치세와 관련하여, 제220조와 제221조에 따라 발행되는 세금계산서의 필요적 기재사항으로 요구될 수 있다.

(1) 발행일

(2) 그 세금계산서를 특정할 수 있게 하는 일련번호

(3) 납세의무자의 재화·용역과 관련된, 제214조가 규정하는 부가가치세 사업자등록번호

(4) 부가가치세를 납부할 의무가 있는 재화·용역의 공급이나, 제138조가 규정하는 재화 공급을 받은 고객의, 제214조가 규정하는 부가가치세 사업자등록번호

(5) 납세의무자와 고객의 성명과 주소

(6) 공급되는 재화의 수량과 성질, 또는 제공되는 용역의 범위와 성질

(7) 재화·용역의 공급이 이루어지거

goods or services was made or completed or the date on which the payment on account referred to in points (4) and (5) of Article 220 was made, in so far as that date can be determined and differs from the date of issue of the invoice;

(8) the taxable amount per rate or exemption, the unit price exclusive of VAT and any discounts or rebates if they are not included in the unit price;

(9) the VAT rate applied;

(10) the VAT amount payable, except where a special arrangement is applied under which, in accordance with this Directive, such a detail is excluded;

(11) in the case of an exemption or where the customer is liable for payment of VAT, reference to the applicable provision of this Directive, or to the corresponding national provision, or any other reference indicating that the supply of goods or services is exempt or subject to the reverse charge procedure;

(12) in the case of the supply of a new means of transport made in

나 완료되는 날짜, 또는 제220조 제4항과 제5항이 규정하는 지급이 이루어지는 날짜. 이러한 날짜가 특정될 수 있고, 세금계산서의 발행일과 다른 경우에 한한다.

(8) 적용되는 세율 별, 그리고 면세되는 부분을 구별한 과세표준, 부가가치세를 제외한 단위 가격, 그리고 단위 가격에 포함되어 있지 않은 할인 또는 리베이트

(9) 적용되는 부가가치세 세율

(10) 부가가치세액. 이 준칙에 따른 특별한 조정이 이루어지는 경우 이를 제외한 것.

(11) 면세되거나 공급의 상대방에게 부가가치세 납부의무가 있는 경우에는, 이 준칙에서 적용되는 조항, 이에 상응하는 국내법 조항, 아니면 재화·용역의 공급이 면세되거나 대리납부 절차가 적용된다는 점.

(12) 제138조 제1항과 제2항 (a)호가 구체화한 요건에 따른 신품 교

accordance with the conditions specified in Article 138(1) and (2) (a), the characteristics as identified in point (b) of Article 2(2);

(13) where the margin scheme for travel agents is applied, reference to Article 306, or to the corresponding national provisions, or any other reference indicating that the margin scheme has been applied;

(14) where one of the special arrangements applicable to second-hand goods, works of art, collectors' items and antiques is applied, reference to Articles 313, 326 or 333, or to the corresponding national provisions, or any other reference indicating that one of those arrangements has been applied;

(15) where the person liable for payment of VAT is a tax representative for the purposes of Article 204, the VAT identification number, referred to in Article 214, of that tax representative, together with his full name and address.

통수단 공급의 경우에는 제2조 제2항 (b)호가 규정하는 성질

(13) 총수입이 아니라 순수익을 과세표준으로 삼는 수익과세 제도가 여행사들에게 적용되는 경우에는, 제306조나 이에 상응하는 국내법 조항, 아니면 이러한 제도가 적용된다는 점.

(14) 중고품, 예술품, 수집용 물건 또는 골동품에 대한 특별한 조정이 적용되는 경우에는, 제313조, 제326조, 제333조나 이에 상응하는 국내법 조항, 아니면 그와 같은 조정이 적용된다는 점.

(15) 부가가치세 납부의무 있는 자가 제204조와 관련하여 세무대리인인 경우에는, 제214조가 규정하는 세무대리인의 부가가치세 사업자등록번호와 그의 성명, 주소

Chapter 6 Recapitulative Statements

Article 262

1. Every taxable person identified for VAT purposes shall submit a recapitulative statement of the following:

(a) the acquirers identified for VAT purposes to whom he has supplied goods in accordance with the conditions specified in Article 138(1) and point (c) of Article 138(2);

(b) the persons identified for VAT purposes to whom he has supplied goods which were supplied to him by way of intra-Community acquisition of goods referred to in Article 42;

(c) the taxable persons, and the non-taxable legal persons identified for VAT purposes, to whom he has supplied services other than services that are exempted from VAT in the Member State where the transaction is taxable and for which the recipient is liable to pay the tax pursuant to Article 196.

2. In addition to the information referred to in paragraph 1, every taxable person shall submit information about the VAT identification number

제6장 요약 명세서

제262조

부가가치세와 관련하여 등록된 모든 납세의무자는 다음의 요약 명세서를 제출하여야 한다.

(a) 제138조 제1항과 제2항 (c)호에 정한 요건에 따른 공급의 상대방으로서, 부가가치세와 관련하여 등록된 취득인

(b) 제42조가 규정하는 역내 취득의 방식으로 이루어진 재화 공급의 상대방으로서, 부가가치세와 관련하여 등록된 사람

(c) 부가가치세가 면세되는 용역이 아닌 용역 공급의 상대방으로서, 부가가치세와 관련하여 등록된 납세의무자와, 납세의무자 아닌 법인. 문제된 거래가 과세대상이고, 제196조에 따라 역무의 수령인이 납세의무를 지는 경우에 한한다.

2. 제1항이 규정하는 정보에 더하여, 모든 납세의무자는, 제17a조가 정하는 요건에 따른 소유권 유보부(留保附) 거래 하에서 발송 또는 운송

of the taxable persons for whom goods, dispatched or transported under call-off stock arrangements in accordance with the conditions set out in Article 17a, are intended and about any change in the submitted information.

Article 265

1. In the case of intra-Community acquisitions of goods, as referred to in Article 42, the taxable person identified for VAT purposes in the Member State which issued him with the VAT identification number under which he made such acquisitions shall set the following information out clearly on the recapitulative statement:

(a) his VAT identification number in that Member State and under which he made the acquisition and subsequent supply of goods;

(b) the VAT identification number, in the Member State in which dispatch or transport of the goods ended, of the person to whom the subsequent supply was made by the taxable person;

(c) for each person to whom the subsequent supply was made, the total

된 재화의 수취인인 납세의무자들의 부가가치세 사업자등록번호에 관한 정보를 제출하여야 한다.

제265조

1. 제42조가 규정하는 재화 역내취득의 경우, 그 취득과 관련된 부가가치세 사업자등록번호를 어느 회원국으로부터 부여 받아 등록된 납세의무자는, 다음의 정보를 요약 명세서에 명확하게 기재하여야 한다.

(a) 재화의 취득과 그에 이은 공급과 관련된, 납세의무자의 그 회원국 내 부가가치세 사업자등록번호

(b) 납세의무자가 이어서 하는 공급의 상대방이, 재화의 발송·운송이 끝나는 회원국 내에서 가지는 부가가치세 사업자등록번호

(c) 이어지는 공급의 상대방 각각에 관하여, 납세의무자에 의한 공급

value, exclusive of VAT, of the supplies made by the taxable person in the Member State in which dispatch or transport of the goods ended.

2. The value referred to in point (c) of paragraph 1 shall be declared for the calendar quarter during which VAT became chargeable.

의, 발송·운송이 끝나는 회원국 내 가액 합계(부가가치세는 제외)

2. 제1항 (c)호가 규정하는 가액은 부가가치세가 부과될 수 있는 분기에 신고하여야 한다.

CHAPTER 8 Obligations relating to certain importations and exportations

제8장 일정한 수입과 수출에 관련된 의무

Section 1 Importation

제1절 수입

Article 276

제276조

Where dispatch or transport of the goods referred to in Article 274 ends at a place situated outside the Member State of their entry into the Community, they shall circulate in the Community under the internal Community transit procedure laid down by the Community customs provisions in force, in so far as they have been the subject of a declaration placing them under that procedure on their entry into the Community.

어느 재화가 유럽연합 역내(域內)로 반입되고 나서, 그 반입된 회원국의 바깥에서 그 재화에 관하여 제274조가 규정하는 발송·운송이 종료되는 경우, 이 재화는 그 시점에 유효한 유럽연합 관세 규정에 따른 역내이동 절차 하에서 유통된다. 다만 그 재화가 역내로 반입될 때 수입신고의 대상이 되고, 그에 따라 위 역내이동 절차의 적용을 받게 된 경우에 한한다.

Article 277

Where, on their entry into the Community, the goods referred to in Article 274 are in one of the situations which would entitle them, if they were imported within the meaning of the first paragraph of Article 30, to be covered by one of the arrangements or situations referred to in Article 156, or by a temporary importation arrangement with full exemption from import duties, Member States shall take the measures necessary to ensure that the goods may remain in the Community under the same conditions as those laid down for the application of those arrangements or situations.

제277조

유럽연합 역내로 반입되는 시점에, 제274조가 규정하는 재화(제30조 제1항의 규정에 따라 수입된 경우에 한한다)가, 제156조가 규정하는 절차나 상황 중 어느 하나의 적용을 받도록 하거나 수입 관세를 전부 면제 받는 일시수입 절차의 적용을 받도록 하는 상황 중 어느 하나에 놓이는 경우, 회원국은 그 재화가, 그러한 절차나 상황의 적용을 위하여 마련된 것과 동일한 조건을 계속 적용 받을 수 있도록 하기 위하여 필요한 조치를 취하여야 한다.

TITLE XIV MISCELLANEOUS

CHAPTER 2 VAT Committee

Article 398

1. An advisory committee on value added tax, called 'the VAT Committee', is set up.

2. The VAT Committee shall consist of representatives of the Member States and of the Commission.

The chairman of the Committee shall be a representative of the Commission.

Secretarial services for the Committee shall be provided by the Commission.

3. The VAT Committee shall adopt its own rules of procedure.

4. In addition to the points forming the subject of consultation pursuant to this Directive, the VAT Committee shall examine questions raised by its chairman, on his own initiative or at the request of the representative of a Member State, which concern the application of Community provisions on VAT.

제14편 기타

제2장 부가가치세 위원회

제398조

1. '부가가치세 위원회'라는 이름을 가진, 부가가치세에 관한 자문위원회를 설치한다.

2. 부가가치세 위원회는 유럽연합 집행위원회와 유럽연합 회원국의 대표자들로 구성한다.

집행위원회를 대표한 위원이 위원장이 된다.

그 사무에 해당하는 역무는 집행위원회가 제공한다.

3. 부가가치세 위원회는 스스로 절차에 관한 규칙을 제정한다.

4. 준칙에 정하여진 각종 자문에 응하는 일에 더하여, 부가가치세 위원회는, 위원장이 스스로, 또는 회원국의 요청을 받아 제기한 부가가치세 관련 유럽연합법에 관한 쟁점들을 논의한다.

Council Implementing Regulation (EU) No 282/2011

이사회 시행명령 (282/2011) (발췌)

이후의 개정이 반영된 2020년 1월 1일 현재 유효한 내용이다. 준칙의 번역과 마찬가지로 이 책의 내용 이해를 돕기 위한 목적에서 번역된 것이며, 좀 더 정확한 내용이 필요한 사람은 유럽연합의 공식 웹사이트(https://eur-lex.europa.eu/legal-content/EN/TXT/?uri=CELEX:02011R0282-20200101)를 직접 참조하기 바란다.

CHAPTER IV TAXABLE TRANSACTIONS

Article 6

1. Restaurant and catering services mean services consisting of the supply of prepared or unprepared food or beverages or both, for human consumption, accompanied by sufficient support services allowing for the immediate consumption thereof. The provision of food or beverages or both is only one component of the whole in which services shall predominate. Restaurant services are the supply of such services on the premises of the supplier, and catering services are the supply of such services off the premises of the supplier.

2. The supply of prepared or unprepared food or beverages or both, whether or not including transport but without any other support services, shall not be considered restaurant or catering services within the meaning of paragraph 1.

Article 6a

1. Telecommunications services within the meaning of Article 24(2) of Directive 2006/112/EC shall cov-

제4장 과세대상 거래

제6조

1. 식당 또는 케이터링 용역은, 조리되거나 조리되지 않은 음식이나 음료, 또는 둘 모두의 공급으로서, 사람이 즉시 소비할 수 있도록 조력하는 역무가 충분히 함께 제공되는 것을 가리킨다. 음식이나 음료, 또는 둘 모두의 공급은, 용역 공급이 지배적인 비중을 차지하는 전체를 구성하는 일부에 불과하다. 이러한 역무를, 식당 용역은 공급자의 점포 내에서, 케이터링 용역은 공급자의 점포 밖에서 각각 제공하는 것이다.

2. 조리되거나 조리되지 않은 음식이나 음료, 또는 둘 모두의 공급은, 운송 역무를 포함하는지 여부를 묻지 않고, 만약 그 밖의 다른 조력 역무를 전혀 포함하지 않는다면, 제1항이 규정하는 식당 또는 케이터링 용역으로 인정되지 않는다.

제6a조

1. 부가가치세 준칙 제24조 제2항이 규정하는 전기통신 역무는 특히 다음의 것들을 포함한다.

er, in particular, the following:

(a) fixed and mobile telephone services for the transmission and switching of voice, data and video, including telephone services with an imaging component (videophone services);

(b) telephone services provided through the internet, including voice over internet Protocol (VoIP);

(c) voice mail, call waiting, call forwarding, caller identification, three-way calling and other call management services;

(d) paging services;

(e) audiotext services;

(f) facsimile, telegraph and telex;

(g) access to the internet, including the World Wide Web;

(h) private network connections providing telecommunications links for the exclusive use of the client.

2. Telecommunications services within the meaning of Article 24(2) of Directive 2006/112/EC shall not cover the following:

(a) electronically supplied services;

(b) radio and television broadcasting (hereinafter 'broadcasting') services.

(a) 영상(映像) 요소를 포함하는 전화 역무(영상전화)를 포함하여, 음성·데이터·동영상의 전송·변환을 위한 유선 또는 휴대전화 역무

(b) 인터넷 전화를 포함하여 인터넷을 통해 제공되는 전화 역무

(c) 음성사서함, 통화 대기, 착신 전환, 발신자 번호표시, 3자간 통화와 그 밖의 통화관리 역무

(d) 무선호출 역무

(e) 음성 텍스트 역무

(f) 팩시밀리, 전신, 텔렉스

(g) 월드와이드웹을 포함한 인터넷 접속

(h) 고객의 독점적 사용을 위한 통신 접속을 제공하는 개인 네트워크 연결

2. 부가가치세 준칙 제24조 제2항이 규정하는 전기통신 역무는 다음의 것들을 포함하지 않는다.

(a) 전자적으로 공급되는 용역

(b) 라디오와 텔레비전 방송(이하에서는 '방송'이라고 한다) 역무

Article 6b

1. Broadcasting services shall include services consisting of audio and audiovisual content, such as radio or television programmes which are provided to the general public via communications networks by and under the editorial responsibility of a media service provider, for simultaneous listening or viewing, on the basis of a programme schedule.

2. Paragraph 1 shall cover, in particular, the following:

(a) radio or television programmes transmitted or retransmitted over a radio or television network;

(b) radio or television programmes distributed via the internet or similar electronic network (IP streaming), if they are broadcast simultaneous to their being transmitted or retransmitted over a radio or television network.

3. Paragraph 1 shall not cover the following:

(a) telecommunications services;

(b) electronically supplied services;

(c) the provision of information about particular programmes on demand;

(d) the transfer of broadcasting or

제6b조

1. 방송 역무는, 라디오나 텔레비전 프로그램과 같이, 청각·시청각의 콘텐츠로 구성되어, 미디어 역무 제공자의 편집 책임 하에, 일반 공중에게 통신망을 통해 제공되는 것으로서, 프로그램 일정에 따라 동시 청취·시청이 가능한 역무를 포함한다.

2. 제1항은 특히 다음의 것들을 포함한다.

(a) 라디오·텔레비전 방송망을 통해 전송·재(再) 전송된 라디오·텔레비전 프로그램

(b) 인터넷이나 다른 유사한 전자 통신망을 통해 '스트리밍' 형식으로 배포된 라디오·텔레비전 프로그램. 라디오·텔레비전 방송망을 통한 전송·재전송과 동시에 방송되는 경우에 한한다.

3. 제1항은 다음의 것들에 적용되지 않는다.

(a) 전기통신 역무

(b) 전자적으로 공급되는 용역

(c) 특정 프로그램에 대한 정보의 주문형 제공

(d) 방송·전송권의 양도

transmission rights;

(e) the leasing of technical equipment or facilities for use to receive a broadcast;

(f) radio or television programmes distributed via the internet or similar electronic network (IP streaming), unless they are broadcast simultaneous to their being transmitted or retransmitted over a radio or television network.

(e) 방송을 수신할 수 있는 기술 장비나 시설의 임대

(f) 인터넷이나 다른 비슷한 전자 통신망을 통한 라디오 또는 텔레비전 프로그램의 배포(스트리밍). 라디오나 텔레비전 방송망을 통해 전송 · 재전송됨과 동시에 방송되는 경우는 그러하지 않다.

Article 7

1. 'Electronically supplied services' as referred to in Directive 2006/112/EC shall include services which are delivered over the Internet or an electronic network and the nature of which renders their supply essentially automated and involving minimal human intervention, and impossible to ensure in the absence of information technology.

2. Paragraph 1 shall cover, in particular, the following:

(a) the supply of digitised products generally, including software and changes to or upgrades of software;

(b) services providing or supporting a business or personal presence

제7조

1. 부가가치세 준칙이 규정하는 '전자적으로 공급되는 용역'은, 인터넷이나 전자 통신망을 통해 제공되고, 그 수행이 기본적으로 자동화되어 있거나 사람의 개입이 최소화된 상태로 제공되는 성질의 것이며, 정보 기술 없이는 존재할 수 없는 역무를 포함한다.

2. 제1항은 특히 다음의 것들을 포함한다.

(a) 소프트웨어, 소프트웨어의 변경이나 업그레이드를 포함한, 디지털 화(化)된 제품들의 공급 일반

(b) 웹사이트나 웹페이지 등 전자 통신망과 관련하여, 사업적·개인

on an electronic network such as a website or a webpage;

(c) services automatically generated from a computer via the Internet or an electronic network, in response to specific data input by the recipient;

(d) the transfer for consideration of the right to put goods or services up for sale on an Internet site operating as an online market on which potential buyers make their bids by an automated procedure and on which the parties are notified of a sale by electronic mail automatically generated from a computer;

(e) Internet Service Packages (ISP) of information in which the telecommunications component forms an ancillary and subordinate part (i.e. packages going beyond mere Internet access and including other elements such as content pages giving access to news, weather or travel reports; playgrounds; website hosting; access to online debates etc.);

(f) the services listed in Annex I.

3. Paragraph 1 shall not cover the following:

(a) broadcasting services;

적 '존재'를 제공하거나 지원하는 역무

(c) 수신인의 특정 데이터 입력에 대응하여, 컴퓨터로부터 인터넷이나 전자 통신망을 통해 자동적으로 수행되는 역무

(d) 잠재적 구매자들이 자동화된 절차에 의해 입찰을 하고, 컴퓨터가 자동 생성된 이메일을 통해 당사자에게 판매 관련 통지를 하는 온라인 시장으로 운영되는 인터넷 사이트에서 재화나 용역을 판매할 권리의 유상 이전

(e) 통신에 관련된 구성요소가 보조적이고 부차적인 부분을 이루는, 정보 관련 '인터넷 용역의 패키지'(단순한 인터넷 접속을 넘어, 뉴스·날씨 또는 '여행기(記)'에 대한 접속을 제공하는 콘텐츠 페이지들, '개발 환경', 웹사이트 호스팅, 온라인 토론 등에 대한 접근 등 다른 요소들을 포함하는 패키지를 말한다.)

(f) 별지 '부록 I'에 열거된 역무들

3. 제1항은 다음의 것들에 적용되지 않는다.

(a) 방송 역무

(b) telecommunications services;

(c) goods, where the order and processing is done electronically;

(d) CD-ROMs, floppy disks and similar tangible media;

(e) printed matter, such as books, newsletters, newspapers or journals;

(f) CDs and audio cassettes;

(g) video cassettes and DVDs;

(h) games on a CD-ROM;

(i) services of professionals such as lawyers and financial consultants, who advise clients by e-mail;

(j) teaching services, where the course content is delivered by a teacher over the Internet or an electronic network (namely via a remote link);

(k) offline physical repair services of computer equipment;

(l) offline data warehousing services;

(m) advertising services, in particular as in newspapers, on posters and on television;

(n) telephone helpdesk services;

(o) teaching services purely involving correspondence courses, such as postal courses;

(p) conventional auctioneers' services reliant on direct human intervention, irrespective of how bids are made;

(b) 전기통신 역무

(c) 주문이나 공정(工程)이 전자적으로 이루어지는 재화

(d) CD-ROM, 플로피디스크, 그리고 이와 유사한 유형(有形) 미디어

(e) 도서, 뉴스레터, 신문, 잡지와 같은 인쇄물

(f) CD, 오디오카세트

(g) 비디오카세트와 DVD

(h) CD-ROM 게임

(i) 이메일로 고객에게 자문을 제공하는 전문가(예컨대 변호사, 재무 컨설턴트)의 역무

(j) 인터넷이나 전자 통신망을 통하여(즉 원격 링크를 통해) 교사가 수업 내용을 전달하는 교육 역무

(k) 오프라인에서 컴퓨터 장비를 물리적으로 수리하는 역무

(l) 오프라인 데이터 '웨어하우징' 역무

(m) 광고 용역, 특히 신문이나 포스터, 텔레비전을 통한 것

(n) 전화 '헬프 데스크' 역무

(o) 우편과 같은 '통신교육 과정'만을 포함하는 교육 역무

(p) (입찰이 이루어지는 방식과는 관계없이) 사람의 직접적인 개입에 의존하는 전통적인 경매 역무

(t) tickets to cultural, artistic, sporting, scientific, educational, entertainment or similar events booked online;

(u) accommodation, car-hire, restaurant services, passenger transport or similar services booked online.

CHAPTER V PLACE OF TAXABLE TRANSACTIONS

SECTION 1 Concepts

Article 10

1. For the application of Articles 44 and 45 of Directive 2006/112/EC, the place where the business of a taxable person is established shall be the place where the functions of the business's central administration are carried out.

2. In order to determine the place referred to in paragraph 1, account shall be taken of the place where essential decisions concerning the general management of the business are taken, the place where the registered office of the business is located and the place where management meets.

(t) 온라인으로 예약하는 문화·예술·스포츠·과학·교육·오락이나 유사한 행사에 대한 입장권

(u) 온라인으로 예약하는 숙박, 자동차 렌트, 식당, 여객운송이나 유사한 역무

제5장 과세대상 거래의 장소

제1절 개념들

제10조

1. 부가가치세 준칙 제44조와 제45조의 적용에 관한 범위에서, 납세의무자는 그 사업의 중앙관리 기능이 수행되는 곳에 사업장을 둔 것으로 본다.

2. 제1항의 장소를 판단하기 위하여, 사업의 경영 전반에 관한 필수적 의사 결정이 어디서 이루어지는지, 사업의 등록된 사무소가 어디인지, 경영진이 만나서 회의하는 장소가 어디인지를 고려하여야 한다.

Where these criteria do not allow the place of establishment of a business to be determined with certainty, the place where essential decisions concerning the general management of the business are taken shall take precedence.

3. The mere presence of a postal address may not be taken to be the place of establishment of a business of a taxable person.

Article 11

1. For the application of Article 44 of Directive 2006/112/EC, a 'fixed establishment' shall be any establishment, other than the place of establishment of a business referred to in Article 10 of this Regulation, characterised by a sufficient degree of permanence and a suitable structure in terms of human and technical resources to enable it to receive and use the services supplied to it for its own needs.

2. For the application of the following Articles, a 'fixed establishment' shall be any establishment, other than the place of establishment of a business referred to in Article 10 of this Regulation, characterised by a

이러한 기준들에 따라 사업장소가 명확하게 정하여질 수 없을 때에는, 일반적 경영에 관한 필수적 의사결정이 이루어지는 장소가 우선되어야 한다.

3. 단지 우편물을 배송 받는 주소가 있다는 사실만으로 그 곳을 납세의무자의 사업장소로 보아서는 아니 된다.

제11조

1. 부가가치세 준칙 제44조의 적용을 위한 범위에서, "고정사업장"이란 이 명령 제10조가 규정하는 사업장 외에, 충분한 수준의 항속성과, 인적·기술적 자원의 측면에서 고정사업장 스스로의 수요를 위하여 공급된 용역을 수령하거나 사용할 수 있도록 하기에 적합한 구조를 갖춘 모든 사업장을 뜻한다.

2. 다음의 조항들을 적용하기 위한 범위에서, "고정사업장"이란 이 명령 제10조가 규정하는 사업장 외에, 충분한 수준의 항속성과, 인적·기술적 자원의 측면에서 스스로 용역을 공급하기에 적합한 구조를 갖춘 모든

sufficient degree of permanence and a suitable structure in terms of human and technical resources to enable it to provide the services which it supplies:

(a) Article 45 of Directive 2006/ 112/EC;

(b) from 1 January 2013, the second subparagraph of Article 56(2) of Directive 2006/112/EC;

(c) until 31 December 2014, Article 58 of Directive 2006/112/EC;

(d) Article 192a of Directive 2006/112/EC.

3. The fact of having a VAT identification number shall not in itself be sufficient to consider that a taxable person has a fixed establishment.

Article 12

For the application of Directive 2006/112/EC, the 'permanent address' of a natural person, whether or not a taxable person, shall be the address entered in the population or similar register, or the address indicated by that person to the relevant tax authorities, unless there is evidence that this address does not reflect reality.

사업장을 뜻한다.

(a) 부가가치세 준칙 제45조

(b) 2013년 1월 1일부터는 부가가치세 준칙 제56조 제2항의 제2문

(c) 2014년 12월 31일까지는 부가가치세 준칙 제58조

(d) 부가가치세 준칙 제192a조

3. 부가가치세 사업자등록번호가 있다는 사실은 그 납세의무자에게 고정사업장이 있다고 인정하는 데에 충분한 조건이 되지 못한다.

제12조

부가가치세 준칙의 적용을 위한 범위에서, 자연인(납세의무자인지 여부를 묻지 아니한다)의 "항속적 주소"란, 그 나라 인구 전체에 관한 명부나 그에 유사한 등록부에 기재되었거나, 그 사람이 과세관청에 표시한 주소(이 주소가 사실에 부합하지 않는다고 볼 만한 증거가 있는 경우는 제외한다)를 가리킨다.

Article 13

The place where a natural person 'usually resides', whether or not a taxable person, as referred to in Directive 2006/112/EC shall be the place where that natural person usually lives as a result of personal and occupational ties.

Where the occupational ties are in a country different from that of the personal ties, or where no occupational ties exist, the place of usual residence shall be determined by personal ties which show close links between the natural person and a place where he is living.

Article 13b

For the application of Directive 2006/112/EC, the following shall be regarded as 'immovable property':

(a) any specific part of the earth, on or below its surface, over which title and possession can be created;

(b) any building or construction fixed to or in the ground above or below sea level which cannot be easily dismantled or moved;

(c) any item that has been installed and makes up an integral part of a building or construction without

제13조

자연인(납세의무자인지 여부를 묻지 아니한다)이, 부가가치세 준칙이 규정하는 '일상적 거소'를 둔 장소는, 그 사람이 가진 개인적·직업적 연관성의 결과로서 일상적으로 거주하는 곳을 가리킨다.

직업적 연관성이 있는 나라가 개인적 연관성이 있는 나라와 다른 경우, 또는 직업적 연관성이 존재하지 않는 경우, 그 자연인과 그가 살고 있는 장소 간의 밀접한 연결을 보여주는 개인적 연관성에 따라 일상적 거소가 정하여진다.

제13b조

부가가치세 준칙의 적용을 위한 범위 내에서, 다음의 것들은 부동산으로 간주된다.

(a) 토지의 모든 부분. 표면 위·아래의 부분으로서 소유권·점유권이 발생할 수 있는 부분.

(b) 모든 건물 또는 고정된 구축물로서, 지상 또는 해저에 고정되어 쉽게 해체되거나 이동하기 어려운 것.

(c) 건물이나 구축물에 설치되어 그 일부를 이루게 됨으로써, 결여될 경우 건물·구축물이 불완전하게

which the building or construction is incomplete, such as doors, windows, roofs, staircases and lifts;

(d) any item, equipment or machine permanently installed in a building or construction which cannot be moved without destroying or altering the building or construction.

SECTION 2 Place of supply of goods

Article 14

Where in the course of a calendar year the threshold applied by a Member State in accordance with Article 34 of Directive 2006/112/EC is exceeded, Article 33 of that Directive shall not modify the place of supplies of goods other than products subject to excise duty carried out in the course of the same calendar year which are made before the threshold applied by the Member State for the calendar year then current is exceeded provided that all of the following conditions are met:

(a) the supplier has not exercised the option provided for under Article 34(4) of that Directive;

되는 모든 물품. 예컨대 문, 창문, 지붕, 계단, 승강기 등

(d) 모든 물품, 장비, 기계로서 건물이나 구축물에 설치되어, 건물·구축물 자체를 파괴·변경하지 않고는 제거될 수 없는 것.

제2절 재화 공급의 장소

제14조

1. 어느 역년(曆年)의 중간에, 부가가치세 준칙 제34조에 따라 어느 회원국이 적용한 액수 기준을 초과하는 거래가 일어나더라도, 같은 준칙 제33조는, 개별 소비세의 과세대상인 제품 이외의 재화에 관하여, 그와 같은 기준의 초과가 일어나기 전에 수행된 공급의 장소를 변경시키지 않는다. 다만 다음의 요건들이 충족된 경우에 한하여 그러하다.

(a) 공급자가 준칙 제34조 제4항이 규정하는 선택권을 행사하지 않았을 것.

(b) the value of his supplies of goods did not exceed the threshold in the course of the preceding calendar year.

However, Article 33 of Directive 2006/112/EC shall modify the place of the following supplies to the Member State in which the dispatch or transport ends:

(a) the supply of goods by which the threshold applied by the Member State for the calendar year then current was exceeded in the course of the same calendar year;

(b) any subsequent supplies of goods within that Member State in that calendar year;

(c) supplies of goods within that Member State in the calendar year following the calendar year in which the event referred to in point (a) occurred.

Article 16

Where an intra-Community acquisition of goods within the meaning of Article 20 of Directive 2006/112/EC has taken place, the Member State in which the dispatch or transport ends shall exercise its power of taxation irrespective of the

(b) 그 공급자가 한 재화 공급의 가치가, 그 직전 역년 중간에 수량 기준을 초과하지 않았을 것.

그러나, 같은 준칙 제33조는, 재화의 발송이나 운송이 종료되는 회원국에 대한 다음의 공급이 있을 때 그 공급 장소를 변경시킨다.

(a) 그 역년에 대하여 회원국이 적용한 기준이 초과되도록 하는 재화 공급

(b) 그 역년 동안 그 회원국 내에서 이루어지는, 그 이후의 모든 재화 공급

(c) (a)호가 규정하는 사건이 속하는 역년의 다음 해 동안에 그 회원국 내에서 이루어지는 재화의 공급

제16조

준칙 제20조가 정하는 의미의 재화 역내취득이 일어난 경우, 그 영역 내에서 발송·운송이 시작되는 회원국에서 그 거래가 부가가치세와 관련하여 어떠한 취급을 받는지를 묻지 않고, 그 영역 내에서 발송·운송이 끝나는 회원국이 과세권을 행사

VAT treatment applied to the transaction in the Member State in which the dispatch or transport began.

Any request by a supplier of goods for a correction in the VAT invoiced by him and reported by him to the Member State where the dispatch or transport of the goods began shall be treated by that Member State in accordance with its own domestic rules.

한다.

공급자가 세금계산서를 발행하고, 그 영역 내에서 재화의 발송·운송이 시작되는 회원국에 신고한 부가가치세 납세의무에 관한 모든 경정의 청구는 그 회원국의 국내법에 따라 처리된다.

SECTION 4 Place of supply of services

제4절 용역 공급의 장소

Subsection 1 Status of the customer

제1항 고객의 지위

Article 18

1. Unless he has information to the contrary, the supplier may regard a customer established within the Community as a taxable person:
(a) where the customer has communicated his individual VAT identification number to him, and the supplier obtains confirmation of the validity of that identification number and of the associated name and address in accordance with Article 31 of Council Regu-

제18조

1. 달리 볼 정보가 없는 한, 공급자는 다음의 경우에 유럽공동체 내에 사업장을 둔 고객을 납세의무자로 취급할 수 있다.
(a) 고객이 자신의 부가가치세 사업자등록번호를 공급자에게 알려주고, 공급자가 그러한 등록번호와, 관련된 이름과 주소의 유효성을, 2010년 10월 7일 자 "부가가치세 영역의 행정 협력과 부정행위 방지에 관한 유럽공동체 이사회 명령(904/2010)"에 따라 확

lation (EC) No 904/2010 of 7 October 2010 on administrative cooperation and combating fraud in the field of value added tax;

(b) where the customer has not yet received an individual VAT identification number, but informs the supplier that he has applied for it and the supplier obtains any other proof which demonstrates that the customer is a taxable person or a non-taxable legal person required to be identified for VAT purposes and carries out a reasonable level of verification of the accuracy of the information provided by the customer, by normal commercial security measures such as those relating to identity or payment checks.

2. Unless he has information to the contrary, the supplier may regard a customer established within the Community as a non-taxable person when he can demonstrate that the customer has not communicated his individual VAT identification number to him.

However, irrespective of information to the contrary, the supplier of telecommunications, broadcasting

인 받은 경우.

(b) 고객이 아직 부가가치세 사업자 등록번호를 받지 못하였으나 공급자에게 그러한 등록번호의 신청 사실을 알리고, 고객이 납세의무자이거나 부가가치세와 관련하여 등록할 의무가 있는 납세의무자 아닌 법인임을 증명하는 다른 증거를 공급자가 취득하였으며, 또 공급자가 고객에 의하여 제공된 정보에 관하여 합리적인 수준의 확인(고객 자신이나 그 지불 수단과 관련하여 상업적으로 통상적인 보안 조치를 취한 경우를 가리킨다)을 한 경우.

2. 달리 볼 정보가 없는 한, 그리고 고객이 자신의 부가가치세 사업자등록번호를 알려주지 않았음을 증명할 수 있는 경우에, 공급자는 유럽공동체 내에 사업장을 둔 고객을 납세의무자 아닌 사람으로 취급할 수 있다.

그러나 달리 볼 정보가 있는지 여부를 묻지 않고, 전기통신이나 방송, 전자적으로 공급되는 용역의 공

or electronically supplied services may regard a customer established within the Community as a non-taxable person as long as that customer has not communicated his individual VAT identification number to him.

3. Unless he has information to the contrary, the supplier may regard a customer established outside the Community as a taxable person:

(a) if he obtains from the customer a certificate issued by the customer's competent tax authorities as confirmation that the customer is engaged in economic activities in order to enable him to obtain a refund of VAT under Council Directive 86/560/EEC of 17 November 1986 on the harmonization of the laws of the Member States relating to turnover taxes – Arrangements for the refund of value added tax to taxable persons not established in Community territory;

(b) where the customer does not possess that certificate, if the supplier has the VAT number, or a similar number attributed to the customer by the country of establishment and used to identify businesses or any other proof which

급자는 유럽공동체 내에 사업장을 둔 고객을, 그 고객이 자신의 부가가치세 등록번호를 알려주지 않은 한 항상 납세의무자 아닌 사람으로 취급할 수 있다.

3. 달리 볼 정보가 없는 한, 공급자는 다음의 경우에 유럽공동체 바깥에 사업장을 둔 고객을 납세의무자로 취급할 수 있다.

(a) 고객의 권한 있는 당국이 공급자에게, 그 고객이 1986년 11월 17일 자 "매상세에 관한 회원국들의 법을 조화시키기 위한 준칙-유럽공동체 내에 사업장을 두지 않은 납세의무자에 대한 부가가치세 환급을 위한 조치(86/560/EEC)"에 따라 부가가치세 환급을 받을 수 있도록 하기 위하여 확인서를 발행하여 공급자에게 교부하는 경우.

(b) 고객이 (a)호에서 규정하는 확인서를 받지 않았다면, 공급자에게 부가가치세 사업자등록번호나, 고객이 사업장을 둔 나라에서 고객에게 부여한 유사한 번호가 있거나, 아니면 그 밖에 고객이 납세의무자라고 볼 만한 증거가 있고,

demonstrates that the customer is a taxable person and if the supplier carries out a reasonable level of verification of the accuracy of the information provided by the customer, by normal commercial security measures such as those relating to identity or payment checks.

공급자가 고객에 의하여 제공된 정보에 관하여 합리적인 수준의 확인(고객 자신이나 그 지불 수단과 관련하여 상업적으로 통상적인 보안 조치를 취한 경우를 가리킨다)을 한 경우.

Subsection 2 Capacity of the customer

제2항 고객의 자격

Article 19

For the purpose of applying the rules concerning the place of supply of services laid down in Articles 44 and 45 of Directive 2006/112/EC, a taxable person, or a non-taxable legal person deemed to be a taxable person, who receives services exclusively for private use, including use by his staff, shall be regarded as a non-taxable person.

Unless he has information to the contrary, such as information on the nature of the services provided, the supplier may consider that the services are for the customer's business use if, for that transaction, the customer has communicated his in-

제19조

그 직원에 의한 이용을 포함하여 오로지 사적인 이용만을 위하여 역무를 수령하는 납세의무자나, 그와 같이 간주되는 납세의무자 아닌 법인은, 용역 공급의 장소에 관한 부가가치세 준칙 제44조와 제45조의 규정을 적용하기 위한 범위에서, 납세의무 없는 자로 간주된다.

공급된 용역의 성질 등 달리 볼 정보가 있지 아니하는 한, 공급자는 소비자가 자신의 부가가치세 사업자 등록번호를 알려 주었다면, 그 거래에서 용역이 소비자의 사업 관련 목적을 위한 것이라고 인정할 수 있다.

dividual VAT identification number.

Where one and the same service is intended for both private use, including use by the customer's staff, and business use, the supply of that service shall be covered exclusively by Article 44 of Directive 2006/112/EC, provided there is no abusive practice.

Subsection 3 Location of the customer

Article 21

Where a supply of services to a taxable person, or a non-taxable legal person deemed to be a taxable person, falls within the scope of Article 44 of Directive 2006/112/EC, and the taxable person is established in more than one country, that supply shall be taxable in the country where that taxable person has established his business.

However, where the service is provided to a fixed establishment of the taxable person located in a place other than that where the customer has established his business, that supply shall be taxable at the place of the

고객의 직원에 의한 이용을 포함하여 단일한 용역이 사적인 목적과 사업을 위한 목적에 모두 이용되는 경우, 조세회피와 무관한 이상, 그러한 용역의 공급에 대하여는 부가가치세 준칙 제44조만이 적용된다.

제3항 고객의 소재지

제21조

납세의무자나, 납세의무자로 간주되는 납세의무자 아닌 법인에 대한 용역 공급이 부가가치세 준칙 제44조의 적용을 받고, 이러한 납세의무자가 둘 이상의 나라에 사업장을 둔 경우, 이 용역 공급에 대하여는 그가 주된 사업장을 둔 나라에서 과세할 수 있다.

그러나 고객이 사업장을 둔 곳 외의 다른 곳에 있는 고정사업장에 역무가 제공된 경우, 이 용역 공급은 그러한 역무를 수령하고 그 자신의 수요에 사용하는 고정사업장이 있는 장소에서 과세할 수 있다.

fixed establishment receiving that service and using it for its own needs.

Where the taxable person does not have a place of establishment of a business or a fixed establishment, the supply shall be taxable at his permanent address or usual residence.

납세의무자에게 사업장이나 고정 사업장이 없는 경우, 용역 공급은 그의 항속적 주소나 일상적 거소에서 과세된다.

Article 22

1. In order to identify the customer's fixed establishment to which the service is provided, the supplier shall examine the nature and use of the service provided.

Where the nature and use of the service provided do not enable him to identify the fixed establishment to which the service is provided, the supplier, in identifying that fixed establishment, shall pay particular attention to whether the contract, the order form and the VAT identification number attributed by the Member State of the customer and communicated to him by the customer identify the fixed establishment as the customer of the service and whether the fixed establishment is the entity paying for the service.

Where the customer's fixed establishment to which the service is

제22조

1. 역무가 고객의 어느 고정사업장에 제공되었는지를 판명하기 위해, 공급자는 제공된 역무의 성격과 사용 상황을 검토하여야 한다.

제공된 역무의 성격과 사용 상황만으로 어느 고정사업장에 역무가 제공되었는지를 판명하기 어려운 경우, 공급자는 그러한 고정사업장을 판명할 때에 특히, 계약이나 주문서 양식(樣式)과, 고객의 회원국이 부여하고 고객이 공급자에게 제공한 사업자등록번호가 그 고정사업장이 용역의 고객을 판명할 수 있도록 하여주는지 여부와, 고정사업장이 용역의 대가를 지불하는 주체인지 여부에 주의하여야 한다.

이 항의 제1, 2문에 따라 역무가 제공된 고객의 고정사업장을 판명할

provided cannot be determined in accordance with the first and second subparagraphs of this paragraph or where services covered by Article 44 of Directive 2006/112/EC are supplied to a taxable person under a contract covering one or more services used in an unidentifiable and non-quantifiable manner, the supplier may legitimately consider that the services have been supplied at the place where the customer has established his business.

2. The application of this Article shall be without prejudice to the customer's obligations.

Subsection 3a Presumptions for the location of the customer

Article 24a

1. For the application of Articles 44, 58 and 59a of Directive 2006/112/EC, where a supplier of telecommunications, broadcasting or electronically supplied services provides those services at a location such as a telephone box, a telephone kiosk, a wi-fi hot spot, an internet café, a restaurant or a hotel lobby where the

수 없거나, 부가가치세 준칙 제44조의 적용을 받는 둘 이상의, 용역이, 하나의 계약 하에 서로 구별 또는 계량될 수 없는 방식으로 공급되는 경우, 공급자는 고객이 주된 사업장을 둔 곳에서 그 용역이 공급되었다고 정당하게 인정할 수 있다.

2. 이 조항의 적용은 고객이 이행하여야 하여야 하는 의무에 영향을 미치지 않는다.

제3a항 고객의 소재지에 관한 추정

제24a조

1. 부가가치세 준칙 제44조, 제58조, 제59a조의 적용과 관련하여, 통신·방송 또는 전자적으로 공급되는 용역의 공급자가, 전화 부스, 전화 키오스크, 와이파이 핫스팟, 인터넷 카페, 식당이나 호텔의 로비 등과 같이 역무 제공에 고객의 물리적 존재를 필요로 하는 장소에서 그러한 용역을 공급하는 경우, 고객은 이러한

physical presence of the recipient of the service at that location is needed for the service to be provided to him by that supplier, it shall be presumed that the customer is established, has his permanent address or usually resides at the place of that location and that the service is effectively used and enjoyed there.

2. If the location referred to in paragraph 1 of this Article is on board a ship, aircraft or train carrying out a passenger transport operation effected within the Community pursuant to Articles 37 and 57 of Directive 2006/112/EC, the country of the location shall be the country of departure of the passenger transport operation.

곳에 사업장이나 항속적 주소 또는 일상적 거소를 두고 있고, 또 거기에서 그 역무를 현실적으로 사용·향유하고 있는 것으로 추정한다.

2. 만약 제1항이 규정하는 장소가, 부가가치세 지침 제37조와 제57조에 따라 유럽공동체 영역 내에서 이루어지는 여객운송 활동 중에 있는 선박·기차·항공기 내라면, 여객운송의 활동이 시작하는 나라가 그러한 장소가 소재하는 나라가 된다.

Article 24b

For the application of Article 58 of Directive 2006/112/EC, where telecommunications, broadcasting or electronically supplied services are supplied to a non-taxable person:

(a) through his fixed land line, it shall be presumed that the customer is established, has his permanent address or usually resides at the

제24b조

부가가치세 준칙 제58조의 적용과 관련하여, 납세의무자 아닌 사람에게 전기통신과 방송 용역, 그리고 전자적으로 공급되는 용역을 공급하는 경우에는, 다음과 같은 사항들이 추정된다.

(a) 유선 전화를 통한 공급의 경우, 고객은 그 고정된 전화 통신선의 소재지에 항속적 주소나 일상적 거소를 두는 등 자리를 잡은 것으

place of installation of the fixed land line;

(b) through mobile networks, it shall be presumed that the place where the customer is established, has his permanent address or usually resides is the country identified by the mobile country code of the SIM card used when receiving those services;

(c) for which the use of a decoder or similar device or a viewing card is needed and a fixed land line is not used, it shall be presumed that the customer is established, has his permanent address or usually resides at the place where that decoder or similar device is located, or if that place is not known, at the place to which the viewing card is sent with a view to being used there;

(d) under circumstances other than those referred to in Article 24a and in points (a), (b) and (c) of this Article, it shall be presumed that the customer is established, has his permanent address or usually resides at the place identified as such by the supplier on the basis of two items of non-contradictory

로 추정된다.

(b) 공급이 이동통신망을 통해 이루어지는 경우, 고객은 역무를 수령하기 위하여 사용된 'SIM 카드'의 국가별 부호가 속한 나라에 항속적 주소나 일상적 거소를 두는 등 자리를 잡은 것으로 추정된다.

(c) 유선전화 통신선 없이 공급이 이루어지고 디코더나 이에 유사한 장치 또는 '시청 카드'가 필요한 경우, 고객은 디코더나 유사한 장치가 위치한 장소, 또는 이러한 장소가 알려지지 않은 경우라면 시청 카드가 송부되는 장소에 항속적 주소나 일상적 거소를 두는 등 자리를 잡은 것으로 추정된다.

(d) 제24a조와, 이 조의 (a), (b), (c)호가 규정하는 것 이외의 상황에서는, 공급자가 이 시행명령 제24f조가 열거하는 것들 중 양립(兩立) 가능한 2개 항목의 증거에 근거하여 확인한 장소에, 고객이 항속적 주소나 일상적 거소를 두는 등 자리를 잡은 것으로 추정된다.

evidence as listed in Article 24f of this Regulation.

Without prejudice to point (d) of the first paragraph, for supplies of services falling under that point, where the total value of such supplies, exclusive of VAT, provided by a taxable person from his business establishment or a fixed establishment located in a Member State, does not exceed EUR 100 000 , or the equivalent in national currency, in the current and the preceding calendar year, the presumption shall be that the customer is established, has his permanent address or usually resides at the place identified as such by the supplier on the basis of one item of evidence provided by a person involved in the supply of the services other than the supplier or the customer, as listed in points (a) to (e) of Article 24f.

Where, during a calendar year, the threshold provided in the second paragraph has been exceeded, that paragraph shall not apply as of that time and until such time as the conditions provided in that paragraph are fulfilled again.

The corresponding value in na-

제1문 (d)호의 적용에 영향을 미치지 않는 가운데, (d)호에 해당하는 용역 공급에 관하여, 납세의무자가 어느 한 회원국 내에 소재한 사업장이나 고정사업장으로부터 어느 하나의 역년(曆年) 또는 그 전 해에, 그 가액의 합계(부가가치세액 제외)가 10만 유로(또는 자국 통화로 이에 상응하는 금액)를 초과하지 않는 용역 공급을 한 경우에는, 공급자가 이 시행명령 제24f조 (a)~(f)호가 열거하는 것들 중 하나의 증거(공급자나 고객 외에 그러한 공급에 관여한 사람이 제공한 것을 말한다)에 근거하여 확인한 장소에, 고객이 항속적 주소나 일상적 거소를 두는 등 자리를 잡은 것으로 추정된다.

어느 한 역년 동안에 제2문이 규정하는 기준을 초과하는 거래가 발생한 경우, 그 시점으로부터, 제2문의 요건들이 다시 충족되게 된 때에 이르기까지 제2문을 적용하지 않는다.

위에서 말한 '자국 통화로 이에

tional currency of the amount shall be calculated by applying the exchange rate published by the European Central Bank on the date of adoption of Council Implementing Regulation (EU) 2017/2459

상응하는 금액'은, 이사회 시행명령 (2017/2459)이 채택된 날에 유럽중앙은행이 고시한 환율을 적용하여 계산한다.

Subsection 3c Evidence for the identification of the location of the customer and rebuttal of presumptions

제3c항 고객의 소재지 파악과 추정의 번복을 위한 증거

Article 24e

For the purposes of applying the rules in Article 56(2) of Directive 2006/112/EC and fulfilling the requirements of Article 24c of this Regulation, the following shall, in particular, serve as evidence:

(a) the billing address of the customer;

(b) bank details such as the location of the bank account used for payment or the billing address of the customer held by that bank;

(c) registration details of the means of transport hired by the customer, if registration of that means of transport is required at the place where it is used, or other similar information;

제24e조

부가가치세 준칙 제56조 제2항의 적용과 이 시행명령 제24c조의 요건을 충족하기 위하여, 다음의 사항들이 특히 증거로 이용될 수 있다.

(a) 청구서에 기재할 고객의 주소

(b) 예컨대 지불에 사용되는 은행 계좌의 소재나, 은행이 가지고 있는 고객의 청구서상 주소와 같은 은행 관련 세부적 사항

(c) 교통수단을 이용할 때 그 등록이 필요한 경우, 고객이 임차한 교통수단의 등록사항 또는 이에 유사한 정보

(d) other commercially relevant information.

Article 24f

For the purpose of applying the rules in Article 58 of Directive 2006/112/EC and fulfilling the requirements of point (d) of Article 24b or Article 24d(1) of this Regulation, the following shall, in particular, serve as evidence:

(a) the billing address of the customer;

(b) the internet Protocol (IP) address of the device used by the customer or any method of geolocation;

(c) bank details such as the location of the bank account used for payment or the billing address of the customer held by that bank;

(d) the Mobile Country Code (MCC) of the International Mobile Subscriber Identity (IMSI) stored on the Subscriber Identity Module (SIM) card used by the customer;

(e) the location of the customer's fixed land line through which the service is supplied to him;

(f) other commercially relevant information.

(d) 그 밖에 상업적으로 의미를 가지는 정보

제24f조

부가가치세 준칙 제58조의 적용, 그리고 이 시행명령 제24b조와 제 24d조 제1항이 정하는 요건의 충족과 관련하여, 특히 다음의 항목들은 증거로 사용된다.

(a) 고객의 신용카드 청구서에 기재할 고객의 주소

(b) 고객이 사용하는 장치의 인터넷 프로토콜(IP) 주소 또는 어떤 방법으로든 확인되는 지리적인 위치

(c) 지불에 사용되는 은행 계좌의 소재나, 은행이 가지고 있는 고객의 청구서상 주소와 같은 은행 관련 세부적 사항

(d) 고객이 사용하는 '가입자 확인 모듈(SIM)' 카드에 저장된 '국제 이동국 식별번호(IMSI)'의 '이동 국가 코드(MCC)'

(e) 고객이 역무를 제공 받는 유선전화 통신선의 위치

(f) 그밖에 상업적으로 의미를 가지는 정보

Subsection 4 Common provision regarding determination of the status, the capacity and the location of the customer

Article 25

For the application of the rules governing the place of supply of services, only the circumstances existing at the time of the chargeable event shall be taken into account. Any subsequent changes to the use of the service received shall not affect the determination of the place of supply, provided there is no abusive practice.

Subsection 6 Supply of services by intermediaries

Article 30

The supply of services of intermediaries as referred to in Article 46 of Directive 2006/112/EC shall cover the services of intermediaries acting in the name and on behalf of the recipient of the service procured and the services performed by intermediaries acting in the name and on behalf of the provider of the services procured.

제4항 고객의 지위, 자격, 소재지 결정에 관련된 공통 조항

제25조

용역 공급의 장소를 정하는 규정들의 적용에 관하여는, 과세대상이 되는 행위가 있는 당시의 사정만을 고려하여야 한다. 조세회피와 무관하다면, 수령한 역무의 이용에 관한 그 이후의 사정 변경은 공급 장소의 결정에 영향을 미치지 아니한다.

제6항 중개인에 의한 용역 공급

제30조

부가가치세 준칙 제46조가 규정하는, 중개인의 용역 공급은, 제3자로 하여금 제공하게 한 역무 수령인의 명의와 계산으로 행위하는 중개인의 용역과, 그러한 역무를 제공하는 제3자의 명의와 계산으로 행위하는 중개인의 용역을 모두 포함한다.

Article 31

Services supplied by intermediaries acting in the name and on behalf of another person consisting of the intermediation in the provision of accommodation in the hotel sector or in sectors having a similar function shall fall within the scope of:

(a) Article 44 of Directive 2006/112/ EC if supplied to a taxable person acting as such, or a non-taxable legal person deemed to be a taxable person;

(b) Article 46 of that Directive, if supplied to a non-taxable person.

Subsection 6a Supply of services connected with immovable property

Article 31a

1. Services connected with immovable property, as referred to in Article 47 of Directive 2006/112/EC, shall include only those services that have a sufficiently direct connection with that property. Services shall be regarded as having a sufficiently direct connection with immovable property in the following cases:

제31조

다른 사람의 명의와 계산으로, 호텔이나 이와 기능적으로 유사한 영역에서 숙박 용역의 공급을 중개하는 일을 내용으로 하는 용역의 중개인에 의한 공급은 다음 조항들의 적용범위에 포함된다.

(a) 부가가치세 준칙 제44조. 납세의무자에게 공급되는 경우, 또는 납세의무자로 간주되는 납세의무자 아닌 법인에게 공급되는 경우.

(b) 부가가치세 준칙 제46조. 납세의무자 아닌 사람에게 공급되는 경우.

제6a항 부동산과 관련된 용역의 공급

제31a조

1. 부가가치세 준칙 제47조가 규정하는, 부동산과 관련된 용역은, 부동산과 충분히 직접적인 관련을 갖고 있는 것만을 포함한다. 다음의 경우에는 역무가 부동산과 충분히 직접적인 관련을 갖고 있는 것으로 인정된다.

(a) where they are derived from an immovable property and that property makes up a constituent element of the service and is central to, and essential for, the services supplied;

(b) where they are provided to, or directed towards, an immovable property, having as their object the legal or physical alteration of that property.

2. Paragraph 1 shall cover, in particular, the following:

(a) the drawing up of plans for a building or parts of a building designated for a particular plot of land regardless of whether or not the building is erected;

(b) the provision of on site supervision or security services;

(c) the construction of a building on land, as well as construction and demolition work performed on a building or parts of a building;

(d) the construction of permanent structures on land, as well as construction and demolition work performed on permanent structures such as pipeline systems for gas, water, sewerage and the like;

(e) work on land, including agricul-

(a) 역무가 부동산으로부터 도출되고, 그 부동산이 공급되는 용역의 구성 부분을 이루며, 부동산이 공급되는 용역에 대하여 중심적이고 본질적인 성격을 가지는 경우.

(b) 역무가 부동산 자체에 제공되거나 부동산에 대하여 직접 이루어지고, 부동산의 법적·물리적 현상 변경을 목적으로 하는 경우.

2. 제1항은 특히 다음의 경우에 적용된다.

(a) 건물의 존재 여부를 묻지 않고, 토지의 특정 구역과 관련하여 지정된 건물의 전부나 일부에 관한 설계도 작성

(b) 현장 감시 또는 보안 역무의 제공

(c) 토지 위 건물의 신축, 또는 하나의 건물 전체나 그 일부에 관하여 수행되는 개축이나 철거 작업

(d) 가스나 물, 하수 등을 위한 파이프라인 체계 등 고정 구조물의 지상 신설, 또는 그러한 구조물에 관하여 수행되는 개설이나 철거 작업

(e) 경작, 파종, 관개(灌漑), 비료 작

tural services such as tillage, sowing, watering and fertilisation;

(f) surveying and assessment of the risk and integrity of immovable property;

(g) the valuation of immovable property, including where such service is needed for insurance purposes, to determine the value of a property as collateral for a loan or to assess risk and damages in disputes;

(h) the leasing or letting of immovable property other than that covered by point (c) of paragraph 3, including the storage of goods for which a specific part of the property is assigned for the exclusive use of the customer;

(i) the provision of accommodation in the hotel sector or in sectors with a similar function, such as holiday camps or sites developed for use as camping sites, including the right to stay in a specific place resulting from the conversion of timeshare usage rights and the like;

(j) the assignment or transfer of rights other than those covered by points (h) and (i) to use the whole or parts of an immovable property, including the licence to use part of

업 등 농업 역무를 포함하여, 토지 위에 하는 작업

(f) 부동산의 완전성을 유지하는 것과 관련된 위험을 감시하고 평가하는 일

(g) 보험 목적에서나, 채무의 담보로서 가지는 가치를 정하거나, 또는 분쟁과 관련하여 위험과 손실을 평가하기 위하여 필요한 경우 부동산의 가치를 평가하는 일

(h) 제3항 (c)호가 적용되는 것 외의 부동산 임대. 부동산의 특정한 일부가 고객의 독점적인 사용을 위하여 지정된 경우의 재화 보관을 포함한다.

(i) 호텔이나 이와 기능적으로 유사한 영역에서 숙박의 제공. 휴일 캠핑장이나, 캠핑장으로 이용하기 위해 조성한 부지를 제공하는 것을 포함하고, 여기에는 시간제 사용에 관한 권리 등을 행사함으로써 특정한 구역에서 머무를 수 있는 권리를 부여하는 일이 포함된다.

(j) (h)(i)호가 규정하는 경우를 제외하고, 부동산의 전부 또는 일부를 사용할 수 있는 권리의 설정 또는 양도. 낚시나 사냥에 관한 권리나, 공항 라운지의 입장권의 부

a property, such as the granting of fishing and hunting rights or access to lounges in airports, or the use of an infrastructure for which tolls are charged, such as a bridge or tunnel;

(k) the maintenance, renovation and repair of a building or parts of a building, including work such as cleaning, tiling, papering and parqueting;

(l) the maintenance, renovation and repair of permanent structures such as pipeline systems for gas, water, sewerage and the like;

(m) the installation or assembly of machines or equipment which, upon installation or assembly, qualify as immovable property;

(n) the maintenance and repair, inspection and supervision of machines or equipment if those machines or equipment qualify as immovable property;

(o) property management other than portfolio management of investments in real estate covered by point (g) of paragraph 3, consisting of the operation of commercial, industrial or residential real estate by or on behalf of the owner of

여, 교량이나 터널과 같이 그 이용에 요금이 부과되는 사회간접자본 시설의 사용과 같이 부동산의 일부를 사용할 수 있도록 하는 허가가 포함된다.

(k) 건물의 전부나 일부의 유지·개량·보수. 청소나 타일 탈부착, 도배, 바닥 작업을 포함한다.

(l) 가스나 물, 하수 등을 위한 파이프라인 체계 등 고정 구조물의 유지·개량·보수

(m) 설치 또는 조립되면 부동산에 해당하는 기계나 장비의 설치·조립

(n) 부동산에 해당하는 기계나 장비의 유지·보수·점검·감시

(o) 부동산 소유자가 직접 하거나 또는 제3자가 부동산 소유자를 대신하여 하는 상업·산업·주거용 부동산의 운영을 내용으로 하는 부동산 관리. 제3항 (g)호가 적용되는 부동산 포트폴리오 투자의 관리를 제외한다.

the property;

(p) intermediation in the sale, leasing or letting of immovable property and in the establishment or transfer of certain interests in immovable property or rights in rem over immovable property (whether or not treated as tangible property), other than intermediation covered by point (d) of paragraph 3;

(q) legal services relating to the transfer of a title to immovable property, to the establishment or transfer of certain interests in immovable property or rights in rem over immovable property (whether or not treated as tangible property), such as notary work, or to the drawing up of a contract to sell or acquire immovable property, even if the underlying transaction resulting in the legal alteration of the property is not carried through.

3. Paragraph 1 shall not cover the following:

(a) the drawing up of plans for a building or parts of a building if not designated for a particular plot of land;

(b) the storage of goods in an immovable property if no specific part

(p) 부동산의 매매 또는 임대나, 부동산에 관한 권리(동산으로 취급되는지 여부를 묻지 않는다)의 설정 또는 양도의 중개. 제3항 (d)호가 적용되는 경우를 제외한다.

(q) 부동산의 소유권 이전이나, 부동산에 관한 권리(동산으로 취급되는지 여부를 묻지 않는다)의 설정 또는 양도와 관련된 법률 역무. 공증이나 부동산 매매계약서의 작성과 같은 경우이고, 부동산에 관한 법적 상황을 변경시키는 관련된 거래가 완전히 종료되지 않은 경우에도 같다.

3. 제1항은 다음의 경우에 적용되지 아니 한다.

(a) 토지의 특정 구역과 관련하여 지정되지 않은 건물의 전부나 일부에 관한 설계도 작성

(b) 고객의 독점적인 사용을 위하여 지정된 부동산이 없는 경우에 재

of the immovable property is assigned for the exclusive use of the customer;

(c) the provision of advertising, even if it involves the use of immovable property;

(d) intermediation in the provision of hotel accommodation or accommodation in sectors with a similar function, such as holiday camps or sites developed for use as camping sites, if the intermediary is acting in the name and on behalf of another person;

(e) the provision of a stand location at a fair or exhibition site together with other related services to enable the exhibitor to display items, such as the design of the stand, transport and storage of the items, the provision of machines, cable laying, insurance and advertising;

(f) the installation or assembly, the maintenance and repair, the inspection or the supervision of machines or equipment which is not, or does not become, part of the immovable property;

(g) portfolio management of investments in real estate;

(h) legal services other than those cov-

화를 부동산 내에 보관하는 일

(c) 광고의 제공. 부동산의 사용을 포함하는 경우에도 같다.

(d) 호텔이나 이와 기능적으로 유사한 영역의 숙박 제공(휴일 캠핑장이나, 캠핑장으로 이용하기 위해 조성한 부지를 제공하는 것을 포함한다)의 중개로서, 중개인이 제3자의 명의와 계산으로 행위하는 경우.

(e) 전시·전람회에서, 전시·전람을 위한 물품을 제공하는 사람에게 다른 역무와 함께 그러한 물품을 전시할 수 있는 공간을 제공하는 일. 함께 제공되는 다른 역무들은, 공간의 디자인, 물품의 운반과 보관, 기계 장치의 제공, 케이블의 가설, 보험, 광고를 포함한다.

(f) 부동산의 일부가 되지 않는 기계나 장비의 설치·조립, 유지·보수, 점검·감시

(g) 부동산에 관한 포트폴리오 투자의 관리

(h) 제2항 (q)호가 정하는 것 외의 법

ered by point (q) of paragraph 2, connected to contracts, including advice given on the terms of a contract to transfer immovable property, or to enforce such a contract, or to prove the existence of such a contract, where such services are not specific to a transfer of a title on an immovable property.

률 역무로서, 계약과 관련된 것. 부동산 양도를 위한 계약의 조건이나 계약의 집행, 입증에 관한 조언의 제공을 포함하며, 이러한 역무가 부동산 소유권의 이전만을 위한 것이 아닌 경우에 한한다.

Article 31b

Where equipment is put at the disposal of a customer with a view to carrying out work on immovable property, that transaction shall only be a supply of services connected with immovable property if the supplier assumes responsibility for the execution of the work.

A supplier who provides the customer with equipment together with sufficient staff for its operation with a view to carrying out work shall be presumed to have assumed responsibility for the execution of that work. The presumption that the supplier has the responsibility for the execution of the work may be rebutted by any relevant means in fact or law.

제31b조

장비가 부동산 위에 이루어지는 작업을 수행하기 위하여, 고객이 처분할 수 있는 상태에 놓여지는 경우, 이 거래는 공급자가 작업의 수행을 위한 의무를 인수하는 경우에 한하여 부동산과 관련된 용역의 공급이 된다.

작업을 수행하기 위하여, 고객에게 장비와 함께 충분한 인력을 함께 제공하는 공급자는, 그러한 작업을 수행할 의무를 인수한 것으로 추정된다. 공급자가 작업을 수행할 의무의 인수에 관한 추정을 깨뜨릴 수 있는 사실상 또는 법률상의 수단에는 제한이 없다.

Subsection 7 Supply of cultural, artistic, sporting, scientific, educational, entertainment, and similar services

Article 32

1. Services in respect of admission to cultural, artistic, sporting, scientific, educational, entertainment or similar events as referred to in Article 53 of Directive 2006/112/EC shall include the supply of services of which the essential characteristics are the granting of the right of admission to an event in exchange for a ticket or payment, including payment in the form of a subscription, a season ticket or a periodic fee.

2. Paragraph 1 shall apply in particular to:

(a) the right of admission to shows, theatrical performances, circus performances, fairs, amusement parks, concerts, exhibitions, and other similar cultural events;

(b) the right of admission to sporting events such as matches or competitions;

(c) the right of admission to educational and scientific events such as conferences and seminars.

제7항 문화, 예술, 스포츠, 과학, 교육, 오락이나 이들에 유사한 용역의 공급

제32조

1. 부가가치세 준칙 제53조가 규정하는 문화, 예술, 스포츠, 과학, 교육, 오락이나 이에 유사한 행사에 대한 입장과 관련된 용역은, 입장권이나 돈을 낸 이에게, 행사에 입장하는 권리를 부여하는 것이 필수적 특성을 이루는 용역 공급의 경우들을 포함한다. 이러한 입장의 대가는, 회원 납입금, 시즌권, 정기(定期) 요금이 포함된다.

2. 제1항은 특히 다음의 경우에 적용된다.

(a) 쇼, 극장 공연, 서커스 공연, 박람회, 놀이공원, 콘서트, 전시회나 이에 유사한 다른 문화 행사에 대한 입장의 권리

(b) 경기, 대회 등 스포츠 행사에 대한 입장의 권리

(c) 컨퍼런스, 세미나 등 교육·과학 행사에 대한 입장의 권리

3. Paragraph 1 shall not cover the use of facilities such as gymnastics halls and suchlike, in exchange for the payment of a fee.

Article 33

The ancillary services referred to in Article 53 of Directive 2006/112/EC shall include services which are directly related to admission to cultural, artistic, sporting, scientific, educational, entertainment or similar events and which are supplied separately for a consideration to a person attending an event.

Such ancillary services shall include in particular the use of cloakrooms or sanitary facilities but shall not include mere intermediary services relating to the sale of tickets.

Article 33a

The supply of tickets granting access to a cultural, artistic, sporting, scientific, educational, entertainment or similar event by an intermediary acting in his own name but on behalf of the organiser or by a taxable person, other than the organiser, acting on his own behalf, shall be covered by Article 53 and Article

3. 제1항은, 요금을 지불하고 체육관이나 비슷한 시설을 이용하는 경우에는 적용되지 않는다.

제33조

부가가치세 준칙 제53조에 규정된 부수적인 용역은 문화, 예술, 스포츠, 과학, 교육, 오락이나 이들에 유사한 행사에 대한 입장과, 행사에 참여한 사람들에게 유상으로 별도 제공되는 역무를 포함한다.

이러한 부수적인 용역은 특히 휴대품 보관소나 위생 시설을 사용하도록 하는 일을 포함하지만, 입장권 판매에 관련된 단순한 중개 역무는 포함하지 않는다.

제33a조

자신의 명의로, 그러나 행사를 주최하는 측의 계산으로 중개인이 하거나, 또는 스스로의 명의로 행위하는 주최 측 외의 납세의무자가 하는, 문화, 예술, 스포츠, 과학, 교육, 오락이나 이들에 유사한 행사에 대한 입장을 허용하는 입장권의 공급은 부가가치세 준칙 제53조와 제54조 제1항의 적용을 받는다.

54(1) of Directive 2006/112/EC.

Subsection 8 Supply of ancillary transport services and valuations of and work on movable property

Article 34

Except where the goods being assembled become part of immovable property, the place of the supply of services to a non-taxable person consisting only of the assembly by a taxable person of the various parts of a machine, all of which were provided to him by his customer, shall be established in accordance with Article 54 of Directive 2006/112/EC.

Subsection 9 Supply of restaurant and catering services on board means of transport

Article 35

The section of a passenger transport operation effected within the Community as referred to in Article 57 of Directive 2006/112/EC shall be determined by the journey of the

제8항 운송에 부수되는 용역과 동산의 가치 평가나 작업을 내용으로 하는 용역의 공급

제34조

재화들을 모아서 조립한 것이 부동산의 일부를 이루는 경우를 제외하고, 납세의무자가 납세의무자 아닌 고객을 상대로 하여 공급하는 용역으로서, 그 고객으로부터 모든 부품을 제공받아 기계를 조립하는 것만을 내용으로 하는 것의 공급 장소는 부가가치세 준칙 제54조에 따라 정하여진다.

제9항 교통수단 위에서 이루어지는 식당과 케이터링 용역의 공급

제35조

부가가치세 준칙 제57조가 규정하는 유럽공동체 영역 내에서 이루어진 여객운송 활동의 구간은, 개별 승객이 마친 여정이 아니라 운송수단 자체의 여정으로 정하여진다.

means of transport and not by the journey completed by each of the passengers.

Article 36

Where restaurant services and catering services are supplied during the section of a passenger transport operation effected within the Community, that supply shall be covered by Article 57 of Directive 2006/112/EC.

Where restaurant services and catering services are supplied outside such a section but on the territory of a Member State or a third country or third territory, that supply shall be covered by Article 55 of that Directive.

Article 37

The place of supply of a restaurant service or catering service carried out within the Community partly during a section of a passenger transport operation effected within the Community, and partly outside such a section but on the territory of a Member State, shall be determined in its entirety according to the rules for determining the place of supply applicable at the beginning of the supply of the restaurant or catering service.

제36조

식당이나 케이터링 역무가 유럽 공동체 영역 내에서 이루어진 여객 운송 활동의 구간에서 제공되는 경우, 부가가치세 준칙 제57조가 그 공급에 적용된다.

식당이나 케이터링 역무가 그러한 구간을 벗어나 회원국이나 제3국의 영역 또는 제3의 지역에서 제공되는 경우, 준칙 제55조가 그 용역에 적용된다.

제37조

유럽공동체 영역 내에서 수행된 식당이나 케이터링 역무 중 일부가 유럽연합 내에서 이루어진 여객운송 활동의 구간에서, 또 나머지는 그러한 구간을 벗어나 유럽연합 회원국의 영역 내에서 이루어진 경우, 용역 공급의 장소는 그 공급 전체에 관하여, 식당이나 케이터링 역무의 제공이 시작될 때 적용할 수 있는 공급 장소에 관한 규정에 따라 정하여진다.

Subsection 10 Hiring of means of transport

Article 38

1. 'Means of transport' as referred to in Article 56 and point (g) of the first paragraph of Article 59 of Directive 2006/112/EC shall include vehicles, whether motorised or not, and other equipment and devices designed to transport persons or objects from one place to another, which might be pulled, drawn or pushed by vehicles and which are normally designed to be used and actually capable of being used for transport.

2. The means of transport referred to in paragraph 1 shall include, in particular, the following vehicles:

(a) land vehicles, such as cars, motor cycles, bicycles, tricycles and caravans;

(b) trailers and semi-trailers;

(c) railway wagons;

(d) vessels;

(e) aircrafts;

(f) vehicles specifically designed for the transport of sick or injured persons;

(g) agricultural tractors and other agricultural vehicles;

제10항 교통수단의 임차

제38조

1. 부가가치세 준칙 제56조와 제59조 제1항[과거의 것]이 규정하는 '운송수단'은, 동력의 유무에 관계없이, 사람이나 물체가 탈 수 있는 것이나, 사람·물체를 한 장소에서 다른 장소까지 운송하기 위하여 설계된 그 밖의 장비나 장치로서 그러한 '탈 것'에 의하여 움직여지고 그러한 운송 목적으로 보통 사용되도록 설계되었으며 또 실제 사용될 수 있는 것을 포함한다.

2. 제1항이 규정하는 운송수단은 특히 다음의 것들을 포함한다.

(a) 자동차, 오토바이, 자전거, 삼륜차, 이동식 주택(흔히 '캐러반')과 같은 육상 차량

(b) 트레일러와 세미 트레일러

(c) 화물열차

(d) 선박

(e) 항공기

(f) 환자나 부상자 수송을 위해 특별히 설계된 차량

(g) 농업용 트랙터와 그 밖의 농업용 차량

(h) mechanically or electronically propelled invalid carriages.

3. Vehicles which are permanently immobilised and containers shall not be considered to be means of transport as referred to in paragraph 1.

Article 39

1. For the application of Article 56 of Directive 2006/112/EC, the duration of the continuous possession or use of a means of transport which is the subject of hiring shall be determined on the basis of the contract between the parties involved.

The contract shall serve as a presumption which may be rebutted by any means in fact or law in order to establish the actual duration of the continuous possession or use.

The fact that the contractual period of short-term hiring within the meaning of Article 56 of Directive 2006/112/EC is exceeded on grounds of force majeure shall have no bearing on the determination of the duration of the continuous possession or use of the means of transport.

2. Where hiring of one and the same means of transport is covered by consecutive contracts between the

(h) 기계나 전자로 추진되는 장애인 용 차량

3. 항속적으로 고정된 탈 것이나 컨 테이너는 제1항이 규정하는 운송수 단으로 인정되지 않는다.

제39조

1. 부가가치세 준칙 제56조를 적용 할 때, 임대의 대상이 되는 교통수 단의 계속되는 점유나 사용의 기간 은 관련 당사자 간의 계약에 근거하 여 결정된다.

계약은, 계속되는 점유·사용의 실제 기간을 입증하는 사실적·법적 수단으로써 깨뜨릴 수 있는 추정으 로서 기능한다.

부가가치세 준칙 제56조가 규정 하는 단기 임대의 계약 기간이 불가 항력 때문에 도과한 경우, 이는 교통 수단의 계속되는 점유·사용 기간을 결정할 때 고려되지 않는다.

2. 같은 교통수단의 임대가 같은 당 사자들 간에 연속되는 계약의 적용을 받을 경우, 그 기간은 계약 전체에 따

same parties, the duration shall be that of the continuous possession or use of the means of transport provided for under the contracts as a whole.

For the purposes of the first subparagraph a contract and its extensions shall be consecutive contracts.

However, the duration of the short-term hire contract or contracts preceding a contract which is regarded as long-term shall not be called into question provided there is no abusive practice.

3. Unless there is abusive practice, consecutive contracts between the same parties for different means of transport shall not be considered to be consecutive contracts for the purposes of paragraph 2.

Article 40

The place where the means of transport is actually put at the disposal of the customer as referred to in Article 56(1) of Directive 2006/112/EC, shall be the place where the customer or a third party acting on his behalf takes physical possession of it.

른 교통수단의 계속되는 점유·사용의 기간이다.

제1문의 적용과 관련하여, 원래의 계약과 이를 연장하는 계약은 연속적인 계약으로 본다.

다만 장기 임대로 인정되는 계약에 선행하는 하나 또는 둘 이상 계약의 기간에 관하여, 과세관청은 그것이 조세회피와 무관하다면 문제 삼지 않아야 한다.

3. 조세회피와 무관하다면, 같은 당사자들 간 다른 교통수단에 대한 연속적 계약은 제2항의 적용과 관련하여 연속적 계약으로 인정되지 않는다.

제40조

부가가치세 준칙 제56조 제1항에서 규정하는, 교통수단이 실제로 고객이 사용할 수 있는 상태에 놓여진 곳이란, 고객이나 그를 대신하여 행위하는 제3자가 그에 대한 물리적 점유를 취득한 장소를 말한다.

CHAPTER VIII
EXEMPTIONS

SECTION 1 Exemptions for certain activities in the public interest

Article 44

Vocational training or retraining services provided under the conditions set out in point (i) of Article 132(1) of Directive 2006/112/EC shall include instruction relating directly to a trade or profession as well as any instruction aimed at acquiring or updating knowledge for vocational purposes. The duration of a vocational training or retraining course shall be irrelevant for this purpose.

SECTION 2 Exemptions for other activities

Article 45

The exemption provided for in point (e) of Article 135(1) of Directive 2006/112/EC shall not apply to platinum nobles.

제8장 면세

제1절 공익을 위한 일정한 활동의 면세

제44조

부가가치세 준칙 제132조 제1항 (i)호가 규정하는 요건 하에서 제공되는 직업 훈련이나 재훈련 역무는, 어떤 직업에 직접 관련되는 교육 외에도 직업과 관련된 목적의 지식을 취득하거나 새롭게 하는 것을 목적으로 하는 모든 교육을 포함한다. 직업 훈련·재훈련 과정의 길이는 이러한 목적의 유무와 무관하다.

제2절 그 밖의 활동의 면세

제45조

부가가치세 준칙 제135조 제1항 (e)호가 규정하는 면세는 백금 주화(鑄貨)에 적용되지 않는다.

참고자료 목록

경제협력개발기구 국제 부가가치세 지침 1-[2]
국부론 2-[4]
로마 제국의 소비세 2-[5]
매상세 2-[3]
면세 공급을 하는 사업자의 조세회피 사례 8-[2]
모리스 로레 2-[7]
바우처에 대한 새로운 규율 2-[12]
부가가치세 영역의 행정 협력과 부정행위 방지에 관한 유럽공동체 이사회 명령 7-[6]
부가가치세 위원회 3-[2]
부가가치세 준칙의 역사 2-[6]
빌헬름 폰 지멘스 2-[1]
소규모 원스톱 등록 제도 7-[4]
스웨덴의 법률해석위원회와 세법해석 사전답변 7-[5]
원격판매 금액 기준 7-[3]
유럽연합법의 법제 조화 2-[8]
유럽연합 분담금과 부가가치세 2-[9]
유럽연합 사법재판소 1-[1]
유럽연합조약 3-[1]
유럽연합 집행위원회 2-[10]
유럽연합 집행위원회 2016년 부가가치세 행동계획 2-[11]
제1부가가치세 준칙 제4조 7-[1]
제2부가가치세 준칙 제4조 5-[1]
최종적 부가가치세제 2-[13]
토마스 아담스 2-[2]
특수한 취급을 받는 나라나 지역들 7-[2]
회원국들의 부가가치세 세율 8-[1]
회전목마 거래 10-[1]

참고문헌

Adams, T.S., Fundamental Problems of Federal Income Taxation, in Quarterly Journal of Economics 35 (4) 1921, p. 548

Craig, P. and de Burca, G., EU Law, Text, cases and materials, Oxford University Press 2015

de la Feria, R., The EU VAT System and the Internal Market, IBFD 2009

Foster, N., Foster on EU Law, Oxford University Press 2017

Henkow, O., Financial Activities in European VAT: a theoretical and legal research of the European VAT system and the actual and preferred treatment of financial activities, Kluwer Law International 2007

James, K., The Rise of the Value-Added Tax, Cambridge Tax Law Series, 2015

Lang, M., Ecker, T., The Future of Indirect Taxation. Recent Trends in VAT and GST Systems Around the World. Wolters Kluwer 2011

Lang, M., Lejune, I., Improving VAT/GST Designing a Simple and Fraud Proof Tax System. IBFD 2014

Lang, M., Melz, P., Kristoffersson, E., Value Added Tax and Direct Taxation. Similarities and Differences. IBFD 2009

Hiort af Ornäs, L., Kristoffersson, E., The OECD International VAT/GST Guidelines on Place of Supply of B2B Services and Intangibles, World Journal of VAT/GST Law 2014 (Issue 1) p. 32-49.

Lamensch, M., European Value Added Tax in the Digital Era, IBFD 2016

Maduro, M. P., Interpreting European Law - Judicial adjudication in a Context of Constitutional Pluralism, WP IE Law School, WPLS08-02, 05022008

OECD, Consumption tax trends 2018, VAT/GST and excise rates, trends and policy issues, December 5, 2018 (www.oecd.org)

Pfeiffer, S., VAT Grouping from a European Perspective, IBFD 2015

Rendahl, P., Cross-border consumption taxation of digital supplies, IBFD 2009

Schenk, A., Thuoronyi, V., Cui, W., Value added tax: a comparative approach, Cambridge University Press 2015

Terra, B., The Ordeal of VAT Harmonisation in the EU, B. Terra 2019

Van Doesum, A., Van Kesteren, H, Cornielje, S, Nellen, F.; Fundamentals of EU VAT LAW, Wolters Kluwer 2020

Von Siemens, C.F., Verdelte Umsatzsteuer, Simmenstedt 1919

찾아보기

공역자 소개

윤지현, 서울대학교 법학전문대학원 교수
김민구, 법무법인(유) 광장 조세그룹 변호사
김세현, 부산지방법원 서부지원 부장판사, 법학박사
김영완, 대법원 재판연구관
민경준, 법무법인(유) 클래스 변호사
서원경, 삼성전자 법무팀 변호사
성수현, 법무법인(유) 율촌 조세부문 변호사
오광석, 김.장 법률사무소 조세팀 변호사
윤성헌, 인천지방법원 판사
이연우, 김.장 법률사무소 조세팀 변호사
이정렬, 법무법인(유) 화우 조세그룹 변호사
조필제, 법무법인(유) 광장 조세그룹 변호사
진지헌, 현대자동차 법무팀 변호사
최현정, 산업통상자원부 통상법무기획과 사무관(변호사)
하지혜, 법무법인(유) 세종 변호사

유럽부가가치세법

초판발행	2021년 2월 28일
지은이	Eleonor Kristoffersson & Pernilla Rendahl
옮긴이	윤지현 등 15인
펴낸이	안종만·안상준
편　집	한두회
기획/마케팅	조성호
디자인	BEN STORY
제　작	고철민·조영환
펴낸곳	(주) **박영사**
	서울특별시 금천구 가산디지털2로 53 210호(가산동, 한라시그마밸리)
	등록 1959.3.11. 제300-1959-1호(倫)
전　화	02)733-6771
f a x	02)736-4818
e-mail	pys@pybook.co.kr
homepage	www.pybook.co.kr
ISBN	979-11-303-3729-6　　　93360

* 파본은 구입하신 곳에서 교환해 드립니다. 본서의 무단복제행위를 금합니다.
* 역자와 협의하여 인지첩부를 생략합니다.

정 가　25,000원